JN186933

信じない人のためのイエス入門

JESUS FOR THE NON-RELIGIOUS

by John Shelby Spong

宗教を超えて

ジョン・シェルビー・スポング［著］
富田正樹［訳］

新教出版社

JESUS FOR THE NON-RELIGIOUS
by John Shelby Spong

Japanese translation rights arranged
with HarperCollins Publishers, New York
through Japan Uni Agency, Inc., Tokyo

Japanese translation by Masaki Tomita

Shinkyo Shuppansha
Tokyo, Japan
2015

目　次

信じない人のためのイエス入門

——宗教を超えて——

序

かつて、ディートリヒ・ボンヘッファーはキリスト教世界に向かって、キリスト教を宗教から切り離すよう呼びかけ、彼が呼ぶところの「宗教なきキリスト教」について語った。……私はボンヘッファーのアイデアの上に立ち、人間イエスへと至る道を発見したいと思う。しかしその道は、いま私が宗教の限界を超えて「神」という言葉が意味すると信じている全てのものへと導いてくれるだろう。(1)

私は、自分の全生涯をかけてこの本を書いてきたような感慨を覚えている。ついに私は――それはおそらく私の人生における最近の十年間のことだが――私自身のなかで（ほとんど私の記憶の許すかぎりの昔から）ばらばらに流れていた二つの強い思考の流れを一つにすることができた。第一の流れは、私の信仰の伝統の中心にいつも立っていたナザレのイエスへの深い関わりによって形作られてきた。第二の流れは、そのイエスの意味を代々伝えてきた伝統的な象徴や様式に対する私の深い疎外感から生み出されてきた。これら二つの流れは共に私の個人的な生活と職業上の生活の両方に強い緊張関係を生み出してきた。

私を惹きつけてやまないこのイエスは、常にユダヤ人イエスだった――とてもリアルで、きわめて人間的で、しかし永遠的で超越的な何かに触れているような人物だった。何十年もの間私は、このイエスを理解する鍵は、彼を産み、彼を育み、彼を形作ったユダヤ的な文脈の中に見出すことができると確信してきた。しかし、私がキリスト教の教会内部で礼拝されているイエスの言葉に耳を傾けたとき、彼のユダヤ人らしさも、彼の人間性も、なかったことにされるか断固として否定されるかのどちらかだった。

この大いにユダヤ的なイエスが最初に私の著作に登場したのは、一九七四年、『このヘブライ人の主』という本においてだった。その本は私の中の深くそして重要な何かに触れていたのだが、明らかに私の読者においてもそうだったようだ。というのも、その本は第三版まで改訂され、四回もカバーのデザインを変え、数え切れないほど増刷され、三十三年たっても毎年のように印刷所で刷られているのだから。今ではハーパー・コリンズ出版社はこの本を「ひとつの古典」と呼んでいる。おそらく彼らはどうしたらいいのか全くわからないのだろう。つまり宣伝するには古すぎるが、絶版にするには売れすぎているということなのだ。

『このヘブライ人の主』を刊行して一年後、この本がきっかけとなって私はラビ・ジャック・ダニエル・スパイロと対談することになった。そのころ彼はヴァージニア州リッチモンドのベス・アハバー・シナゴーグの霊的指導者だったが、今はヴァージニア州立大学のユダヤ教研究部門の代表者となっている。この対談は後に『ユダヤ教とキリスト教の相互理解を深める対話』というタイトルで出版されることになった。この出逢いを通して、ユダヤ人イエスに対する私の関心はかつてないほどの高みに到達することになった。

さらにその後、偉大な新約聖書学者である英国バーミンガム大学のマイケル・ドナルド・グールダー教授の影響により、私はキリスト教のユダヤ的ルーツの奥深くにまで劇的に踏み込んでいった。この研究から、私は『福音書を解放する――ユダヤ人の目で聖書を読む』という本を出版し、その本のなかで私は、キリスト教会が形成された当初はそれがシナゴーグにおける運動だったことを論証しようとした。キリスト教は最初の五十年から六十年間はユダヤ教のシナゴーグで営まれていたのだ。紀元後八八年前後のどこかでキリスト教はユダヤ教と袂を分かった。このことは、新約聖書の正典福音書の中の二つ、マルコとマタイがこの分裂の起こる前に書かれたことを意味している。そしてルカは、おそらく八八年以後に執筆されてはいるが、この第三福音書の中にはまだマルコとマタイの分裂以前の枠組みが用いられている。したがってヨハネがただ一つ、はっきりと分裂後の視点から書かれた福音書であり、それゆえにヨハネは実にはっきりとこの分裂とそれに伴うシナゴーグへの敵意を反映しているのである。

キリスト教とシナゴーグは本来は密接につながっていたのだから、イエスの初期の追従者たちが彼らのイエス経験について語ろうとしたとき、彼らがよく知っていたユダヤ教での神を表す言葉を使おうとしたのは必然的だった。このプロセスを調査することによって私たちは、人びとがイエスの神性について語り始めたのは彼の人間性の故だったことを発見するのである。

私の職業生活と物書きとしてのキャリアの双方を流れている第二の流れは次のような認識だった。すなわち受肉や贖罪あるいは三位一体といったキリスト教の核心的教義において伝統的神学が行ってきた説明は、世俗的世界について拡大していく科学的知識によって最悪の場合は無効にされたし、最善の場合でも二十一世紀の人びとの耳には理解できないものになってしまったという認識である。私は教会が退却戦に敗北するのを何度も見てきた。教会はかつて自らが「啓示された不変の真理」と呼んだものを危険にさらす新発見の波に対して、その考えを微調整することをその都度強いられた。つまり「真理」は実は啓示されたものではなかっただけでなく、不変でもなかったことが明らかになったのだ。

さらに深刻なことに私は、自分が属している信仰的伝統の定式を侵食するこの拡大した世俗的で科学的な知識が、実はキリスト教自体の内部から起こりつつある第二の知識革命によって補強されてきたことを発見した。この二百年あまりの間、聖書は新しい批判的学問の対象となり、ほとんどの伝統的なキリスト教思想に対する聖書的な支持はまさに文字通り引き裂かれた。信条に挑戦し、教理を相対化し、教義を捨て去るように導いたのは、キリスト教の学者たちなのである。最初のうちこそこの批判的考察はキリスト教の学界内部に制限されていたが、ついには一八三四年、記念碑的な著作であるダフィート・フリートリヒ・シュトラウスの『イエスの生涯　その批判的検証』(2)の出版によって人びとの知るところとなった。この本はイエスの生涯に関する福音書の記事における重大な部分の正確さ、真正さ、そして信頼性についての疑問を公然と提示した。それはつまるところ原理主義者（ファンダメンタリスト）たちを激怒させることになる戦いの第一弾だった。その戦いはカトリックであれプロテスタントであれ、彼ら原理主義者たちを、その教えの権威の無謬性や聖書の言葉の誤りなきことの歴史的な根拠を求める度重なる要求に駆り立てたのだった。同時にこの知識は、神またはイエスについてどのように語ればよいのかをもはや見失ったメインライン系の伝統をすっかり困惑させるものでもあった。

今日、この聖書革命が現実でないふりなどできる者はいない。批判的な聖書学は何世代かを経て、キリスト教における学問的作業の基本的な枠組みとなった。それは私たちの教会の信徒席に座っている普通の信徒が抱いている思い込みから、聖書を劇的に引き離す。しかし聖職者たちは、そのほとんどが学問的な訓練を受けているにもかかわらず、牧師になるときにこの知識を隠す陰謀に加わるようである。もし普通の信徒たちが学者たちの間で実際に行われている議論の中身を知ってしまったら、彼らの信仰は破壊されてしまうのではないか――そしてそれと共に（もっと重大なことだが）その人たちが制度的なキリスト教を支えることもやめてしまうのではないかと恐れているのだ。

私はいつも、私の最初の神学上の恩師であるクリフォード・スタンレー教授の言葉に落ち着く。曰く、「殺されうるような神は、殺されるべきだ」。何に由来する真理であろうと、その真理から保護されなくてはならないような神はすでに死んでいるという事実に私たちも向き合わなくてはならない。神と真理が両立しないなどということはありえない。私はこの新しい聖書学に取り組むうちに、それが提起する諸問題を公に論じ始めた。例えば、『聖書を原理主義から救出する』、『なぜキリスト教は変わらなければ滅ぶしかないのか』、『新しい世界のための新しいキリスト教』、あるいは『聖書の罪』といった書物がそれである。
ますますユダヤ的なレンズを通して見えるようになったイエスへの私の思い入れと新しい学問が与える衝撃のもとで、全ての伝統的なキリスト教のシンボルを再定義する必要性が私の中の深い不安の源だった。私がどんなに深く教会を愛していても、教会の信仰告白と礼拝がかつて作り出してきたような前提を私は決して作り出すことができなくなっていた。イエスが私にとってますますリアルな存在となる一方で、彼についてかつて私が語り慣れていた神学用語はリアルなものではなくなっていった。

この緊張関係がほぐれ始めたのは、本書『信じない人のためのイエス入門』という本の可能性が見えたときに他ならない。「神はキリストの内におられた」というパウロの宣言を通して教会が伝えようとしたことは、一世紀のまぎれもなく人間の男性であったナザレのイエスのユダヤ人としての姿の中にあるということがようやく私にもわかり始めた。彼に従う者たちにその神性を悟らせたのはイエスの完全な人間性だった。人間性と神性は、キリスト教の歴史における最初の五百年間に教会が悪戦苦闘したような和解が必要な二つの異なる物ではない。和解が要求される全ての前提は間違いだった。「正しい思想」を意味する「正統（オーソドキシー）」はいつも二元論的な世界を前提とし、自然と超自然、肉と霊、人間性と神性という形で世界を分けてきた。このような世界観はもはや存在せず、人間を神と和解させようという試みは無効となった。イエスの人間性を失わせたもの、それが「正統（オーソドキシー）」だった。そして人間イエスが「神格化」されたとき残った神聖なるキリストは、世俗的な知識の爆発と聖書学の新しい分野からもたらされる洞察との組み合わせによって打ち壊された。いまや私は、キリスト教が明らかに必要としている新しいスタート地点は、イエスは神か人間かなどという論争に信徒を巻き込まないものでなければならないと感じ始めている。

この本で私は新しいスタート地点を示したいと思う。私はキリスト教界の学問を粉々に砕くことを躊躇しない。それが聖書物語の字義的な解釈であろうと、ナザレのイエスの上に築かれた神学的な構築物であろうと。私は真理が導くところについていく。いったんこれらの神学的構築物が粉砕されたなら、そして実際粉砕されてきたし今後も粉砕されるだろうが、私は残ったものを手に入れる。それはユダヤ人イエスだ。一世紀のユダヤ人たちに、この人の人生において聖なる神が姿を現し人間と関わったと言わしめた彼の人間性を究明するために、私は改めてイエスの人生を見始めることになる。私は既知のことから未知のことへ、また人間から神へ、そして地上から天上へという方向で考察を進める。その逆方向ではありえない。私は歴史のイエスを、解釈された資料の層からも、神話からも、超自然的なものを重視する世界に由来する奇跡の強調からも引きはがそうとするだろう。私はイエス物語のほとんどの側面が、彼が本来示そうとしていたことではなく、後になって解釈された付加だということを示すことができると思う。私が取り組もうとしている問いはこうだ。「神」という言葉によって意味されるものが彼を通して経験されうるような、そんな完全な人間として彼を見ることによって、イエスを充分に理解できるだろうか？　もしその答えが「できる」なら（私はそう思っているが）、私の中の二つの並行する流れは合流し一つの流れとなる。それがこの研究の成果となるならば、私はこれまでの数百年間に見たこともないような新しいキリスト教のエネルギーと力の爆発が出現するステージを用意することができるだろう。

キリスト教世界の前に置かれた選択肢は私には明らかだ。私たちは、私たちの信仰を表すために字義通りに解釈された古臭くて役に立たない言葉を使い続けても構わないかのように振る舞うことはできる。何も変えない。そしてその結果キリスト教は滅びてしまう。もう一つの選択肢では、全く新しいイエスの見方と神の捉え方を開発し、私たちがキリスト教と呼んでいるもののラディカルな改革を行うための土台を据えることができる。この本では私がどちらの選択肢を取ったかを明らかにしよう。

滅びへと向かう過去の型にこだわっている伝統的キリスト者たちはこの本に困難を感じ、彼らの観点からして間違っていると思うだろうことは私も承知している。新しい真理というものは古い世界を支配していたセキユリティ・システムにいつも抵触するものだ。しかしこれが真理ならそれは究極的な解放であり、もはや決して恐怖に屈することはない。これまでの仕事のなかで私は自分の母校である神学校のモットーを常に心に掲げてきた。すなわち「真理を求めよ。どこからそれが現れようと、どれほどの代償を払おうと」[3]。

伝統的な立場に立つ読者の方々への私の唯一の願いは、この本を読み進める旅路をどうか終点に到着するまでやめないでいただきたいということだ。この研究はたとえどんなに痛みが激しくとも、新しい結論に到着する前に中絶させてしまうにはあまりにもったいないほど重要なのだ。

もはや伝統的なキリスト教の型に従っているわけでもない、にもかかわらず、まだ「超越的なもの」や「聖なるもの」を求めている人びと、そして新しくなったキリスト教を再び見てみたいと願っている人びとは、おそらくこの本の中に元気で希望に満ちたものを見出すだろう。私は心からそう願っている。彼らは自分たちが、「神の形をした穴」と誰かが名づけた空しさを抱えて生きていることを知っている。その穴は神以外のものでは埋められない。彼らのことを、私は「囚われた信仰者」と呼ぶ。私の願いはここで彼らが進むべき道を見出し、その道が彼らを明日の活力あるキリスト教へと導いてくれることである。

私にとって考察を突き詰め、それを本に書くプロセスは深いレベルで統合されていた。だからこそ私は新しいキリスト教は過去のキリスト教の古くて超自然的な様式の死から生じるという生き生きとした希望を抱いている。私たちが宗教の定義を超えて進むが故に、私たちと共に進むイエスは、私が「信じない人のためのイエス」と呼ぶ人物である。かつてディートリヒ・ボンヘッファーはキリスト教界に向かって、キリスト教を宗教から引き離すよう呼びかけ、彼が呼ぶところの「宗教なきキリスト教」というものについて語った[4]。彼は一九四五年、フロッセンビュルク収容所でナチの手によって処刑され、このコンセプトを興味深いヒント以上に発展させることができなかった。私はボンヘッファーのアイデアに基づいて、人間イエスへと至る道を発見したいと思う。しかしその道は、いま私が宗教の限界を超えて「神」という言葉が意味すると信じている全てのものへと導いてくれるだろう。

　私は文筆家としての仕事をさらに一つ抱えている。それは、聖書が私たちに割り当てた「七十年」〔「人生の年月は七十年程のものです」詩編九〇・一〇〕よりも既に長生きしてしまった私が、まだ生きているうちにぜひとも完成させたいと願っているものだ。私は非有神論的な、しかし人間イエスにおいて出会えるきわめてリアルな神という発想を採用したい。そしてこの見晴らしの良い地点から、死の問題について、また教会が何世代にもわたって説いてきた永遠の命についても取り組んでみたい。今なお人びとが最終的には無に帰するという恐怖を感じている死に対して私は自分が得た洞察を検証してみたいのだ。死こそは自意識というものを持つ人間に、おそらく他の何よりも恐怖を与えるものだ。これまで私たちの多くの者が信奉してきたものをさしおいて、最初に有神論的な神信仰を造りだしたのは死への恐怖だった。その神信仰が逆にイエス体験を捉える枠組みになってしまった。非有神論的な神、人間イエス、そして今日私たちの周りの至る所で見られるようになった新しいキリスト教。それらは私たちが死という人生の意味の究極的な限界に直面したとき、何を私たちに語ってくれるだろうか？　この本は私が実存的に生き始めた地点に立ち返るまでは書けなかった本である。もし、私の神概念と新たに定義しなおしたイエスへの展望が、この人間の死の不安に対して語りかけることができないのなら、私が追い求めているイエス物語の新しい始まりも、あるいは今後も続いていくイエス物語も見つけたとは決して言えないだろう。私はこの最後の本を書き、私の考えを公にするまでは生きていたい。この本は二〇〇九年に公刊予定とされているが、その頃には私は七十八歳になってしまう！　これは面白い競走だ。私がこの野心的なゴールを達成できるかどうか時間だけが知っている〔二〇〇九年に『永遠のいのち』と題して刊行された。日本語には未訳〕。

ここで、本書を生み出すことを手助けしてくださった多くの人びとにお礼を述べさせていただきたい。まず感謝したいのは、この本で見られるアイデアを講義のなかで最初に切り出したときその場にいてくださったみなさんだ。私は彼らから、この細い道を歩み続けることができるよう励ましをいただいたし、新しいアイデアについて他者との相互行為によってもたらされる改良の工夫を与えられた。

感謝すべき人びとのリストの最初にあるのは、英国ウェールズのハワーデンにあるセイント・デイニオルズ図書館館長のピーター・フランシスと彼の妻ヘレン、そして彼らの素晴らしい赤毛の娘ルーシーだ。セイント・デイニオルズ図書館はもともとかつての首相ウィリアム・グラッドストーンの私的な蔵書だった。しかし、その書架は何年にもわたって蔵書を無数に増やしてきた。そこは同時に今日、私が何度も議長を務めた会議の会場でもあり、もっぱら私の「次の」著作の構想を練る場所でもあった。ピーター・フランシスとその家族から受けた励ましと友情、また会議に参加してくださった方々から受けたそれは、私の妻クリスティーンと私にとってこの図書館を特別な場所にしている。数年前、恐怖に脅えるカンタベリー大主教ローワン・ウィリアムズの反対にもかかわらず、このセイント・デイニオルズ・センターの理事会が私を施設の「フェロー」として選んでくださったことを心から光栄に思う。この本は実にこの地から生まれたのだ。

その後私はこの本のいくつかの部分に基づいて、カナダ合同教会に属するさまざまな会衆の前で講義を行った。エドモントン、ピーターボロ、トロント、マークハム、ゲルフといった土地においてである。私のアイデアはさらにオハイオ州デイトンの聖公会、ニューヨーク州シルバーベイ、カリフォルニア州サンディエゴ、コロラド州コロラドスプリングス、そしてフロリダ州ネイプルズといった土地での、会衆派、長老派、ユニテリアン、ユニティ、そしてレリジャス・サイエンスなどの各教会においてもさらに発展した。この本の内容に基づく次なる講義はノースカロライナ州のハイランドやキャッシャーズにおいて行われた。怒りの問題に関する章は英国ヨークシャー州のケトルウェルで初めて発表された。どの場所においても、さまざまな聴衆との相互行為は私に何度もアイデアを明確化するよう強いただけでなく、無宗教的で教会の影響がない世界に対してイエスを提示するために書かれた本が、単に必要なだけではなく着手する価値のある仕事だということを確信させてくれた。

私の本の以前の発行者であるハーパー・コリンズ社のスティーブ・ハンセルマン、また現在の発行人であるマーク・タウバー、編集者のマイケル・モードリン、広報担当のジュリー・レイ・ミッチェル、そして特にシンディ・ディティベリオ、クラウディア・ブートウト、レイナ・アドラー、クリス・アシュレイ、ジャン・ウィード、リサ・ツニーガを含む、サンフランシスコ・オフィスの全てのスタッフに、格別に感謝をささげたい。またシカゴの広告会社であるデキャント＝ヒューズ社のケリー・ヒューズにも感謝する。彼女は最近の私の本を六冊も手がけてくれた。

オンライン出版を手がけているウォーターフロントメディア社、その中でも特にそのオーナー、ベン・ウォリンとマイク・ケリアコスにも、また同じく私が毎週のコラムを書くのを助けてくれ、いまや一週間に何十万回ものアクセスがあるメジャーな情報コーナーに掲載してくれた、連絡窓口で編集者のメカド・マーフィ、トニー・ブロンカトゥ、マーク・ロバーツにも私は感謝している。

私は世界中の国々で私が取り組んでいるのと同じ目的に向かって働いている友人たちに敬意を表する。その目的とは、キリスト教を二十一世紀の力となるように作り変えるということである。一般的な人びとはまだこの改革への気運が至る所で高まっていることに気づいていない。

カナダでは、私は「カナダ進歩的キリスト教センター」（Canada's Center for Progressive Christianity）の代表者であるグレッタ・ヴォスパー師のことを思う。また、オンタリオ州マークハムのメアリ・ジョセフ師、オンタリオ州ブラントフォードのランディ・マッケンジー師、ブリティッシュコロンビア州バンクーバーの尊敬すべきピーター・エリオット師、ブリティッシュコロンビア州ニューウェストミンスターの司教であるマイケル・インガム尊師、そして、カナダ西部における改革に多大なエネルギーを注いだゴッドファーザーとも言えるブリティッシュコロンビア州の聖公会大司教を隠退されたデイビッド・サマーヴィル師のことをも思い起こす。

ニュージーランドでは、親しい友人で捕囚されたキリスト者であるリズ&ジョフ・ロビンソン、そしてニュージーランドにおいて新しいキリスト教を求める勇気ある声、ロイド・G・ギアリング博士がいる。

オーストラリアでは、「未来へ向かう信仰」と呼ばれる組織を代表しているグレッグ・ジェンクス博士がいる。また、オーストラリア合同教会の牧師であるデイビッド・カーター師、ローズマリー・カーター、ショーン・ギルバートと、今は亡きネイアン・カー。彼らは共に「進歩的キリスト者ネットワーク」（Progressive Christian Network）を設立した。他にも、とりわけ協力的だった大司教、司教、叙任された聖職者たちとして、ピーター・カーンリイ、フィリップ・アスピノール、イアン・ジョージ、イアン・ブラウン、ロジャー・ヘルフト、ナイジェル・リーヴス、イアン・ピアソン、キャロリン・ピアス、そしてドロシー・マックマホンがいる。

英国では、「大ブリテン進歩的キリスト者ネットワーク」の代表を二人でつとめているヒュー・ダウズ師と彼の妻ジル・サンダムに私は敬意を表する。同様に歯に衣着せずにものを言う勇敢な信徒と叙任された者たち、リチャード・カーカー、ドン・キューピット、キース&マリアン・ウォード、マイケル・グールダー[5]、フレッド&アンセア・カーン、ヒルトン&ジョアン・ブースロイド、エイドリアン&クリスティン・オルカー、ジョン&ジュディス・サドラー、そしてリチャード&ヘレン・トラスにも。また私の英国における三人の叙任されたソウル・メイトたち、スコットランドのリチャード・ホロウェイ、アイルランドのアンドリュー・ファーロング、そしてウェールズのスーザン・オヘアにも感謝している。

スカンジナビアではスウェーデン・ルター派教会のK・G・ハマー大司教、クラエス-バーティル・イッターベルク司教、叙任された牧師であるクリステル・ベイジェル、ペレ・ソダーバック、マリアンネ・ブロム、ハンス・ウルフェブランド、ニルス・アベルグ、そしてジョーハン・リンマンといっ方たちに、私は感謝の念をおぼえている。スウェーデンの教会は全ヨーロッパで最も力強いキリスト教の現れであると思う。フィンランドでは、この国の司教の中でほとんどただ一人教会が直面している問題を理解していると思われるウィレ・リエッキネン師に私は畏敬の念を感じている。ありがたいことに彼は、ハンヌ・サロランタ、ジャーモ・タルッキ、そしてサカリ・ハッキネンといった有能な聖職者たちにサポートされている。デンマークでは、出版業者のヘンリック・ブラント・ペダーセンと、二人の牧師エリック・フォンスボルとトーキルド・グレスボルがキリスト教の限界を広げようとしている。ノルウェーでも、二人のひいでた牧師、グレテ・ハウゲとヘルゲ・ホグネスタッドがおり、二人の精力的な信徒ジェーン・ロバートソンとエルゼ・マルガレーテ・ストロメイがいる。

アフリカ大陸では、私は三人の偉大な司教たちデズモンド・ツツ、ンジョンゴンクル・ンドゥンガネ、そしてクホツ・ムクルに感謝している。彼らは、この大陸における教会組織の中の実に多くの人びとがとらわれている愚かな同性愛恐怖症に対して毅然とした態度を取ってきた。

他にも二つの組織の代表者に私は賛辞を送りたい。彼らはアメリカの宗教的な議論を変化させるのに貢献した人びとである。それはマサチューセッツ州ケンブリッジにて「進歩的キリスト教センター」を設立し、十年以上にわたって率いてきたジェイムズ・アダムズ師と、「イエス・セミナー」を世にもたらしたウェスター研究所の創立者であり所長であった故ロバート・ファンク博士である。どちらの組織も私の仕事に対して大いに励ましを与えてくれた。どちらもアメリカのキリスト教史が書かれるときには重要な位置を占めるに違いない。

この本は、リーガルパッドに書かれた私のぞんざいな手書き原稿をマイクロソフト・ワードに入力しなおしてくれたゲイル・デッケンバックの仕事なしには世に出ることはなかっただろう。ゲイルは二十年以上も私と一緒に仕事をしてきて、引退してからも再び手伝いに来てくれている。彼女は私の知己のなかでも最も素晴らしい人間の一人だ。

最後に私は家族に感謝の意を表したいと思う。私の素敵な美しい妻、私のライフ・パートナー、私の最初の編集者、私の新しいキャリアの事務局。それら全てを引き受けた人物がクリスティン・メアリ・スポングである。私は私のような齢の者にはそぐわないと世間が考えるほどの情熱で彼女を愛しており、また彼女の信じがたいほどの能力と品位が彼女全体に満ちていることを尊敬している。私には彼女のいない人生など想像もつかないし、彼女の夫であることは世界の誰よりも幸せなことだと思っている。次に私の子どもたち。エレン・エリザベス・スポングと彼女の夫ガス・エプス、メアリ・キャサリン・スポングと彼女の夫ジャック・キャトレット、ジャクリン・ケトナー・スポングと彼女のパートナーであるヴァージル・スペリオス、ブライアン・ヤンシー・バーニーとその妻ジュリーアン、そしてレイチェル・エリザベス・バーニー。最後に、六人の孫たちがいる。シェルビー、ジェイ、ジョン、リディア、キャサリン、そしてコリン。この子たちにこの本をささげる。彼らの一人ひとりが私たちの人生に特別なものをもたらしてくれた。小犬たちや子猫たちの一群のように。感謝すべきことに、彼らは私たちの家ではなくは彼らの家に住んでくれている。

人生はこの上なく素晴らしい喜びとなった。それはここに紹介した人びとのおかげだ。
シャローム！

ジョン・シェルビー・スポング
ニュージャージー州モリス・プレインズ
二〇〇七年二月二十七日

プロローグ：囚われた信仰者の哀歌

ああ、イエスよ！
あなたはどこに行ってしまわれたのですか？
いつ私たちはあなたを見失ったのですか？
それは、私たちがあなたを手に入れたと思うあまり、
ユダヤ人を迫害し、疑う者を破門し、異端者を火あぶりにし、
改宗者を得るために暴力や戦争を用いたときなのですか？
私たちの紀元一世紀のイメージが、
広がりゆく知識と衝突したときですか？
聖書学者たちが私たちに、
聖書は私たちが信じていたことを本当は裏づけてはいないということを知らせたときですか？
あなたの信者たちが人びとを、
罪と恐怖と偏見と不寛容と怒りによって歪めているのを、私たちが見たときですか？
あなたを主と呼び、いつも聖書を読んでいる多くの人びとが、
同時に奴隷制を営み、人種差別を擁護し、リンチに賛同し、子どもを虐待し、

女性の地位をおとしめ、同性愛者を憎むことに、私たちが気づいたときですか？
ついにこのイエスが、
豊かな命は自己嫌悪の源にはなりえないと約束したことを私たちが悟ったときですか？
それとも、人生を破壊するような後悔のなかを
這い回ることを促すような方だということを知ったときですか？
あなたに従うということが、
甘美な病気のようでいて、実は自らの身を守るための偏見でしかないものに
屈服させることを求めるだろうということが、私たちにわかってきたときですか？

イエスよ、私たちはなおあなたを切に求めています。しかし、もはや私たちは、
どこにあなたを探せばいいのかわかりません。
私たちはあなたを、あの確信に満ちた教会の中に探すのでしょうか？
あるいは、あなたは隠れているのでしょうか？
議論を恐れるあまり、一人の神のもとの「一致」を作りあげ、
退屈で死にそうな、あの偏狭な教会の中に。
これまであなたが見出されたことがあったでしょうか？
弱者や周辺に押しやられた者を排除し、
ハンセン病患者や現代のサマリア人たちをも排除し、
あなたが、私たちの兄弟姉妹であると呼ばれた人びとを排除してきた、あの教会の中に。

あるいは、今私たちは、教会によって作られた場所から出て、
何の見返りも求めない愛と優しさがある場所で、
問いを発することがもっとも深い信頼の表現であると見なされる場所で、
あなたを探すべきなのでしょうか？

イエスよ、私たちキリスト者は、あなたを殺した張本人と言えるのではないでしょうか？
聖書の文字の下にあなたを覆い隠し、
時代遅れの信仰告白、
無意味な教義、
そして、死にかけの組織？
もしもこれらのものが、あなたの不在の原因ならば、イエスよ、
これらを取り去ってしまえば、あなたはもう一度姿を現してくださいますか？
それが復活をもたらすのですか？
それとも、ある人びとが言っているように、あなたは幻以上の何ものでもなかったのですか？
あなたを闇に葬り、歪めてしまうことで、私たちは、
その現実と向き合うことから、
単純に自分たちを守っただけなのでしょうか？

イエスよ、それでも私は、私の信ずべきあなたをつかもうとしています。

すなわちあなたは、
命の源であり、
愛の源であり、
存在の根底であり、
聖なるものの神秘への扉、
これらに至る道であり、またこれらを具現した方です。

私が歩いてゆきたいのは、この道です。
あなたはそこで私に出会ってくださいますか？
あなたは私を試し、
私を導き、
私と向き合い、
あなたの真実を私に、私の内に、明らかにしてくださいますか？

最後にイエスよ、この旅の終わりに、
あなたは、私がそのなかで生き、
動き、存在する、
私が神と呼んでいる究極の実在の中で、私を抱擁してくださいますか。
なぜなら、イエスよ、それがこの本における私の目的地だからです。

第1部　人間イエスを神話から切り離す

1　序論――新しい探求の扉を開く

イエスにおいて人びとが体験したものが何であれ、今日においてそれは、もはや信じるに足りない前近代的な前提に基づいた古臭い教理だと思われている。

いったい何が私を駆り立てて、ナザレのイエスから超自然的な奇跡や、信条による制定の言葉や、古代の神話といった膜をはがそうとさせるのだろうか？　答えは全く単純だ。私がキリスト者だからである。私はキリスト者として、ある信仰体系の中で生きている。その信仰の核心は、このイエスの生において私たちが神と呼ぶものと出会い、関わり合い、固く結ばれてきたと明言するところにある。この確信において私は自分のアイデンティティを最も深く自覚することができる。しかしそれは、私に探求を強いるものの半分でしかない。

私を研究に駆り立てるもう半分のものは、自分が今やキリスト教の時代の終わりを生きているという確信である。私はキリスト教の滅亡を目撃しつつある。それは歴史的にも明らかだ。現在アメリカや第三世界に生じているようなキリスト教に私は自分を重ねようとは思わない。私は相反する主張を互いに闘わせたり、怒りで心を騒がせたりはしたくない。私は自分が異議を申し立てることができないような神を礼拝したくはないし、自分に思考停止を要求するような伝統に忠誠を尽くす気はない。イエスについては長い歴史を通していろいろなことが言われてきたが、私は信仰者であることを切望する一人の人間として、それらの真実性をもはや支持することはできない。この点については私は人前でも率直に認めざるをえない。

教会内部では私のことを嬉しそうにこきおろす人たちがいる。曰く、私が古来からの慣習に忠誠を誓うことができないのは、私が代々伝えられてきた信仰から離れ去り、もはや自分のことを「キリスト者」であると主張できなくなっている、あるいは少なくとも自分のことを「正統派のキリスト者」と言えなくなっているからだと。これらの批判者たちは、キリスト教の正統性と呼ばれるものの実体がどんなにひどく損なわれてしまったのかが分かっていないようだ。例えば現代では、少しでも頭を使って考える人なら地球は宇宙の中心にあると主張することはできない。しかしその種の主張は、護教論者が喜んで認める以上に正統的なキリスト教のきわめて大きな構成要素であり続けているし、そこには正統的なキリスト論も含まれている。無限の宇宙に関する私たちの知識が飛躍的に増大したにもかかわらず、これらの人びとによって神は超自然的な存在であるとされ、この世界の中に生きているのではなく、空のかなたのどこかに住んでいて、人間の歴史に定期的に介入しつづけているというのである。イエス物語も、まずはそのような神の人間の歴史に対する介入の重大な例として語られる。伝統的なキリスト教の教理はイエスを、奇跡的な誕生によって空のかなたの神のもとからやってきて、その働きが完成したとき宇宙飛行によって神のもとへと帰った天的な存在として描き続けている。正統派によれば、この働きの目的は堕落したこの世に救いをもたらすことであり、イエスの十字架上での死によって成就したと言う。こういった主張は、もはや私には文字通りナンセンスであるだけでなく、神学的にもちんぷんかんぷんの戯言（たわごと）にすぎない。しかしこれらの戯言はほとんどのキリスト教会の礼拝における式文となって毎週日曜日に繰り返されている。私はこういった観念が今でも私にとって意味があるとか守る価値があるとか言う気はさらさらない。

時折私は古めかしいキリスト教の狭い世界で生きている人びとによる絶え間ない嫌がらせに応答しなければ

ならない。そんなとき鳴きわめくガチョウの群れによって殺されそうな気分になる。こういった従来型の信仰者の多くは、古い答えを守ろうとするあまり、その答えが元来どういう問いから生まれたのかを知ろうとしない。彼らは実は自分たちがイエスを別世界で別の時代で別の場所にある玉手箱に葬ってしまったのだということを理解していない。彼らは恐怖と防御反応から、私がイエスを冒瀆していると言っていつも非難するが、そんなことは私には全くありえない。私のイエスへの関わりは深くて揺るぎない。イエスは私の信仰の中心に立つだけでなく、私という存在の中心に立っている。しかし私の関わりは一種の神体験としてのイエスのリアリティに対するものであり、イエスにおける神体験をめぐる伝統的説明のリアリティに対するものではない。そこには大きな違いがある。

命題を言葉に表したものが永遠なる真理を捕捉できるわけはないということが、なぜ今日でも一般的に認識されていないのか、私にはどうしても理解できない。時を超えた圧倒的な体験が説明される時はいつも、その体験の真理は説明者の言語や知的水準や世界観の中に取り込まれてしまう。説明というものは常に時代の制約を受けた言葉とタイムスリップした概念の中に認識された真理を閉じ込めてしまう。神の究極的な真理とその真理の説明とを同一視することは、究極的なものと一時的なものとを混同することだ。それは明らかに本物以下である何かを本物と同一視すると宣言することである。それは宗教というシステムが常に犯す過ちであり、それゆえに宗教は常に必然的に滅びる。キリスト教も決して例外でないことは今や明らかである。

イエスにおいて人びとが体験したものが何だったのであれ、今日ではそれは、もはや信じるに足りない前近代的な前提に基づいた古臭い教理と同一化されている。その同一化は、熱心な神学論議は声の大きな人たちと無関心な人たちの間に壁を設けるだけだということを意味している。イエスはヒステリックな宗教マニアや慢性的に恐怖に脅える人たち、そして臆病で神経過敏な人たちの捕虜とされてしまう。さもなければ、彼は薄れゆく記憶やある時代のシンボルにすぎず、かつての私たちの信仰を懐かしく思い出させる追憶以上のものではなくなってしまう。私にはどちらの選択肢も追求するに値しない。しかしこれらのことを踏まえても、なお私はこのイエスに魅了されており、容赦なくかつ情熱的に彼を追い求めようとしている。私は守りようのないものを守ろうとする人にも、また、もはや意味をなさない前近代的思考からはいいかげん自由になりたいと願う人にも、私がイエスにおいて見いだすと信ずるものを譲り渡す気はない。

そもそも正式に認可された神学校によって、聖書に対して批判的にアプローチすることを私に教えたのは、どこか外部の機関ではなく他ならぬ私の教会である。どうして今さら私が自分の教会の聖書へのアプローチの仕方を恐れる必要があるだろうか？　だから私は、イエス物語を語る際に私たちが作ってきた前提の多くについていかに私たちが歴史的に多くのことを知らないかを明らかにするために、この学問をフルに活用してみたい。ある人びとは、ここ数百年間学者たちの間ではありふれたこととされてきたような内容を知らないので、私が以下で示すような分析にはショックを受けるだろう。しかし私はそこには留まらない。聖書の物語に真剣に取り組めば、啓示に満ちてはいるがまだ大半のヒントは隠れたままの各頁を徹底的に探査することを強いられる。私は福音書の伝承の中に充満したこれらのヒントを使って、元来のイエス体験の意味を探求するつもりだ。人びとがイエスと共に体験した出来事が超自然的な説明の言葉を生み出したのである。その逆ではありえない。それらのヒントは、私たちキリスト者がマルコ、マタイ、ルカ、ヨハネと呼んではいるが元来はユダヤ的な文書を、ユダヤ的なレンズを通して読んだ場合にのみ姿を現すということを、私は実演してお見せしたい。私がそれらをこの順序で並べたのは、それが実際に執筆された順序だからであり、その順序自体が有用な解釈のツールだからである。それらのヒントをくっきりと浮き彫りにすることで、私は皆さんにイエス体験の意味へと導きたい。そもそもその体験の力こそがイエス物語を書かせたものなのだ。

福音書の背後にいるイエスを探求しなければと駆り立てる内なる要求は、私がまだ少年だったころ、彼の人格の内に存在する力に初めて出会ったとき以来、私自身の一部のようになっている。彼の中に私は、自分の揺れ動く人生の嵐においても揺るがない堅固な岩を発見した。彼は、私が属していた福音派の原理主義的な教会が私に約束してくれた安心を与えてくれた。あの頃の私にとって、イエスの魅力は実に明快だった。私はアルコール依存症の父親のもとで育ち、その父は私が十二歳の時に死んだため、母は学歴のない者が世の中を渡ろうとする時に陥る貧困の中で生きることを余儀なくされた。私は教会がイエスによって与えられると保証してくれた確かなものを貪るように求めていた。私がするべきことは、ひたすら「信じて、仕えよ！」ということだった。聖書は文字通り私の人生のガイドだった。

青年期になるまでに、私は最初の頃の聖書一辺倒の頑さから、教会におけるいくらかは洗練された頑さへと、わずかに変化した。しかし、個人的な安心立命（あんじんりゅうみょう）への切望は依然として私を追い立てた。私が世の中について知識を増すにつれ、私の聖書に対する字義通りの理解は挑戦を強いられるようになった。だから私はそこに戻ることはできなくなったが、先のようなイエス像から離れようとも思わなかった。その時期の私は、教会の教える権威の中に神の究極の真理が受け取られたのだというカトリック的な主張の正しさを叫びたてることに束の間の安息を見出していた。そこには「変わらぬ信仰」があった。そうこうするうちにそれも結局は、大学に進学して私の世界観が拡大するにつれ、幻想にすぎないものとして打ち捨てられることになった。

私の人生における次の発達段階は、私にとってのイエスが身近な存在となっただけではなく、私が神と呼んでいる究極的な神秘が人間の顔をして存在していたのだということを悟り始めた時にやってきた。今にして思えば私の霊的生活は、その神秘を目指す果てしない旅となることを運命づけられていた。私が影響を受けた神学教師パウル・ティリッヒは、この神を「存在自体」と言い表した。それは私にとって、神を探し求めることと私自身のアイデンティティを探し求めることは同じである、ということを意味していた。そして私は今日もなおこの旅路の途上にある。私は自分が「ヨルダン川のこちら側」に生きている限り最終目的地にたどり着けるとは思っていない。しかし私は自分が勝手に捏造したものを追いかけているとも思わない。神は私にとって体験することのできるリアリティではあるが、私がその体験について語ろうとしても、神は常に私の説明を超越しているということに気づかされる。この事実こそが、神の真理の究極的な意味を保持していると主張するいかなる宗教をも超越するよう私を力づけてくれる。それ以来、私にとって宗教とは不定形のものであり、いかなる目に見える様式も決定的とはなり得ないものとなったのである。

私がこういったことを語るのは、ほとんどの宗教システムから発せられる主張よりも、私のほうが幾分か物事をよく理解しているということを知っていただきたいからである。それらの宗教システムは安心を提供し、誤りなき聖書あるいは無謬なる教皇の比類なき権威を主張する。しかし私は今やそれらの主張を、宗教的ヒステリーが生み出した昔ながらの結論以上の何ものでもないと思っている。そういったものでは今や私は満足できない。これらを妄想の産物にすぎないとして破棄する点では、私は宗教と関わりを持たない私の友人たちと同じである。このような妄想にはもう私は参加する気はない。しかし私はイエスが表したものへの探求や、私が神と呼ぶ究極の神秘への旅を拒んでいるわけではない。私は全ての人間存在が何らかの形でその旅を始めることができると信じる。なぜなら、神を探し求めることは人間であろうとすることの一部だからである。

私は今でも日常的に聖書を開いてイエス物語を読んでいる。しかし二十一世紀の人間である私が作り得たはずもないそれらの物語を私たちが鵜呑みにしているようだという思い込みには何度も不快にさせられる。何者かが五切れのパンを大群衆が食べられるほどに膨張させたという話を、私が信じているわけではない。そんなことが可能なら世界の飢餓が問題になることはなかっただろう。実際には世界中で人びとが毎日飢えている。

ということは、このような神理解に執着する者は、この神は今日飢える人びとを死なせる選択を行ったのだという結論に至らざるをえない。それは神というよりはむしろ悪魔だが、彼らはそのことに決して向き合おうとはしない。

私は、何者かが超自然的な力で目の見えない人を見えるようにし、耳の聞こえない人を聞こえるようにし、声の出ない人を歌えるようにし、足の不自由な人を歩けるようにしたということを、字義通りには信じていない。そんなことが可能なら医学の発展など全く無用である。しかしその発展は必要である。なぜなら、病気や身体の機能不全の原因と治療法を発見することは、今も昔も神ではなく人間の責任だからである。

人びとはいささか言い訳がましく、奇跡の時代は終わったのだと言う。そう言っておけば、現代世界には超自然現象が存在しない理由を説明しつつも超自然的な世界観を保持できるからである。これは奇跡の時代などなかったとか、私たちの祖先がかつて奇跡と呼んだものは実は長い年月をかけて成長したファンタジー物語だとか、世界がどのように動くかについての知識がなかったために起こった昔の人びとの誤解だという認識が生まれてきたことに対する反撃である。水の上を歩く能力といったものは私たちの世界では現実ではなくゴルフの最中のくだらないジョークの中にのみ現れる。今日において嵐は人格のない大気中の前線の移動の結果であると理解されている。それは隠れた神の意志によるものではない。だから嵐はいかなる人間の命令でも鎮まってはくれないのである。

死んだ人は、それがヤイロの娘であろうが、ナインのやもめの息子であろうが、ラザロと呼ばれる男であろうが、今日墓の中から出てきて再び社会復帰を果たすということはない。私たちは死が永続的な状態であり、ほんの数分間酸素が途絶えただけで脳が取り返しのつかないまでに破壊された、肉体的機能の完全なシャットダウンであることを知っている。私たちは今、死が生の自然な一部であり、私たちの罪を怒る神が私たちに負わせた罰ではないことを知っている。十字架につけられて金曜日に処刑されて葬られた人間が、日曜日に蘇生して墓から出て来るということはあり得ないし、かつては雲の上に住んでいると信じられていた神のもとに帰るために重力を無視して空に舞い上がるということもあり得ない。

これらは、なぜイエスの物語が私にとって「神の言葉」というよりも空想の世界のように感じられるのかというごく一例である。私はこれらの全てを不可能なものとして、またそれゆえに字義通りの意味での事実ではないとして全面的に拒否せざるをえない。しかしこういう本質的ではないものを拒否したとしても、イエスが超越的で異質な領域への扉を私に与えてくれることを信じる上でいささかの支障にもならない。だから私は彼を通じてその意味を追い続けるのである。

私はもはや、聖書に書かれていて、キリスト教史を通じて何度も語られてきたイエスに関する超自然的な事柄を文字通りに信じることはできない。しかしそれでも私はイエス体験というものに大いなる期待をもって魅了されている。もし読者のどなたかがこの感覚を共有してくださるなら、あるいは深く関わってくださるなら、おそらく私はあなた自身の旅における同伴者として役立つことができるだろう。それがせめてもの私の願いだ。

まず私は、宗教的な恐怖心を利用した支配に対してものを言いたい。勇気を出して質問すれば不信仰だと言われて罰を覚悟しなければならないほど、そうした宗教的疑問を抱く人びとの信仰は弱く、人生は恐ろしいのだろうか？　私はその種の疑問を提起して論争をふっかけるようなキリスト教信仰への敵対者などではない。むしろ今の時代の宗教的な論争は、私たちの現実認識を作り変えてしまうほどの爆発的な知識の増大に起因する。また以前には、信徒席に座る人びとの信頼を崩しかねないという恐怖の故に自由な活動を許されていなかった新しい聖書学の研究もこれを後押ししている。新しい真理がなぜプロテスタントとカトリック両方のキリスト教会から全面的に抵抗を受けなければならないのか？　「自分の意見を変える権利は誰にでもあるが、自分に関する事実を変えることは誰にもできない」と言ったのは、ニューヨーク州選出の上院議員だった故ダニエル・モイニハンである。宗教は事実それ自体の積み重ねによって得られた真理から隠れることはできない。私たちは問わなければならない。知性が冒瀆されている状態で心が温まるということがあり得るだろうか？知性が拒否するものを心が礼拝しようとするだろうか？　虚無に対する恐怖がヒステリーを生み出して理性と全く入れ換わってしまうのでない限り、そんなことはめったにない。しかしその一方で、心はいつまでも虚無に耐えることはできない。それゆえに人間の虚無感は知性に対し、新しい地平に進み、新しい可能性を開き、新しい選択肢を見出すよう促すのである。このポストモダンの世界で私たちが探し求める霊的なリアリティは開かれた知性なしには獲得され得ない。と同時に、それは温かい心がなければ決して見出され得ない。その事実が私たちに心と知性の両方をもって神を礼拝する新しい方法を学ぶよう後押しをしてくれると信じている。しかしそれを可能にするにはまず、もはや役に立たない過去のいかなる決まり文句をも破壊する覚悟をもたなければならない。検証されない真理という幻想には何か人を安心させるものがある。過去の人びとによる説明から一歩も進み出ようとしない閉鎖的な人生においてもそれは言える。しかし、真剣に問いをぶつけることなしに人が神に心から仕えるということはあり得ない。この事実に私たちは率直かつ直接的に向き合わなくてはならない。

私はこの探求を、福音書に書かれた伝統的なイエス物語の細かな点をラディカルに探査することから始めたい。その細部のほとんどは吟味に耐えることができないだろう。イエスについて言われていたことや書かれたことのあまりにも多くが全く史実ではないことが徐々に明らかになるにつれ、人びとは驚き、あるいは恐れ、怒りさえ抱くようになるだろう。そんなことは今までにはなかった。私は徹底的かつ注意深く分析を進めるつもりである。もしデータが要求するならその物語を退けるし、あるいはその物語が実際になんであるかを白日の下に晒すだろう。私はそれを大胆に正々堂々と行うつもりだ。このプロセスが完了したなら伝統的な信仰がズタズタに引き裂かれることを恐れる人もいるだろうが、私の知ったことではない。イエスを破壊することが私の目標ではない。彼を閉じ込めてきた何層にも塗り固められたコンクリートを破壊することが私の目標なのである。この作業が完了すれば、私たちはイエスを見る新しい方法へと移行する準備ができる――すなわち信じない人たちのためのイエスである。

この目標があなたの興味をそそるものであってほしい。旅は今始まる。

2　ベツレヘムの空にあの星はなかった

誕生物語とは常に非現実的なものだ。それらは決して史実ではない。誰も分娩室の外で偉大な人物が生まれるのを待ったりするわけがない。

我々はイエスの物語への探査を、聖書に描かれた彼の生涯の最初の部分から始めよう。イエスは、ダビデの町ベツレヘムで生まれたのだろうか？　答えは単純に「否」である。これが史実だという可能性はなきに等しい。

イエスの誕生地はほぼ間違いなくナザレである。十中八九、彼は他の誰とも同じようにして生まれてきた。彼には人間の母と人間の父がいた。ベツレヘムでの誕生も処女降誕の伝承も後になって発展した解釈のプロセスの一面であって、それらは八〇年代以降になるまで、あるいはイエスが地上での生涯を終えた後五十年から六十年を経るまでは、記述されたキリスト教伝承の中にはっきりと姿を見せていない。伝統的なキリスト者たちの多くは、聖書そのものではなく自分たちが出演者として参加したクリスマス・ページェントからイエスの誕生について学んできた。彼らはこの誕生神話の最初の探査を見るやたちまち動揺してしまうだろう。ロマンチックでノスタルジックで疑問を持たれたこともないおとぎ話はなかなか廃（すた）れないのである。

誕生物語とは常に非現実的なものだ。それらは決して史実ではない。誰も分娩室の外で偉大な人物が生まれるのを待ったりするわけがない。まずある人物が偉大な者となり、その後で彼の未来の偉大さを予感させるような誕生物語が流布し始める。物語は英雄的な人物のきわめて幼い時代から、強さ、品格、知性といった特異な才能があることを暗示する。やがて、その人物の誕生の瞬間までもが不思議なしるしや、やがて起こることの前兆などによって特徴づけられるようになる。したがって人間イエスのリアリティに対するこの探求を、聖書の中で彼の誕生を告げているといわれている物語を観察することから始めるのは必要不可欠である。なぜならあまりにも長い間史実であると誤解されてきたからだ。[6]それらの物語は風変わりな要素に満ちている。歌う天使たちや、地上での出来事を知らせる星たちや、一人の胎児がもう一人の胎児の将来の特別な力を知らせようとして飛び跳ねるといったことが私たちに告げられている。これらの要素は直ちに、字義通りの史実ではなく解釈を施された象徴という本来の姿で理解されるべきである。まずは歴史の領域からこれに関連する事実に耳を傾けてみよう。

聖書外の資料によれば、ヘロデ大王が死んだと思われるのが前四年、その後ユダヤ人の土地は三つの総督領に分割された。やがて、ポンティオ・ピラトがローマ帝国の総督となって、この三つの領域の一つであるユダヤ地方に君臨した。ピラトは聖書外資料によれば後二六〜三六年まで在位した。もしイエスが、二つの福音書の物語が証言しているように（マタイ2・1、22、ルカ1・5）ヘロデが王であった時に生まれたという伝承が正確なら、また全ての福音書が断言しているように（マルコ15・1、マタイ27・1、ルカ3・1、23・1、ヨハネ18・29以降）彼の十字架刑がポンティオ・ピラトの在位中に行われたとすれば、私たちは彼の生涯の実際の長さをかなり正確に特定できる。その他の公表されたデータを参照した上で、ナザレのイエスの生涯は前四年ごろ始まり、およそ後三〇年あたりに十字架刑によって終わった、ということで学者たちの間では意見の一致を見ている。この年代設定がかなりしっかりしているので、私たちは彼の生涯の細部に焦点を合わせる準備ができているのである。

イエスはどこで生まれたのか？　彼はナザレのイエスとして広く知られているので（マルコ１・24、６・１―６、16・６、マタイ21・11、26・71、ルカ４・16、18・37、24・19、ヨハネ１・45、18・５）、出身地がナザレである可能性が高い。これは最初の福音書を執筆した、私たちがマルコと呼んでいる著者による仮定であることは間違いない。マルコの物語にはベツレヘムに関する言及はなく、奇跡的な誕生については片鱗すらない。これは、マタイが福音書を執筆した後八〇年代まで、イエスの誕生地がベツレヘムだという記事がキリスト教の伝承には入っていなかったことを意味する。ベツレヘム伝承が現れたのは直接見聞きした記憶によってではなく、もっぱら前八世紀末の作品である預言者ミカの書（ミカ５・２）に見られるメシア預言のテクストを用いた影響だと思われる。マタイはヘロデが学者たちの質問に答える物語の中で、彼が律法学者たちに「約束されし者」が生まれるのはどこかを特定せよと命じたことを告げている。律法学者たちは聖書を調べ、ミカ書の言葉をメシア預言の隠された手がかりとして解釈した（マタイ２・５―６）。なぜミカはエルサレムから数マイルしか離れていないベツレヘムの村にメシアが生まれると書いたのか？　それは、この町が偉大なるダビデ王の誕生地であり、ユダヤ人のメシア待望がメシア預言の伝承の発達過程でずいぶん前からダビデ王国の復興への期待を付け加えていたからである。

マタイとルカだけが誕生物語とイエスの元来の家族についての情報をもたらしているのだが、どのような経緯でイエスがそこで生まれることになったかについては一致していないことで、ベツレヘムが誕生地である根拠が不安定であることを示している。実際、二人の記事は多くの点で食い違いがある。しかし一般的にはそれらは混ぜ合わされており、ほとんどの人はマタイの要素とルカの要素を分類することなどできない。しかし私たちの目的にとっては二つの物語の区別を明確化することはたいへん重要である。

マタイは、マリアとヨセフがベツレヘムに住んでいたとしている。その方が当然イエスがそこで生まれたと言いやすい。マタイによれば、マリアとヨセフはベツレヘムのある家に住んでおり、彼が言うにはその空には星が留まり明るい光を注ぎ続けたらしい。しかし同時に、マタイは明らかにイエスがガリラヤ人であることを知っており、大人になったイエスがナザレの村から出てきたことは当時一般にも知られていた。当時エルサレムやユダヤからガリラヤに移住するような人はほとんどいなかった。地方は当然のこと、郊外にさえも引っ越したいと思う者はいなかったのである。社会的な要因あるいは政治的、経済的要因であれ、ユダヤ人の生活におけるあらゆる要因が仮に移住を好むものであっても、それはエルサレムに向かってであり、決してエルサレムからではない。エルサレムがチャンスを意味するのに対して、ガリラヤは貧困を意味する。たとえ政治的な重要性からローマの抑圧が強化されていたとしても。しかしマタイがイエスの家族を移住させたのはこの方向である。そうすれば彼はイエスのガリラヤ的な背景を説明できるからである。この不自然な行動を説明するために、彼はイエスの幼児期の物語の中に、田舎のひなびたガリラヤでイエスを育てるためにイエスの家族が高貴なユダヤのベツレヘムという誕生地を離れようとした理由を説明する、いくらか無理のあるドラマを作り上げなくてはならなかった。このわざとらしい説明は、夢を通して与えられたいくつもの超自然的なメッセージと関連づけられ、王権に対する脅威と見なされたこのささやかな子どもに対抗しようとするヘロデ王家の小さな陰謀さえも内容に含んでいる（マタイ2・7―23）。その後マタイは、このイエスが大工の息子であると告げるが、それによってこの物語が神話的創作であることがさらに明らかになる（マタイ13・55）。一人の一般人の誕生に注意を払う王など現実の世の中ではまずいない。しかもその子どもがもたらす脅威から王座を守るために陰謀を働かせることなどあり得ない。このようなマタイの手によるイエスの誕生物語のモチーフは明らかに史実ではない。しかしそれは、イエスは何らかの形でダビデ王の王座継承者だというイエスの死後に起こった主張の力強さを反映する。ダビデ王の継承者であることはユダヤ人一般にとってメシアの必要条件である。イエスの誕生地が文字通りベツレヘムであることは、賢者たちの物語の史実性が根拠であるとも言われる。しかし現代の信頼に足る聖書学者の中で、これらのマギたちが実在したことを真面目に支持する者はいない。この物語はマタイだけが伝えているのだが、解釈を施された説教の刻印が至る所に見られる。その説教はイザヤ書60章の章句からドラマチックに発達してきたものである。イザヤ書の記事では、王たちが「射し出でるその（神の）輝き」に向かって歩むと言われている（60・3）。この王たちはラクダに乗ってシェバから黄金と乳香を携えて来る（60・6）。これがマギの物語の核である。

では没薬はどうやってこの賢者たちの物語に入り込んだのか？　没薬はイザヤ書60章には出てこない。答えは簡単だが、それにはユダヤ人の歴史を理解する必要がある。先に述べたように、イザヤ書には王たちがシェバからやってきたと記されている。「シェバ」という言葉はユダヤ人の読者に彼らの歴史におけるもうひとつの物語を連想させる。そこでもユダヤの王に敬意を表するために別の王家の訪問者がやってくる。そこで彼らは自分たちの聖書に立ち返る。列王記上には、シェバの女王がソロモン王を訪れた物語が記されている（10・1―13）。彼女もラクダに乗ってきた。そして大量の香料を持ち込んだと言われている。おそらく没薬はここから賢者たちの物語に入り込んだのだろう。

マタイによればこの王あるいはマギたちは、ユダヤ人の王の誕生を知らせる東方にある天上の座から来た不思議な星に導かれてきたという（マタイ2・2）。そしてその星は、この中東の占星術師たちがついていけるようにゆっくりと空を進んだ（マタイ2・9）。地上の出来事を知らせるために空に現れる星というのは、空を地上の屋根とし、天の床だと見なしていた世界においてなら考えられることである。このような世界観において、星は地上に重要な人物の誕生を知らせるために神が吊るす天の灯火のようなものであり、ユダヤの民話の中にもしばしば登場する。あるラビたちの伝承によれば、父祖アブラハムの誕生も、約束の子であるイサクの誕生も、またユダヤ人の民族意識を最も劇的に造り上げたモーセの誕生でさえも星が知らせたのだという。もし神が当時一般に信じられていたように空の向こうに住んでいて、常に地上に心を留めていたとすれば、そういったことを想像するのも可能である。しかし宇宙時代に住む私たちには不可能だ。私たちは後一世紀の人びとが決して思いつくことができなかったような宇宙観の中に生きている。私たちの世界では、まず飛行機が私たちを地球の裏側の目的地と結びつけ、やがて宇宙船が月にまで連れていってくれた。やがては自動操縦の宇宙船が私たちを太陽系の他の惑星に運んでくれるだろう。ハッブル望遠鏡によって私たちは、天の川として知られている私たちの銀河が二千億個以上もの星によってできており、そのほとんどは太陽よりも大きいということを知っている。私たちの銀河系ひとつ取り上げてもそのサイズは十万光年である。言い換えれば、光の速度（およそ秒速十八万六千マイル）で銀河系の端から端まで移動するのに十万年かかる。その距離を大まかに実感するには、まず十八万六千に六十秒をかけ、それに六十分をかけ、さらに二十四時間をかけ、そして三百六十五・二五日をかける。そうすると一光年がどれだけの距離なのかわかってくる。その数字に十万をかけたものがトータルの距離である。まさに天文学的数字だ。また私たち現代人は、私たちに見える宇宙全体の中では、私たちには巨大に思える銀河系もそのごく一部にすぎず、何千億という他の銀河系が存在しており、今この瞬間にも宇宙は膨張し続け、ほとんど毎日のように新しい星雲が発見されているという現実を受け入れなくてはならない。星は人格を持たない物理的な存在で、地上の出来事を知らせたりはしない。私たちの銀河にはさまよい歩く星も存在しない。全ての星は一定の軌道に乗って運動しており、その軌道はコンピュータで図示することができる。そして過去でも未来でも、いかなる日時における星の位置も正確に計算できる。したがって現実世界では、星がマギたちをまずヘロデ大王の宮殿に導き、そこで彼らは律法学者たちからユダヤの救い主が誕生するのはベツレヘムであると聞き、そして星は最終目的地であるベツレヘムに彼らを導いたというようなことは起こりえない。このような発想は聖書の物語には欠くことができないが、空想の世界でのみ通用するものである。それらは前近代的なファンタジーなのだ。

ベツレヘムはダビデの町だった。前六世紀の初頭以来、ダビデの王座は空位か、あるいは王位を狙う者たちが奪い合っていた。バビロニア人たちがゼデキヤ王の子どもや王位継承者たちを皆殺しにして、ユダヤの王家の家系を途絶えさせたからである。そして彼らはゼデキヤの目をえぐり出し、バビロン捕囚によって連行し、バビロニアで生涯を終えさせた（列王記下25・7）。さてイエスの死後、メシア待望の思想が彼を取り巻き始め、イエスについての記憶はこの伝承に包まれていった。イエスの誕生地がベツレヘムだというのは史実ではない。預言者ミカはそんなことを預言したのではなかった。星もそれを知らせなかった。賢者たちもその星を追ってきたのではない。星は彼らを王宮に連れていったり、幼子であるキリストが生まれたと伝承が称しているベツレヘムへと導いたりはしなかった。マギたちも黄金、乳香、没薬の贈り物を捧げはしなかった。それらの諸要素は発展途上の神話の一部であり、私たちがありのままのイエスを見たいなら、それらをイエスから切り離さなければならない。

あたかも神話的な解釈の編物を編んでいるかのように、マタイはユダヤ人の歴史からモーセの物語を取り出し、イエスの誕生にまつわるもう一つのテーマとして織り込んでいる。邪悪なファラオ（エジプトの支配者）は、エジプトで生まれたユダヤ人の男の赤ん坊を皆殺しにすることで、神の選んだ解放者モーセを滅ぼそうとした。ヘブライ人の物語によれば、ファラオの目的は幼いモーセが成長してエジプトの奴隷制からユダヤ人を解放する前に彼を殺すことだった。この物語ではモーセは母親が彼をパピルスの籠に隠してナイル川に流したために難を逃れた。そしてこの川でファラオの娘に発見され、拾われてファラオの宮殿に入り、彼女の息子として育てられる（出エジプト1・15―2・10）。そこに、ミリアムというモーセの姉が絶妙のタイミングで現れ、彼を王宮で育てるにあたってヘブライ人の乳母を採用することを提案する。その乳母の候補としてミリアムが推薦したのが彼女の母、すなわちモーセの母である。これで全てが丸く収まる。こういったことは神話の発達過程で起こることで、歴史上に起こることではない。(7)

マタイは王の祝福を携えた賢者たちをベツレヘムに行かせることで、このモーセのテーマを賢者たちの物語に統合している。マタイによればヘロデ王は、賢者たちがその「王子」を見つけたら戻って来るように求めただけである。「わたしも行って拝もう」（マタイ2・8）。エルサレムからベツレヘムまで約六マイル（およそ九・六キロ）の道を、賢者たちは再び彼らが東方で見つけた不思議な星に導かれて旅をする（マタイ2・9）。そして星はイエスのいる家の上で停まり、マギたちは黄金、乳香、没薬の贈り物を捧げることができた。しかしこの東方の占星術師たちは、夢の中でヘロデのもとに帰るなと神から警告を受け、別の道を通って自分たちの国へ帰っていった（マタイ2・12）。ヘロデはすぐに部外者であるはずの彼らが自分の王座を狙う者に対するスパイ活動を拒否したことに気づき、激怒して第二の手段を使う（マタイ2・16―18）。すなわち、神の約束による解放者を殺害するという無益な試みのために、ヘロデは軍隊を召集してベツレヘムに向かわせ、ユダヤ人の男の赤ん坊を皆殺しにしろと命令する。お分かりのように、これはまさにモーセが生まれた時にファラオが行ったことである。さらにマタイは、このヘロデの行動のためにイエスの家族がエジプトに逃亡したと語ることで、二つの物語を一層強く結びつける。巧妙な物語の中で、これら全ての解釈を施されたヒントが、メシアの誕生地である想像上のベツレヘムに実に美しく結び合わされる。それらはロマンチックで創造性に満ちてはいるが、その中にはひとかけらも史実は存在しない。誕生地ベツレヘムというのは実在のベツレヘムとは別に、発達途上にあったメシア待望の解釈を施された伝承の一部にすぎないのである。私たちの主要な関心が歴史であるならば、私たちはクリスマスに「ああ、ベツレヘムよ、などかひとり」〔讃美歌115番〕ではなく、「ああ、ナザレよ」と歌わなければなるまい。なぜなら、ナザレのイエスとして知られる人物が誕生した地はナザレである可能性が圧倒的に高いからである。

次にルカに目を転じてみよう。彼はマタイのおよそ十年後に福音書を執筆している。私たちはイエスの出自に関するルカの物語の中に、マタイとは全く異なる糸が織り込まれているのを発見する。ルカもイエスがベツレヘムで生まれたと述べている。しかし、彼の誕生物語がマタイの記事と共有しているのはそこだけである。

ルカは執筆にあたって、発達途上の誕生物語を知っていただけでなく、マルコの福音書も参照していた。彼が自分の福音書の中で展開するつもりだったいくつかのテーマを導入するためには、イエスがダビデの王座の継承者だという前提を強調しておくのは重要なことだったので、彼もイエスをベツレヘムに誕生させた。しかしマタイとは違ってルカは、イエスの家族がナザレに住んでいたという点でマルコに賛同している。したがって彼にとって問題なのは、いかにしてこのナザレ出身の夫婦が、ダビデの王座への期待を満たすためにベツレヘムで特別な赤ん坊を産むことができたのかを解明することだった。そこで彼は、幾分か魅力的ではあるが、やがて私たちが見るように歴史的には疑わしい文学上の技巧を凝らしている。ルカの記すところによればイエスが生まれる前、人口調査か人口登録が皇帝アウグストゥスによって命じられ、人びとはそれぞれの先祖が由来する故郷に戻って登録することが求められた（ルカ２・１―５）。ヨセフはダビデの「家」に属していたとルカは断言する。それで彼はベツレヘムに帰郷しなければならなかった。ヨセフは彼の妻を連れており、欽定訳聖書（ＫＪＶ、King James Version）の表現によれば「出産が間近」であった（２・５、ＫＪＶ）。というわけでルカによれば、これがこのナザレの夫婦に子どもが生まれたとき二人がたまたまベツレヘムにいた理由なのである。神話における問題の解決としては優れている。

セシル・B・デミルやメル・ギブソンといった映画作家たちは、ルカの豊かなイマジネーションを誇らしく思ったことだろう。しかしルカの物語には全く歴史的な事実はなく、一切の合理的判断を止めてしまわない限り書かれた通りのことが起こったとは考えられない。この物語における論題の多くが繰り返し明らかにしているのは次のことである。すなわち、これらの豊穣な解釈を施されたデータは、たとえ不正確であったとしても、もっぱら作者がイエスを何者と考えていたかを主張するために作られているということである。それらは実際の歴史的なデータを提示するために採用されているわけではないのだ。

第一に、ルカはこの皇帝アウグストゥスによって命じられた人口調査なり人口登録がキリニウスがシリア州の総督であった頃に行われたとしている。しかし聖書外の資料では、キリニウスがシリアの支配者となったのは後六年から七年にかけての冬である。もしイエスがルカが述べるように（1・5）ヘロデの在位中に生まれたのなら（前四年）、キリニウスがシリアで権力を振るうようになる以前に十歳か十一歳になっていただろう。この事実だけでもこの物語の史実性は揺らぎ始める。

第二に、古代史において人口登録あるいは課税のために先祖の町に帰るよう民衆に命令した権力があったという記録はどこにもない。そのような要求をするためには、ある程度効率的な行政や記録の管理がなされていなければならないが、そのような記録は今日残存していない。またそのような行政が出生証明書や結婚証明書、あるいは死亡証明書を発行しないというのは、いくら古代世界とはいえ考えにくいことである。そしてさらにもう一つ、これが訳の分からない主張であることを示す事実がある。ルカの系図によれば（3・23―38）、ダビデからヨセフまでは四十一世代である。四十一世代を経れば一人の人からどれほど多くの直系の相続人が生まれるか想像してみてほしい。何百万人という数に達するだろう。ダビデ王には多くの妻がいた。彼の息子ソロモンのように千人ということはなかったにせよ、数百人はいただろう。一世代か二世代くらいなら、ほとんど全員が正当なダビデ王の相続人であることを主張できたかもしれない。しかし、ある政府が相続人全員を把握しており、その上で「登録」のためにダビデの町へ帰るよう命ずるなどということは冗談抜きには考えられない。もしもそんな政策を字義通りに採択すれば、なるほど宿屋に部屋はなかったことだろう。中東において、あるいは現代世界においてさえも、そんな大群衆の流入に対処できるような街や国はない。したがって、これは史実ではありえない。

同様にルカの誕生物語には、他にも字義通りに読もうとしても信用できない部分がいくつかある。ナザレからエルサレムまで約九十四マイル（およそ百五十・四キロ）、ナザレからベツレヘムまで恐らく百マイル（百六十キロ）はあることを、多くの人は知らない。旅をすれば七日から十日はかかる。当時利用できる交通手段と言えば、歩くかロバに乗るかである。途中にはレストランもモーテルもない。旅人たちは地べたで眠らなければならないし、自分たちが持ってきた食料で足りない分は、何でもいいから買える物は買って食べなくてはならなかった。日中の暑さのために旅人は陰を求めて旅を中断することを余儀なくされ、夜空の暗さはあまりに深く、夕暮れの最後の光が消えた後はとても安全に歩くことはできなかった。これらの事実を頭に入れると、あるる疑問が起こってくる。このような旅に妊娠八か月から九か月の妻を連れ出す夫の行いが正気の沙汰と言えるだろうか？　なぜ彼は妻を連れていこうなどと考えたのか？　そもそも当時、女性は課税や選挙においては数に入れられてはいなかった。女性たちは市民社会の政策決定に参加していなかった。というわけで、ルカが神話を発展させるためにイエスをベツレヘムに誕生させようとして施した文学上の技巧は、明らかに穴だらけなのである。

続いてルカは、イエスとその両親をマタイのようにエジプトに避難させるのではなく、エルサレム周辺に滞在させている。生まれて八日目の割礼を施し、四十日目には奉献と浄めの儀式を行うためである。それらが終わってから、ようやくこの家族は自分たちの家があるナザレにのんびりと帰還する。そこがイエスの育った場所だということは伝承がはっきりと伝えている。そして彼が誕生したのもそこなのである。

イエスの誕生地がベツレヘムだというのは、神話におけるイメージ形成のための部品である。彼は後の人びとに「ナザレから何か良いものが出るだろうか」（ヨハネ１・46）と言われるような、ナザレというパッとしない町の子どもだった。しかしイエスがナザレ出身であることは確かであり、そのことはマタイとルカの福音書の中で彼の上に置かれた解釈を施された神話を私たちが乗り越えさえすれば、聖書の物語においてきわめて明解である。

この分析は私たちに多くの疑問を突きつける。すなわち、イエスの何が彼の誕生をベツレヘム出身であるとか宇宙的なしるしや不思議な出来事などで覆う必要があると人びとに思わせたのか？　実際この種の神話がどれほどの人物の周りに集められるものだろうか？　なぜそれが彼に適用されたのか？　歴史上の何がイエスを慎ましい出自から引きずり出して、王家に由来する土地に移し替えるのが適切であると人びとに考えさせたのか？

イエスに関して解釈を施された神話は、字義通りに読まれたとたんに解体してしまう。しかし彼の生涯の意味は今でも説明を強く求めている。私たちの分析が完了したとき、恐らくその説明ができるだろう。しかし今は彼がガリラヤのナザレで誕生したと言うだけで十分である。星も、天使も、賢者たちも、羊飼いたちも、飼い葉桶もなかった。これが私たちの最初の結論である。さらに話を進めよう。

3　イエスの両親――合成されたフィクション

この人はマリアの息子で、大工ではないか。（マルコ6・3）
この人は大工の息子ではないか。母親はマリアというのではないか。（マタイ13・55）

誕生物語は史実だと言って片づけてしまうと、それではイエスの両親は誰だったのかという疑問が立ち上がる。この二人について私たちが歴史的に知り得ることは何だろうか？

このような疑問を抱くこと自体に驚く人もおられるだろう。というのも私たちはずいぶん長い間、神話を史実だと思い込んできたからである。イエスの地上での父親はヨセフだということは誰でも知っている。私たちはこれまでキリスト生誕の場面を描いた絵画や、像や、クリスマス・カードの中に、彼の姿を何千回も見てきた。ヨセフは描かれたものを見るとすぐに彼だとわかるくらい私たちにとって馴染み深い。彼はベツレヘムへの旅の途中で、妊娠したマリアが横乗りになっているロバの側を歩いていたり、出産したばかりの妻と寝かされた赤ん坊を守ろうとするかのように飼い葉桶の後に決然と立っていたりする。ほとんどの人はこれらの描写の正確さについて疑問を持ったりはしない。まして、この男性の名前がヨセフであることまで疑ったりはしないだろう。

ヨセフについてそうであるなら、マリアはその何百倍もそうである。彼女の姿は何百年ものあいだ西洋美術を席巻し続けてきたし、世界中のほとんどの教会でステンドグラスに描かれたり他の様々な方法で記憶に留められてきた。歴史上さまざまな人びとが彼女の姿を幻に見たと主張してきたので、彼女がどんな姿をしていたのか私たちはよく知っている。ファティマの聖堂群やその他のいくつかの場所は、彼女が出現したおかげで存在している。最近では彼女はシカゴのある橋の下に現れたと言われており、その報道のために何マイルにもわたる渋滞で交通が麻痺したという。彼女のさまざまな目撃情報についてのテレビ・ドキュメンタリーも制作された。「本物」であると見なされる出現と「適切な証拠に欠けている」出現とを識別するために、ローマ教皇庁による調査も行われた。歴史を通じてマリアはヨセフよりもはるかに重要な人物でありつづけてきた。しかし新約聖書の最も初期の文書においては必ずしもそうでないことを知るとき、私たちは驚きを覚えるだろう。聖書に記されたイエスの両親の詳細を研究してみると、彼の死から福音書の執筆までの間に彼の周囲に発達した神話の力がどれほど大きかったかが明らかになる。しかしその詳細は、キリスト教の生成期に入り込んできたイエスの出自についての神話を支持しないし、言うまでもなく私たちの感情をも満たしてくれない。だからこそ、いったん誕生物語を史実だと言ってしまうと、イエスの聖家族と私たちが呼んできたこの二人の歴史性にこだわらざるをえなくなるのである。

研究にあたってまず確認すべきことは、私たちの手に入るキリスト教暦七〇年代以前の資料には、イエスの親に関する記述は存在せず、また八〇年代までの伝承においても、いずれかの親が特に重大な意義を持つように扱われていた気配もないという事実である。早くとも五〇年、遅くとも六四年に書かれたパウロ文書全体を見ても、イエスの両親についての言及は一つも見当たらない。パウロがイエスの出自について述べているのは、イエスは「女から、しかも律法の下に生まれた」（ガラテヤ4・4）ということだけである。このテクストで「女」と訳された言葉が「処女」という意味を言外に含んでいることは絶対にあり得ない。実際、ユダヤ人の間でも、今日の私たちと同じく、処女の母親とは矛盾した言葉である。子どもは処女から産まれてくることはできない。このイエスの出自に関する最も初期の文書においてパウロが言っているのは、イエスは全く普通の誕生の仕方をしたということである。イエスは他の誰とも同じように女性から産まれ、他のどのユダヤ人とも同じように律法の下に生まれたのである。ガラテヤ書は五〇年代初頭に執筆されている。パウロはイエスの奇跡的な誕生については聞いたことがないらしい。おそらくそのような伝承がまだ形成されていなかったのだろう。同じガラテヤ人への手紙の中でパウロはヤコブのことを「主の兄弟」と呼んでいる。ということは、マリアの永遠の処女性というものは彼にとっては想像も及ばないことだっただろう（１・19）。そのわずか数年後、五〇年代中期から後期にかけて、パウロはローマ人への手紙を書き、そこで彼はイエスとダビデの家系との関係について初めて主張した人物となっている。これがベツレヘム生誕伝承の生まれた起点である。しかしパウロにとって、これは父親が神だという主張ではない。彼は単にイエスが「肉によれば」ダビデの子孫から生まれたのは（ローマ１・３）、彼が「聖なる霊によれば、死者の中からの復活によって力ある神の子と定められた」者となるためである（ローマ１・４）、と書いただけである。イエスの家系についてパウロがそれ以上のことを知っていて注意を払っているというようには見えない。

パウロ以前に書かれたものでもっと情報を得られる文書がないのか、という疑問が湧いてもおかしくはない。その答には二つの可能性があるが、それらの年代決定については新約聖書の研究者たちの間でも議論の最中である。またそれらがどれほど信頼に足るものかも疑問である。それでも言及する価値はある。可能性の一つは学者たちがＱ資料と呼んでいる未だ発見されていない仮説的な文書である。それはマタイとルカの双方の研究の結果、存在が推定されている。マルコがそれらの福音書の基礎をなす先行資料であったということは学者が一致して認めるところである。マタイは自らの作品にマルコの約九十パーセントを用いている。またルカはそれよりわずかに少なく、五十パーセントである。このことは、マタイとルカの両方から全てのマルコ由来の素材――つまり、これらの福音書がマルコと共有しているもの全て――を削除し、それぞれの福音書がどのようにマルコを用い、マルコに何を付加し何を削除したのかを研究することが学者には可能だということを意味している。しかし両福音書からマルコの内容を削除してみると、マタイとルカがマルコに依存した部分に加えて、第二の共通する資料を持っていることが明らかになる。なぜなら二つの福音書には、全く同じ（あるいはよく似た）内容でありながら、マルコに由来しない章句があるからだ。この第二の資料は、現在はおそらく失われてしまっているが、記述された資料であろうと大抵の学者たちは仮定している。その資料はQと名づけられている。単に「資料」という意味のドイツ語「クヴェレ（Quelle）」の略称である。このQ仮説は十九世紀のドイツにおける研究の成果である。このQの素材だけを抜き出してみると、それがイエスの言葉集であることがまずわかる。しかしこの理論が正しかったとしても成立年代の問題が残る。私たちは、Q資料がマタイやルカよりも早い時期のものに違いないということだけは知っている。両者ともQを利用しているからだ。マルコは明らかにこの資料を使っていないので、Qはマルコより後だという説もあるが、実はマルコよりも早く、単にマルコが知らなかっただけという可能性もある。Q資料には物語的な要素は全く含まれていないし、十字架刑や復活といったイエス物語の中でも決定的に重要な場面についてさえも一言も触れられていない。イエス・セミナー（史的イエスを発見することに力を注ぐ学者のグループ）のようないくつかの研究グループは、五〇年代前後というさらに早い時期を強く主張してきた。その議論の中に入ることは本書の目的ではない。しかしその成立年代にかかわらず、Q資料がイエスの両親については何も述べず、名前にさえも触れていないことに、私たちは留意しておく必要がある。[8]

それ以外の唯一のキリスト教文書としては、ある学者たちが正典福音書よりも早く書かれたと論じている、トマスの福音書と呼ばれているものがある。二十世紀になってからナグ・ハマディと呼ばれる地域の洞窟で発見されたトマスの福音書は一章分の長さしかなく、やはりイエスの語録集であり、やはり物語的要素はなく、誕生物語や十字架刑の物語、復活物語も奇跡物語もそこにはない。トマスの執筆年代はともかくとして、そこにはイエスの家族の出自については何の手がかりもない。[9] したがって後の福音書において見られるイエスの両親を推定するような内容は、歴史的にはたいへん説得力に欠けるデータに基づいたものなのである。

ここで私たちは、誕生物語が伝承に入り込む前に書かれた唯一の新約聖書の文書であるマルコの中には、イエスの誕生については何も記録されていないということを明記しておこう。マルコがこの物語を知っていながらあえて載せなかったとは考えにくい。しかしマルコがイエスの家族について語っている内容を見れば、彼が形成途上にあった誕生伝説について何も知らなかったことは明らかである。マルコは二カ所でイエスの家族について言及しているが、いずれも全く軽蔑的である（３・31―35、６・１―４）。マルコはイエスの家族が母親と四人の兄弟たち（ヤコブ、ヨセ、ユダ、シモン）と少なくとも二人の姉妹たち（名は記されていないが、「姉妹」という単語の複数形が使われている）によって成り立っていることを示唆している。父親については触れられていない。この家族たちはイエスの精神状態と彼の奇異な行動が自分たちの社会的地位に与える影響を懸念していることを示している。「身内の人たちはイエスのこと（イエスの教えや公の行動について）を聞いて取り押さえに来た。『あの男は気が変になっている』と言われていたからである」（３・21）。また律法学者たちも彼が悪霊にとりつかれていると言っていた（３・22）。マルコによれば、イエスは彼の家族が自分の人生に介入してくるのを拒み、彼が認める母、兄弟とは神の御心を行う人であると宣言することによって、事実上公然と彼の母や兄弟たちとは無関係であると言ったのである。イエスは気が変になったと考えるというのは、天使が現れて、あなたは神の子を授かるでしょうと告げた母親としては、適切な対応であったとは言いがたい。このあたりの文章は、天使による受胎告知や、神の子あるいは「いと高き方」の子として描かれた人生への約束された期待などとはまるで調和しない。

イエスの母マリアという名前も、実はマルコ全体で一カ所しか登場しない。実際八〇年代以前のキリスト教文書の中で、彼女の名前について触れているのはここだけである。そのたった一度の機会においてさえ、彼女の名前は敵意を抱く群衆の中の匿名のメンバーの口から発せられている。マルコによれば彼らはイエスが故郷のシナゴーグで話したことに驚き怒っていた。このエピソードにおいて群衆が発した問いは、こんな田舎の少年がどうやってこんな知恵を手に入れたのだろうか、ということだった。群衆から声が上がった。「この人はマリアの息子で、大工ではないか」（6・3）。マルコはもちろんこの発言が下品で攻撃的であることを知っている。誰が父親なのか疑わしいとか不明だとかほのめかす意図でもない限り、一人前のユダヤ人男性が特定の女性の息子と呼ばれることは決してない。このような言葉は私たちが言う「妾の子！」といったニュアンスを含んでいる。マルコはそれをわかっていて書いたはずである。

このイエスの物語における事実が明らかになった所で、私たちは怖がることなく形成途上の伝承を見つめることができる。それらの細部を明らかにすることで、私たちは既に確実だとされていることに疑問を呈するのである。イエスの出自について確実だと言えることなど存在しない。むしろ私たちは、それらが形成途上の伝承に入り込んだ時にイエスの生涯に付着したものであると見なしている。

イエスの地上での父親であるヨセフの名が伝承に初めて導入されるのは八〇年代の半ば、マタイによってだった。処女降誕という概念が伝承の一部になると、当時の無慈悲で父権的な社会において妊娠したマリアを守るべき男性の登場人物が必要となる。

マタイの誕生物語ではむしろヨセフが主人公であり、マリアは彼のドラマのほんの脇役にすぎない。彼女は単にヨセフの婚約者として紹介されるだけである。マタイによれば、彼らが一緒になる前にマリアは「身ごもっている」ことが明らかになった（１・18）。この章句にマタイは「聖霊によって」という言葉を付け加えている。[10] しかし彼の物語の残りの部分から、何かスキャンダラスなことが起こったのではないかという初期の推測があったことは明らかである。マタイはヨセフを「正しい人」（１・19）と描いているが、おそらく彼は夫を裏切ったフィアンセに、その不義の妊娠を公の問題にすることで惨めな思いをさせたくなかったのだろう。そこで彼は彼女を密かに離縁しようとする。ヨセフが最初の一連の夢を見たと言われているのはこの時である。そしてその夢がマタイの解釈を施されたドラマを形成していくのである。この夢の中で名前を記されていない一人の天使によってヨセフに知らされたのは、第一に赤ん坊は他の男性によるものではなく聖霊によって身ごもったものであること、第二にその子の名前はイエスとなるだろうこと、第三にその子の誕生は預言者イザヤの言葉の成就だということである（マタイ１・20―23）。それからようやくヨセフはこの啓示に従い、マリアを妻として受け入れ、彼女の子を父親として保護し始める。この保護はヨセフがこの子に天使から啓示された名前をつけたことによって象徴されている。

これがキリスト教の物語に処女降誕の伝説が入り込んだ場所である。それはマタイの創作なのだ。美しいが明らかに作り物の説話である。しかもマタイはこの物語をヘブライ語聖書によって根拠づけようとする。それはマタイの署名のようなものだ。彼によればこの妊娠は聖書の言葉の成就である。そして彼はこの奇跡に聖書的根拠を与えるため、イザヤ書のギリシア語訳を提示する。だが昔からその試みには問題があるとされている。第一に「処女」という言葉は元来のイザヤ書７・14のヘブライ語テクストには存在しない。第二にヘブライ語のイザヤ書のテクストはマタイが引用するように一人の女が「妊娠する」だろうと暗示しているのではなく、彼女が「子どもと共にいる」（新共同訳では「身ごもって」）と記している。これは私の地元では、彼女は処女ではないという意味である。第三にイザヤの言う子どもと共にいる若い女とはユダの国の存続を表すしるしである。当時ユダ王国は北王国とシリアの王たちの同盟に包囲されており、アッシリアの勢力に対して武器を取って闘うよう圧力をかけられていた。イザヤは、自国が敵の手に落ちるのではないかと恐怖するユダの王をなだめるためにこのしるしを示す。しかし八百年間も現実とならない神のしるしはあの危機の真っ只中でとうてい王を励ます役に立たなかっただろう。

処女降誕の矛盾したほとんど一貫性のない伝説がどのように最初に文書化されたのか、そしてどのようにキリスト教思想の中に影響を及ぼしていったのかを考えると私は驚くほかない。まずイザヤ書のテクストを使うのははっきり言って拡大解釈であるし、マタイもそのことは分かっていたはずである。二世紀のユダヤ人著述家たちがキリスト教の指導者たちにこの事実を指摘したが全く無駄に終わった。[11] 彼らの考えはすっかりできあがってしまい、制度的な勢力を形成しつつあったキリスト教の力は、事実をもってしても妨げられなかったのである。今、私たちにとってそもそもこれらを解明するということは、キリスト教の研究者たちがこの約二百年間そうしてきたように、マタイが記す字義通りの出来事など最初からなかったと理解することである。私はそうしなければならないと思う。イエスの奇跡的な誕生物語は明らかに別の意図のために用いられたに違いない。おそらくそれはキリスト教の物語にある無防備な側面を覆うために作られたのであろう。もしかすると、マルコにおいて既に述べられた下品なコメントに加えて悪い噂が流れていたのかもしれない。隠す必要があるようなスキャンダルは新約聖書のいくつもの箇所に存在している。ルカは、「マリアの賛歌」（Magnificat）として知られている章句で、マリアに「（神は）身分の低い、この主のはしためにも、目を留めてくださった」（ルカ1・48）と言わせている。これはスキャンダルの暗示なのか？　当時、結婚外の関係で妊娠した女性ほど低い地位はあり得なかった。ヨハネは群衆に、イエスに向かって「わたしたちは姦淫によって生まれたのではありません」（ヨハネ８・41）と言わせているが、これはもうひとつのヒントだろうか？　この発言は、イエスが結婚外の妊娠によって生まれたということを確かに言外に含んでいる。これらの章句は研究者たちを悩ませるが、処女降誕物語が形成され始めた理由を今日の私たちが見定めることができようができまいが、どう少なく見積もってもそれは最初のイエス物語の要素ではなかったということは明記しておく必要がある。むしろそれらは後から形成された解釈を施された伝承であり、いくつものシンボルを組み込んでいるのは明らかであり、決して文字通りに読まれるべきものではない。処女降誕は古代世界において指導者の非凡な資質を表すために使われる大して珍しくない道具なのだ。

しかし、ひとたび処女降誕の伝承が導入されると、地上での父親がドラマに登場しなければならなかった。父権主義的な社会がそれを要求するのである。そこで処女降誕と地上の父親が同時に伝承に出現する。もし処女降誕の伝承がなかったら、ヨセフという役柄も創造されなかっただろう。私はここで敢えて意図的に「創造」という言葉を使ったが、それはまさにヨセフが「創造」された存在だからである。ヨセフは福音書の伝承の中で、誕生物語以外のどこにも姿を現さない。[12] イエスの振る舞いに困惑し、彼を連れ帰ろうとする家族に関するマルコの記事に対して興味深く、そして私に言わせれば真実を暴露するような改訂がマタイによって施されている。マルコが群衆の一人に「この人はマリアの息子で、大工ではないか」と叫ばせている一方で、マタイは明らかに執筆する際にマルコを自分の前に置いていたはずなのだが、それをそのまま使うことに困難を感じていた。というのも彼は既にヨセフを含む誕生物語を造り上げてしまっていたからである。そこでマタイはこのごく短い台詞を書き換える。彼はこの十四語を大幅に書き換えることでスキャンダルを排除してヨセフに言及する。マタイはこのように改訂した。「この人は大工の息子ではないか。母親はマリアというのではないか」（マタイ13・55）。このマタイによるマルコの書き換えが、ヨセフが大工だという伝承の唯一の根拠である。

マタイはマルコの文体を滑らかにし、彼が新しく導入した奇跡的な誕生の記事に調和するようになった。

私はイエスを守る地上の父親ヨセフなる人物がかつて存在していたとは思っていない。私たちがこれまで検証してきたテクストによってそのことは断言できる。ヨセフは最初から最後まで私たちがマタイと呼ぶ福音書記者による全く想像上の神話的な登場人物なのである。

この主張をさらに裏づけてくれるのが、マタイによるヨセフという人物の描き方である。[13] ヨセフの経歴についての詳細は聖書全体の中でもこの福音書の誕生物語にしか出てこない。その中で私たちは以下のような三つの基本的なことを伝えられてきている。第一にこのヨセフにはヤコブという名の父親がいる。第二に神はヨセフとやりとりするために夢だけを通して現れる（四つの夢について言及されている。1・20、2・13、2・19、2・22）。第三にイエス救出のドラマでのヨセフの役割は約束の子をエジプトに連れ去ることによって死から救うことである（2・13―15）。これらの要素は全てマタイの読者であるユダヤ人たちにとって馴染み深いものだった。彼らは創世記に登場する族長ヨセフの物語をよく知っていたからである（創世記37―50章）。こちらのヨセフにもヤコブという名の父親がいる（創世記35・24）。そしてこちらのヨセフも夢と深い関わりを持っている（創世記37・5、9、19。40・5以降、16以降。41・1―36）。事実彼は夢を解く者としてエジプトで権力を得るようになる。こちらの救出のドラマにおけるヨセフの役割も約束の民をエジプトに連れていくことによって死から救うことである（創世記45・1―15）。これらの経歴の類似性は偶然の一致とは言いがたい。記憶された歴史としてはあまりに見え透いていてあまりに風変わりである。これもまたユダヤ人の叙事詩にイエスを組み込んでゆくプロセスの一つに他ならない。その叙事詩はユダヤ人と呼ばれる人びとの神話的な自己理解なのである。

ヨセフの名前がイエス物語においてたいへん重要であるもう一つの理由がある。ユダヤの民はソロモンの支配の後、北王国と南王国に分割された。この政治的分断の時代、北王国はイスラエルと呼ばれ、新約聖書においてはガリラヤとして知られている。南王国はユダと呼ばれ、新約聖書ではユダヤとして知られている。ユダヤ人の歴史においてこの分断はあまりに深く、この分断から生じた敵意があまりに長く続いたので、ユダヤの語り部たちは、彼らの創始者である族長ヤコブが二人の正妻を有していたと描くことでその原因を歴史以前に位置づけたのである。すなわち、南王国を支配した部族の祖先であるユダの母レアと、北王国を支配した部族（エフライムとマナセ）の祖先となったヨセフの母ラケルである。一世紀においてイエスがメシアだという主張を有効とするためには、彼はこれら二つの党派を統合することが求められただろう。マタイはこれを系図（１・１―17）と血統によって実現した。その系図はまずイエスの命、まさにＤＮＡをダビデ王の家系に明確に位置づけ、彼を遺伝的にユダ族に関連づけたのである。それからマタイは、イエスにヨセフという名の地上の父親を与え（マタイ１・16）、ヨセフの生涯を創世記の族長ヨセフに模倣させることで、ヨセフの部族というユダヤ人の物語における別のＤＮＡの螺旋を彼のイエス解釈に持ち込んだ。これは巧妙な縒り合わせではあるが歴史ではない。私は新約聖書の著者たちを含めて、イエスの父親が誰であるかを知る者がいたとは思わない。マルコは何も語らず、マタイとルカは聖霊が彼の実父だと言う。しばしば第四福音書と呼ばれるヨハネは奇跡的な誕生物語を削除しているが、二カ所でイエスがヨセフの息子であることに言及している（ヨハネ１・45、６・42）。

ヨセフがキリスト教の歴史を通じて正体の不明確な人物に留まっているのは、彼がそもそも最初から文字の上の存在にすぎなかったからである。彼は形成途上の解釈を施された神話素材から創造されたキャラクターなのだ。というわけで探求が深まるほどに事の成り行きもはっきりしてくる。最初に私たちはイエスの誕生地はベツレヘムだという考えを捨てた。次に処女降誕は全くのファンタジーであると見なした。そして私たちは、私たちがイエスの地上の父親と呼んできた人物は明らかに文学上の発明品であり、歴史上の人物ではないことを確認した。

　こうしてヨセフがマタイの創作物と見なされると、次に私たちの注意はマリアに向けられる。既に述べたようにマルコの中では彼女の名前はほんの一節で紹介されているだけである。マルコにおける彼女の振る舞いはイエスに対して否定的に描かれている。そこで私たちはさらに心を乱すような疑問を提示する。イエスの母マリアは実在したのだろうか？　明らかに人間イエスには母親がいたはずである。少なくとも彼が家族について何も語らなかったとしても、彼は自分の母を知っていたはずだ。しかしその名前が実際にマリアであったかどうかには疑問の余地がある。また彼女が処女であったというのも明らかに後代になって発達した伝承以外の何ものでもない。それより少なくとも十年早く、マルコが名前を伏せたままでイエスの母を登場させたとき、彼によれば、既に述べたように、彼女はイエス以外の四人の息子と少なくとも二人いた名も知れぬ姉妹の母親だったのである（6・3）。七人の子を持つ母親が処女であるとは、さすがにマルコも考えてはいまい。だからこそ処女伝説の創造者としてマタイが登場するのである。

　八〇年代の終わり、あるいは九〇年代の初め、ルカも福音書を執筆し、この処女の物語に更なる補強を付け加えた。彼はマリアのキャラクターを、マタイの深みのない表現よりしっかりと作り込むことから物語を始めた。ルカにおいてイエスの母は、自分に与えられた役割に恐れおののいている（ルカ1・29）。ルカによれば、彼女は洗礼者ヨハネの母エリサベトの親類であり（ルカ1・36）、「マリアの賛歌」と呼ばれる歌を歌い（ルカ1・46―55）、様々なしるしを心の中で思い巡らせる（ルカ2・19）。そして十二歳になったイエスと共に過越祭（すぎこしさい）のためにエルサレムに行く（ルカ2・41）。（これを、後に発生したバル・ミツバ〔ユダヤ人の成人式〕の祝福のようなものを意味していると推測する者もいる）。この物語の中で彼女は、自分が出発した後にもイエスが神殿に居残っていたので彼を叱っている（ルカ2・48）。そしてそれを最後にマリアの名はルカの物語から姿を消す。[14] ルカ文書全体を通して、それ以外の箇所で彼女が名前で呼ばれるのは一カ所だけであり、それは使徒言行録にある（１・14）。そこでは彼女は、ペンテコステの際、家の上の部屋で弟子たちと共にいたと言われている。三つの共観福音書のどの受難物語にも彼女は出てこない。

今述べたルカの引用のうちの一つが、少なくとも私には、マリアの名前の史実性に疑問を投げかけている。ルカは洗礼者ヨハネの母エリサベトを、マリアの「親類の女性」と呼んでいる。欽定訳聖書（ＫＪＶ）では、この言葉を「いとこ」と訳しているが、その関係の詳細について詳しくは説明されていない（１・36）。しかしイエスと洗礼者ヨハネがいとこだという示唆はこのルカのテクストのみに由来する。私が疑問に思うのは、エリサベトはヘブライ語でエリシェバであり、聖書全体でたった一度しか現れない名前だということである。それはモーセの兄アロンの妻である。ここでルカがエリサベトをアロンの娘として登場させていることに留意したい（１・５）。明らかにルカは彼の福音書執筆に当たってアロンとモーセを念頭に置いている。そしてモーセの姉がミリアムだったことを思い出してほしい。彼女はモーセの誕生時には彼の命を守り（出エジプト２・４）、紅海を通り抜けた時には喜びの歌を歌うという（出エジプト15・２以降）、モーセ物語の中ではたいへん重要な役割を果たしている。ミリアムという名を英語で表記するとマリアとなる。ルカはイエスの家族を創造する上でモーセの家族をモデルにしたのだろうか？　これは問うてみるだけの価値がある。なぜなら私たちは、彼が洗礼者ヨハネの両親（ザカリアとエリサベト）の物語を形成する上で、アブラハムとサラの物語を借用したことを知っているからである。同様にマリアについても、ヘブライ語聖書の中のとりわけ創世記のキャラクターからの影響がルカの誕生物語には見受けられる。[15]

イエスの母が十字架の下に居合わせていたと語るのは第四福音書だけである。彼女をここに置いたヨハネの目的は、彼女が「イエスの愛しておられた弟子」の世話になるようイエスによって委ねられることである。この弟子は彼女の「子」となった（ヨハネ19・25―26）。この福音書は常にこの愛弟子をヒロイックに描いている。このエピソードが歴史の記憶であると考える聖書学者はいない。十字架の下で息子の死を悼みながら遺体を抱く母へのカトリック的敬虔は、明らかに純粋な信心から来る幻想である。それは映画の絶好のテーマにはなるだろうが、歴史ではない。

それ以外にヨハネ福音書でマリアについて述べられる唯一の箇所は、賞賛とはほど遠い記述である。それはガリラヤのカナにおける婚礼の場面だ（2・1―11）。ここでヨハネのテクストは彼女を取り巻く信心深い伝承に厄介な衝撃を与える。この物語でイエスは彼にある行為を強いた母を叱りつけている。イエスは彼女に言い放つ。「婦人よ、わたしとどんなかかわりがあるのです。わたしの時はまだ来ていません」。

新約聖書全体を通して、これがイエスの母に関する素材の全てであると知って驚く人もいるだろう。いやそれどころか敵意を覚え、拒否してしまうかもしれない。キリスト教の伝承におけるマリアに関する好ましい聖書の内容のほとんど全ては誕生物語に由来するのであるが、それらをすべて歴史であると見なしてきたのだから。イエスの母に関する不都合な物語は、教父たちによって無視されたか、あるいは「創造的に」解釈しなおされた。しかしマリアの旅は、ますます拡大する奇跡的な神話となってその後も何世紀も続くことになる。彼女は永遠の処女となり、産後も処女となる。そして無原罪の御宿りや死後の被昇天などの物語によって、現実の人間ではないものにされていく。しかしこれらのマリア物語が何らかの歴史的根拠を持つということは決してない。[16]

字義通りに解釈された私たちの信仰の物語という樹は、その主張を肯定しようとして歴史的データを求めようとすると、かえって揺れ動いてしまう。誕生物語が事実であると言ってしまうと、イエスの両親とされていた人びとの実在性が霞んでしまう。これらの物語は伝承が形成される上で情緒的で巨大な力を持っていた。しかしそれらには事実に基づく根拠はほとんどない。それらが事実に基づいているかのように見なすのは妄想的であり、現在私たちが聖書学によって知りうるあらゆる知識を無視することになる。故に私たちはそれらを神話以外の何ものでもないと見なす。そこで初めて歴史のイエスが視野に入ってくるのであり、それによって彼の人間性を適切に見ることができるのである。

私たちの伝統的宗教による偽りのゲームは終わった。もはや私たちは現実に対して心を閉ざすことはできない。しかし私たちは、このプロセスから生じた残骸の中に、この堆積した重い伝承の下にいる人物を理解するヒントを見つけることができる。そしていったい彼の何がそのような神話の形成を可能にしたのかと疑問に思わずにはいられなくなる。その疑問は答えを求めて何度も繰り返し現れてくる。

4　十二弟子の史実性

あなたがたは、わたしが種々の試練に遭ったとき、絶えずわたしと一緒に踏みとどまってくれた。だから、わたしの父がわたしに支配権をゆだねてくださったように、わたしもあなたがたにそれをゆだねる。あなたがたは、わたしの国でわたしの食事の席に着いて飲み食いを共にし、王座に座ってイスラエルの十二部族を治めることになる。（ルカ22・28―29）

あなたは弟子として歴史のイエスの周囲にいたと言われている人びとの構成について疑問を抱いたことはあるだろうか？　彼らが十二人であったという伝承はかなりしっかりしている。またその十二人は全員男性であり、他ならぬヨハネ・パウロ二世が異議を唱えたこの伝承は、ローマ・カトリック教会の全員男性による司祭制度の根拠となっている。弟子たちの名前は新約聖書の何カ所かで見受けられるが、それぞれ十二人を構成するメンバーの名前に食い違いが見られる。最初の三つの福音書は十二人が選ばれた時の状況について幾分か一致したストーリーを伝えているが、第四福音書はそうではない。

もしこのグループが多くの教会の主導者たちが何百年間も論じてきたようにキリスト教会を創立した人びとを代表しているのなら、キリスト者たちが彼らについてあまり多くのことを知らないのは不思議である。実際、十二人の弟子たちがいたことを確信し、その数が現実でありきわめて神聖なものであると取り扱う人たちに限って、彼らの命がそこにかかっているにもかかわらず、たいてい十二人の名前を挙げることができない。

私たちの社会ではサンタクロースのトナカイの名前を当てる能力ははっきり言ってありふれている。あなたは不思議に思ったことはないだろうか？　私たちが非常に重要だと位置づけているにもかかわらず、その重要性を確認する行動をなぜとらないのか。多くの政治家たちが十戒は大切だと言うが、彼らはそれを暗唱することすらできない。福音派（エヴァンジェリカルズ）の人びとは聖書が神の言葉だと言うが、彼らのスピーチを聴けば、彼らの内で聖書によく通じている人はほんの一握りであることがわかる。教会は自らがイエスの使徒たちの信仰と証言に従っていると言うが、その使徒たちが誰であるかも言うことができない。つまり私たちが信じていると言っているものと私たちが本当に信じているものとは実は異なっているのであり、私たちの宗教はしばしばその事実を私たちの目から隠すような働きをするのである。

そこで、この十二人の弟子たちに焦点を絞り、四つの福音書を通してこのグループの形成過程を追跡してみよう。それは平均的な読者が皆、彼らについて知りたいと思う以上のことを明らかにするだろうが、私が論考を進める上では不可欠なものである。先にも述べたように、各福音書は彼らの身元について見解を異にしているため、弟子たちの名前を確定するのは不可能である。私たちには十二人は実在せず、むしろそれは象徴的な数字なのだということを認める準備が必要である。

十二人の群れとイエスとのつながりが伝承に登場するのはかなり初期においてである。五〇年代半ばまでに、パウロはコリントの信徒へ宛てた手紙の中で、最も重要なものとして彼に伝えられた二つのことについて述べている。一つは最後の晩餐の詳細であり（１コリント11・23―26）、もう一つはイエスの生涯最期に起こった出来事の記録である（１コリント15・３―８）。イエスの最期の出来事を列挙する中で、パウロは「十二」というテーマをキリスト教の物語の中に導入している。パウロによれば、復活したイエスは幾人かの目撃者に姿を現した。最初にケファ（あるいはペトロ）に、そして「十二人」に。まるで「ペトロと十二人」というのが慣用句であるかのようである。確かに福音書ではペトロは十二人の一人であるとはっきり記されている。実際、彼はパウロによってリーダーであると見なされている。ケファという名前はアラム語で「岩」を意味する。それがギリシア語で「岩（ペトロス）」と訳され、英語の「ピーター」という名前の基になった。ケファという名も実はニックネームで、おそらく私たちが今日ニックネームで「ロッキー」と呼ぶとの似たようなものであろう。これが本名をシモンという人物と結びつけられ、この人物はシモン・ペトロ、つまり岩のシモンとして広く呼ばれるようになった。さらに福音書ではペトロはキリスト教会が建てられた土台の岩だという意味も含まれている。

たいへん興味深いことにパウロは最も初期から弟子集団の同義語として十二人という数字に言及しているが、彼らの名前については何も述べていない。ガラテヤの信徒への手紙の中でパウロは自らの回心の数年後、彼がペトロを訪問したことを伝えている。パウロはこの対談に先立って「わたしより先に使徒として召された人たち」に接触を試みてはいないと述べている。しかしここで、もう一つの問題が浮上する。「十二人」と「使徒たち」は同じグループなのか？　パウロはそう考えていなかったように見受けられる。彼は主の兄弟ヤコブは使徒であると述べているが、このヤコブが「十二人」の一人だという記録は聖書にはない。パウロは彼自身が使徒と呼ばれる権利を常に躊躇なく主張していた。1コリント15・5でパウロは「十二人」を、独自性を持つ単一のグループであるかのように述べている。しかしその二節後の15・7では、それとは別の「使徒たち」について述べており、どうも彼はそれを別のグループだと見ているらしい。伝承はこの二つを混ぜ合わせる傾向があったのだが、それはパウロ文書の正確な読みではないのである。

さらに時代を下り、使徒言行録（九五〜一〇〇年ごろ執筆された）の中でルカは、パウロがエルサレムに来たとき、「弟子の仲間に加わろうとしたが、皆は彼を弟子だとは信じないで恐れた」（使徒9・26）と記している。

ここでは「弟子」という用語は、単にイエスに従う者という意味で現れている。というのは、イエスに従う者たちのグループが、ルカが以前に「十二人」と呼んでいたものよりもかなり大きくなっていることが文脈からはっきりしているからである。後にルカがエルサレムで行われたパウロを含むキリスト運動のリーダーたちによる別の集会について述べる時（使徒15・1—35）、彼はそのリーダーたちを指して「使徒や長老たち」という言葉を使っている。この時すでに十二人はもはや重要な存在ではなくなっていたのだろう。

この分析の要点は、十二人という概念が初期のものであった反面、十二人の正確な構成員はそれに関する記事においては重要でも明確でもなかったようだということである。

福音書に目を転じてみると混乱はさらに深まる。最初の福音書マルコは十二人が選ばれた経緯を描く多少ドラマチックな物語を綴りながら、十二人の名前を初めて明らかにしている（3・13—19）。マルコのリストにはある興味深いデータが含まれている。シモンが第一の座を占めているのみならず、彼にペトロとあだ名をつけたのはイエスだとマルコは告げている。シモンの後にはゼベダイの子ヤコブが続き、さらにその兄弟ヨハネが続く。このゼベダイの息子たちについては、イエスが彼らにボアネルゲスと名づけたとマルコは言う。その意味は（マルコによれば）「雷の子ら」である。[17] そしてそれ以上詳しい個人情報は一切提供しないまま、マルコは他の弟子たちをリストアップする。次の四人はアンデレ、フィリポ、バルトロマイ、そしてマタイである。（これに先立ってマルコはアンデレをシモンの兄弟とし、この兄弟がゼベダイの息子たちと同じ漁師で、イエスの呼びかけに応えて従ったとき一緒にいたとしている。テクストによればイエスは彼らを「人間をとる漁師」にしようと約束したという。マルコ１・16—20）。さらにマルコのリストはトマス、そしてヤコブへと続く。このヤコブはアルファイの子とされているが、おそらくゼベダイの子ヤコブと識別するためであろう。そしてタダイの名が挙がり、これに「カナナイオス」〔ギリシア語。新共同訳では「熱心党」〕のシモンと呼ばれる人物が続く。

ヒエロニムスを含む幾人かの注解者たちは、このシモンがガリラヤのカナという村の出身であることを彼のあだ名（カナナイオス）が示すと考えたようである。カナは第四福音書でイエスの生涯の初期に登場する婚礼の場所である（ヨハネ2章）。[18] しかし現在ではそれはあり得ないとされている。また他のある者は「カナナイオス」をカナンの地に住む人びと、つまりかつてイスラエル人たちが約束の地であると信じ、そのためにヨシュアが侵攻撃をかけたものの、これを手こずらせた敵の民であると定義づける向きもある（ヨシュア記5章）。これがもし本当なら、シモンは異教徒／異邦人ということになる。しかしこの定義づけも今ではほとんどあり得ないとされている。今日最も妥当とされているのは、この「カナナイオス」という言葉が「カナーナ」という単語に由来するという推測である。それは後に「ゼロテ党」として知られることになる初期の革命運動の元メンバーを指す名前である。ルカは明らかにこの定義を受け入れ、彼のリストの中でマルコの「カナナイオス」という言葉を削除し、「ゼロテ」に置き換えている。このことはイエスを取り巻くガリラヤ人たちの集団が革命運動と何らかの関わりがあったのではないかということをほのめかせる。この革命運動は、最終的には六六年のガリラヤ戦争を勃発させ、七〇年のエルサレム陥落という結果を招き、七三年にマサダにおけるユダヤ人抵抗運動の生き残りたちの集団自決によって終わりを告げたことをヨセフスが伝えている。[19] 私たちが留意しておくべきなのは、マルコの福音書がほぼ確実にエルサレム陥落の直後に書かれ、彼はそれがゼロテ党と関係があると断定しようとした可能性があることである。いずれにせよこの「カナナイオス」のシモンは、マルコのリストにおける十一番目のメンバーである。

十二番目の弟子は「イエスを裏切った」イスカリオテのユダとされている。十二人のうちの一人が裏切り者だという見解がキリスト教の伝承の中に現れるのはここが最初だということにご注意いただきたい。すでに述べたように、パウロは早くから執筆活動をしていたが、裏切り者となった一人の弟子については何も知らないようである。というのも、第一コリントで時期を定める手段として裏切りの記事を入れているのはパウロであるにもかかわらず、彼は決してその行為を十二人の一人に関連づけてはいないからである（11・23―26）。マルコはゲッセマネの園における裏切りの物語を記す際、「十二人の一人」であるユダが深夜に現れ、「祭司長、律法学者、長老たちの遣わした群衆も、剣や棒を持って一緒に来た」と述べている（マルコ14・43―50）。イエスを逮捕し連行するためにユダは事前に決められた接吻の合図でイエスが誰であるかを示した。マルコによればその行為は「先生」という呼びかけを伴っていた。続いてマルコは特に誰とは特定されていない一人の弟子が剣を抜いて大祭司の手下に打ってかかり、その耳を切り落としたと告げている。マルコの告げるところによればイエスが大祭司のもとで連れていかれるシーンは暴力的である。「十二人」についての伝承が育ってきたのはマルコ以後のことなのである。

マタイはマルコの上に自分の福音書の基礎を置いたので、マタイがマルコを改変した箇所は私たちに多くの洞察を与えてくれる。それらの個々の改変や削除、追加がなぜ必要なのかを問うとき、私たちはマタイの思考の中に入る興味深い扉を開くことになる。しかし私たちは、マタイが十二人の意味をどう理解し、そのリストに誰が入りこむよう意図したのか、その配慮に焦点を絞ることによって、弟子集団を構成する人びととして彼らをイエスが選んだと述べるマタイなりの根拠を探ってみよう。

マルコはイエスが十二人を選んだのは「彼らを自分のそばに置くため、また、派遣して宣教させ、悪霊を追い出す権能を持たせるためであった」（マルコ3・14―15）と述べた。マタイは彼らの仕事の割り当てをこのように読み替えている。「（イエスは）汚れた霊に対する権能をお授けになった。汚れた霊を追い出し、あらゆる病気や患いをいやすためであった」（マタイ10・1）。それから彼は十二人を列挙する。最初は「ペトロと呼ばれるシモン」である。マタイはイエスからシモンに新しいニックネームを与えた功績を取り上げてしまった。

次にシモンの兄弟アンデレが、ゼベダイの息子たちよりも先に紹介される。ヤコブとヨハネは「ボアネルゲス」とは呼ばれず、ここでも再びマルコのテクストが修正されている。トマスとマタイはこの福音書では順序が逆になっている。マタイは「徴税人」であると触れられているが、このことは彼がレビと同一人物であると理解する道を開く。レビの物語を最初に語ったのはマルコであるが、マタイの福音書ではその名前が変えられている（マルコ２・13―14、マタイ９・９）。さらにややこしいことに、マルコはレビをアルファイの子と呼んでいるが、マタイはヤコブをそのように呼んでいる。これはレビをヤコブの兄弟にしているのだろうか。あるいはレビはヤコブの別名であろうか。またはいくつかのアルファイ家が存在していたのかもしれない。解釈の可能性はたくさんある。マタイはそれ以外の変更は加えずにリストを締めくくっている。

ルカになると構想はさらにふくらむ。ルカを研究すると、ルカがマルコに依拠していながらも、マタイほど厳密にはマルコの跡を辿ろうとはしていないことが明らかになる。十二人の召命についてのルカの取り扱いを他と対比すると以下のような変化が見て取れる。すなわちルカはマルコの物語に、イエスが望む者を弟子に呼び集めるためではなく、むしろ祈るために丘に登ったという出来事を付け加えている（マルコ３・13とルカ６・12を比較）。祈るためだけに一夜を明かし、それから彼は十二人を選ぶ。そしてルカはイエスが彼らを「使徒と名づけられた」と付け加えている（ルカ６・13）。十二人を使徒と呼ぶことは既に確定している。しかしここで思い出しておくべきなのは、ルカがこれを書いたのは、パウロが「弟子」たちと「使徒」たちを二つの別のグループだと述べてから（第一コリント15章）三五年から四五年後だったということである。そしてルカはリストを示す。彼はマタイの順序に倣ってペトロとアンデレをひとまとめにし、彼らをヤコブとヨハネより先に置いている。しかしルカにおいてヤコブとヨハネは「ボアネルゲス」とも「ゼベダイの子たち」ともされていない。そして彼はマルコの順序に戻り、マタイをトマスより前に配置し、マタイのように名前を変えずにレビの物語をマルコから写し取っている（ルカ５・27―32）。彼はタダイを跡形もなく削除し、すぐにシモンに移る。そしてこのシモンは「ゼロテ」だと明言する。それからルカはイスカリオテのユダと混同しないようにタダイの代わりにユダという名の弟子を加え、最後にイスカリオテのユダでリストを締めくくる。彼によればユダは「裏切り者となった」（ルカ６・16）。

このことは、ルカのリストにタダイの名はなく、二人のユダが存在し、そのうちの一人がイスカリオテという肩書きを持っているということである。この肩書きはこの第二のユダの性質をよく表している。というのも、この肩書きは「政治的暗殺者」を意味する「シカリオス」という言葉に由来するというのが私たちの最も妥当な見解だからである。同時にこのことは、「シカリ」という言葉がローマに対する戦争におけるゼロテ党の呼び名であったという事実も暗示している。ルカは弟子たちのリストを私たちが使徒言行録と呼んでいる彼の第二作目で再び提示している。ここで彼はほんの少し順序に変更を加えている。アンデレは四番目に下げられ、ペトロの兄弟だという点は削除されている。トマスは福音書においては八番目だったが六番目に上げられている。その他は同じである。

第四福音書においては十二人についての言及はたった三カ所にしか見つけることができない。二つは第６章（67節と71節）、もう一つは20章（24節）である。しかし、十二人のメンバーが特定できるようなリストはヨハネにはない。さらに混乱させるのはヨハネがナタナエルという人物を登場させていることである（１・43―51）。彼は明らかにイエスの仲間たちの中で最も中心的なメンバーである。しかし彼の名前はヨハネ以前の福音書における弟子リストには出てこない。ヨハネが最も多く弟子たちの名前を挙げている箇所が21章（２節）に出てくる。しかしそれらの名前はナタナエルを含めてたった七名である。またヨハネはユダという名の弟子についても言及しているがイスカリオテではない（14・22）。そのことはルカのリストの正当性を保証するかのようである。最後にヨハネは洗礼者ヨハネの弟子であったアンデレと、もう一人の名の知れない弟子が、イエスの選んだ最初の弟子であったと述べている。そしてアンデレはペトロの所に行き彼を連れてきた。言い換えれば、ペトロを弟子集団に引き入れたのはアンデレだということになる。さらにヨハネはフィリポあるいはトマスのいずれかについてごく細かなことを私たちに伝えている。フィリポ、アンデレ、そしてペトロは全員ベトサイダの町の出身であるとヨハネは言うのである。その上で彼はナタナエルを群れに連れてきたのはフィリポだと付け加える。ヨハネの福音書において群衆の食べ物を与える物語の舞台を設定する「この人たちに食べさせるには、どこでパンを買えばよいだろうか」という問いをイエスから投げかけられたのが、このフィリポである（ヨハネ6・5以降）。フィリポはもったいぶって答える。「めいめいが少しずつ食べるためにも、二百デナリオン分のパンでは足りないでしょう」。よく似たやり方でトマスを匿名の人の群れから取り出し、「疑い深いトマス」という既に私たちの日常的なボキャブラリーになっているあだ名を与えたのもヨハネだけである（20・24―29）。トマスはこの他にも三つの場面でヨハネのテクストに短く登場している（11・16、14・5、21・2）。その最後のエピソードである21章はヨハネの付加部分と言えるが、イエスの受難後、彼がガリラヤで弟子たちに現れた場面を描いている。ここでヨハネはペトロとトマス（ここでは「双子」〔ディディモ〕と呼ばれている）、ナタナエル、ゼベダイの子たち、そして二人の名の知れぬ者たちだけをリストアップしている。もはや十二という人数が重要視されてもいないし、アンデレは明らかに除外されている。

もちろん「ビッグ・フォー」――ペトロ、アンデレ、ヤコブ、ヨハネ――は福音書のテクストに何度も姿を現す。彼らのうち三人――ペトロ、ヤコブ、ヨハネ――は例えばイエスの変容やゲツセマネでの経験を共にしているが、アンデレは何度もこれらの弟子たちと共に登場するにもかかわらず、神の恩寵の手段になるような目を見張る行為をしてはおらず、むしろ普通のことしかしていない。四人が三人に減らされるとき、常に除外されるのはアンデレである。

このような分析を終えても、私たちはナザレのイエスに最も近かった仲間と言われたうちの半分近くの人びとについて、たった一つの情報も持ち合わせていないという事実が残る。その中には、バルトロマイ、マタイ（マタイ福音書においてのみ見られる徴税人という同定が正確ではない場合）、アルファイの子ヤコブ、シモン（「カナナイオス」または「ゼロテ」という説明の言葉以外）、タダイ、そしてイスカリオテではない方のユダがいる。

福音書の中で十二人について私たちが最も多くその詳細を知っているのはペトロについてではなく、受難物語のアンチヒーローとして描かれた弟子についてである。私はイスカリオテのユダについて他の著書の中でかなり広範囲に渡って論じてきたが、話を完結させるため、ここで改めて彼に焦点を当てねばならない。[20]

福音書におけるイスカリオテのユダについて学べば学ぶほど彼が歴史上の人物であるとは思われなくなってくる。私は今や彼は実在しなかったと思っている。私の研究によればユダはヨセフと同様、裏切り者として創作された文学上の人物で元来の物語にはなかった存在である。彼を初めて導入したのはマルコで後七〇年代のことだという結論になる。これは多くの人を困惑させる考えなのでごく手短にこの驚くべき結論を導く理由を挙げさせていただきたい。

私が先に、パウロは「イエスを引き渡した」のが十二人のうちの一人だと考えていないようだと記したとき、ユダが実在の人物というよりは文学上の登場人物であることも暗に含めたつもりである。パウロは、イエスが引き渡されたという考えを、「主イエスは、引き渡される夜、パンを取り」（１コリント11・23）という言葉によって導入している。裏切り者の物語は私が思うにこの一節から始まったのである。その４章後でパウロはイエスの生涯の最後の出来事を描くが（１コリント一五章）、裏切りの行為には触れていない。そして彼は、イエスが甦らされたとき、既に述べたようにイエスは最初にケファに現れ、それから十二人に現れたと述べている。イースターの復活のために裏切り者が十二人と共に居合わせていたということは、にわかに信じがたい。マタイによればイースターの時までにユダは既に首を吊っていた。ということは、どうやらパウロは、イエスが十二人の一人によって引き渡されたという物語を聞いたことがないのだろう。

ユダの史実性に対する疑惑の種が蒔かれると、ユダに関する資料の研究はたいへん意義深いものとなる。明らかにユダは福音書が書かれた年代が下るほど次第に邪悪さを増して登場する。それとは対照的にポンティオ・ピラトは次第に邪悪さを減じているように見える。この両者の変化はユダとピラトが全く逆の道筋を辿ったことが何を意味するかを究明するために検証されなければならない。

ヘブライ語聖書における他の裏切り物語の研究もまた啓発的である。ユダの物語のあらゆる要素が先立つ聖書物語の中に発見されうる。創世記にはヤコブの十二人の息子たちの記事がある。彼らは兄弟ヨセフを奴隷として売るために引き渡した。この行為によって金を受け取ろうとした兄弟はユダであった（創世記37・26―27）。レアの産んだ四人目の息子である。ユダ〔イスカリオテのユダ〕も、ユダ〔ヤコブの子ユダ〕も本来同じ名前である。ユダ〔ヤコブの子ユダ〕はその行為によって銀貨二十枚を手に入れた。ダビデ王に対するアヒトフェルの裏切りの物語には（サムエル下15・12―17・23で語られ、詩41編で引用されている）、裏切り者が「主の油注がれた者」の食卓で食事をしたと記されている。この王の称号「主の油注がれた者」はヘブライ語の「マシアハ」に由来し、後には「メシア」や「キリスト」とも訳された言葉である。このアヒトフェルのエピソードは四つの全ての福音書にある食事の場面の背後に確かに横たわっている。そこにはこのようなイエスの言葉がある。「あなたがたのうちの一人で、わたしと一緒にパンを裂く者が、わたしを裏切る」（マルコ14・20、マタイ26・23、ルカ22・21、ヨハネ13・18）〔マルコとマタイでは「わたしと一緒に手で鉢に食べ物を浸した人が」〕。アヒトフェルの裏切り行為が発覚すると、ユダがそうしたと言われているのと同じように彼は出ていって首を吊ってしまう。口づけによって友を裏切るという物語はアマサに口づけをするヨアブの物語に由来する。ここでヨアブは右手に持った短剣でアマサの腹を突き刺し内臓を地に流れ出させた（サムエル下20・９）。ゼカリヤ書ではイスラエルの羊飼いの王が銀三十シェケルで裏切られたと言われている箇所が見つかる（ゼカリヤ11・14）。その後、彼はその銀をちょうどユダがそうしたと言われているのと同じように神殿に向かって投げ返すのである。

こうしてユダヤ人の聖書から裏切りの要素を合成していくと、イエス物語におけるアンチヒーローにユダヤ人の国と同じ名前がついている――その実体は福音書が書かれる頃には既にキリスト者の主要な敵であったと考えられる――という事実に対する疑念が浮かび上がってくる。最終的に私たちがルカとヨハネの両方に十二人の一人である善良なユダの記憶がわずかに残っていること、また教会が善良なユダを肯定するユダの手紙を聖書の中に置いているということを認めるとき、疑念は激しい疑惑にとって代わる。

少なくともマタイとルカの基調を方向づけたマルコの福音書が執筆された歴史的な文脈は、ユダに別の角度から光を当てることになる。しかしそれは受難物語のあまりに深い部分であるために、私は後の文脈の中で取り扱うことにした。今は、イスカリオテと呼ばれたユダの物語は、キリスト者たちが想像してきたよりも遥かに複雑で解釈を施された物語だと言えば十分だろう。結論的に私はイスカリオテのユダは実在の人物ではなく、裏切りの行為もなかったと考えるようになったのである。

弟子たちについてのこれらのデータから言えることは、まず最初期のキリスト者たちの記憶の中では十二人が誰であるかよりも、十二人がいたという事実そのものが重要であったらしいということである。福音書記者たちは十二人の名前については互いに一致していない。そのため、十二弟子という特定の集団があったのではなく、「十二」というコンセプトが現れた時に福音書記者たちは各々彼らの名前を考えなくてはならなかったのである。

次に言えることは、これまでそう扱われてきたように、もし弟子たちの紹介される順序が重要なしるしであるとすれば、個々の弟子たちの重要度はリストによって異なっている。このことは初期のキリスト教の中には様々な競合するグループが存在していたことを反映している可能性がある。トマスの位置づけはリスト上最も不安定だが、そのことはプリンストン大学のエレーヌ・ペイゲルス教授が提起しているように、トマスの福音書を作り出した人びとと第四福音書を生み出した人びととの緊張関係を反映している可能性がある。ペイゲルス教授は、トマスの福音書を厳密に読み込むうち、第四福音書が少なくともある程度はトマスの、現在彼の名前で呼ばれた福音書の中でのイエス理解の仕方に対して応答しようとして執筆されたことに気づかされるという論を展開している。[21]

第三に言えることで私たちが明記しておくべきなのは、イエスには女性の弟子たちもおり、彼女たちはいつも彼と共にいたのだが、どのリストにも数えられていないということである。しかしマルコはこれらの女性たちについて述べている。その中でもほとんどの場合最初に名前があげられ、ガリラヤにいた頃からイエスに従い彼の世話をしたのはマグダラのマリアである（マルコ15・40―41）。マタイもこの女性たちについて言及しており、彼女らが「ガリラヤからイエスに従って来て世話をしていた」（マタイ27・55）という言葉を繰り返している。ルカも「ガリラヤから従ってきた婦人たち」（ルカ23・49）について触れている。おそらくイエスに十二人の男性の弟子たちがいたという着想はパウロ主導の要求によるものであり、別の目的、特にユダヤ的な意図によってイエス物語に組み入れられたのであろう。

もしイエスが新しいイスラエルの創始者ならば、古いイスラエルと同様に十二の部族を包括しているはずだというのが彼に向けられた要求の一つだった。マタイにおいては、イエスがエルサレムに入城するに先立って弟子たちにこのように言っている。「はっきり言っておく。新しい世界になり、人の子が栄光の座に座るとき、あなたがたも、わたしに従ってきたのだから、十二の座に座ってイスラエルの十二部族を治めることになる」（19・28）。ルカはイエスが最後の晩餐の席で弟子たちに言ったことを引用している。「わたしの父がわたしに支配権をゆだねてくださったように、わたしもあなたがたにそれをゆだねる。あなたがたは、わたしの食事の席に着いて飲み食いを共にし、王座に座ってイスラエルの十二部族を治めることになる」（ルカ22・30）。Q資料仮説の提唱者たちは、マルコには存在しないがマタイとルカにおいては共通の資料を示唆するに足るほど似通ったこれらの考えが、現在は失われた文書に由来し、それはマルコよりも古い資料の存在を示すものだと論じている。もしそうなら私たちは、これらの言葉がまだ十二人の中にユダが含まれているという前提で話されていたということに留意しなければならない。このことはQ資料が書かれた頃は、パウロ文書について既に見てきたケースと同様に、まだ十二人の内の一人が裏切り者だという物語は出来上がっていなかったということを示し得る。

最後に使徒言行録でルカが告げている物語からも（1・15―26）、大切なのは十二という数字であって、十二人が誰であるかではないということが明らかである。というのもユダの背信の物語が語られた後、弟子たちの数を十二人に復元しなければならないというプレッシャーがかかったためにマティアが選ばれる結果になったからである。

というわけで、何層にも重なった伝承から改めて一枚の層を削り取ってみよう。聖書は詳しく研究してみると、多くの人が信じるように教えられてきたことを告げているわけではない。十二弟子は恐らく存在しなかったのだろう。これを聞いて福音書の物語を字義通りに捉えてきた人びとは自分たちが信じていた全てのことが崩壊するように感じるだろう。それは崩壊しなくてはならない。なぜならそれは、そもそものような説明を必要としたイエス体験の力を私たちに見えなくさせてしまうからである。しかし、福音書の物語の本質はこれらの細かい要素の中にあるわけではないのだから、キリスト教信仰の核心を損なうことなくそれらを退けることができる。私たちはまだこの研究段階を完結しているわけではない。もっと多くのものを削り取らなくてはならない。しかし既にこの時点でこの段階が終わった時にはいったい何が残っているのか（残っているとすればの話だが）心配な人もいるだろう。勇気を持ってほしい。私の目標に達するために、他の方法は考えられない。たとえ底なしの落とし穴に歩み入ろうとするように感じたとしても、どうか私と一緒に歩み続けてほしい。

5　福音書の奇跡物語——それらは必要なのか？

頭が拒否するような神を心があがめるはずがないと私は確信している。信仰とは子どもでありつづけることであるとか、少なくとも親のような超自然的な神の前では子どものようでいることだというような事を私は言われたくはない。

イエスは本当に奇跡を行って見せたのだろうか？　奇跡は自然法則にしばられない超自然的なものだと定義したとしても、それは実際に起こったのだろうか？　生まれつき見えない人の目に唾を塗るだけで見えるようにできる、そんな人がいるだろうか？　一人の人間の命令によって嵐が鎮まるということがあるだろうか？　長いキリスト教の歴史を通じて、奇跡に関する教会の教えは単純明快なものだった。奇跡は二つの理由から起こると見なされてきた。第一に聖書がそう言っているからであり、聖書は「神による啓示の言葉」だからである。第二にイエスは人間の姿をとった神であるが故に、この世のすべての被造物が彼の神的な命令に応えなければならないのは全く論理的な帰結だからである。今日これらの主張はいずれも科学界やキリスト教研究の世界で実に明解に異議が申し立てられている。たとえ全ての人がそれに気づいているわけではなくても。

奇跡が起こるという考えはどの時代でも何らかの形で唱えられてきた。癒しの奇跡が起こったと言われる場所には聖堂が建てられた。超自然的な幻は頻繁に報告され、それらの現象の真正性を実証するために幾多の研究が行われてきた。今でも新聞はそのような主張が正当性を持つかのような記事を書き、人びとはなお超自然的な出来事が目撃されたといわれるスポットに集まってくる。癒しの奇跡を行う力があると主張する福音伝道者は、この現代においてもテントや大劇場といった場所でのライブやテレビのようなメディアを通して膨大な数の観衆を集め続けている。こういった人びとの注目や彼らの主張は、私たちが理解していない何らかの現実があることを意味しているのか？　それともこれらのことは単にいかに人間というものが騙されやすい存在であるか、また深い部分で恐怖を抱いているかを指し示しているのか？　単刀直入に言って奇跡は本当に起こるのか？　あるいは奇跡を起こす力の物語はフィクションではあるが、私たちの生活に介入する超自然的な存在があると信じたいという人間の根強い必要性による避けられない結果なのだろうか？

これらの奇跡に関する主張を検証してみてまず最初に明らかになるのは、人びとが経験したと断言しているのは高度に文化的に受容され同化された内容だということである。イエスにしろ処女マリアにしろ、実際にどんな容姿をしていたのか誰も知ることはできない。一世紀から残されているような写真や肖像画などないからである。しかし私たちは一世紀に生きていたナザレのイエスが黒い髪を丸刈りにし、身長は一六〇から一七〇センチ程度、体重は五〇か六〇キロほどの茶色い肌をした中東の人であろうと推測できる。少なくともそれはイエスと同時代にその地域で生活していた典型的な男性像である。しかしもし現実の史的イエスにそっくりの人が幻によって西洋人たちの前に現れても、彼が誰であるか誰も分かりはしないだろう。というのも、その姿は私たちの文化によって作られたイエスのイメージと合わないからである。同じことがイエスの母についても言える。西洋人たちによって伝えられてきたイメージの中では、イエスとマリアは常にあたかも中世の肖像画から飛び出してきたかのように北欧人のような特徴と色彩を示している。この事実は、私たちの抱くイメージは私たち自身が作り出したものであり、いくつもの超自然的現象も客観的事実ではないということを示唆してはいないだろうか？　ヒンドゥーやイスラームの文化に生きる人びとには、イエスも彼の母もめったに姿を現することがないのもまた事実である。私たちは見たいものを見てしまう、また見るようにプログラムされているものを見てしまう、という自分でも気がつかないレベルの主観が、宗教的に方向づけられたイメージについての私たちの語りに影響を与えているのである。奇跡的治癒の物語もまたそれらに含まれている願望成就的な性質、つまり自己中心的な性質を持ち合わせているように思われる。それは自分の、あるいは自分の愛する人の病は神の関心を引くに値するという信じ込みに焦点があるのだ。

しかし、そうは言いながらも私たちは、福音書が何度も超自然的な能力を持つイエス像を提示しているという事実には直面せざるをえない。私たちが福音書の様々なテクストを読めば、ほとんど毎ページに奇跡的な出来事が起こっていると思ってよい。キリスト教世界の実に多くの人びとが未だに聖書に書いてあることは事実に違いないとほとんど自動的に思い込んでいるので、この思考法をこじ開けて奇跡というものの真実に至るのはたいへん難しい。マルコもマタイもルカも、そしてヨハネも、自然法則を越える力を持つ者としてイエスを描いている。彼は様々な慢性病を癒すことができ、三つの異なる状況において死者の命を回復させることさえ行っている。これらの物語が投げかける問いは明確である。つまりそれは事実なのか？　それは史実なのか？「はい」と答えても何も問題はない。あなたが原理主義者（ファンダメンタリスト）で「聖書にそう書いてある」ということ以上の証拠など必要ないと考えるのならば。「いいえ」と答えるのも全く問題ない。その人がもはやキリスト教信仰の共同体の中に住んでいないのであれば。そのような人は既にどちらの質問にも「いいえ」と言ってしまっているはずである。しかし、「はい」と「いいえ」だけが私たちの選択肢なのだろうか？　それらの物語は書かれた通りの史実ではないと片づけて終わりにするのではなく、それらはキリスト教にとって重要であるのみならず、キリスト教と完全に一体化した何かを表現しているものとして今も評価することが可能なのではないか？

今、私が福音書においてイエスが行ったと言われる奇跡の研究にスポットライトを当てるのは、この疑問と可能性に取り組む試みなのである。

この論議を始めるにあたって、まず実際に福音書に書かれている奇跡の内容を分類し明確化してみたい。新約聖書に収められたイエスに関する超自然的なエピソードはいくつ数え上げることができるだろうか？　幾人かの福音派のクリスチャンたちがそれらを厳密に数えようとしたが、その最終的な集計は様々な批判にさらされている。イエスの誕生あるいは彼の死、復活、昇天にまつわる奇跡的な出来事の多くは、大抵の場合その数には含まれていない。しかしそれらの物語には超自然的な要素が満ちている。私たちは既に彼の誕生についてそのいくつかを確認したし、間もなく彼の死や復活についても考察することになるだろう。しかし私たちが福音書の中の奇跡を数え上げようとする際に直面する問題はこれだけではない。

イエスが小さな限られた量のパンで大群衆に食事を与え、その後多くのパンがたくさんの籠に集められたという物語が福音書の中で実に六回も語られているという事実に注目してみたい。これは一つの奇跡なのか、それとも六つの奇跡なのか？　内容的に似ていることから一つの出来事だと性急に答を出す前に、マルコとマタイがこの奇跡的な給食のエピソードを二つの異なる場所、異なる人数、異なるパンの数、そして異なる量の残り物において起こった二つの出来事として描いていることを知らなければならない（マルコ6・30―44、8・1―10、マタイ14・13―21、15・32―39）。では奇跡は二回起こったのだろうか？　しかしルカとヨハネはマルコとマタイに同意しておらず、群衆への給食は一度だけ起こったと述べている（ルカ9・10―17、ヨハネ6・1―14）。加えてさらに混乱は残る。というのもヨハネはこの出来事をイエスのエルサレムにおける宣教の初期に置いており、過越祭におけるものとしている（6・4）。最後の晩餐に一言も触れないヨハネは、聖餐の教えの全てをこのエピソードの中に置いているが、他の福音書は最後の晩餐と聖餐とをつなぎ合わせている。一方、マルコとマタイとルカは、これらの給食のエピソードを全てガリラヤで起こったこととしている。福音書の研究は決して「真の信仰者たち」や聖書評論家たちが私たちに思わせるほど単純ではないのである。

新約聖書における奇跡を数える際の混乱は他にもある。ルカとヨハネは弟子たちがイエスの指示に従って網を船の反対側に投げたら魚の奇跡的な収穫があったというエピソードを記録している。どちらの福音書の物語もシモン・ペトロの人生におけるドラマチックな回心によって特徴づけられており、その意味ではよく似た物語である。しかしルカがこの奇跡をガリラヤでのイエスの宣教の始めに置いている一方で（ルカ５・１―11）、ヨハネはこの奇跡がガリラヤで起こったことには同意していながらその時期についてはイエスの宣教の中でも復活後の時期としている（21・１―19）。こういうエピソードは一つと数えるべきなのか、それとも二つなのか？

もし福音書の中の奇跡を数える際、イエス自身が行ったことだけに限定すると、マルコ福音書の中では二十三種類の奇跡的エピソードがある。さらにマルコは、個々の事例に言及することはないが多くの奇跡的な癒しがあることをほのめかしている（マルコ１・34）。マタイはマルコの個々のエピソードのほとんどを書き写しており、新しいことを付け加えたりはしていないが、それらの物語の自分のバージョンでは奇跡的な内容を常に誇張している。これに対してルカは、マルコから書き写したものにさらにいくつかの奇跡物語を付け加えている。マルコは恐らくこれらの追加エピソードを知らなかっただろう。そのうちの二つは独特な出来事である。一つはナインの村のやもめの死んだ息子を甦らせる話（ルカ７・11―17）、もう一つは十人の重い皮膚病の患者たちを癒す物語である（ルカ17・11―19）。さらにルカは、詳細を述べることなく彼自身の個性的でない一節を付け加えている。「そのとき、イエスは病気や苦しみや悪霊に悩んでいる多くの人々をいやし、大勢の盲人を見えるようにしておられた」（７・21）。こうして増えていくリストに加えて、ヨハネは他の福音書では触れられていない四つの記事を付加している。ガリラヤのカナで行われた婚礼で水をワインに変えた物語（２・

1―11）、エルサレムの羊の門の近くにある池で起こった三十八年間何らかの病気で苦しみ手足が不自由だった人の癒し（5・1―18）、生まれつき目の見えない人を見えるようにした話（9・1―41）、そして最後は死んだラザロを甦らせた話である（11・1―44）。これらヨハネによるエピソードはたいへん詳細に描き込まれており、これらの奇跡の他者に対する影響（時には否定的な影響）についての物語まで含んでいる。これらのそれぞれ独立した物語を集めると、いくらか詳細まで記された約三十の奇跡に関する記事があることになる。その他にも詳細まで記されてはいないが包括的な奇跡のリストもある。

福音書以外にも新約聖書には、使徒言行録に他の奇跡が記録されている。そこではイエスよりむしろイエスの弟子たちが超自然的な力の使い手とされている。使徒言行録におけるこの付加的な資料は、キリスト教の伝承においては、その人を通して奇跡が起こると言われたのはイエスだけではないということを改めて私たちに認識させる。ペトロとヨハネはエルサレムで足の不自由な人を癒す（使徒3・1―10）。天使たちは牢獄の扉を奇跡的に開いて弟子たちを解放したとされる（5・19）。また天使たちは神の奇跡的な介入のしるしとしてキリスト者たちに具体的な神の指示を与える（8・26）。パウロはダマスコへの途上で超自然的な幻に遭遇しただけでなく、彼も失明し、その後アナニアの執り成しによって癒されている（9・17―18）。ペトロはヤッファで死んだ女性を生き返らせ（9・36―43）、パウロと同じように人生を一変させるような天からの奇跡的な幻を経験している（10・9―23）。パウロはリストラで足の不自由な人を癒し（14・8―18）、女奴隷から悪霊を追い出し（16・16―18）、ペトロのように超自然的な出来事によって牢獄から解放されている（16・25―34）。超自然的な幻がパウロの宣教の経路を直接方向づけ（16・9、18・9、27・23）、彼もまた死者を起こし、エウティコという名の若者の命を回復させている（20・7―12）。そして最後にパウロは、ローマへの旅の途中で船が難破した後、蛇に嚙まれても死ななかったことを、いわば神のおかげであるかのように振る舞ったので、人びとがパウロ自身を神に違いないと崇めたという（28・1―6）。

確かなのは、超自然的なるものの存在に帰せられる奇跡がキリスト教の基礎をなす新約聖書の物語の中に深く組み込まれているということである。では奇跡はその物語の本質的部分なのか？　これらの奇跡が白紙撤回されたり、定義され直したり、否定されたりすると、キリスト教は破綻するのだろうか？　今日のキリスト者は、これら一世紀の奇跡物語の歴史性を認めなければいけないのだろうか？　あるいはこれらのドラマチックな行為を私たちの時代において理解する別の方法があるのだろうか？　もしかするとこれらが元来書かれた時代においてさえも、それらを理解する別の方法があったのだろうか？　近代以降に暮らすキリスト者が、ただ聖書に書いてあるからといって信じがたいことを信じなければならないだろうか？　私たちが今、ドラマチックでパワフルなイエス体験へと入ってゆこうとするならば、そのような問題に直面する。イエス体験は聖書の古風なテクストによって伝えられてきたのであり、そこでは奇跡はあって当然と見なされているからである。

前もってはっきりと私の結論を述べさせていただきたい。私はこの章の始めで定義したような意味での奇跡が実際に起こったとは思っていない。また私は新約聖書に描かれているような奇跡が書かれてある通りにナザレのイエスの生涯に、また彼の弟子たちに起こったとも思っていない。宗教評論家たちは質問するだろう。あなたはどうやってイエスの生涯の特質である奇跡を否定しながら彼の内に神がおられると言えるのですか？　この章およびこれに続くいくつかの章ではそのような疑問に取り組んでおり、私や私と同じような二十一世紀に生きる人びとと共にキリスト者として関わらなければならない課題に挑戦している。なぜなら私たちの選択肢は、キリスト教に完全に見切りをつけるか、それともキリスト者であり続けるために現代の科学的な物の見方を拒否し、近年の神学的思考の大方を無視し、自分たちの脳みそを一世紀の状態に引き戻すのか、その二者択一しかないからである。それは私としてはもはや払いたくはない犠牲である。信仰者であると同時に二十一世紀の住人でもあるという道が必ずあるはずだ。私は頭が拒否するような神を心があがめるはずはないと確信している。信仰とは子どもらしくありつづけることだとか、少なくとも親のような超自然的な神の前では子どものようでいることだ、などと言われたくはない。

にもかかわらず、私はいのちが神聖なものだということを経験している。全ての存在に浸透している神と呼ばれるリアリティがあることを信じている。しかし奇跡を起こすような神を信じているわけではないし、そんな神を求めてもいない。おせっかいな神が天地創造において確立した自然法則を無視して自分の意志を成就するような世界に私は住みたくない。したがって私にとってイエスの生涯に歴史的に結びつけられた奇跡物語によって示されているものは、伝統的なキリスト者たちがするのとは異なる見方ができるはずの何かなのである。このように聖書の伝承を読んだり理解したりする新しい方法を探求する上で、私はそれらの奇跡が報告されている通りに起こったかどうかを問うことから始めたりはしない。なぜなら私はそれらが起こったとは思っていないからだ。その代わり私は問う。私たちの信仰の祖先たちがナザレのイエスについて語る際、超自然的な部分を強調するのが適切だと思わせた経験、彼らがイエスと共にした経験とは何だったのかと。もし私が自らの人生を絶えず変革し続けるこのキリストのリアリティを発見しようとするならば、私は聖書を文字通りに受け取る前近代的な方法を乗り越えていかねばならない。

イエス物語に見られる個々の奇跡について述べる前に、読者の皆さんに分かっていただきたいことがある。超自然的な理解は当時全ての人が信じていたのであり、聖書の多くの部分に浸透している。奇跡はイエス物語と共に始まったわけではない。それは聖書の最初にある創世記において既に存在しているのである。

聖書を執筆した人びとが前提としていたのは、当時全世界的に信じられていたことであるが、宇宙は三層構造になっているということである。神は天空のすぐ上に住んでおり、地上で起こる全ての出来事に関わり、その原因となっていると考えられていた。こういう考えは今でも一部の信仰者には見られるものであり、例えば運動選手たちが勝利を勝ち取った時に天を指差す仕草にも象徴されている。それはまた、全ての人間の行いを記録する文書を保管する者という神のイメージを増幅させる。人の行いと神の報いはまさに密接に関わり合っていたのである。聖書の創造物語には、神がエデンの園でアダムやエバと一緒にいつもの散歩に出たことが描かれている（創世記３・８）。この古い神話では、彼ら最初の人類は禁じられていた果実を食べることによって神に逆らった。気分を害した神はこの男女にしかるべき罰を直接与えている（３・16―17）。

ノアの洪水の物語が語られるに至っては、不機嫌な神という理解を聖書は明らかにしている。その神は人間の行う悪を知って怒り、報復のために天候を操って全人類を罰しようと決意するのである。ただノアとその家族だけがこの大量虐殺を免れるに値すると見なされ、神はそれを単独で計画し実行したと言われている。この記事には、この世の自然法則は神に仕えているのだという前提がある（創世記７・１以降）。これが聖書全巻にわたる神観の主流であることは明らかである。例えば出エジプト記の物語では、ヘブライ人たちは荒野でマナと呼ばれる不思議な食物を与えられ、シナイ山では律法を授与され、人びとに神の裁きの言葉を語るために預言者たちが起こされるなど、他にも多くのことが語られている。

この人間界の外に存在し奇跡を起こす神は、聖書の神のイメージとしてきわめて目立ち、よく見られるものである。それは天上の超自然的な親のような存在によって世話を焼いてもらい、守られたいという、人間の基本的な願望に対する直接の応答として作られたものであり、それは不安を抱えた人間に、神の力が私たちを守っているから安心だと感じさせてくれるのである。奇跡的な行為は常に聖書の記者たちによって、この超自然的な神のみに、あるいはその神の使いに帰するものとされた。事実、奇跡はこのような神理解や神の定義を必要としているように見える。しかし大多数の人びとは聖書におけるこのような奇跡によって作られた主流派的な神のイメージも実は良し悪しなのだということを見落としている。奇跡的な方法で振る舞うことができる神は、しばしば幼稚な罪や依存といった反応を引き出してしまう。もし神が超自然的な力の源であるならば、私たちの最大の関心がこの神を喜ばせること、あるいは少なくともこの神の怒りを招かないこととなるのは明らかである。そうして正しい生活とか正しい礼拝によってこの気まぐれな神を喜ばせなければたいへんだという恐怖が私たちを支配するのである。このような神を礼拝するとき、私たちは神からの恩恵を求めているか神からの天罰を恐れているかのどちらかである。結果的にこの神は何にもまして行動を支配する神となるのである。

この種の超自然主義は人間の成熟や独立心を涵養しない。もし常に超自然的な代理親を喜ばせていなければならないとすると、私たちはいつまでたっても成長できない。自分たちの運命を少しでも左右することができないと思っているうちは、私たちが自分自身についての責任を持つことは決してできない。人びとが本当は自分たちが自分たちの世界や生命あるいは生活に対して大いに責任があることを自覚し成長するのを助けてほしいと切望している時に、教会は人びとに「生まれかわる（ボーン・アゲイン）」こと――すなわち生まれたばかりの無力な赤ん坊の状態に戻ること――を求めるのである。

さらに言えば、奇跡を行う神というのは、実際かなり行き当たりばったりに物事を行う。奇跡の蔓延した世界は予測不可能で、時にはカオスの世界である。もし私たちの生活を支配する法則が神の介入によって脇にやられるようなことがあれば、何一つ安定した信頼に足るものはないということになる。そして、私たち自身の幸福のために神を操作することが宗教の究極的な目標になってしまう。このような目標の追求は非常に危険である。

さらに興味深いとさえ言えるのは、奇跡を行う神が必ずしも倫理的ではないということである。聖書の中に現れる神は頻繁に非倫理的な行いを見せる。例えば大洪水のとき、赤ん坊や年寄りまで全て殺してしまう（創世記６・１—８）のは倫理的行為だろうか？　エジプト脱出の際、エジプトの全世帯の長男を殺してしまう（出エジプト11・１—11）のはどうだろうか？　このような行いをする神をエジプト人が礼拝できるわけがあろうか？　あるいはヨシュアがアモリ人を虐殺するために十分な日光を与えようと太陽を停止させた神（ヨシュア10・12以降）はどうだろうか？　そのような神をアモリ人が認めるということがあり得るだろうか？　奇跡を行う神はその崇拝者たちが嫌う者たちを嫌うのである。そんな神が倫理的な神と言えるだろうか？　奇跡的な神を擁護しようとする人びとには取り組むべき疑問や問題が山積している。奇跡的なものに執着する必要性がいつも信仰において大切なわけではない。しかしそれは聖書の物語における基本的な神理解として残存している。

聖書の至る所に奇跡があるという全体的な印象とは裏腹に、実はそれらは聖書の物語のごく限られた説話の中に限定されている。ヘブライ語聖書にはその始まりの部分にいくつかの奇跡的な要素が見られる。創造、洪水、そしてバベルの塔である。そこには神が行った奇跡が含まれている。加えて神の代理人として行動した人間によって起こされた奇跡を扱う二つの物語の連鎖がある。それらの物語は後にユダヤ教と呼ばれるようになったある宗教システムの発展において、最も偉大なる英雄と並び称される二人の人物を主役としている。第一はモーセの周囲に集められた物語群である。モーセは明らかにユダヤ人のアイデンティティの感覚を確立し、ユダヤ人を奴隷制とその支配者から解放した人物である。第二はエリヤの周囲に集められた物語群である。彼は預言者運動の創始者として一般に知られている。そしてユダヤ教は今日においてもその主要なアイデンティティを「律法と預言者」に見出すと言われている。それはすなわちモーセとエリヤなのである。

ヘブライ語聖書におけるこれら二つのきわめて重要な部分に記されている奇跡を分析すると、いくつかの類似点が発見される。モーセもエリヤも神のために語り、神から奇跡を行う力を与えられ、神の代わりに働く者とされている。しかしモーセやエリヤをこの世に訪れた神そのものであるとする者はいない。つまり人間界の外にいる神が受肉した者だと見なす者は一人もいなかったのである。神が彼らを通して働いたのであって、彼らが神になったのではない。モーセとエリヤによるものとされる奇跡の多くは聖書の中で再利用されており、後にヨシュアやエリシャといった後継者たちの物語に出てくる。彼らはその先駆者たちによって行われたのと非常に似たことができるのである。例えばモーセもヨシュアも、ユダヤ人たちが乾いた地を歩くことができるように水を左右に分けるということを行った（出エジプト14・21―22、ヨシュア3・12―16）。またエリヤとエリシャも、自然界の力を操ることができると言われ（列王上17・1以降、列王下6・1以降）、食糧や油を増やし（列王上17・8以降、列王下4・1―8）、死者を甦らせることとさえしている（列王上17・17以降、列王下4・18―37）。

モーセとエリヤの死は共に謎に包まれている。モーセはモアブの地にあるネボ山の高みから約束の地を望み見た後に死んで、神によってモアブの地にある谷に葬られたと言われる。葬られた場所は今日に至るまで謎とされていると聖書は断言する（申命記34・1―8）。その場所は神のみが知ると。しかしモーセは実は死んだのではなく、神が直接彼の地上の命を取り上げ、天の神の前に連れ去ったのだという風評が立つには、そう長くはかからなかった。死を通過せずに済むことはモーセの正しい生涯に対する報いなのだと考えられたのである。

エリヤがその生涯を終えた時も、彼は死ななかったと私たちは伝えられている。彼は不思議な火の馬が引く不思議な火の戦車によって運ばれ、旋風に押し上げられて天空の神のもとへと連れ去られたという（列王下2・1―12）。彼が死を免れたのも、モーセ同様、神に仕えた生涯への報いであると考えられた。

モーセとエリヤの生涯の終わりには、彼らの内にあった神の力は、選ばれた後継者であるヨシュアとエリシャに受け継がれた。彼らは既に述べたように、彼らの先駆者たちとよく似た奇跡を行った。モーセはヨシュアに手を置き、彼の選んだ後継者としての知恵の霊を授けた（申命記34・9）。同様にエリヤはエリシャを選んだだけでなく、彼が世を去るにあたってエリシャにそれを見届ける特権を与え、彼の大いなる（しかしあくまで人間としての）霊の二つ分をエリシャに授けた（列王下2・9）。またエリヤは彼の外套を残してゆき、エリシャは自分の古い衣を二つに引き裂いた後それを身につけた（列王下2・13）。どちらの場合においても、力の継承は行われている。モーセが手を置くという行為を通じてヨシュアが「知恵の霊に満ちていた」と認められたとき、人びとは彼に従い、彼の命じる通りに動いた（申命記34・9）。またエリシャがエリヤに別れを告げた後人びとの所に戻って来ると、預言者の子たちが「エリヤの霊がエリシャの上にとどまっている」と言い、彼を迎えに来て「その前で地にひれ伏した」とある（列王下2・15）。

聖書におけるモーセやエリヤの行いと彼らの後継者たちの行いの類似性が認められるのと同様に、モーセ／ヨシュアの連鎖とエリヤ／エリシャの連鎖を結びつける類似性が存在する。例えば水を左右に分けて乾いた地を歩く道を得る力はモーセとヨシュアについてまず言及されているが、これはエリヤとエリシャにおいても共有されている（列王下2・8、列王下2・14）。またモーセもエリヤも食糧を増やす力があった。さらにモーセは天と地をつなぐ火の柱で荒野の旅を導いたが、エリヤは神が彼の祈りに応えたことを示すため（列王上18・20—35）、また彼の敵を焼き尽くすために（列王下1・10以降）、天からの火を呼び寄せる力を受け継いでいる。

モーセやエリヤ、そしてその後継者たちによる奇跡は、常にユダヤ人の利益にかなう形で遂行された。神はモーセを通して神の敵を弱体化させるために奇跡を用いたが、それらの敵が常にイスラエルの敵であったのは偶然ではない。エジプトにおける災いというのは要するにそういうことだ。また神はヨシュアを通して「カナン人、ヘト人、……アモリ人、エブス人」（ヨシュア3・10）を全滅させるために奇跡を用い、彼らは侵略者であるイスラエルの前に全滅した。また神はエリヤを通してカルメル山にてバアルの預言者たちを滅ぼすために奇跡を使った（列王上18・20―35）。さらに神はエリシャを通して彼を呪った四十二人の子どもたちを引き裂かせるために森の中から熊たちを呼び出す奇跡を使った（列王下2・23―25）。これらの例が示すのは、聖書において奇跡的な力を持つことは、常に道徳的であったり正義に満ちていたり、あるいは礼儀にかなっていたりするわけではないし、そうである必要もないということである。問題は伝統的な宗教者たちが信じたがるほど決して明らかではないのである。

奇跡や超自然的なるものを研究していくと、私たちは否応なしに「神義論」の問題つまり悪の存在と神の善がいかにして両立するのかといった問題に突き当たる。ひとたび奇跡的で超自然的な力が神のものだということになると、信徒たちはなぜ神がある状況では行動を起こしたのに別の状況ではそうしなかったのかという説明を欲しがる。もし神が自分の息子や娘が死を免れますようにという親たちの祈りに応える力を持っているなら、祈ってもらっていた兵士の死は親たちの祈りが無効であったことを意味するのだろうか？　あるいはもしかしたら犠牲者は神によって殺されたとでも言うのか？　どちらの結論が有効だろう？　神には食糧を増やす力があり、ある時は天からマナを降らせて飢える人びとに食べさせて飢餓はなくなった。にもかかわらず別の時には、神は旱魃（かんばつ）や農地の荒廃にあって一国が危機に陥るほどの飢饉を放置している。そんな神が倫理的と言えるだろうか？　もし神がユダヤ人の敵を打ち倒す力、エジプト脱出の際に敵を壊滅させる力を持っているなら、なぜ神はホロコーストを止めるために介入しなかったのだろうか？　もし神の超自然的な力の原因を知りたいなら、なぜ神がそれを使うのにずいぶん控えめなのかという問いにも答えなければならない――なぜ私たちの暮らしにはあまりにも多くの痛みや病や悲劇が存在するのか。劇作家アーチボールド・マクリーシュは、ヨブ記を題材にした彼の作品『J．B．』の中で、こう言っている。「もし神が神なら、彼は善ではない。もし神が善なら、彼は神ではない」[22]。神が超自然的で奇跡的な力を持ち、それを使うという考えは、最終的には気まぐれで道義に反する神を造り出してしまう。しかし、神が超自然的な力を持っていないという考えは、最終的には弱く無能な神を造り出してしまう。これが神義論の直面せざるをえないジレンマである。道義に反する神、無能な神、あるいはその両方であるような神の賞味期限はそう長くはない。

長い間聖書を覆ってきた直解主義的な態度から逃れることができない時に直面するこの問題を、私は読者の皆さんに認識していただきたい。私たちの無知がいかに信仰深く神聖なものであったとしても、無知はしょせん無知である。そしてそれは私たちが理性によって知り得たあらゆるものを冒瀆するのである。神や生活を魔法のかかった目で見ない限り、アブラハムという名の男の周囲に集められた物語や民話は完璧に正しく伝えられたのだというような考えは起こらないだろう。アブラハムはそれらの物語が後に聖書と呼ばれるようになった文書の携帯を獲得する九百年近くも前に（実在したとすればだが）生きていたのである。一般には紀元前一二五〇年ごろの人物とされるモーセに関する物語も、彼の死後およそ三百年より前には文書化された聖典中に登場することはなかった。モーセの物語が三百年間もの口頭伝承を経由してきたと考えられるだろうか？　またそれは、奇跡の強調や細部の誇張という影響を受けたということはあり得ないだろうか？　このような物語は絶え間なく語り直されているうちに成長していくというのが一般的な傾向ではないだろうか？　イエスと福音書の場合で言えば、口頭伝承の期間は数百年ではなく四十年から七十年である。このことは大いに教訓的ではないだろうか？　口頭伝承の物語が四十年から七十年の間、全く変化なしに伝えられるということがあるだろうか？

この原則はイスラエルの歴史の中でも中心的な物語を見ることによって最もよく示すことができる。その物語はイスラエルが民族として誕生する瞬間――現在でも毎年、過越祭の儀式の中でも祝われている瞬間――を描いている。この物語のクライマックスは紅海の水を左右に分けるという壮大な奇跡である（出エジプト14章）。セシル・B・デミルという映画監督が『十戒』というタイトルのドラマチックな、しかし非科学的な映画によって、この出来事の情景を私たちの頭の中に植えつけてしまった。今日の聖書学者の大多数がこの紅海の物語は（もし起こっていたとしても）聖書が述べているのとはずいぶん違った現象であると考えているのだが、そのことを知ったらデミル監督も聖書の直解主義者たちもびっくりであろう。このことは、ユダヤ民族の歴史的なアイデンティティの始まりがまとめられ、彼らの聖典の中心的なエピソードとなった主要な奇跡物語が、今や学者たちによって、良くても疑わしく、最悪の場合全く事実無根だと見なされているということを意味する。

ではこの奇跡物語の何が問題なのか？　まず、もしイスラエル人たちが文字通り紅海を横断したとしても、彼らはずいぶん道を外れていったことになる。加えて紅海はその最も幅の狭い所でも約百二十マイル〔およそ百九十二キロ〕ある。そこを彼らが、たとえ乾いた土地の上であったとしても、出エジプト記が述べている通りに十時間で通過しようとすると、平均時速十二マイル〔およそ時速十九キロ〕で歩かねばならなかったことになる。つまり五分間で一マイル〔千六百メートル〕を歩くことを意味する。これは驚くべき——そう、まさに奇跡的な——偉業だ。特にあらゆる体の大きさ、世代、あらゆる肉体的コンディションの人を含めた烏合の衆にとっては。しかしヘブライ語の聖書テクストは、実際に彼らが通過した水域は「ヤム・スーフ」であると述べている。聖書において「紅海」と訳されているこの言葉は文字通りに読むと「葦の海」となる。今日ヤム・スーフは紅海のことではなく、現在スエズ湾と呼ばれている所のすぐ北にある、じめじめした沼地と同一視されている。この水域は一メートルそこそこの深さの水に覆われ、そこを進むのは困難ではあるが不可能ではない。しかもその道のりは二十マイル〔三十二キロ〕にも満たないのである。これを知るだけでも私たちは、この歴史的な瞬間の現実が約三百年後のユダヤ人の聖なる物語に見られる超自然的な演出とは全く違っていたと疑わざるをえない。

想像していただきたい。武装していない奴隷たちが逃走している。後ろをふりかえると数マイル後方に、エジプト軍の立てる砂埃が見える。彼らは逃亡した安い労働力の供給源を猛然と追跡しているのだ。それを見た時の恐怖を、可能ならば想像してほしい。奴隷たちは次に前方を見る。するとじめじめした沼地が目に入る。そこは最も良い状態でも進むのは困難だろう。だが、鉄の戦車に乗ってやって来るエジプトの兵士たちから逃れる術は他にはない。剣で斬り殺されるか、溺れて死ぬか、いずれにしろ全員死ぬ。絶体絶命の危機である。死ぬのを少しでも遅らせるため、彼らは沼地に逃げ込んだ。

奴隷たちがエジプトでの抑圧から逃走したとき、彼らは身軽だった。彼らは背中に衣類以外の物はほとんど持っておらず、彼らを容赦なく急襲するエジプト軍から一歩ずつ逃げるしかなかった。沼地すなわち葦の海にエジプト軍がたどり着いたとき、イスラエル人たちは恐らく数百メートルも進んでいなかっただろう。たやすい勝利を確信したエジプト軍はユダヤ人を追って沼地に突っ込んだ。すると重い甲冑や剣、槍などの荷物を鉄の馬車に積み込んでいたエジプト軍は泥沼にはまり込んで動けなくなった。ヘブライ人の奴隷たちは、ゆっくりとではあるが、ひたすら歩みを進めた。二十マイルというのは相当な旅であり、彼らが最終的にしっかりとした地面を踏むまで数日間は要しただろう。そして遂に彼らがヤム・スーフを通り抜けたとき、エジプト人たちが泥沼にいよいよ深く沈んでゆくのをよそに、大いなる安堵と大勝利の歓喜の声を上げながら歩調を早め、果敢に荒野に進み入ったのである。これは天地がひっくり返るような大事件である。この歴史的事件において、神が彼らを救ったのだと彼らが宣言せずにいることができただろうか？　エジプト人たちを打ち負かす何物をも持たなかったにもかかわらず、彼らは生き延びた。明らかに神が創造された自然界の不思議が彼らを救うために介入したのだ！

この驚くべき脱出の出来事が文字に記された形になるまでに、およそ十二世代かかった。当然、細部にいたるまで出来上がっていた。そして当然、年を経るごとに奇跡は強調される一方で、経験それ自体はユダヤ人民衆に消しがたい刻印を残した。神は彼らを救った。神は彼らを愛した。神は彼らに対して何か目的を持っておられるに違いない。それ以来彼らは、神が特別に選んだ民であると言われ、神との契約に入れられ、究極的には世界の全ての民が彼らを通して祝福されるような民であることを運命づけられたのである。その後末永く、神は海をはじめとする自然に対して支配力を持つ方であると理解された。ユダヤ人たちは彼らの礼典の中でこの真理を祝い、彼らの壮大な叙事詩を何度も語り直していった。そして最終的にこの叙事詩が聖なるトーラー〔「律法」の書。創世記、出エジプト記、レビ記、民数記、申命記の五つの書物。別名「モーセ五書」〕、すなわちユダヤの礼拝所において読まれるよう定められた書物となったとき、ついに神の言葉と呼ばれるようになったのである。

　このようなプロセスを経てヘブライ語聖書の中の中心的な奇跡物語は姿を現した。イエスの奇跡も似たようなプロセスで生まれたのではないだろうか？　それが今や私たちが考えなくてはならない問いである。今、福音書のイエス物語における奇跡を検証するにあたって、私たちはこの分析による問題点と洞察に留意しておく必要がある。おそらくそれらも書かれた通りに起こった歴史上の出来事ではない。おそらくそれは実は強力な内面的体験を目に見える言葉に置き換えるための試みであろう。私たちはそれらをイエス体験を損なうことなくイエスの記憶からはぎ取り、解体し、消し去ることが可能だろうか？　もし可能でなければキリスト者の未来はない。もし可能ならこの私たちのポストモダンの世界においてキリスト教が生き延びるチャンスはある。私は試してみる価値があると思う。ここで私は字義通りの概念から切り離されなければならない究極の真理が存在するもう一つの領域へとあなたを招待しよう。

6　自然奇跡――解釈を施されたしるしであって、史実ではない

私の信仰生活においては、私を礼拝に招こうとして奇跡を行うような神はもはや必要ではないということだ。事実そのような神概念は私の信仰にとって邪魔である。

奇跡への執着は人間心理の深い所にある何かと関連している。ほぼ普遍的な願望の現れであるそれは、ほとんど全ての宗教システムの中に表現されている。私はそれは自意識に伴うトラウマに対する実存的な気づきから起こるものだと思っている。人類がこの世界で孤立した存在であり、自然界の力に打ちのめされて、それを超える力も操作する術も持たないという考えは、押さえがたい恐怖を引き起こす。この恐怖は意識の中に蓄積され、ある人間的な確信へと成長していく。それは人類よりはるかに強大な力が存在し、その力が私たちを見守り、私たちを助けるために介入してくれるという確信である。

超自然的な力の信憑性がはるか以前に知性によって打破されてしまったにもかかわらず、人びとが不合理な迷信に執着するところを見ると、超自然的な力が生命現象を導いていると信じることは人間にとって心理的に重要なことなのだということがわかる。神の介入を否定する進化論に対して膨大な数の宗教者が抵抗するなどということを他の何で説明できようか？　宗教的な人びとはＤＮＡ鑑定によって他の生命体との関係が明らかにされたり放射性炭素測定によって地球の生成年代がわかるといったことにさえ脅えてしまい、今でもこのよ

うな科学的真理を裁判を通じて抑圧しようとしている。それは例えば一九二五年テネシー州で争われたスコープス裁判を思い出すだけでもわかるし、あるいは「創造科学」なるものを発展させようとする試みや、その焼き直しである「インテリジェント・デザイン」などを見ればわかる。もし進化論が正しいなら「自然淘汰」が宇宙における神の目的にとってかわる。そしてこの世の自然の力を前にしたときに感じる無力感への原初的恐怖、またこの世の広大さを前にしたときの孤立感は計り知れない。そもそも原理主義（ファンダメンタリズム）とは、この不安の表れの一種に他ならない。心理学者はそれを否認と呼ぶ。ある宗教団体が無謬の人物によって率いられているとか、ある者の書いた聖典には誤りがないというような考えは、人間の不安にのみ訴えるのであって、人間の現実に対してではない。しかしほとんどの人はこういう問題を意識しない。超自然的な介入がないということは、彼らが祈りの効果に疑いを抱き始めるまで表立った問題とはならない。

祈りに対する疑問は私が「神体験」といった主題で講演する時にほとんどいつも最初に答えなくてはならない問いである。祈りがどのように効き目を発揮するのかを疑い始めるとき、人は古来のセキュリティ・システム、つまり人類を根底から脅かすこの世の様々な力に対処することのできる超自然的な神のことを意識に上らせている。もし私たちの嘆願に応えて奇跡が起こるのであれば天空は空虚ではない。人間のような限界がないということを除いては私たち自身とそう変わらないような存在に私たちの祈りは向けられる——私たちを助けるために来てくれて、安心を与え、病気を治療し、敵を打ち負かし、洪水や風を止めて、私たちの安全を守ってくれる、そんな存在である。奇跡は私たちの信仰の物語の発展過程で記録されてきたものだという考え方は大いに示唆に富んでいる。そのため奇跡物語が書かれた通りに起こったのではないかもしれないと提起することはショックを生み出し、恐怖をもって迎えられ、しばしば怒りをも生み出すのである。この感情的な反応は時折、熱心さや確固たる信念のように誤解されるが、実はどちらでもない。あえてもう一度言うが、それは自意識を持つ生物が抱く原初的な不安の表現に他ならない。なぜならかつての宗教的セキュリティ・システムとも呼ぶべきものは、滅亡に向かって滑落を始めることを避けられないからである。

もし福音書の物語の中に書かれたとおりの奇跡が存在しなかったり、あるいは超自然的な行為の記事が疑わしいということになれば、明らかに私たちのセキュリティ・システムは揺らぎ始める。もし超自然的な力で私たちを守ってくれる神が存在しないなら、人間の自意識の目覚め以来の不安――私たちの原初的な孤立感――は、再び私たちを押しつぶしてしまうだろう。しかしたとえそうであったとしても、妥協のない率直さが必要とされる時がきたのだ。私個人について言えば、かつて信じていた超自然的な有神論的神が今でも生きているとか、奇跡的な方法で人間の歴史に介入する機会を今でもうかがっているなどと言って自分を偽ることはもはやできない。結果的に私はあたかも福音書の中のイエスを取り巻く奇跡物語が何らかの形で史実として扱い得るとか、それゆえに私たちが現在知っている宇宙の全てを司っている法則には当てはまらない例外なのだというふりをすることはもはやできないのである。私が住んでいるこの世では奇跡は起こらない。この宇宙が動いている法則を破る超自然的なものの介入を想定するのは全くの妄想である。天は空の上に住む神から聖霊を注ぐために開いたりはしない。結婚の宴にいる客たちの渇きをうるおすために水がワインに変わったりすることもない。悪霊を追い出すことによっててんかんの患者が癒されたりはしないし、耳が聞こえず、口のきけない人が、舌に取り憑いていた悪霊を解き放つことで治療されるわけがない。また（ラザロの場合のように）死んだ人が埋葬されてから四日目に甦らされてこの世に戻ってきたりはしないし、それは（イエスの場合のように）三日目であっても同じことである。ましてやジェットエンジンも使わずに空に舞い上がってこの世から去っていく人間がいるわけもない。

もし私がキリスト者であるためにこのような前近代的な物の見方が今でも通用するという嘘をつかなければ

ならないとすれば、私の中で物事の整合性というものが信仰を押しつぶしてしまう。少なくともこの伝統的な意味での信仰者であり続けるのは不可能である。しかしそうは言っても、私は今も一人の熱心なキリスト者であり続けている。私は今なお私が神という名で呼ぶ究極のリアリティの中に見られる真理を確信しているし、イエスの中に神性と人間性の双方に満ちたものを見ている。このことは私の信仰生活においては、私を礼拝に招こうとして奇跡を行うような神はもはや必要ではないということだ。事実そのような神概念は私の信仰にとって邪魔である。前の章でこの議論のための基礎を据えてきたので、これから私は福音書の記事の中からイエスにまつわる超自然性を主張するための特定の箇所を詳細に検証してみよう。

まずはたいへんシンプルな、しかし啓発的ないくつかの質問から始めよう。その中心的なテーマは様々な方法で問うことができる。たとえば現在福音書の中に見られる奇跡は、元来のイエス体験の一部だったのだろうか？　それとも彼についての解釈の一部として後になって付加されたのだろうか？　それらの奇跡は最初から書かれた通り歴史上に起こった出来事だと見なされたのか？　それとも当時でさえイエスの生き様の中で見聞きしたことの意味を問い直させるために作られた預言的な解釈のためのしるしとして理解されたのか？　一世紀の人びとが奇跡だと考えたことが、今日の私たちにとっては超自然的なものの介入ではなく、全人性（ホールネス）の新たな総合を身心や霊に生み出すような、私たちの自己内の深い統合をもたらす内的なプロセスだと考えることはできないだろうか？　この統合は全く文字通りに私たちの存在を拡大し、私たちの身体の中に停滞している不協和音を克服し、さらに私たちを「新しい存在」へと招き入れる。それは、かつてドイツ人神学者パウル・ティリッヒが言ったように、自分たちが「存在の根底」[23]に触れ合っていることを知る人びとの所にやってくるのである。イエスに関連する唯一の本物の奇跡は、この全体性の力のたぐいまれな集中ではないだろうか？　これらの新しい発想や理解を視野に入れながら、次に私たちは聖書のデータに目を転じてみよう。

奇跡はイエスについて教会が保持していた最も古い記憶の中にはなかったようである。既に述べたように、最初の福音書が書かれる以前に世を去ったパウロの手紙には奇跡についての記録が全くない。この新約聖書のコンテンツの中の最初の寄稿者である彼の記述の中で奇跡を唯一暗示しているのは、神がイエスを死から甦らせたと彼が信じていることである。確かに復活というからには、かなり強力な奇跡があったことを示すものであり、それは即座に却下するわけにはいかないと論じることもできる。しかしながらパウロの文書を詳しく読んでいくと、彼にとってイエスの復活とは後にイエスの肉体の蘇生という形で描かれたイースターの物語とは何の関係もないことがわかってくる。パウロにとって復活とは、神がイエスの生涯を肯定したということ（ローマ１・１―４）、またさらに、神が弟子たちの心と目を開いてイエスが何者であったのかを明らかにしたということである――それはパウロをして「わたしたちは主イエスを見たではないか」（１コリ９・１）と言わしめた体験でもある。そしてパウロは神がイエスを起こされたのと同じ方法で私たちも起こしてくださるだろうとも言っている（１コリ15・12以降）。

私はこの考えを、後に復活について書く章においてさらに展開させるつもりだが、ここでは復活を奇跡の概念から切り離すということだけを述べておこう。そうすることで私は、パウロがイエスの生涯に付加された奇跡物語を知らなかっただろうという点を明確にすることができる。パウロはダマスコ途上で幻を見たという件も含めて彼自身が何らかの超自然的な回心の体験をしたとは一言も言っていない。彼の書簡のどこを探しても彼は決して天からの光を見たとか目が見えなくなったとは言っていないし、どのようにしてその盲目が癒されたのかを報告もしていないのである。その癒しを取り次いだ人であったとルカが主張するアナニアという人物についても彼は全く言及していない。そのような誇張された細かい話は全て使徒言行録という書物によってキリスト教の物語の中に入ってきた。その書物はパウロの死後三十年から四十年たって書かれたものである。

パウロは超自然的な奇跡物語を語るという手段を取らない。にもかかわらず彼は、彼がキリストと呼ぶ人物において、彼が神と呼ぶ存在に何らかの形で出会った体験に触れているようである。それは彼にとってリアルで力強いものだった。イエスにおける神の臨在に開かれた者でありたいというパウロの切望は、彼がキリスト者の生は「キリストにおける」生だという叙述によく表されている。イエスは人間の命の中に注ぎ込まれた一種の神である、という彼の感性はフィリピの信徒への手紙（2・5―11）で詳しく説明されている。しかしここでも決して奇跡と呼ばれるものがイエスの生涯において起こったと彼は言っていない。パウロにとっては、神と人の命は互いに流れ込み合っているかのようである。このことは少なくともイエスに結びつけられている奇跡の伝承はイエス伝承の中でも後期のものであり、元来あったものではないという可能性を開く。そこで私は先に話を進める前に、読者の皆さんの心をこの可能性に対して開いてくださるようお招きしたい。

記録されたイエス物語の中で奇跡が最初に登場するのは、七〇年代のマルコにおいて、そして八〇年代から九〇年代に書かれた他の福音書においてである。故に奇跡というものが執筆されるようになったのは、福音書が書かれるようになった紀元七〇年から一〇〇年の間であっただろうとされる。もし私たちが世界中の有能な学者たちが一般にそうしているようにこの年代決定を受け入れるなら、初めて私たちは適切に以下の問いを発することができる。すなわち、もし奇跡というものがイエスについての記憶や彼の生涯と奉仕から生じた伝承に元来なかったのだとすれば、なぜその時期に奇跡がイエス物語に付加されたのかということである。

もし諸々の奇跡がイエス物語の中でも後期に発達してきた部分であるならば、それらは私たちが今発見しつつある他の多くのことと同じように、超自然現象なのではなく、合理的に理解させる手段として人間の言語では不十分な、究極的な神体験を表現したものかもしれない。私たちが認識しなくてはならないのは、神を語るには神の言葉のみがふさわしいのであり、私たちは神の言葉を持ってはいないということである。神の言葉なしに人間が神を語ろうとすれば、それは人間的な出来事を誇張する以外にない。それがやがて、私たちが神や神の行為がこうあってほしいと期待するのと似たような超自然的な描写になっていったのである。超自然的な描写はイエスの弟子たちが、神のように思われたイエスの生涯――人間の限界を取り除き、人間と人間の境界線を超越することができたと言われる生涯――を描写するのに十分なほど大きい言葉を探そうとしたとき非常に有効だった。

イエスのものとされる超自然的な行いは大まかに次の三つのカテゴリーに分けることができる。第一にいわゆる自然を用いた奇跡。第二に治癒を伴う奇跡、そして第三にイエスが死から命へと引き戻されるという物語である。福音書記者たちがイエスについて奇跡の記事を通して伝えようとしたことは、これらの三つの奇跡のタイプ毎にわずかに異なっているように思われる。そこで私はこれらを別々に論じてみよう。まずこの章の主題でもある自然を凌駕するイエスの力に関することから始めてみたい。

水の上を歩くイエス、嵐を鎮めるイエス、風を収めるイエス、一かたまりのパンのような限られた量の物質を膨張させて大勢の群衆に食事を与えるイエス、そしていちじくの樹を呪って即座に不自然な方法で枯れさせるイエス……そういった説話を語るとき福音書はイエスには自然の力を超える能力が授けられていたのだと強く主張する。聖書における自然奇跡を研究する際、私はいつも問いかけている。このように様々な超自然的な物語でイエスを包み込もうとしたくなるような、元来イエスにおいて人びとが体験したこととはいったい何だったのだろうか？

妥当な結論を得ようとするならば、福音書の伝承がユダヤ人の生み出したものであり、彼らの宗教による歴史観と世界観にどっぷり浸かったものだということを思い起こすことがまず重要である。ユダヤの信仰の物語は自然を凌駕する神の力を表明するところから始まる。トーラーの最初の章で神は混沌から秩序ある生命を造り出す。太陽と月と星を造り、大洋を魚で、大空を鳥で、そして地上を這うものとたくさんの獣たちで満たし、その中でも最も偉大なものが人間の男性と女性だった。神はこの人間に対し神が創造した全てのものを支配する権利を与えた。この最初の創造の業の後もユダヤの神はこの世の生物たちに対し常に介入すると思われていた。それはアダムとエバ、カインとアベル、ノア、アブラハム、モーセらの物語における一貫した一つのテーマである。エジプト脱出時のクライマックスは自然を超える神の力を見せつける水を左右に分けたという自然奇跡として描かれている。その力はその後いつまでもユダヤの典礼において繰り返し強調され記念された。またそれは詩編の記者たちや預言者たちによって何度も繰り返されたテーマだった。神は「仰せによって嵐を起こし、波を高くされ」るよう海に命じる力を持つ（詩編107・25）。その一方で「嵐に働きかけて沈黙させられたので、波はおさま」り、そのことで人びとを遭難から救う力も持っていた（詩編107・29—30）。神の道は「つむじ風と嵐の中にあり、雲は御足の塵である」と書いたのは預言者ナホムである。さらに彼は神が「海を叱って、乾か」すとも述べている（ナホム1・3、4）。加えてゼカリヤは「主は稲妻を放ち、彼らに豊かな雨を降らせ〔新共同訳。原著からの直訳では、「嵐の雲を起こす主は」〕」と述べている（ゼカリヤ10・1）。これらのテクストは神と自然との関係についてのユダヤ的理解を如実に示している。

　ユダヤ教が神を自然を超えた力を持つ者ととらえていたことを知ることで、私たちは福音書の自然奇跡がユダヤ人たちの宗教の歴史によって形づくられたものではないかと考えることができるようになる。イエスの弟子たちは様々な異なる方法で自分たちがイエスにおいてこのユダヤの神に遭遇したのだという確信を言葉にしようとしたのである。パウロはキリストの内にこの神がおられると述べる（2コリント5・19）。マルコはこのイエスが洗礼を受けたとき天が開いて神の霊が彼の上に降りてきたと告げる（マルコ1・1—11）。マタイはイエスの名が「インマヌエル」すなわち「神は我々と共におられる」という意味の名であると夢によってヨセフに啓示されたと言う。またマタイは復活したイエスが「見よ、わたしは世の終わりまで、いつもあなたがたと共にいる〔新共同訳には「見よ」はない〕と言うのを記録して彼の福音書を締めくくることによってイエスに「インマヌエル」を主張させている。ルカはイエスが神のもとから来ただけではなく、彼の仕事が終わった後、神のもとに帰ったと述べている（ルカ1・26―35、24・50―53、使徒1・1―11）。そしてヨハネはイエスと神が一つであることを様々な方法で強く主張している（ヨハネ1・14、5・17、20、10・30、17・1以降）。

　これはイエスにおける弟子たちの体験なのである。問題は彼らがそれをどのように語ろうとしたかである。彼らはその問題をヘブライ語聖書の中に神の言葉を探すという方法で解決した。そしてそれを見つけたとき、それでイエスを包んだのである――なぜならそれらの言葉が実際に起こったことを描いていたからではなく、それらが唯一彼らの体験を表現するのに十分大きな言葉だったからである。その神が水の上に足跡を残す者であるから（詩編77・19〔新共同訳では七七・二〇〕）、弟子たちは神ご自身の深みへと向かう道を示す神を水の上を歩くイエスの説話に描き込んだ。彼らが嵐を鎮める者としてイエスを描くとき、あの嵐を鎮め湖の荒波を収めることの出来た神がイエスにおいても臨在しているということを言っている。イエスが何者かということにおいて何らかの形で神が不可欠な要素であることを感じ取った弟子たちは、神の臨在を明示する自然奇跡の説話を使ったのである。これらの説話はいかなる客観的な意味でも実際に起こったことを報告する意図で書かれた記事ではなく、彼らがナザレのイエスと共に得た力強い内的な神体験を彼らの宗教的伝統にある外的な言語に翻訳しようとした試みなのである。内的な〔目に見えない〕体験を描写する言語はない。外的な〔目に見える〕言語だけが彼の用いることのできる全てだった。なぜ現代の宗教者たちはその違いを見分けることができないのだろうか？　私たちが共有している人間性を内的に深めようとする際、どうして外的な言語を字義通りに解釈する必要があるだろうか？

他にイエスに帰せられた自然奇跡と言えば食べ物を増やす力である。それによってほんの数切れのパンが大勢の群衆の腹を満たすことができた。この物語もまたヘブライ語聖書の分析から明らかなようにユダヤの伝承から取り出されたものである。これはモーセ物語の拡大版である。荒野で飢えた群衆に食糧をもたらしたのはモーセである。彼が神に限りなく多くのパンを彼らの上に降らせてくださるように祈り求めた結果、彼らはそれを数えきれないほどの籠に集めることが出来たと言う（出エジプト16・1―8）。エリヤやエリシャも決して尽きない食糧を造り出す力を持っていたと言われる（列王上17・1―16、列王下4・1―7）。一世紀の後期を生きたユダヤ人のイエス信奉者たちは、これらのテーマを過去の宗教的な英雄たちから取り出し、それでナザレのイエスを包み込んだ。福音書の給食の奇跡物語を厳密に読むと、福音書記者たちが歴史を描こうとしていたわけではないことがわかる。むしろ彼らは彼らが信じざるをえなくなったイエスという人物についての何かを言おうとしていたのである。そのことはマルコとマタイが記録した二つの給食の奇跡物語を細部にわたって検証すると特に明らかになる。第一の物語は湖のユダヤ側に住む五千人のことを描いていて、彼らは五切れのパンによって満たされ、あとで集めたパンのかけらは十二の籠にいっぱいになった。第二の物語は湖の異邦人側に住む四千人のことを描いており、彼らは七切れのパンで満たされ、あとで集めたパンのかけらは七つの籠にいっぱいになった。これらの様々な数や状況が何を意味するかについては多くの憶測がなされてきた。ある理論家たちが言うように、十二の籠はイスラエルの十二部族を表し、七つの籠はユダヤ人の親交があった異邦人の国々の数を表しているのかもしれない。細かいことはどうであれ、これらの物語は恐らくユダヤ人と異邦人のどちらに対しても十分有り余る食べ物で満たすことのできたイエスの力について何かを言おうとしている。もしかするとこれら初期の福音書は、後にヨハネの福音書がイエスの人格について述べた物語を客観的な言葉で述べようとした試みかもしれない。すなわちヨハネによれば、イエスを知ることは彼が人間の魂の最も深いところにある飢えに触れているのを発見することである。なぜなら彼は「命のパン」だからである。ヨハネではこのことをイエス自身が主張したと言われている。と同時にヨハネはモーセの物語における燃える柴のエピソード（出エジプト３・13―22）で啓示された「わたしはある」という神の名前にそれを結びつけている。故にヨハネ版の給食の奇跡では、イエスは「わたしが命のパンである」（ヨハネ６・35）と言う。さらにヨハネはイエスの肉を食べ血を飲むことのみが救いを可能にする（６・54）と述べることによって、それをキリスト教の聖餐に変容させる。要するにユダヤ人は過越祭において小羊の肉と血を食すのだが、今や何種類もの給食の奇跡物語において、この神がユダヤ人だけでなく異邦人たちの命をも満たすのに十分なほどイエスの中に現れているのだということを伝えようとしているのである。この物語がヨハネの中で、またマルコやマタイにおいても同様にどのように用いられているかを見ていくと、単純な奇跡物語とは非常に異なる点が浮かび上がってくる。この物語から奇跡的な要素を抜き取ると、聖餐の究極的な意味が陰から姿を現すのである。

福音書における自然奇跡の話を終わる前に、福音書の伝承の中でも恐らく最も面白いエピソードの一つを取り上げてみたい。マルコにはイエスが空腹の時に実がなっていなかったいちじくの木を呪った話が含まれている（マルコ11・12―26）。この説話は呪いによってこの木がしおれて枯れてしまったと伝えている。ここでは奇跡ではない何か別のことが起こっているのであり、その「何か」は後の章で私がイエスを新しい過越の象徴という理解のもとで分析する時により詳しく見ることになるだろう。とりあえず今は、マルコがはっきりと「いちじくの季節ではなかったからである」（マルコ11・13）と述べているような時期に、イエスが実のならないいちじくの木を呪うのは非常に奇妙であると言うにとどめよう。もしこの物語を史実であると見なすならこれは自然奇跡のカテゴリーに転がり込むが、その代わり合理的な意味は失われてしまう。今日でも大抵の聖書解説者たちはこれを奇跡物語のリストから外している。原理主義者（ファンダメンタリスト）の間でさえこの物語はイエスが自然を超えた力を持っていることを示すとされる以上には何のエネルギーも生み出していない。自分たちのことを聖書を字義通りに信じる者だと言っている人たちが、自分たちの頭で呑み込めないことを避けて選り好みをするのは興味深い。

本章のポイントは、福音書の中でイエスに帰せられる全ての自然奇跡は、その著者たちにとって一世紀のユダヤという状況において単に彼らのイエス体験を解釈する手段なのだということである。それらの自然奇跡物語は字義通りに受け取られることを意図したものではない。したがって想像を超えた信じがたいことだと思う必要もない。またそれらは宇宙の法則をも破り、それによって己が超自然的な存在であることを啓示するイエスの能力を報告するために作られたものでもない。むしろそれらはこの世を創造し、風や水を従わせ、荒野で私たちの先祖を天からの食べ物で養い、彼らを紅海において死から救い出した、その神と同じ神がナザレのイエスという一人の人間の命において全く新しい形で私たちと出会ったのだということを言わんがための、イエスの弟子たちの試みなのである。神は彼らの民の解放の源だった。イエスも彼らの全人性の源であり、彼らの救いのしるしとなった。彼らは神の領域を表すために人間の言語を乱用せざるをえなかった。それは彼らのイエス体験をうまく説明するために十分なほど彼らの言葉を大きくしようとした結果である。私は福音書の自然奇跡は神の超自然的な介入では全くないと信ずる。それらはナザレのイエスにおいて弟子たちが遭遇したと信じたものがいったい何であったのかを伝えることに関わる問題である。それらの記事を適切に読むためには字義通りに受け取ってはいけない。そうではなく、それらの記事を生み出した体験に参加しようとすることが必要である。この二つは決定的に違う。

7 治癒奇跡――神の国のビジョン

私たちはウェスト・ヴァージニアで起きた奇跡を信じているし、今もその奇跡を待ち望んでいるのだ。

（ジョー・マンキン州知事、二〇〇六年一月四日）

土の下に閉じ込められた人びとに神の恵みがあらんことを。また閉じ込められた人を心配している人びとにも神の恵みがあらんことを。（ジョージ・W・ブッシュ大統領、二〇〇六年一月四日）[24]

さてここでは、イエスが触れたり命じたりすると肉体的な癒しがもたらされたという物語を検証してみよう。それらのエピソードでは、目の見えない人は見えるようにされ、耳の聞こえない人は聞こえるようにされ、足の不自由な人は歩けるように、また病人は完全に治され、汚れた霊や悪霊は追い払われている。これらの物語は何百年にもわたってキリスト者たちの行いに強力なインパクトを与えてきた。おそらく今でも、ほとんどの信徒たちの祈りの主な内容は癒しの執り成しであろう。何らかの身体的な完全性が回復された時に福音派の人びとが頻繁に発する「感謝です、イエス様！」というフレーズは、癒しの源であるイエスの力が信仰深い人びとの意識の上では今も継続されていることを示している。祈りに応えてくれる神というのは超自然的で有神論的な神の究極的な局面であり、このような神に人びとは喜んでひれ伏そうとする。人びとは証拠を正当化し、結果があらぬ方向へ行こうとすると、神がなぜ介入しなかったのかを説明する目覚ましい能力を身につけてきた。治癒すれば神のおかげであり、死やその他の不幸な結末については別の何かのせいなのである。

このことは今世紀において膨大な数のテレビの視聴者たちの目に強力に、そして痛ましく刻みつけられた。ウェスト・ヴァージニア州トールマンズヴィルの街で炭坑爆発があった時のことである。この爆発により、十三人の炭坑労働者たちが地下およそ二百六十フィート〔約八十メートル〕で、鉱山の中に二マイル〔約三・二キロメートル〕も入り込んだ長い坑道の中に閉じ込められた。国民の関心は救出作業に釘づけになった。救出を待つ家族たちにとって時間は一層長いものに感じられた。というのも、時間が経過するほど酸素が減り、彼らの愛する人たちが命を失う危険性が高まるからだ。果たしてこの困難な状況を覆して、十二人の閉じ込められた労働者たちが生きて発見されたという報告がとどろき渡った。その一方で一人の労働者が死んでいた。人びとが集まっていたセイゴ・バプテスト教会は祝賀ムード一色になった。そこでは宗教的な言葉遣いがなされていた。ウェスト・ヴァージニア州知事のジョー・マンキンはこれを「奇跡」であると述べた。そして人びとにも今後、「奇跡を信じるように」と熱心に説いた。しかし死んで発見された一人の労働者をこの奇跡を行う神がどういうわけで選び出したのかについては不思議に思わざるをえない。彼は明らかに助け出されなかったのだから。もしかするとこの犠牲者は神の助けを受けるにふさわしくない人間だったのかもしれない。または、彼は救われるに値しないという何らかの判決のようなものが出ていたのか。あるいはこの世の不思議な運命によって、この時彼は死ぬと定められていたのか。テレビカメラに映る人びとはほとんど例外なくこの救出劇を神の働きかけによるものとしていた。「感謝です、神さま！」「ありがとう、イエス様！」「神をほめたたえよ！」そういった言葉が何度も繰り返された。

　ところがおよそ二時間後、別の発表が行われた。不吉な公式発表である。それによると先の情報は間違っていたという。実はたった一人の炭坑労働者が生還したのだった。それでも彼は意識不明の重体で、おそらく脳に深刻なダメージを負うことになるだろうという見通しだった。そして他の十二人は死亡だった。奇跡や神についての話は瞬時に消え失せた。イエスに向けられた賛美の言葉は途絶え、怒りや嘆きの表現がそれに置き換わり、訴訟の話で持ち切りになった。

奇跡への期待に基づいた人生はめったに報われることがない。信じる者の祈りは応えられる場合よりも応えられない場合のほうが圧倒的に多い。しかし空の彼方にいる神が奇跡を起こして介入してくださるだろうという期待を打ち消すことは誰にもできないようである。この神が起こす奇跡は熱心に祈る人や、また良い生き方をしているので神の好意を受け、助けを受けるに値するとされた人には有効なのである。このような希望の多くは福音書の物語にルーツを持つ。そこではイエスが何度も治癒を伴う奇跡を起こしたように描かれている。

新約聖書の治癒奇跡物語を研究するにあたってまず受け入れなくてはならないのは、一世紀における病気の理解のされ方は二十一世紀の私たちの理解とはあたかも何光年も離れているかのように異なっているということである。例えば一世紀の人びとは細菌の存在を知らない。細菌は十九世紀になってからフランスのルイ・パストゥールによって発見されたものである。また一世紀の人びとはウィルスについても何ら聞いたことはないはずである。ウィルスが人類の知識に加わったのは二十世紀のことである。一世紀の人びとは心臓発作も白血病も腫瘍やガンについても何一つ知らなかった。聖書時代においては病気はもっぱら人間の罪深さに対する神の罰であると理解された。ヨハネ福音書で生まれつき目が見えない人について弟子たちがイエスに投げかけた質問は古代人の常識と一致している。「ラビ、この人が生まれつき目が見えないのは、だれが罪を犯したからですか。本人ですか。それとも、両親ですか」（ヨハネ９・２）。これと同じ発想がイエスが中風の患者に対して「子よ、あなたの罪は赦される」（マルコ２・５―７）と言った時にイエスを批判する者たちが腹を立てた時の場面にも反映している。彼らが問題にしているのは病気の原因である罪深さについてではなく、イエスが自ら罪を赦す力を持っているかのように話し、それが彼らの耳には神への冒瀆に聞こえたということなのである。

新約聖書は心の病やてんかんも悪霊が取り憑いたことが原因だとしている（マルコ1・25、9・25）。福音書が示すところによれば、耳が聞こえず舌が回らないことも悪魔が患者の舌を縛っているからである（マルコ7・35）。特定の病気についてこのような理解があることを前提とするならば、神の怒りを鎮めるための祈りや生け贄をささげるという処方箋は、治療の試みとしては全く理にかなっている。癒しのパワーをイエスに帰するというのは、まさに彼が神だという定義づけを主張しているというわけである。

しかし私たちは一世紀の人びとが想像すらできなかった医学的知識の世界に生きている。病原菌が特定されれば現代医学は抗生物質を開発し、それが聖人には言うに及ばず、罪人にも効果を現すのを発見してきた。臨床試験は羊の炭疽病から子どものポリオまで様々な病気のワクチンを発明し、全ての生命には何か相互に関連し合ったプロセスがあることを明らかにした。今日の医療技術は放射線で腫瘍を小さくしたり、化学療法でそれを撃退したり、内視鏡やその他の技術を使った外科手術によって摘出したりすることもできる。こういったプロセスによって現代医学は病気から神を追い出し、病気というものをすっかり世俗化させた。しかしながら、病気に関する前近代的な解釈は私たちの宗教心や魂にも深く根付いてしまっているので、例えば私が属しているキリスト教の教派、米国聖公会でも、病は罪に対する罰だという概念を一九七九年に改訂されるまで祈禱書から払拭してはいなかった。[25]

一世紀における疾病の理解と今日における理解の仕方の大きな違いを受け入れた上で、さらに私たちは、新約聖書の記者たちと今日のキリスト教的思考を形づくった西洋的な精神とを非常に異なったものにしている文化的要素を認識する必要がある。福音書記者たちは単に一世紀の人間であるだけではない。彼らはユダヤの民である。治癒を伴うすべての奇跡の分析を完了する、あるいは理解可能なものにする前に私たちが認識しておかなければならないのは、ある希望や期待の文脈がユダヤ的な意識の中に組み込まれているということである。

そのユダヤ的な世界には、彼らが神の国と呼ぶものがいつの日か姿を現すという活き活きとした期待が存在していた。この期待は長い年月をかけて生み出されてきたものであり、たとえ何百年失望を味わったとしても、その王国を始めるためにメシアがやって来るだろうというユダヤ人特有の希望となってきた。その王国のしるしはヘブライ語聖書のいくつもの箇所に詳しく述べられているが、イザヤ書35章ほどそれを美しく描いた所はないであろう。そこで預言者は、神の国の到来に伴って起こる出来事を描いている。

荒れ野よ、荒れ地よ、喜び躍れ
砂漠よ、喜び、花を咲かせよ……
人びとは主の栄光……を見る……
そのとき、見えない人の目が開き
聞こえない人の耳が開く。
そのとき、歩けなかった人が鹿のように躍り上がる。
口の利けなかった人が喜び歌う。（イザヤ35・１―６）

イザヤは、彼の預言書のなかで、その前にも同じような旋律を奏でている。

その日には、耳の聞こえない者が

書物に書かれている言葉をすら聞き取り
盲人の目は暗黒と闇を解かれ、見えるようになる。
苦しんでいた人びとは再び主にあって喜び祝い
貧しい人々は、イスラエルの聖なる方のゆえに喜び躍る。（イザヤ29・18―19）

ユダヤ人による神の国の到来への期待は明らかにこのしるしと関連づけられている。そこで私たちには福音書記者たちに対する別の疑問が生まれる。その疑問は私たちを字面通りの直解主義(リテラリズム)よりも深いレベルに連れていってくれる。果たしてイエスは実際に治癒奇跡を行ったのか、それともそれらの奇跡物語はイエスにメシアとしての地位を付与するために伝承に付け加えられたのか？　治癒奇跡の物語は伝承の発達過程の一部であり、したがって彼の誕生におけるベツレヘム伝承と同じカテゴリーに属するものではないのか？　新約聖書の中にその可能性を裏づけるようなヒントがあるだろうか？　私はあると思う。

マタイとルカ両方の福音書のおおよそ中間点あたりに似たような物語が記されており、それは私が思うに非常に示唆に富んでいる（マタイ11・2―6、ルカ7・18―23）。この物語では双方の福音書の始まりの部分にあるイエスの洗礼の場面以来姿をひそめていた洗礼者ヨハネが特別出演で再び登場している。牢の中にいるヨハネは使いの者たちを通じてイエスに、民衆が待ち望んでいるメシアはあなたなのかと質問する。イエスはまさにイザヤ書35章から引用された言葉でこれに答えている。そこには神の国の到来のしるしが実に詳しく記されている。この返答の持つ力を知るためには、これをユダヤの歴史の中に位置づけてみる必要がある。

その文脈を把握するためにヘブライ語聖書のマラキ書まで戻ってみよう。そのタイトルにある「マラキ」とは特定の人物の名前ではなく、ヘブライ語で「私の使者」という意味である。マラキは「道を備える」ために名の知れぬ使者が到来すると宣言する。「あなたたちの待望している主は、突如その聖所に来られる」(マラキ３・１)が、その時に人びとが備えをしておくためである。さてマルコは先述の牢獄にいる洗礼者ヨハネの物語を収めていないが、彼はヨハネを紹介する際、彼を「荒れ野で叫ぶ者の声」(マルコ１・３)と呼んでいる。この紹介部分でマルコはイザヤの言葉とマラキの預言を合成している。

福音書の中にはマラキの名もなき使者の役割をメシア登場の前兆としてのエリヤの役割と結びつけたり、洗礼者ヨハネにそれを適用している箇所がたくさんある。ヨハネ自身「わたしよりも優れた方が、後から来られる。わたしは、かがんでその方の履物のひもを解く値打ちもない」(マルコ１・７)というへりくだった表現で、明らかに自分がメシアの前に現れる先駆者であるとしている。他の全ての福音書もこのテーマに呼応している。

しかもヨハネはエリヤのような先駆者であるともされている。例えばこの洗礼者の着物は「らくだの毛皮を着、腰に革の帯を締め」ていたとされ、彼は荒れ野に住み、その食べ物も「いなごと野蜜」であったとされる(マタイ３・１―４)。これらは全て明らかにヨハネをエリヤと関連づけるために選ばれたものである(列王下１・８)。それとは別にルカがザカリア〔ゼカリヤ〕をヨハネの父親の名前として採用したことにもヒントが隠されている(ルカ１・５以降)。ゼカリヤ書のテクストは、「十二の書」(ヘブライ語聖書のその部分はしばしば小預言者と呼ばれている)の一部であるが、この文書はマラキ書のすぐ前に置かれている。もし洗礼者ヨハネがマラキ、つまりメシアの名もなき先駆者ならば、彼の父親すなわち彼のすぐ前に先立つ者はゼカリヤという名前でなくてはならない。福音書に登場する人名を決して歴史的な記憶から取り出されたものだと見なしてはならない。ここで見たように、それらは特定のテーマを指し示すために頻繁に用いられるのである。

そこで再びマタイとルカの記事に戻ってみよう。そこでヨハネはイエスが何者であるかという問題に直面している。すなわちエリヤ／マラキ的人物であるヨハネは獄につながれて処刑を待ちながら、イエスに使いをやって「来るべき方は、あなたでしょうか。それとも、ほかの方を待たなければなりませんか」という具体的な問いを投げかけたと言われている。イエスはこれに対して啓示による方法で答え、誤解されようのない仕方で彼自身がメシアであるとする。「行って、見聞きしていることをヨハネに伝えなさい。目の見えない人は見え、足の不自由な人は歩き、重い皮膚病を患っている人は清くなり、耳の聞こえない人は聞こえ、死者は生き返り、貧しい人は福音を告げ知らされている」（マタイ11・4―5）。

ルカはこれに私たちが既に参照してきたような一般的な奇跡物語の章句を加えている。何ら具体例を提示することもなく彼は言う。「そのとき、イエスは病気や苦しみや悪霊に悩んでいる多くの人々をいやし、大勢の盲人を見えるようにしておられた」（ルカ7・21）。それから彼はマタイが使ったのとほとんど同じ形でイエスの言葉を繰り返す。どちらのリストも「死者は生き返り」というフレーズを付け加えている。これはイザヤ書の中ではメシアのしるしとはされていないが、後のユダヤ思想の発展において加わったものである。終わりの日の審判のために死者たちが生き返らされると期待されたのである。

このエピソードでは全ての治癒奇跡はイエスがメシアであることのしるしとして理解される。これらの説話は実際に字義通りに起こった出来事として取り扱われるべきではなく、天の王国の先駆けとなるメシアの役割をイエスに付与するためにイエス物語に取りつけられたメシアのしるしなのである。したがってそれらは超自然的な出来事の描写ではとうていなく、解釈を施された説話なのだ。ユダヤ人ではない解釈者たちは、私に言わせれば教会による異邦への捕囚時代の間（紀元一〇〇年ごろから比較的最近まで続いた）、これらのユダヤ的出典を理解してこなかった。やっと二十世紀の後半になってキリスト教がついにこのユダヤ的ルーツを取り返し、ユダヤ的な視野から福音書を見る目を発達させ始めた時に、これらのユダヤ的出典がその本来の文脈ににおいて理解されるようになった。[26] 奇跡は歴史を語るものではない。それは、人びとがイエスにおいて実際に経験したことを理解するために、イエスに適用された具体的で解釈を施されたイメージについて多くを語るものなのである。現代の二十一世紀の読者がこのことを理解しさえすれば、物語は非常に興味深い道を開いてくれる。

ここでこの新しい観点から福音書における具体的な癒し物語を眺めてみよう。まず私たちは最初の福音書であるマルコに着目する。その中には盲人が見えるようになる物語が二つ収められている（マルコ８・22―26、10・46―52）。また耳の聞こえない人が聞こえるようになり、当時は舌が縛られていると考えられていた口のきけない人が話せるようになったという物語が二つある（マルコ７・23―35、９・17―27）。[27] さらに全身が麻痺した男が歩けるようになる話が一つ（マルコ２・３―12）、他には汚れた霊を追い払った話がいくつかあり（マルコ１・23―26、５・１―14、７・25―30、９・17―27）、身体の完全性が取り戻された話が二つ、一つは片手の萎えた男性の話であり、もう一つは長年出血が止まらなかった女性の話である（マルコ３・１―55・25―34）。神の国の始まりに伴って起こるとイザヤが預言したことの全てがカバーされているではないか！

しかしこれらの物語の厳密な分析は、さらに単なる超自然的な癒し以上のことを明らかにする。これらの物語は隠されたメッセージと暗号の言葉に満ちている。例えばベトサイダの盲人についての記事では、彼が徐々に段階的に目を癒されたと述べられている。イエスは彼をベトサイダの村の外に連れ出し、そこで彼の目に唾をつけ、「何か見えるか」と尋ねたと言われている。その盲人は目を上げて「人が見えます。木のようですが、歩いているのが分かります」と言った。するとイエスは再び彼に両手を置き、その男とイエスが互いに「一心に見つめ合う」までそうした。そうやってこの癒しのプロセスは、彼が「何でもはっきり見えるように」なるまで続いた。物語はこの男性をまっすぐ家に帰らせようとするイエスの言葉で終わる。「この村に入ってはいけない」（マルコ８・22―26）。

そのすぐ後のエピソードは、マルコによればフィリポ・カイサリアにおいて起こり、そこでイエスは「人々は、わたしのことを何者だと言っているか」と問うている。弟子たちは洗礼者ヨハネ、エリヤ、あるいは預言者の一人など、あらゆる可能性を口にして応えている。そこでイエスは彼らにたたみかける。「あなたがたは」私のことを誰だと思っているのか。するとペトロが答える。「あなたはキリストです（すなわち、メシアです）」。イエスは彼らにそのことを誰にも言わないようにと戒め、キリストが辿ることになっている道について詳しく話し始める。その道とは、イエスによれば、「人の子は必ず多くの苦しみを受け、長老、祭司長、律法学者から排斥されて殺され、三日の後に復活することになっている」というものである。テクストによればイエスは「そのことをはっきりとお話しになった」。そこでペトロがイエスを諫めると、逆に彼のほうがイエスから「サタン、引き下がれ。あなたは神のことを思わず、人間のことを思っている」と叱責されてしまうのである（マルコ８・27―33）。

私は二つの理由でこの対決の物語の詳細に進んでみたい。第一にこれは明らかに史実ではない。受難と十字架刑と復活の正確な予言は、物語のクライマックスとして最後に起こる出来事を、イエスの歴史上の生涯に後から付け加えたものである。これらの言葉を書いた著者マルコは、それらをまさにドラマチックな説話として記録にとどめようとしていたのである。第二にペトロは最初は理解者のように描かれているが、やがて彼自身の言葉によってそうではなかったことが明らかになる。彼の「見える」状態は徐々に段階的にやってくるとマルコは述べている。このような細かい要素はヨハネの福音書で私たちが知るように、ペトロがベトサイダ出身であることや（ヨハネ１・44）、ベトサイダ出身の盲人が徐々に段階的に見えるようにされたことや、そしてイエスとこの盲人が「一心に」見つめ合った時に初めて完全に見えるようになったということに加味すると、これはペトロの生涯を譬えた話であるかのように聞こえ始める。その上で私たちがペトロの否認の物語を読むと、そこにフィリポ・カイサリアにおける彼の無理解の要素を発見する。またルカはこの盲人の物語を非常に明確に意識しているように思われる。なぜならペトロの否認の物語を執筆するにあたって、彼は「主は振り向いてペトロを見つめられた」と書いているからである（ルカ22・61）。この一心に見つめる眼差しがベトサイダの盲人を見えるようにし、ルカの物語においてはペトロに生涯忘れぬ記憶を刻みつけ、苦渋の涙を流させる。この物語を単純な治癒奇跡と読むことは、明らかに本来意図されたことではないのである。

　福音書にはこの他に二つの視力回復の物語がある。一つはマルコによって語られ、マタイとルカにも採用されており、もう一つはヨハネのみが伝えている。どちらの物語も文字通りの解釈ではない読み方の可能性を示している。マルコはバルティマイという名の男性の視力を回復させたイエスについて語っている（マルコ10・46―52）。このバルティマイは盲人の物乞いでティマイの子とされている。この名づけ方は奇妙である。というのもバルティマイという言葉自体、文字通りティマイの息子（バル）という意味だからである。そこでこれらの言葉を通してマルコが最初の読者に向けて発した秘密のメッセージとは何だったのだろうかという疑問がわく。この物語はマタイ（20・29―34）とルカ（18・35―43）においても繰り返されているが、マタイではこの名前は削除され混乱が避けられている。その代わりマルコでは一人の盲人の物乞いだったのが、マタイでは「二人の盲人」となっている。ルカも名前は削除しているが、マルコ同様、物乞いをしている盲人はただ一人である。これらの物語ではいずれも盲人はイエスのことを「ダビデの子よ」というメシア的な称号で呼んでいる。全ての記事で彼は視力を取り戻してほしいと願っている。しかしこれらの物語は全て、福音書が書かれる頃には広がっていたイエスに関する記憶を形作る「人の子」や「ダビデの子」といったメシア的な称号による様々な象徴のもとでイエスを見ようとしていた、初期の弟子たちの苦闘を指し示すものなのである。これらのメシア的称号については本書の次のセクションで、より詳しく見ることにしよう。

新約聖書における最後の「盲人の癒し」物語は、イエスによる「しるし」の一つとして、ヨハネによってたいへん詳細に描かれたきわめて重要な説話である。ある意味このヨハネの詳細な物語（9・1―41）は、マルコにおける二つの「盲人の癒し」説話の合成のように見えないこともない。ベトサイダ出身の盲人の時と同じようにイエスは癒しのわざに唾を用いる。そして癒しは瞬時に起こるのではなく、シロアムの池で洗うといった更なる手順を必要とする。またバルティマイの場合と同じく、この盲人は門のそばで物乞いをしている。先立つ二つの物語と同様、この説話もイエスのメシア的なアイデンティティに関するものである。もう一度議論が立ち起こる。あなたはキリストなのか？　あなたはダビデの子なのか？　安息日も守らないで彼のどこがキリストなのか？　物語がこの第四福音書において語られるとき、イエスをキリストと呼ぶことは、その瞬間彼の弟子たちが「シナゴーグ〔会堂：ユダヤの礼拝所〕」から追放される」に足る理由となったのだという主張が含まれている。

このヨハネ版の生まれつきの盲人の話には「わたしはある」という言い回しが含まれており、それはこの福音書に独特のものである。「わたしは、世の光である」（9・5）とイエスが言ったとされているが、これは出エジプト記において掲示された「わたしはある」という神の聖なる名前を用いつつ、闇の世を明るく照らして見る力をもたらすのだと言っているのである。ヨハネはこのエピソードをイエスにこう言わせて締めくくる。「わたしがこの世に来たのは、裁くためである。こうして、見えない者は見えるようになり、見える者は見えないようになる」。ファリサイ派の人びとがこの言葉を聞いたとき、彼らは次のような鍵となる問いを発している。「我々も見えないということか」。これに答えてイエスは言う。「見えなかったのであれば、罪はなかっただろう。しかし、今、『見える』とあなたたちは言っている。だから、あなたたちの罪は残る」。

盲人を見えるようにするイエスを描くこれらの記事は、超自然的な出来事に関して書かれたものではなく、イエスとは何者であるかに関する当時進行中の議論に焦点を当てるものであることが今や明らかではないかと思う。これらを字義通りに読むことによって、私たちは数えきれないほどの世代のキリスト者たちに、これらの物語の真の意味を理解することから目をふさいできた。今にも始まろうとしている神の国のしるしはイエスの命と結び合わされている。彼は見えない人びとの目を開くことでその王国を具現化し、それによって彼らは彼ら自身のより深いアイデンティティを見ることになると言われているのだ。それは私たちの人間性の中にあり、私たちは聖なる神の臨在をそこで明らかにすると断言できる。

私たちは、「耳の聞こえない人の耳を開く」物語や、「足の不自由な人を癒す」物語や、「口のきけない人の舌を解放する」物語をも同じように分析し、それらのどのカテゴリーにおいても、しつこいようだが超自然的な出来事ではなく、メシアのしるしについて伝えようとしていることを発見することができる。福音書はそれが何なのかを分かった上で読まなければならない。それは記憶に残った歴史の記録ではない。それは持ち望んでいた神の国がイエスにおいてようやく始まったという信仰共同体の宣言なのである。完全なものとされた人間の姿を描くことはイエス体験の核心にあたる。見えなかった人が見て、聞こえなかった人が聞き、歩けなかった人が歩き、声の出なかった者が歌う。この完全さはイエスが誰であるかを証言するものと思われる。癒しの物語の意味を説き明かす過程で、私たちはイエスを見るための新しいレンズを発見する。この人物は神話的な「人の子」というメシア的な役割を演じる者と見なされていた。彼は命の可能性に対して人びとの目を開いた。それがイエス体験の力である。私たちはイエスの弟子であろうとして、超自然的で信じられないようなことを信じているようなふりをする必要はない。私たちはただありったけの命の可能性を見るだけでよい――そしてこのようなビジョンに対して私たちの目を開いてくれるイエスの力において、神的であるとはどういうことなのかという新しい意味が明らかになり始めるのをただ見ればよいのである。

8　本当にイエスは死者を甦らせたのか？

イエス「あなたの兄弟は復活する」
マルタ「終わりの日の復活の時に復活することは存じております」
イエス「わたしは復活であり、命である」
マルタ「あなたが世に来られるはずの神の子、メシアであるとわたしは信じております」
（ヨハネによる福音書11章23～27節）

もし読者の皆さんがこの章のタイトルの問いに一言で答えてほしいと望むなら、その一言は単純かつ率直に「否」である。しかし福音書の中にはイエスが死んだ人間を甦らせる説話が三つある。生き返らされた人びとは次のとおり。会堂長ヤイロの娘、ナインのやもめの息子、そしてラザロである。これら三つのエピソードに関してまず留意しておくべきことは、やもめの息子の復活はルカにしかなく、ラザロの復活はヨハネにしかなく、ヤイロの娘の復活だけが共観福音書――すなわちマルコ、マタイ、ルカの三福音書全てに記されているということである。もしこのような信じ難い出来事が実際に起こったとすれば、一種のセンセーションが巻き起こされたり、このような記事が何度も語り直されるということがなかったというのは、にわかに信じ難い。この章ではそれらの驚くべき物語の一つ一つを見てゆこう。それらは表面上は超自然的で死を否定するかのような奇跡の記事に見えるが、実は内部に深く入り込むと解釈のヒントを明示し、福音書記者たちが決して字義通りに読まれることを意図していたのではないことを明らかにしてくれるのである。

私たちはまず諸々の肉体的な病気や欠陥の癒しと比較して、死者を甦らせることがユダヤのメシア待望の元来のテーマではないらしいということに着目しよう。イエスの復活がこの世の生命への帰還であるかどうかも深刻な疑問であるが、それについてはイースター物語についての章で述べるつもりである。ここでは死者が甦らされる三つの物語に光を当てたい。まずは会堂長の娘の話から始めよう。

この物語の三つのバージョンは、これが同じ物語であると認識されてもおかしくないくらい互いによく似ている。しかし違いもまた重要である。第一に三つの共観福音書の全てがこの奇跡の受け手を会堂長の娘としている。第二にどのバージョンも長い間出血の止まらない女性についての記事で中断され、前後二つの部分に分けて語られている。第三に三つの記事全てにおいて、イエスが子どもについて彼女は死んでいるのではなく眠っているのだと言っている（マルコ５・39、マタイ９・24、ルカ８・52）。

三つのバージョンの間の相違点はもう少し微妙なものである。まずマルコとルカは会堂長の名前をヤイロであると述べているがマタイはその名前を削除している。またマルコとルカにおいてはイエスは子どもの部屋に入る際、ペトロ、ヤコブ、ヨハネに伴われているが、マタイでは彼一人である。そしてイエスが会堂長の家に到着する前に子どもが既に死んだと聞かされる場面を、マルコもルカも記録しているにもかかわらずマタイは削除している。このことはマタイが他の二つよりもイエスが到着した時に子どもは死んでいるのではなく眠っているだけだと指摘する場面により重く強調を置くことができるということを意味する。これにより彼はマルコとルカが記録しているような驚きのニュアンスを最小限にとどめることが出来る。そこで私たちが押さえるべき最初のポイントは、マタイがこの物語に奇跡的な要素が存在しているという点に賛同しているようには見えないということである。これは珍しいことである。なぜなら既に私たちが見てきたように、マタイは彼の福音書の他の部分では奇跡を強調したり、あるいは奇跡的な要素を付け加えたりする傾向さえ見せるからである。

次にこの独特な物語の前例がヘブライ語聖書の中にあるかを探してみよう。予想通り最もそれらしく思われるものがエリシャ物語（列王下4・18―37）の中に見つかる。エリシャの物語においてもこの福音書の物語においても甦らされるのは子どもである。またどちらの物語でも癒し手（エリシャとイエス）はすぐには力を発揮せず、目的地に向かって出かけていく。どちらの物語でも癒し手が到着するに先立って、子どもが本当に死んでいるのかについての会話がある。どちらの物語でも、癒し手と子どもの間に身体の接触がある。イエスが子どもの片手を取り上げるのに対して、エリシャは子どもの上に体を伸ばしマウス・トゥ・マウスの蘇生法のように子どもに覆い被さっている。この身体的接触は注目すべきである。なぜならトーラーによれば、死体と身体を接触させた者はたとえ祭司であったとしても七日間儀礼的に汚れた者とされ（民数19・11）、それ以上汚れの期間を長引かせないためには三日以内に浄めの行為をしなければならなかったからである。どちらの物語においても癒し手は子どもを生きてその親に返している。どちらの物語でも子どもの「霊」が回復されている。このことはエリシャの物語においては七回のくしゃみ、マルコの物語においては子どもが起き上がり、歩き、食べることによって象徴されている。この二つの物語の間には明らかにつながりがある。福音書記者たちはあることを主張するためにエリシャの物語を活用しているのだ。このことは、この物語を奇跡に関する記事として読むのは適切ではなく、ユダヤの歴史におけるエリシャというヒーローのレンズを通してイエスを啓示するために作られた、解釈を施された説話として読むべきだということを意味する。

死者を甦らせる第二の物語はナインの村でやもめの息子を甦らせるイエスの記事で、ルカにのみ記録されている（ルカ7・11―15）。この物語を観察した結果、先の章でメシア的しるしとして治癒奇跡を理解する上で大きな役割を果たした記事に私たちは連れ戻される。そこでも述べたように、洗礼者ヨハネの使者が彼に代わってイエスに「来るべき方は、あなたでしょうか」と尋ねたとき、イエスは神の国の始まりに伴って起こるとイザヤが述べたメシア的しるしを指し示すことによって応答している。しかしイエスは他に二つのしるしを付け加えている。それはキリスト者のコミュニティに特有な指標となったが、イザヤのリストにはないものである。それは死者が甦らされるということ、また貧しい人は福音が告げ知らされるというものである。死者が甦らされることが神の国のしるしだという考えはマタイにおいては問題を生じない。というのも彼は既にイエスが会堂長の娘を甦らせる物語を語り終わっているからである。しかしルカはこのエピソードを後の方になるまで語っていない。故にルカの視点からは、イエスがヨハネに死者が甦らされるというのがメシア的しるしの一つだと告げるには無理がある。それはイエスの命を特徴づけるものとして扱うべきものではあるが、ルカのテクストの中ではまだそこまでの間にそのような出来事の報告がないからである。そのためルカは、このナインのやもめの息子を甦らせる話を、洗礼者ヨハネのエピソードが語られる直前の部分に書き込んだのだ。

定型的な手順に従えば、次に私たちはヘブライ語聖書にもやもめの息子が死から甦らされるのと同じパターンを持つ物語があるかどうかを問うことになる。そしてやはり私たちは再びそれをエリヤ―エリシャ物語の中に発見する。各福音書はそこから多くのものを引き出している。ただし今回はエリシャではなくエリヤであるの息子一人である。どちらの物語でも若い男性が弔いの床の上に手足を伸ばして寝かされている。どちらの物（列王上17・17―24）。このエリヤの物語とルカの記事の間にも類似点が多い。どちらの物語でも犠牲者はやもめ語でも癒し手は神に働いてくださるように願っている。どちらの物語でも息子は母親のもとに生きて返されている。どちらの物語でも死者を甦らせる行為によって、人びとは預言者に対するように反応している。すなわちエリヤの場合、彼は神の言葉を語るものだと言われ、イエスの物語では、偉大な預言者が現れて神が御自分の民を訪れたのだと言われている。したがって私たちはもう一度――もう既におなじみの結論になっていると思うが――これらの物語において起こっているのは、畏敬の念を起こさせるための奇跡的エピソードを記録に留める物語のプロセスではなく、どのようにして神がイエスにおいて具体的に働いているのかという問いに応答することを意図した解釈のプロセスなのだという結論に至る。この福音書のエピソードは、イエスにおいて新しいエリヤが現在しているという物語的な主張にすぎない。それはルカにおける主要なテーマであり、彼はそれを様々な角度から発展させている。それについては後に触れよう。

そういうわけで、福音書における最後の死者を起こす物語に移ろう。群を抜いて多くの人びとに知られ、同時に最も謎めいた物語――すなわちラザロという名の男性が死から起こされる物語である（ヨハネ11・1―57）。もう一度私たちは事実の確認から入ろう。

ヨハネ福音書はラザロがマリアとマルタの兄弟だとしている。ルカ福音書はマリアとマルタをエルサレム周辺にあるベタニア村に住む二人の姉妹だと紹介している（ルカ10・38―41）。しかしヨハネよりも早く書かれたこの福音書には姉妹に男兄弟がいたという言及はない。それは第四福音書によって導入された新しいアイデアなのである。各福音書はベタニア村をイエスが宿をとった場所であると何度も言及している。後に聖週間と呼ばれることになる期間にイエスと弟子たちが泊まったのもベタニアである（マルコ11・11―12）。彼が石膏の壺を持った女性によって油を注がれたのもベタニアにある家であった（マルコ14・3、マタイ26・6）。その家を、後にヨハネが、マリアとマルタとラザロの家としたのである（ヨハネ12・1―3）。またイエスが最後の晩餐の準備を始めたのもベタニアからであるし（ルカ19・29）、イエスが洗礼を授けられたのもベタニアにおいてである（ヨハネ1・28）。亡きラザロが起こされるこの物語においても場所はやはりベタニアである。

ヨハネにおいてのみ語られたこの物語の詳細は非常に魅惑的である。ヨハネはラザロの姉妹であるマリアが主に油を注ぎ彼の足を自らの髪で拭った女性だという言及からこの物語を始めている（ヨハネ11・3）。この言及における唯一の問題点は、ヨハネ福音書がこの物語を次の章までまだ語っていないことである！　言い換えるとこれは予告である。このラザロを起こす説話では、マルタとマリアの姉妹が、兄弟であるラザロが病気なのでイエスに使いを送っている。イエスはこの緊急の要請に応える前にわざと二日間も待ち、「この病気は死で終わるものではない。神の栄光のためである。神の子がそれによって栄光を受けるのである」（ヨハネ11・4）と言う。

それからイエスはユダヤに向かって旅を始める。弟子たちがユダヤにはイエスの敵たちが彼を石打ちにしようとしていることを思い起こさせているにもかかわらず。イエスは自分は夜のうちに歩くのだという謎めいた物言いで答えている。この言葉は彼が「世の光」であるから闇は彼を阻むことはできないのだということを暗示している。それからイエスは弟子たちに、ラザロは眠りに落ちたのであり、これから自分は彼を起こしに行くのだと言う。想像力の乏しい弟子たちは、もし彼が眠っているだけなら放っておいても目覚めるだろうと言う。つまりイエスは自分を危険にさらしてまで行く必要はないのである。そこでイエスはこのように言って問題点を明らかにする。「ラザロは死んだのだ」（ヨハネ11・14）。ここでヨハネにおいては初めて登場するトマスが他の弟子たちに言う。「わたしたちも行って、一緒に死のうではないか」（ヨハネ11・16）。

彼らは行く。そして彼らは到着するまでにラザロは既に死んで四日経っていると聞くことになる。マルタはイエスが到着する前に彼に会いに行く。彼女の挨拶には恨みがましい口調が混じっている。「もしここにいてくださいましたら、わたしの兄弟は死ななかったでしょうに」（ヨハネ11・21）。

イエスは答える。「あなたの兄弟は再び起きる」。すると「存じております」とマルタが言う。「終わりの日の復活の時に復活することは存じております」。これに対してイエスは例の「わたしはある」の言い回しで答える。「わたしは復活であり、命である。わたしを信じる者は、死んでも生きる。生きていてわたしを信じる者はだれも、決して死ぬことはない」（ヨハネ11・25―26）。マルタもメシア的表現を存分に用いて応答する。「あなたが世に来られるはずの神の子、メシアであるとわたしは信じております」（ヨハネ11・27）。

そうして彼らはエルサレムから二マイルの所にあるベタニアに到着するまで歩いた。そこには会葬者たちが集まっていた。するとマリアがイエスの所に来て、マルタと同じように、もし彼がもっと早く来てくれたらこのような悲劇は避けられたのにと、憤りの言葉を彼に放つ。イエスは埋葬の場所を尋ね、そこで涙を流す。人びとは彼のラザロへの愛を見て取ると同時に、彼の力をしてもラザロを死から救うことはできなかったのかと怪しんだりする。

それからイエスは墓を閉じている石を取りのけるよう命じる。マルタはラザロが死んでもう四日も経つから臭いはずだと反対する――あるいは欽定訳聖書ではあからさまにこう言われている。「もう既に腐っています」（欽定訳、ヨハネ11・39）。イエスは墓の入り口で祈り、ラザロを呼び出す。死人が起き上がり、体中を埋葬用の布で縛られた格好で姿を現す。彼の手も足も布を巻きつけられ顔も覆われている。イエスは会葬者たちに、彼から布をほどき、解放するよう命じる。

ある人びとはこの奇跡によってイエスを信じた。しかし別の者たちはファリサイ派の所に行き、イエスが行ったことを告げたとヨハネは伝えている。ヨハネによれば、このことが彼の十字架刑を避けられないものにしたという。そしてここから以後、テクストは暗号の言葉で埋められていくようになる。祭司長たちやファリサイ派の人びとが言う。民衆がこの男に従うならローマ人たちが「来て、我々の神殿も国民も滅ぼしてしまうだろう」（ヨハネ11・48）。実はこの時から約四十年後、実際ローマ人たちはそれを実行した。しかしヨハネがそれを書いたのは、さらにその三十年も後のことである。大祭司カイアファは言った。「一人の人間が民の代わりに死に、国民全体が滅びないで済む方が、あなたがたに好都合だとは考えないのか」（ヨハネ11・50）。そしてこのエピソードは以下の言葉で締めくくられる。「この日から、彼らはイエスを殺そうとたくらんだ」（ヨハネ11・50）。そしてヨハネは物語を過越祭の場面に進める。彼によれば十字架の出来事はその祭の期間に起こったことなのである。

福音書における他の二つの死者を起こす物語とは異なり、このラザロの物語にはヘブライ語聖書との関連が見つからない。しかしこのエピソードには、ルカ福音書における死んだラザロのたとえ話と多くの類似点がある（ルカ16・19―31）。研究者たちは長い間、他にもいくつかルカとヨハネの関連性を指摘してきた。それはヨハネがルカにいくらか依存しているか、あるいは少なくともヨハネとルカが共通の資料を持っていた可能性があることを示唆している。私自身はヨハネがルカの作品を知っていたのではないかと推測する。一人の女性がイエスの両足に油を注ぎ髪でその足を拭った物語が記されているのは、この二つの福音書だけである。ルカは元来マルコにあったこの物語に詳細な付加を施したように思われる。マタイは詳細を記してはいないが、むしろ彼はマルコが述べた通りに忠実に書き写しているように見える（マルコ14・3―9、マタイ26・6―13）。しかしヨハネにはルカによる付加部分が含まれている（ルカ7・36―50、ヨハネ12・3―8）。ルカもヨハネもユダに裏切りの動機を与えたのはサタンか悪魔が彼に入ったからだとしている（ルカ22・3、ヨハネ13・2）。ルカもヨハネも「ゲッセマネ」という言葉を使わない。ルカもヨハネも復活の日には墓に二人の天使がいたとしている。そして二つのラザロの物語にも同様の関連が見られるのである。

私は単純にルカにおけるラザロと「富める人」のたとえ話をヨハネが彼のラザロ物語において実話として書き換えた可能性が十分にあると思う。二つのエピソードの共通点はラザロという名前だけではない。ルカのたとえ話のテーマはヨハネが描いた奇跡物語の結論と一致している。ルカの物語の中でアブラハムは言う。「もし、モーセと預言者に耳を傾けないなら、たとえ死者の中から生き返る者があっても、その言うことを聞き入れはしないだろう」（ルカ17・31）。ヨハネの物語ではラザロが起こされることによってそれが実際に起こっているのである。

ヨハネ福音書における ラザロが起こされる物語の詳細は、ヨハネ自身のイエス復活の説話の中に現われるテーマとよく似ているが、違いも明らかである。ラザロは死んで四日経っている。ユダヤの言い伝えによれば魂あるいは霊は三日目までは墓の辺りに漂っていると信じられていた。そしてそれがついに離れると死体が腐るのを元に戻すことはできない。三日間の期限というのはイエス物語においても見られるものである。ラザロの墓の前でもイエスの墓の前でも、マリアという名の女性が登場して泣いている（ヨハネ11・33、ヨハネ20・11）。イエスの墓と同様ラザロの墓も石で入り口を封印されている（ヨハネ11・38、20・1）。ラザロの物語でイエスは石を取りのけるよう命じ（11・39）、イエス復活の物語でマグダラのマリアは石が既に取りのけられているのを発見する（ヨハネ20・1）。ラザロは埋葬用の布を巻きつけられたまま出てくるが（ヨハネ11・44）、シモン・ペトロと愛された弟子と呼ばれた人物は、イエスの埋葬用の布が積まれているので、彼がそこから起き上がって出ていったことが一目瞭然であることを発見する（ヨハネ20・6―7）。

ヨハネはこれら二つの復活において、その違いを際立たせようとしているようである。ラザロの場合、死人をこのように呼び戻したのは肉体的な蘇生である。ラザロはまだ死者の布で縛られており、その布はしばらく後に彼が再び死んだとき否応なく彼を縛りつけるものである。しかしイースターの物語ではイエスは死者の布から取り出されたとヨハネは述べており、それはもう二度と彼を縛ることができないことを暗示している。パウロは「死はもはや（キリストを）支配しません」、また「死者の中から復活させられたキリストはもはや死ぬことがない」（ローマ6・9）ということを知っていた。ラザロが起こされたのは全く肉体的な出来事である。

しかしイエスが甦らされたのは父のもとへと昇っていくことができる体への変容であり（ヨハネ20・17）、それによってもはやこの世の物理的な法則には縛られない。今や彼は壁を通り抜けて歩くことができ（ヨハネ20・19）、弟子たちに聖霊の息吹を吹きかけ（ヨハネ20・22）、ガリラヤ湖のほとりに突然現われることもできる（ヨハネ21・4）。

以上で福音書においてイエスが死者を甦らせる力を持っているように描く三つのエピソードの研究は完成である。一つはエリシャ物語の再話であり、もう一つはエリヤ物語の再話であり、最後はルカ福音書にあるたとえ話の歴史化である。この研究により私は、福音書の超自然的な表現を字義どおりに読むことは福音書記者たちの本来の意図を損なうことになると確信する。イエスはいかなる字義どおりの意味でも死者を甦らせたのではない。そうではなく、彼はこれらのエピソードによって、エリシャやエリヤといった神の力を体現したと言われている預言者たちよりも偉大な存在として描かれている。人びとは彼において生命力や時を超えた永遠の神の並外れた力と意味を体験したのである。彼らは自分たちがイエスにおいて聖なる神に出会った体験を、一世紀のユダヤ世界の言葉と概念で表すためにたいへんな苦労をした。その体験は人間の生命の危機によっても、また時間や場所や死ぬべき運命といった私たちの人間性に負わされた限界によっても縛られることはないのである。

何度も言うが新約聖書における奇跡は、見る目を持つ者には得ることのできる神の国の始まりを福音書の著者たちが語るための文学上の技巧なのである。奇跡とは私たち人類を、私たちの人間的な限界を超えて超越への永遠の探究へと押し出す全人性のヴィジョンの一部なのだ。そしてその探究を私たちは自分の運命であるかのように感じるのである。イエスとは、彼に触れられた人の目を開き、何ものにも縛られない命に入らせ、何ものにも縛られない愛を経験させ、何ものにも縛られない存在となす、そのような命と愛と存在の力を持つ一人の人間である。彼は自然の法則に逆らうようなことはしていない。超自然的な奇跡を起こしたこともないし、病気で弱っている人を癒したり、死者を甦らせたりもしていない。奇跡とは一世紀のユダヤ人たちが自分たちがイエスにおいて出会ったと信じたものを他者に伝えるために人間の言葉を拡張しようとして可能であった唯一の方法だった。

今日においては一世紀の超自然的な言葉遣いは私たちにイエスの真意を見えなくさせるだけでなく、実のところ私たちに対してイエスを歪曲して見せている。あるいはそれは私たちを守りようのないものを守ろうとするかのようなヒステリックな防衛へと導く。そうしないと私たちは底なしの虚無へと沈み込んでしまうからである。あるいはそれは私たちに伝統的な神の言葉は非合理で無意味であると思わせると同時に、宗教的な観点を拒絶し、神なき世界の空虚を受け入れよと迫るのである。もし私たちがイエスを宗教から脱出させ、信条や教理や教義から解放することができれば、私たちは充満する生命の中で知る神体験に入りなさいという彼の招きをもう一度聞くことができる。それが私の求めるイエスだ。彼はかつても今も奇跡の人ではない。彼は水の上を歩いたり、病人を癒したり、死者を甦らせたりはしていない。そうではなく彼は、そのラディカルな人間性をもって神の真意を体現し、彼の人生を垣間みた人や彼の力を感じた人びとに、「神はキリストの内におられる」と言わしめ、またそれゆえに神はあなたの内にも私の内にも存在するのだと福音書記者たちは断言しているのである。

次に私たちはこのイエスの物語において命が死を変化させるのを見ることになる。そこで私たちは人間イエスの中に神性が現れる様を見て、神性というものが人間性とは別の何かではないことを学ぶだろう。

9　十字架の物語――歴史になりすました典礼

もっとも大切なこととしてわたしがあなたがたに伝えたのは、わたしも受けたものです。すなわち、キリストが、聖書に書いてあるとおりわたしたちの罪のために死んだこと、葬られたこと。

（第一コリント15・3―4ａ）

（紀元後七〇年代以前にキリスト者たちが保持していた、記述された十字架の物語の全て）

先に十二弟子について述べた章でも提示したように、ユダが――イエスを裏切って権力者たちに引き渡し、そのために彼は死んだとされているが――実在の人物でないとすれば、イエスの受難物語には他にどれくらい史実が含まれているのだろうか？　それがここでの私たちの疑問である。

イエスの死について私たちが入手しうる最も初期の記述さえ記録は寒々しいほどにわずかである。詳細はほとんど分からない。受難物語の詳細は普通の信徒にとってはおなじみで大抵しっかり把握している。しかし、そのような福音書の物語に由来する詳細は、実際にはイエスの死後、少なくとも四十年経って出来上がったものである。それらが元来のものだという証拠はない。受難の詳細についての初期の真正なデータ――つまり紀元七〇年代以前のデータ――の探索は全くの期待はずれに終わる。手短に事実を確認しよう。パウロは、私たちが所持する新約聖書の最も初期の文書の中でイエスは十字架につけられたと断言している。実際彼はイエスの十字架について少なくとも八回言及しており、十字架につけられる時の彼の行いについて九回、そしてイエスの死についてはずいぶん頻繁に言及している。それらは大抵ほとんど詳細に触れない一言だけの言及であり、あたかもイエスの十字架と死の事実はパウロが単純に思い込み、そのために議論や疑問の余地もないかのようである。受難についてパウロがもたらす最も完全な説明は第一コリント15章に現れる。それは紀元五〇年代の半ば、すなわち出来事そのものが起こった約二十五年後に書かれた。しかしこの資料でさえ細かい部分についてはほとんど明らかにしてはくれない（3—11節）。

パウロは以下のような言葉でこの話を始めている。「最も大切なこととしてわたしがあなたがたに伝えたのは、わたしも受けたものです」。そして彼は、彼がキリストの物語を形成する出来事と呼ぶものを復唱する。受難について彼が述べているのは字数にすればたった一行である。「キリストが、聖書に書いてあるとおりわたしたちの罪のために死んだ」。パウロが知っているのはそれだけだったらしい。そこには裏切りの記事もなくゲツセマネの園への訪問もないし、逮捕も無ければ祭司長たちの前での裁判もない。そこには福音書の受難物語を飾るおなじみの詳細が何一つない。ピラトについての言及もないし、イエスに対する告発が想起されることもなく、ユダヤ人の群衆による彼を処刑しろという圧力の記録もない。彼が鞭打たれたという話もなく、いばらの冠についての記述もなく、彼が自分の十字架を背負わねばならなかったことについての言及もないし、カルバリと呼ばれる丘のことも書かれてはいない。そこには釘を打ち込んだ兵士についての記事もなく、彼と共に十字架につけられた盗賊たちについても同様である。真昼に全地が暗くなったという記事もなく、イエスが十字架から誰かに語ったと言われる言葉についての言及もない。ただパウロはイエスの死には救いの目的があると断言する。すなわち、「わたしたちの罪のため」と彼は言う。これに彼は「聖書に書いてあるとおり」という考えを付け加える。しかしそこにはイエスの苦しみの描写はない。彼は死んだ。それしかパウロは言っていない。

パウロは十字架のあとの出来事についても話を続ける。しかしもう一度言うが、詳細については非常にわずかなことしか分からない。パウロはイエスの埋葬について一言で片づける。「彼は葬られた」。この聖書の中にあるイエスの死に関する最初の物語の中には、墓に関する言及はなく、埋葬の布もなく、香料も園もなく、アリマタヤのヨセフも出て来ない。埋葬についてのパウロのテクストはおおよそ無味乾燥である。人が死ねば埋葬される。他には何も語られない。これが七〇年代（あるいはパウロの著作からおよそ十五年くらい後）に最初の福音書であるマルコが執筆されるまでにキリスト教会の持ち得たイエスの死と埋葬に関する記述の全てである。このぶっきらぼうなパウロのテクストを読むとき解釈者は疑問を浮かべるだろう。パウロはこれ以上のことを知っていたのだろうか？　それともこれが彼に伝えられた全てだったのだろうか？

もしこの伝承をパウロに伝えた者を特定できるなら、私たちはこの疑問に答えることができるかもしれない。そのヒントを求めてパウロの資料を探索していると、五〇年代初期に執筆されたガラテヤの信徒への手紙の中に、パウロが回心の三年後にケファ（つまりシモン・ペトロ）を訪ね、十五日間そこに滞在したことを発見する（ガラテヤ1・18）。これが彼の情報源だったと考えるのは妥当だろうか？　ここで私たちはペトロがパウロに話した多くのことの内でこれがパウロの記憶している全てだったのか、あるいはそれがペトロの知っている全てでそれをそのままパウロが伝えたのかどうかを問わねばならない。私たちが知ることとなった十字架の物語はこの時点ではまだ構成されていなかったのだろうか？　大抵の人はそんな疑問は抱かない。しかし私たちの任務が神話を超えて人間の命へと至り、説明を超えて体験に到達することができるならば、人びとはそれを明らかにしてくれと叫ぶだろう。

第一コリントの執筆と七〇年代初期における最初の福音書の登場との間には多くの出来事が起こっている。おそらくこの時期にパウロとペトロが世を去った。ユダヤ人たちは彼ら自身の強引な選択によって紀元六六年から七三年まで続いたローマ人との不幸な負け戦に巻き込まれた。この戦争における最も激しい戦闘は七〇年に行われ、ティトゥスという名の将軍に率いられたローマの軍団がエルサレムを囲む防御壁を破り、ただ制圧するだけでなく街全体を壊滅させるべく進軍した。その際、聖なる神殿さえも破壊されたのである。この戦争が終わるとローマ人の側にはユダヤ人に対する激しい敵意の時代が続いた。この反感は特に祭司長たちや神殿の支配層たちといったエルサレムの宗教指導者たちに向けられた。彼らは戦争を始めた責任があると見なされたからである。マルコの福音書が書かれたのはこのようなコンテクストにおいてである。彼はユダヤ人国家全般に、またとりわけエルサレムのユダヤ人たちに降りかかった悲劇を深く意識している。たとえマルコが当時その街に住んでいなかったとしても、これは間違いない。

マルコは彼の語る物語の中に二つの要素を導入している。それらは次の十年間にマタイとルカによって引き継がれ、キリスト者の意識の中に確固たるものとして刻まれるものとなった。まず彼はイエスの受難物語をユダヤの過越祭の季節の中に位置づけた。これによって過越祭との関連で受難物語を形成することが可能になり、事実それが実現している。第二に彼はイエスの死が「聖書に書いてあるとおり」であったというパウロの断定を明らかにしようとして、イエスの死に様がどのようであったかを描く物語の細部を埋めるためにヘブライ語聖書の伝承を用いた。これまで伝統的には問われはしなかったものの、この探求を可能な限り進めるために直面せざるをえない疑問は以下のとおりである。すなわちこの十字架の物語は目撃者の記憶に基づく史実なのか、それとも実際の出来事よりも幾分か後になって生み出された典礼劇であり、実際の出来事を描くためではなく、礼拝する者たちにイエスとは誰であるか、またなぜ彼の死が特別な意味を持つのかを理解させるために作られたものなのかということである。少し言い換えてより大胆な表現で言うと、イエスの受難のうち本当にあったことはいくつあるのだろうか？　彼の出生に関することや、弟子たちが何人いてそれは誰なのかということや、奇跡物語の史実性と同様に、彼の死についての詳細も事実というよりは伝承や解釈に基づくものではないのだろうか？　概してこれらは制度的に確立したキリスト教会が決して提起してこなかった問題である。しかし私はイエスの真実への探求において、これらの問いをはぐらかすつもりはない。

マルコがキリスト教史上初の福音書を執筆しようと巻物の軸を据えたとき、彼は自分の物語の中でイエスの生涯の最後の出来事に重点を置いた。彼の記事の中では明らかに十字架がその焦点となっている。例えばこの福音書におけるマルコ版のイースター物語にはたったの八節しか使われていないのに、イエスの生涯の最後の二十四時間を描くためには百節以上を費やしている。しかもこの福音書の三分の一を上回る部分がイエスの生涯の最後の一週間の出来事を述べている。マルコの福音書は長い前書きを伴う受難物語として描かれているのである。この福音書のテクストを研究するに際して、イエスの意義についてマルコがどのように理解していたかを受け入れるのであれば、どこにその強調点が置かれているかは自ずから明らかである。イエスの死こそが中心的なリアリティなのである。

次に読者全員の目を釘づけにするのは、受難が過越祭のコンテクストの中に位置づけられているだけではなく、（以下に私が示すように）ユダヤ人の出エジプトの物語とパラレルに作られており、過越はその典礼的表現なのだということである。これらのことを意識するならば、私たちの信仰の物語における中心的な説話の全てが歴史的なものではなく解釈を施されたものであるように感じられ始める。以下これらの関係について考察してみよう。受難も出エジプトもキリスト者とユダヤ人という二つの信仰共同体の始まりの瞬間を物語る。どちらも束縛からの解放という理念を伝えるべく造られたものである。出エジプトの物語においては、それはエジプトにおける奴隷制からの解放であり、受難物語では、それは「罪の縄目」からの解放だった。どちらの記事もこの解放を死から生への旅として描いている。出エジプトの物語では死は紅海の水に溺れることに象徴されている。しかし神は水を割って約束の地における新しい命への可能性へと開くことで救いの手を差し伸べる。受難物語ではそれは十字架における死であるが、それは神の国という永遠の約束の地に復活する新たな命への約束によって変えられる。イエスはその最初の実例である。どちらの説話もこの出来事が歴史の中で起こったことを信仰共同体の中で典礼的に再演することで、その共同体の起源を思い起こすことを未来の世代に要求している。出エジプトの物語においてユダヤ人たちは次のように告げられる。「この日は、あなたたちにとって記念すべき日となる。あなたたちは、この日を主の祭りとして祝い、代々にわたって守るべき不変の定めとして祝わねばならない」（出エジプト記12・14）。パウロは彼が書いた最後の晩餐の場面でイエスがその食事を「わたしの記念として」（第一コリント11・24）再演するように告げたと述べている。そして最後に、出エジプト物語も受難物語も、「神の小羊」と呼ばれた者の死に焦点を当てている。出エジプト物語では、それはユダヤ人が飼う群れから取られた傷のない若い雄の小羊だった。受難物語では、それは民を代表する傷のない若い男性であり、それはヨハネの福音書では洗礼者ヨハネによって「神の小羊」（1・36）と呼ばれている。どちらの死においても、儀式で流された羊の血は死の力を破るシンボルであると言われ、それゆえに小羊は「命をもたらす者」となった。イエスの死を描こうとする意図が実際には初期のユダヤ的な信仰の物語を再演する典礼的な慣習に基づいているという明らかに作られたアイディアであることを発見するとき、私たちは受難物語の史実性は全く疑わしいとせざるをえない。

マルコがイエスの死についての最初の物語を書こうとした際に使った言葉を見るとき、そしてそれが三時間毎に八つのセグメントにきちんと分けられた二十四時間サイクルによって構成されていることを発見するとき、私たちの疑いは一層強まる。それにより受難物語はいよいよ歴史ではなく典礼であるかの様相を呈してくる。ユダヤ人の過越は通常は共同の食事を囲んで行う三時間の儀式である。キリスト教における十字架の物語ではこのユダヤ人たちの三時間の儀式が、イエスを信じる者たちによってやはり共同の食事を囲みながらの二十四時間の慣習に引き延ばされたように思われる。

マルコが最初に彼の十字架の物語を創作する際、彼は「夕方になると」という言葉から始めている（14・17）。電気無しで暮していた当時、これは日没時、または午後六時ごろであることを示す。ユダヤ人であったマルコは、過越の食事は通常三時間で、それは賛美の歌で締めくくられるということを知っていた。そこで彼はこの最初の三時間の終わりの部分で、時間通り「一同は賛美の歌をうたってから、オリーブ山へ出かけた」（14・26）と記している。午後九時あたりである。過越の食事は終わり、それはイエスの引き裂かれた肉体と「多くの人のために流される」（14・22―25）新しい契約の血のシンボルとして再解釈された。イエスは彼の死において新しい過越の羊になろうとしていたのである。

それからマルコは、イエスと弟子たちの群れをゲッセマネの園に行かせた。そこでイエスに最も近い弟子であるペトロ、ヤコブ、ヨハネは目を覚ましていることができなかったと私たちには告げられている。「わずか一時も目を覚ましていられなかったのか」（14・37）とイエスは問う。この経過はさらに二回繰り返される。弟子たちは一時間も、二時間も、そして三時間も目をさましていることができなかった。マルコの典礼のセンスは実にすばらしい！　すでに深夜十二時となり、二十四時間の典礼のドラマはその第二局面を締めくくることになる。

次に裏切り行為が起こる。それは真夜中の零時きっかりに起こるという痛烈な描き方をされている。それによって、この著者が人類史の最も暗黒な行為と見なしている出来事が、夜の最も暗い瞬間に起こり得ることになった。そしてマルコは逮捕の瞬間を次のように描いている。「弟子たちは皆（何人かではなく、イエスの弟子たち全てが）、イエスを見捨てて逃げてしまった」（14・50）。イエスはこの最後の試練を全く孤独で受けることになる。次にイエスはユダヤの大祭司や祭司長たち、長老たちの前での裁判に引きずり出される。彼を間違いなく死罪にするために必要な証拠が捏造される。「お前はほむべき方の子、メシアなのか」とイエスは尋問される。イエスは答える。「そうです。あなたたちは、人の子が全能の神の右に座り、天の雲に囲まれて来るのを見る」（14・61―62）。議場は彼がメシアを名乗ったという理由で死に値すると判決する。午前三時である。先に進む前に私たちは、トーラーに従えば白日の下でなければ判決を下してはならないというユダヤ人の伝統があることに注目しなければならない。これもまた私たちが史実に基づく記憶を相手にしているわけではないということを示唆するものである。

当時そこでは午前三時から六時までの間の見張り番は一番鶏と呼ばれた。マルコはこの時間帯に当てるドラマとして、ペトロが三度イエスを否認する物語を挿入する（14・66―72）。おそらくマルコはペトロの行いがさらなる使徒の不実となることを理解していただろう。ペトロ、ヤコブ、ヨハネは、一時間も二時間も、そして三時間も目をさましてはいられないことを露呈した。ここでは使徒の指導者であるペトロが忠誠心を示すために大祭司の屋敷の中庭にまで逮捕されたイエスを追ってきたとされており、使徒たちがイエスを放棄したしるしを演じることになる。私たちに告げられているのは、彼がイエスを三度――この夜の局面の終わりを告げる一番鶏が鳴くまでに、一時間に一回否認したということである。そして午前六時になる。

あたかも二十四時間の徹夜祭が八つの部分からなるパターンなのだと言わんばかりに、マルコは「夜が明けるとすぐ」（15・1）動きが続いたことを知らせている――これは新しい一日の夜明け、つまり午前六時である。死刑囚イエスは祭司長たち、律法学者たち、長老たちによって、ローマ政府の長官ポンティオ・ピラトのもとに連れていかれた。ここでマルコはローマ側でもイエスの裁判が行われたと述べている。それは司法取引のような形を伴っている。ピラトは落とし所を探っているように描かれる。事実、彼は「私はこの男に何の罪も見出せない。バラバではどうか」と言う。しかし無駄だった。イエスの死は避けられない。群衆はこの一人の男、イエスの血を求めたという。私たちは彼らがイエスの死を求めて怒り、叫んでいるのを聞く。それから矢継ぎ早に殺す前の拷問、嘲りや鞭打ちについて語られる。イエスは王のような紫の衣を着せられ、頭には荊の冠をかぶせられ、手にはあたかも王の杖のように折れた葦を持たされる。そうしてこの残酷なゲームは終わり、マルコは言う。彼らはイエスを「十字架につけるために外に引き出した」（15・20）。

十字架への道行きの真っ只中においてもマルコは彼の読者に、再びこのドラマが典礼的に形成されていることを思い起こさせるのを忘れてはいない。彼はこのように記す。「イエスを十字架につけたのは、第三の時であった」（マルコ15・25）。つまり午前九時である。彼は実際の受難については詳しいことをほとんど知らせてくれない。マルコによれば十字架はまずキレネ人シモンという人物によってカルバリまで運ばれる。十字架につけられる前に没薬を混ぜたぶどう酒がイエスに差し出される。他にも二人の強盗が十字架につけられる。通りすがりの群衆がイエスを罵り、祭司長たちは彼を嘲る。マルコにおいては二人の強盗は沈黙の傍観者である。

それからマルコは言う。「第六の時が来た」（15・33）——すなわち昼の十二時である——そしてその瞬間、まるでタイミングを計っていたかのように暗闇が全地を覆う。これはこの世の終わりに伴って起こると期待されていたような終末論的な暗闇である。それはどれくらい長く続いたのか？　マルコによればそれは三時間である。それによってドラマは午後三時を迎える。そのときイエスは十字架の叫び（遺棄の叫び）として知られる言葉を口にする。「わが神、わが神、なぜわたしをお見捨てになったのですか」（15・34）。群衆はこの叫びを、エリヤを呼んでいると誤解したと記されている。そこで再び私たちはこのユダヤ思想における巨大な人物エリヤと出会う。彼はもうひとつの終末論的なシンボルである。[28]そしてイエスは「大声を出し」たが、マルコはその内容を記してはいない。イエスは「息を引き取られた」（15・37）。この劇的な瞬間に、マルコは二つの強力なメシア的シンボルを物語に付加している。神殿で人びとが集まることができる聖所と、神がまさに宿る場所（人びとはそこに入ることを禁じられた）である至聖所とを分離するための垂れ幕が、上から下まで真っ二つに裂けたのである。このことは神に近づく新しい道が開かれたことを示す。次に異教徒であるローマの百人隊長が、そこで亡くなった人物が「神の子」であったと見なすことによってこのドラマを解釈する。つまりその人の中に神が劇的に臨在していたということである（15・39）。

弟子たちの徹夜祭は午後三時から六時に至って終盤に達し、この二十四時間の儀式の完結に向かう。マルコはこの時間帯にイエスの埋葬を位置づける。ピラトにイエスの遺体を渡してくれるよう求めたアリマタヤのヨセフという人物がキリスト教史上初めてここに導入される。墓は用意されている。遺体は亜麻布で覆われ、墓の中に収められ、墓の入口には石が転がされて封印される。これら全ての作業が日が沈む前に終えられた。金曜日の午後六時を迎え、聖なる安息日に至る。

このマルコ福音書における長い説話が、イエスの死に関する物語が最初にどのように劇化されて語られたかを示している。それは明らかに典礼の様式で存在している。三時間ごとの八つのセグメントが如実に表しているとおり、その二十四時間構造は一目瞭然である。この様式は、このドラマが最初に描かれたとき既にそれは歴史ではなく力強い典礼だったことを物語る。実際にイエスがどのように死んだかということは描かれていない。その代わりにイエスの死は解釈されつつあった。そのことは私たちが受難劇を描くために使われたいかなる言葉も細部の表現も何一つ目撃者の記憶に由来するものではないことを認識すれば、さらに明白になる。むしろそれらはほとんど一言一句ヘブライ語聖書によるいにしえの言葉に由来する。マルコはイエスが「聖書に書いてあるとおり」（第一コリント15・3）死んだというパウロの主張を真剣に受けとめ、イエス物語の中心的な瞬間を叙述するためにヘブライ語聖書を用いたのである。次に私たちもその説話に向かうとしよう。

10 「聖書に書いてあるとおり」に語られた十字架

彼らは（弟子たちは）皆、イエスを見捨てて逃げてしまった。（マルコ14・50）
彼は……聖書に書いてあるとおり……死んだ。（1コリント15・3）

弟子たちの逃亡が初期のキリスト教運動における最も確実な歴史的記憶であることは疑いない。それは即座に理解しがたいだけではなく、福音書が書かれた時代には並外れた英雄として扱われていた人びとについてネガティヴな追憶を作っている。ある運動の創始者にまつわるネガティヴな物語というものは往々にして語られないものであるが、その一方であまりに鮮やかで容易に忘れることができないような苦い歴史的記憶を覆い隠すこともできない。後者の場合たいていはその追憶を和らげ、罪を免除するような弁明が語られるものである。

マルコによる最初の元来の受難物語において私たちが発見するのは、まさにそのような現象である。受難物語周辺のテクストにおいて弟子たちは単にイエスと共に目を覚ましていることができなかったと描かれているのみならず、全員が彼を見捨て逃亡したと伝えられている。そしてその中の一人、他ならぬ使徒たちのリーダーであったシモン・ペトロでさえイエスを知っていることを否定したのである。この記憶があまりに苦かったために、弟子たちの罪を和らげるような説明がこの最初の福音書の説話においてかなり早い段階から形成された。それは十字架の物語の中、マルコの典礼のドラマの第二セグメントの三時間の部分に導入されている。賛美の歌で過越の祝いをしめくくった後、弟子たちは上の部屋からゲツセマネに向けて出発する．その時イエスは彼らにこう言っている。「あなたがたは皆わたしにつまずく。『わたしは羊飼いを打つ。すると、羊は散ってしまう』と書いてあるからだ」（14・27）。これはゼカリヤ書（13・7）の引用である。これをイエスに言わせることでマルコは、使徒たちの逃亡は必要であり、不可避であり、何よりイエスによって予言されていると言っている。つまりマルコは、この逃亡は起こるべくして起こったのであり、これも神の計画の内であると言っていたわけだ。弟子たちは他にどうすることもできなかった。実際に起こらなかった出来事に対して、ここまで完全に「神のご意志」であったという説明を与えることはできない。この物語の中には明らかに史実が含まれているのだ。しかしこの逃亡は私たちにもうひとつの現実を認識させる――すなわちイエスは孤独に死んだのである。私たちはその現実がいかに不快であろうとも受け入れねばならない。誰もイエスの死を目撃した者はおらず、記録した者もいないのである。

次に私たちはひとつの事実を認識しなければならない。すなわち私たちが初期の受難物語から読み取れることは史実ではない。しかしそのことを十分はっきりさせる前に、福音書記者たちが何をなそうとしていたのかを理解するために、もう一歩深い解釈のステップを踏む必要がある。マルコの最初の受難物語を調べる上で、今や私たちが十分慣れ親しんでいる説話の細部が何に由来するのかを私たちは突き止めようとしている。もし私たちがどのように著者がその説話を形作ったのかを理解することができれば、彼の目的や意図をよりよく見定めることができ、その道筋をたどることによって、そのような彼の説明的な説話を必要とした経験の中に入っていくことができるだろう。この探求を解き明かすヒントは、私が先に一旦述べた第一コリント書簡の中のパウロの言葉に見出せると確信している。パウロは受難に関するこのごくわずかな記事を書く際、イエスの死は「聖書に書いてあるとおり」であったと断言したのである。

マルコが描いた受難物語を詳細に研究すると、ヘブライ語聖書の二つの重要な章句に大きく依拠していることが明らかになる。と同時にそれらの章句は、十字架の物語の細部を埋めるために使われた他の章句への足掛かりとしても機能している。その重要な章句とは詩編22編とイザヤ書53章である。これらのきわめて重要な資料を私たちの意識に引き入れること、またそれらが物語を完成させるために付加されたテクストの元になる他の追憶をいかに引き起こしたかをたどることが、私たちの解釈のプロセスにおける次のステップである。

私たちを詩編22編に導く最も明らかなヒントは、十字架上から発せられた唯一の識別しうる言葉としてマルコがイエスの口に乗せた嘆きの叫びである(15・34)。マルコはこの叫びをアラム語とギリシア語の両方で記録している。それを訳すと「わが神、わが神、なぜわたしをお見捨てになったのですか」となる。興味深いことに、ルカもヨハネもこの叫びを十字架の物語から削除し、もっと自信にあふれた、勝利に満ちた言葉に置き換えている。しかしマルコはこの叫びを彼の受難劇のクライマックスにしているのだ。これについてはマタイも全く同じ方法を踏襲している。この叫びが何を意味するのか解釈者たちは何百年もの間苦しんできた。というのもこれはキリスト教史の最初の五百年間も神学の定式を支配してきた神性を侵し、イエスのイメージに著しく反するように見えるからである。どう考えてもこの叫びが詩編22編の最初の節からそのまま取られたことは認めざるをえない。私の推測ではマルコが執筆するよりかなり前から、このイエスの死の様子を解釈するためにこの詩編全体が用いられたのであろう。受難物語は発展途上の伝承の形跡に満ちており、その形成過程における詩編の影響は否定し難い。その濃厚な関係をこれから指摘しよう。

詩編22編にこのようなくだりがある。「わたしを見る人は皆、わたしを嘲笑い、唇を突き出し、頭を振る。『主に頼んで救ってもらうがよい。主が愛しておられるなら、助けてくださるだろう』」(8―9節)。これをマルコの言葉と比較してみよう。「そこを通りかかった人々は、頭を振りながらイエスをののしって言った。『おやおや、神殿を打ち倒し、三日で建てる者、十字架から降りて自分を救ってみろ。』同じように祭司長たちも律法学者たちと一緒になって代わる代わるイエスを侮辱して言った。『他人は救ったのに、自分は救えない。メシア、イスラエルの王、今すぐ十字架から降りるがいい。それを見たら、信じてやろう』」（15・29―32）。マタイはマルコの記述にさらに言葉を加えて、より明確に詩編22編と関連づけている。「神に頼っているが、神の御心ならば、今すぐ救ってもらえ」（マタイ27・43）。

詩編22編はさらにこう続く。「わたしは水となって注ぎ出され、骨はことごとくはずれ、……口は渇いて素焼きのかけらとなり、舌は上顎にはり付く」（15―16節）。これは十字架に釘と縄だけで磔にされてぶら下がる受刑者の体や、彼を苦しめる喉の渇きの感覚といった十字架刑のイメージを呼び起こす文章である。マルコの記事は、イエスのそばにいた人びとが海綿に酸いぶどう酒を含ませ、それを葦の棒の先につけて渇きを癒させようとしたと述べている（15・36）。後にヨハネはこの物語を誇張し、酸いぶどう酒を含んだ海綿がイエスの口元に差し出される前に、彼に「渇く」という言葉を言わせている。ヨハネはこれにさらに「聖書の言葉が成し遂げられた〔新共同訳では「すべてのことが今や成し遂げられた」〕」（19・28―29）という言葉を加えた。彼が詩編22編を参照していることは明らかである。

さらに詩編はこう続ける。「彼らは私の手足を刺し貫き――私の骨は数えられる程になった〔新共同訳では「獅子のようにわたしの手足を砕く。骨が数えられる程になったわたしのからだを」〕」。マルコはここに受難のイメージをはっきりと見たのであろう。ヨハネはここでもイエスの足が折られないことを示すことでイエスの骨について物語を誇張している。それにより、ここでも聖書の言葉が成し遂げられることになるからである（19・33）。さらにヨハネは、兵士の一人がイエスの死を確かめるために、「槍でイエスのわき腹を刺した」と語ることで、この物語の「刺し貫く」という側面を強調し、詩編34

編からの「(主は) 骨の一本も損なわれることのないように、彼を守ってくださる」(21節) という引用を含むことで物語を拡大し、さらにはゼカリヤ書由来の記事まで加える。「わたしはダビデの家とエルサレムの住民に、憐れみと祈りの霊を注ぐ。彼らは、彼ら自らが刺し貫いた者であるわたしを見つめ、独り子を失ったように嘆き、初子の死を悲しむように悲しむ」(12・10)。

詩編22編の後半で、私たちはこのような言葉を発見する。「(彼らは) わたしの着物を分け、衣を取ろうとしてくじを引く」(19節) マルコはこの1節をほとんど一字一句取り入れてこう書いている。「それから、兵士たちはイエスを十字架につけて、その服を分け合った、誰が何を取るかをくじ引きで決めてから」(24節)。またもやヨハネは、さらに想像力豊かに細部を描くことでこの筋書きを誇張する。「『兵士たちは、イエスを十字架につけてから、その服を取り、四つに分け、各自に一つずつ渡るようにした。下着も取ってみたが、それには縫い目がなく、上から下まで一枚織りだった。そこで『これは裂かないで、だれのものになるか、くじ引きで決めよう』」(ヨハネ19・23—24)。その上でヨハネは、「それは——聖書の言葉が実現するためであった」(24節b) と付け加え、詩編22編19節からの引用につなぐのである。物語がこのようにできあがっているからこそ、それはヘブライ語聖書の詩編、すなわち明らかに福音書記者の前に開かれていた聖書にぴったりと一致しているのである。それ以外には考えようがない。

詩編22編への明らかな依存を立証したところで、今度はイザヤ書53章に向かおう。最も初期のイエスの解釈者たちは、第二イザヤの「僕(しもべ)の歌」に全面的に依拠しており、イザヤ書53章もその一部である。本書の次章では第二イザヤ (40〜55章、無名の預言者によって書かれ、イザヤ書に付加された) の全体を徹底的に検証することになるが、ここでは私たちの目的のため第二イザヤの中でも十字架の物語の筆者、特にマルコにとってきわめて重要であったと思われる部分に集中したい。なぜならマルコは受難物語の最初の創作者であり、他の全ての福音書記者への影響を形作ったからである。

イザヤ書53章は「主の僕」の死に様が人びとの心をいかに大きく動かしたかを物語っている。そしてこのことは明らかにパウロの「キリストは、わたしたちの罪のために死んだ」という言葉を具体化するために発達した様々な贖罪論の下地を作った。「彼が担ったのはわたしたちの病、彼が負ったのはわたしたちの痛みであったのに、わたしたちは思っていた。神の手にかかり、打たれたから、彼は苦しんでいるのだ、と。彼が刺し貫かれたのは、わたしたちの背きのためであり、彼が打ち砕かれたのは、わたしたちの咎のためだった。彼の受けた懲らしめによって、わたしたちに平和が与えられ、彼の受けた傷によって、わたしたちはいやされた。わたしたちは羊の群れ、道を誤り、それぞれの方角に向かっていった。そのわたしたちの罪をすべて、主は彼に負わせられた」（53・4―6）

そしてイザヤ書53章は言う、「苦役を課せられて、かがみ込み、彼は口を開かなかった。屠り場に引かれる小羊のように、毛を切る者の前に物を言わない羊のように、彼は口を開かなかった」（53・7）。マルコはこの記述を、以下のように書くことで彼の物語に取り入れている。「そこで、大祭司は立ち上がり、真ん中に進み出て、イエスに尋ねた。『何も答えないのか、この者たちがお前に不利な証言をしているが、どうなのか。』しかし、イエスは黙り続け何もお答えにならなかった」（マルコ14・60）。

イザヤ書53章は、この僕の「墓は神に逆らう者と共にされ」（53・9）、後に彼は「罪人のひとりに数えられた」（53・12）と述べている。マルコはこの記事を次のように言うことで彼の物語に取り込んでいる。「また、イエスと一緒に二人の強盗を、一人は右にもう一人は左に、十字架につけた」（15・27）。この二人の強盗はマルコでは一言も発しない。彼らは舞台背景の一部にすぎない。しかしそれはやがて発展させられることになる。マタイはこの強盗たちが群衆がしたのと「同じようにイエスをののしった」と言っている（マタイ27・44）。

一方ルカは強盗のうちの一人を悔い改めた者に変えている。そのためイエスは彼に代わって彼の執り成しを約束できるのである。「あなたは今日わたしと一緒に楽園にいる」（ルカ23・39―43）。このルカの付加は、さらにイザヤ書53章のもうひとつの1節にも呼応している。そこでは僕は「背いた者のために執り成しをした」と書かれている（53・12）。同じような方法で同じテクストの期待に応じる形でルカのみがイエスに兵士たちの執り成しをさせている。「父よ、彼らをお赦しください。自分が何をしているのか知らないのです」（ルカ23・34）。

最後に、第二イザヤは「僕」が「死において富める者と共にいた〔新共同訳では「富める者と共に葬られた」〕」（53・9）と記している。私は確信している。このことがアリマタヤのヨセフの物語の着想を与えているのである。彼はマルコでは「身分の高い議員」（15・43）として描かれており、それゆえに資産家で、イエスの埋葬のための墓を用意している。マタイはヨセフをこのイザヤのテクストにきわめて明確に一致させるために物語を拡大して、ヨセフを「アリマタヤ出身の金持ち」（27・57）と紹介している。

イエスの受難を描くと称する物語がヘブライ語聖書に由来する物語の上に築かれていたことが不意に明らかになった今、もはや研究者たちは、受難物語が十字架刑を実際に目撃した人びとの証言に基づいているのではないこと、またそれゆえにおそらく、その出来事も書かれてある通りに起こったのではないことを認めねばならない。むしろ受難物語は、それを読んだり聴いたりする人にイエスとは誰かを理解させるべく作られた、高度に定型化された解釈的人物描写なのである。この物語は目撃証言なしで執筆された。なぜなら目撃者など最初からいなかったからだ！　この物語はヘブライ語聖書の読み手たちにとってなじみのあるメシアのイメージとイエスを一致させるために作り上げられた。先の章で私が明らかにしようとしたように、受難物語のテクストは典礼的な用途に向けて作られたものである。このことは、今日におけるイエスの意義を発見しようとする者は誰でも、この受難物語が史実ではないことを認める準備ができていなければならないことを意味する。イエスがローマ人たちによって十字架で処刑されたことは間違いない。しかし十字架の物語に付随するよく知られた細かい部分は、文字通りの事実ではなく実際に起こったわけでもない。記録されているような大祭司との対話、あるいは群衆との対話でさえも実際にはなかった。私たちが知っているイエスの十字架上の言葉もなかった。彼と一緒に十字架につけられた強盗たちも、彼らが悔い改めていようがいなかろうが、もともと存在しなかった。イエスが葬られた墓も存在しなかったし、彼の埋葬を取り仕切ったアリマタヤのヨセフも実在の人物ではない。弟子たちはイエスが逮捕された時に逃亡し、イエスはたったひとりで死んだのである。彼がどのように死んだのかを描いていると称するおなじみの物語は、彼の弟子たちが彼において何を信じるようになったのかを理解させることを意図して作られた――すなわち彼の死は意味のない悲劇だったのではなく、聖書に書いてあることの成就であり、それゆえに聖なる救いの意義をもつ出来事なのである。そのことが福音書記者の解釈を誤らせているのではない。しかしそれは十字架の物語でさえ文字通りの物語ではないことを意味している。もし目撃者がいたなら、この物語が古代ユダヤのテクストに基づいて創作されるということは決してなかっただろう。

教会の指導者たちは昔からこのヘブライ語聖書との関係は知っていた。しかしその意味を直視することができず、別の説明をひねり出した。彼らはヘブライ語聖書に対して魔法のような解釈を適用し、神がそれらの書物の著者たち、特に預言者たちを来るべきメシアの幻に導いたのだと言い始めた。この幻はイエスが後に発することになる（あるいは他者から告げられるであろう）正確な言葉を彼らに教え、いつの日かイエスが行う行為を予言したというのである。そして今度はこのことがイエスが待ち望まれし者であることを全ての人に明らかにするしるしであると彼らは申し合わせたのである。

これはなかなか巧妙な解決策である。少なくともその後数百年間、つまり聖書は実際に神によって書かれ、明らかに神の命に満たされた聖なるページ毎に隠れたヒントを植えつけることができたと信じられているうちは。もちろんこのことは、この世に介入する神が、それらの書物が年代を経るにしたがって歪曲されたり破壊されたりすることから守るために、この世を細かく管理しなければならなくなったことも意味する。それらの秘密や隠された予言は外力から守られねばならなかった。その外力とは、例えばユダヤ人国家を打ち負かし、それによってユダヤの聖なる書物を破壊する可能性のある異民族という敵だった。もっともそれは遅かれ早かれ大部分の国家がたどる運命ではある。しかしそういう外力は国全体やその聖なる遺物を破壊してしまう洪水のような自然災害を含む場合もある。そして同時にそのことは、常にこの世に介入する神が聖なるテクストを保存する写本家たちの手を導き、それらの言葉が何百年もの時代を経て手書きで筆写される間、一切の写し間違いも一切の加筆も削除もなされないようにしなければならなくなったことをも意味する。またこのことは、それらの文書がギリシア語に翻訳された時も、神は原文の示唆する内容が少しも損なわれないよう確かめなくてはならないことをも意味していた。要するにこの考え方は、それらの聖なる預言のテクストを、その魔術的な秘密が失われたりメシアが認識されなくなったりすることのないように、数百年にも渡って導く超自然的な天からの守護者を必要とするのである。迷信のような聖書の読み方を要求するこの考え方は、巧妙ではあるが信憑性に欠け、現実的ではない。しかしそれでもこの考え方は原理主義者たちのグループでは優勢である。マタイの「このすべてのことが起こったのは、主が預言者を通して言われていたことが実現するためであった」(1・22)という決まり文句ほどこれを助長するものはない。マタイはこのフレーズを自分のテクストの中で何度も様々な形態で用いている。ヨハネもこの決まり文句を再々繰り返し、「これらのことが起こったのは……聖書の言葉が実現するためであった」(19・36)と書いている。しかし事実はそうではない。

初期のキリスト者たちは皆ユダヤ人だった。彼らは自分たちがイエスの生の中に発見した力を解釈しようとして、彼らの民の聖なる書物を無我夢中で調べ、彼の力の源が何かを理解するだけではなく、さらに重要なことだが、彼らがその人の中に神の意味を体験したと信じた人物が実際に十字架によって処刑されてしまったという事実の意味を理解する方法を探っていた。彼らは互いに議論を進めるにつれ、聖なる書物の中に慰めと肯定を見出した。こうしてそれらの書物が彼らのイエスにまつわる記憶を形成し始めたのである。彼らはイエスの生涯をこの新たに出現した聖書的な人物像に適合させた。それはイスラエルの民が期待していたような定められた計画通りに到来するメシア像の成就ではない。それからはほど遠いイエスの物語を、彼らは単純に聖書のパターンに適合するように語ったのである。もちろん初期のキリスト者たちが聖書に基づいてそれを始め、イエスについての記憶を無理やり聖書に記された期待に適合させたのだから、イエスが聖書に書かれたことを魔術的に成就したかのように見られたということはあり得る。目撃者がいなかったのだからそうなるのは非常に簡単だった。イエスの物語は丸々聖書に基づいて創作され得たのである。そういうわけで確かに彼は「聖書に書いてあるとおりに」死んだ。私は彼の死の物語は当初は説教として作られたのではないかと推測している――すなわち教会の指導者たちによってシナゴーグにおいてそれらのテクストに基づいてなされた説教である――そしてその後それは次第にキリスト者たちが過越祭の意味を拡大し、さらには説教に置き換わるような礼拝の伝承を考案するにつれて典礼の様式に変化していった。その伝承の中でイエスの生涯における最後の出来事は聖書的に再構成され、受難週（聖週間）の典礼の一部として毎年繰り返されるようになったのである。

イエス体験は現実だった。しかしその体験の福音書による説明は彼の死の説明でさえ記憶された史実ではない。イエスの死の物語は彼の誕生のそれと似た手法で語られている。すなわちどちらも教会のイマジネーションをかき立て、後にはそれらのドラマチックな登場人物たちが実在したかのように思われるほど教会の記憶を書き換えるような神話的なキャラクターに満ちている。十字架の物語に存在する歴史的ではない人物の中には、例えば彼と共に十字架につけられた強盗たち、彼を嘲った群衆、そして彼を埋葬する墓を用意したアリマタヤのヨセフも含まれる。またイエスが発したと言われている十字架上の言葉もひとつ残らず神話的な言葉である。

イエスがローマ人たちによって処刑されたのは現実である。ローマ人による通常の処刑方法が十字架刑であったのも現実である。彼の死が説明を要するものであったことも現実である。なぜなら彼の死は弟子たちがこのイエスの生を通して神について体験したこと全てに相反するからである。しかし彼の死の様子も、十字架の物語を満たしている出来事も人物も、史実ではない。すべては壮大な解釈的描写の一部なのである。イエスは必死に理解しようとする弟子たちの魂に向かって扉を開いた。彼らは形を変えていくイエスの記憶と、背筋の凍るような彼の死の現実との間で板挟みになった。彼らはこの葛藤を解決するまで絶望の谷底で生きていた。だがある時点で何かが起こり、その何かがイエスの死を、イエスの命をかけた愛の現れに変化させた。それが彼らにイエスの死を神の計画の一部として理解することを可能にさせた。この葛藤には最後の章で戻ってくることにしよう。今はこれらのテーマを紹介するにとどめ、発酵させておこう。

今や私たちはその変化の瞬間に注目し、その様々な側面を探検しよう。それはイースターと呼ばれる。

11　復活と昇天の神話にこめられた永遠の真理

イースターを字義通りに解釈することによって、伝統的なプロテスタントとカトリックは決定的な異端となった。あの変容の神秘は、二十一世紀の精神がもはや受け入れることのできない命題的真理に負けてしまった。

今、私たちはキリスト教を成立させたきわめて重大な瞬間に立ち会っている。私たちはそれをイースターの時に祝う。私たちはそれを復活と呼んでいる。それは現実だったのだろうか？　もし復活が現実でなかったとするならば、もはやキリスト教には興味を引くに足るものは何も残らないように思われる。パウロが、「キリストが復活しなかったのなら……わたしたちはすべての人の中で最も惨めな者です」（１コリント15・17―19）と書いたとき、彼が信じているらしいのはまさにそれである。歴史のイエスを訪ねる私たちの探求は、ここに来て最後の試練に立ち向かうことになる。ここで神話は現実から引き離され、決断がなされなければならない。よくこの問題は、復活は現実なのか、それともキリスト教は幻想の上に築かれたもので今後存続することはないのかといった言い方で提示されることが多い。しかし私はそう事柄は単純ではないと思っている。

信仰の物語におけるこの究極の選択に出会ったとき、多くの人が関心を持ち、また不安になることは私にも理解できる。しかしその選択を私たちは回避できない。問われなければならないのは、私たちが然（しか）りか否かを言わねばならないのは何に対してかということである。言い換えると、復活とはそもそも何なのか？　私はイエスの復活を信じている、ときわめて誠実に深い確信をもって言うことができる。その主張を裏づけるために私はきわめて客観的な方法で、偉大で意義深い力を持つ何かがイエスの受難に続いて起こったことを明らかにするいくつかのデータを示すことができる。その何かが劇的で人生を変えるような結果をもたらしたのだ。その結果となる変化を記述するのは容易である。しかしその変化をもたらしたものを記述するのは難しい。

すでに述べてきたように、イエスが逮捕されたとき弟子たちから見捨てられたということは、おそらく否定しようのない史実であろう。イエスがたった一人で死んだ可能性が限りなく高いということも私たちは確認してきた。今ここで私たちが見なければならないのは同じようにまぎれもない事実、すなわちこの受難の後、何らかのとてつもなく重大な体験がイエスの弟子たちを連れ戻し、彼らを力づけ、迫害や殉教に遭ってもなおこのイエスに留まり続ける勇気を与えたという事実である。彼らは決して動揺しなかった。いかなる脅威や恐怖をもってしても、彼らがイエスにおいて出会ったと信じた神から引き離すことができないほど彼らの確信は強かった。彼らがこの変容の体験を表現し始めたとき「死は彼を閉じ込めることはできない」、あるいは「私たちは主を見たのだ」という言葉を用いた。何かが彼らの生において劇的な変化を引き起こしたに違いないのである。

同時に私たちは、イースターの体験が何であれ、それによって弟子たちの神理解の仕方が変化したという事実も指摘することができる。ユダヤ教の核心はシェマーとして知られている信仰の宣言の中に言語化されている。「聞け、イスラエルよ。あなたの神、主は唯一である」。シェマーで確認されているようにユダヤ人は男性も女性も聖なる神以外の何にもその頭を垂れてはならない。しかし同じユダヤ人であるイエスの弟子たち、イエスの死後、もはやイエスを神から切り離して見ることはできないというところにまで彼らの神理解を変化させてしまった。彼らにとって、ナザレのイエスは神の人間としての顔となったのである。[29] ユダヤ人であるトマスは同じくユダヤ人であるイエスに言わずにはおれなくなる。「わたしの主、わたしの神よ」（ヨハネ20・28）。何かがこのような劇的な変化を生んだに違いない。

そして第三の新しい現実は、復活体験が何であれ、それが週の最初の日のことだとされ新しい聖日の誕生をもたらした時に生まれた。キリスト者の第一世代の間にすでに日曜日はユダヤの安息日と競合するようになった。ユダヤ人であるイエスの弟子たちにおいてさえそうだった。

人間というものはそう簡単に聖なる伝統を変えたり、ましてや拡大したりはしないものである。故にこれまで述べたような根本的な変化を見ると、初期のキリスト者たちがイースターと呼ぶことになったものが何であれ、それは現実なのだと言わざるをえない。イエスの受難に続くどこかの時点で、人格や神学や礼拝における劇的な変化を伴う魂を揺さぶるような意識の転換がイエスの弟子たちを捕らえたのである。それらのデータを些細なものとして見過ごすわけにはいかない。それらは実際かなり実体のあるもので、きわめて現実的だからである。しかしそれらのデータは私たちに何が起こったのかは教えてくれない――ただ「何か」が起こったことを知らせてくれるだけである。

イースターの体験が何であったのかというのは全く別の問いである。福音書の中に見られる復活の詳細に入っていくと、多くの矛盾し混乱した不可解な主張に直面する。ほとんどの伝統的な信徒たちは、彼らの信仰の物語におけるこういった現実に決して向き合ってこなかった。例えば私が先に描いたような劇的な変化が、イエスがこの世での生活を再び始められるよう実際に蘇生した肉体で墓の中から歩き出てきたことによって起こったと主張する唯一の記述資料が現れたのは、紀元八〇年代であったのは事実である。パウロはそのようなことは言っていない。マルコにもよみがえったイエスが肉体をもって現れたという物語はない。マタイは曖昧である。というのも、彼は二つの復活物語を擁しているのだが、一つは墓場での女性たちの場面で、ここではイエスは肉体を持っているようである。しかしもう一つのガリラヤでの弟子たちの場面では、むしろ幻のようである。後に成立した二つの正典福音書であるルカとヨハネに到って初めて（それらの福音書は私たちを八〇年代と九〇年代に連れていってくれるのだが）、墓から歩き出たイエスの肉体の物理性がイースターの解釈の中に取り込まれる。やがて二世紀以降いくつかの信条が形を取り始めた頃、この明らかに全く後からできあがった伝承が初期の肉体性のない伝承を文字通り圧倒し、現在の一般的なイースター理解を形成し始めたのである。

次に新約聖書をまじめに学ぶ者が受け入れなくてはならないのは、それらのテクストが教会によって「神の言葉」と呼ばれてきたとしても、また最高の権威の源として何世代にもわたって貢献してきたと主張しようとも、このキリスト教の始まりという重要な瞬間における詳細のほとんど全てにわたって、これらのテクストがかなりの不一致を示しているということである。手短にいくつかの矛盾点をあげてみよう。イエスが葬られた園の中の墓は実在したのだろうか？　各福音書が墓について大騒ぎする一方でパウロはそれについては一切聞いたことがなさそうである（1コリント15・1―11）。使徒言行録はイエスが彼を殺した人びとによって葬られたことを暗示しているように見える（使徒13・29）。この時代の歴史的研究から、占領下のユダヤでは処刑された重罪犯（イエスがまさにそうであるが）を丁重に埋葬したという例はほとんど知られていない。通常は犠牲者は浅い墓穴にその日処刑された他の犯罪者の死体と一緒に置かれ、不快な臭いを防ぐために覆われ、すぐに忘れ去られた。夜になると野犬たちが闇にまぎれて犠牲者の遺体で晩餐会を催し、掃除してくれる。残ったものはその地方の気候ではあっという間に腐ってしまうのである。

続いて各福音書は週の初めの日に女性たちのグループが墓を訪れたと告げている。パウロはそのような伝承については何も言及していないが全ての福音書はそう述べている。ただし女性たちが正確には誰と誰で、合わせて何人であったかについては福音書の間では一致していない。マルコでは女性は三人である。マタイは二人。ルカでは五、六人であるが、ヨハネではたった一人である。些細な点ではあるが全ての福音書記者たちの見解が異なっている。この女性たちは最初のイースターの朝、よみがえった主を見たのだろうか？　マルコは見ていないと言い、マタイは見たと言う。ルカは見ていないと言い、ヨハネは見たと言う。復活を知らせたメッセンジャーが誰であったかについても、各福音書の間には一致が見られない。それは白い衣を着た一人の若い男性であったとマルコは言う（16・5）。それは天から降りてきた超自然的な天使で、墓守の番兵たちを眠らせたり、墓穴の入口から石を転がして開けたりすることができる超自然的な力を持っていたとマタイは言う（28・2―4）。それは「輝く衣を着た二人の人」であり、おそらく天使であろうとルカは言う（24・4）。ヨハネともなると、やはり二人の天使なのであるが、その一人がイエス自身に姿を変えたようにも見受けられるのである（20・11―18）。

復活の最初の目撃者が誰なのかについて、新約聖書の著者たちの間では意見が一致していない。それはケファであるとパウロは言う（1コリント15・5）。マルコでは第一目撃者はいない。彼は弟子たちがガリラヤに帰ったときイエスを見るだろうという約束だけを提示しているからである。マタイは復活したイエスを最初に見たのは園にいた女性たちであると言う（28・9）。ルカによればそれはクレオパと彼の旅の道連れである（24・13―35）。ヨハネによればそれはマグダラのマリアである（ヨハネ20・11―18）。各福音書はイースター体験が弟子たちを突然襲ったとき彼らがどこにいたのかについてさえ一致していない。例えばそれはガリラヤになるだろうとマルコは言う（16・7）。それはガリラヤにある山の頂上であるとマタイは言う（28・16―20）。それは決してガリラヤではないとルカは言う。それはエルサレムかエルサレム近郊に限られるのである（24・36、49）。それはまずエルサレムで、かなり後になってガリラヤでもと言うのはヨハネである（20・1以降、21・1）。

現在私たちが復活や昇天そしてペンテコステと呼んでいる体験が起こった順序についても、各福音書はまるで一致していない。復活と昇天は同じことだと言うのはパウロである（ローマ1・1―4）。イエスは園での女性たちへの顕現と山頂での弟子たちへの顕現の間に天の領域に入ったと言うのはマタイである（28・16―20）。またそれは五十日以上にわたって三段階で起こった出来事であり、まずイースターの復活、次いで四十日後の昇天、その十日後にペンテコステがあったと言うのはルカである（ルカ24章、使徒1章、2章）。そして復活はイースターの朝であり、その日マグダラのマリアの前にだけイエスが現れたあと昇天が起こり、その夕方にペンテコステがあってイエスが「（弟子たちに）息を吹きかけ」、彼らは聖霊を受けたと言うのはヨハネである（ヨハネ20・1、17―23）。

私たちは、キリスト教そのもののまさに核心部分に立つ啓示の瞬間を理解する上で、ある複雑な問題が存在することに否が応でも気づかされる。この現実を意識的に受け入れよう。第一にそれらは力強いデータである。そのデータは、イエスの受難のあと起こったきわめて重要な意義のある何かが弟子たちを逃げ回る臆病者からとてつもなく果敢な人物へと造りかえ、彼らの神概念を変えさせ、新しい聖日を誕生させる力を持っていたということを雄弁に物語っている。第二に弟子たちの説明を構成しているほとんど全ての細かい記事が互いに矛盾し一致しないということは議論の余地のない事実である。そして最後に物語が後代のものになればなるほど明らかに超自然的かつ奇跡的になっていることは注目すべき事実である。これらはキリスト教の誕生を取り巻く混乱に足を踏み入れようとするならば取り組まなければならない問題である。

まずこの探求を、弟子たちのイエス体験が彼らの人間性の限界を超えさせたことを観察することから始めよう。イースターが何であったにせよ、それは彼らを召し出し、恐怖の壁を乗り越えさせた。弟子たちのイースター後の勇敢な振る舞いがそれを物語っている。それは彼らの民族的なアイデンティティを超えさせた。聖霊が彼らに誰が聞いても理解できる各地の言葉を話す能力を与えた物語にもそのことが示されている（使徒2章）。またそれは彼らに宗教の限界を超えさせた。新しい聖日の誕生にそれが表れている。そしてそれは彼らに自分はやがて死ぬ運命にあるという感覚を超越させた。彼らの復活について述べる言葉が表しているとおりである。その結果イエスの弟子たちがしたことは、出エジプトの啓示の瞬間にユダヤ人たちがしたことと全く同じである。すなわち彼らはその体験を典礼を通して表現し始めたのである。福音書の中の復活物語の内容は受難物語の内容と同じく典礼的な様式を持っている。

イースターの報告が礼拝の場面における言語の様式によって伝えられていたことを示すものは福音書の中にいくらでも見つけることができる。共同の食事を伴うユダヤの過越祭はユダヤ人の起源の再演であるが、復活が最初に知られることになったと福音書記者たちが主張するのも同じ状況においてのことである。この復活はキリスト運動の典礼のための新しい聖日、すなわち週の初めの日に祝われる。その内容は主の晩餐の文脈における典礼的な言葉を何度も繰り返し反映する――例えばルカはエマオに向かっていたクレオパともう一人の男性が「パンを裂いてくださったときにイエスだと分かった」（ルカ24・35）と報告したことを記している。それはついに人が自分のルーツ、自分の故郷に戻るときの言葉で記述される。「あの方は、あなたがたより先にガリラヤに行かれる。……そこでお目にかかれる」（マルコ16・7）。マタイはこれに詳細を補足しており、弟子たちはガリラヤに行って「そして、イエスに会い、ひれ伏した」（マタイ28・17）と言う。それら全てのことが私たちがイースターと呼んでいる変革の体験が真実に他ならないことを示している。そのことは別の領域からやってきて彼らの意識を突然襲った恍惚の瞬間のようであり、別の領域から来たそのリアリティの前に彼らは畏敬の念に打たれ、礼拝することでしか応答できなかったのである。先にも述べたように、イエスの弟子たちはこの非常に深い神体験について語れるだけの神の言語を持っているわけではなかった。そこで彼らは自分たちにできる最善の方法に立ち戻った。それが典礼の言葉であり、それによって人間は、神だと自分たちが考える存在と霊において結ばれると信じたのである。いかなる企ても礼拝におけるこの典礼の言葉を字義通りに受け取ってしまうなら、復活体験の意味を完全に損なってしまう。

福音書における復活の言葉を字義通りに受け取るのはナンセンスである。地震は地上の出来事のことを示しているのではない。天使たちは歴史の出来事としての復活を知らせるためにこの世に介入してきて墓の石を転がすのではない。蘇生したイエスの肉体が墓の外に歩き出したり、食べたり、飲んだり、歩いたり、話したり、教えたり、聖書を詳しく解説したりすることもない。この「起こされた」体を持つ人物が思いのままに現れたり、消えたり、壁を通り抜けたり、疑う者に傷を触れよと呼びかけることもない。彼はガリラヤ湖で大漁をもたらす奇跡の行為者ではありえないし、弟子たちに別れを告げたあと重力に逆らって三層構造の天空に昇ったわけでもない。これらの全ては人生を変えるようなある内的体験を目に見えるシンボルを使って歴史の言語によって伝えようとする、人間の説明プロセスにおいて採用された解釈を施された物語である。そしてそれが典礼というものである。

私たちはイースターの物語を発展途上のものとしてたどる必要がある。第一にそれは何より恍惚的な体験である。第二にその恍惚の体験は感嘆の叫び、細かい部分は捨象された恍惚の叫びの対象となる。第三段階において初めてその叫びは説明的な物語に姿を変えていく。イースターの瞬間における恍惚の体験は、弟子たちがナザレのイエスにおいて出会った神の臨在を死は抑えつけることができなかったという認識の兆しだった。その喜びの絶叫がこれである。「死は、もはやキリストを支配しません」（ローマ６・９）――つまり死は彼を封じ込めることができない。そこでその説明は空っぽの墓と遺体を包んでいた布の物語という形に進化した。死を象徴するものは全てイエスを封じ込めることも縛りつけることもできなかったということである。

ここで留意しておかなくてはならないのは、後のイースターの物語は全てマルコの創作した説話から発展したものであるが、そこでは起き上がったキリストを誰も見てはいないということである。マルコ福音書では女性の弟子たちは彼を閉じ込めておくことができなかった墓の中をじっとのぞき込んだだけである。ところがその約三十年後、ヨハネの記事ではトマスが釘の痕を確かめようとしている。短い間にずいぶん遠くまで旅をしたものである。

つまるところ「死は彼を封じ込めることはできない」というのは消極的な主張である。しかし積極的な叫びもある。その積極的な主張とは、弟子たちの目が開かれて彼らが「私は主を見た」と言えるようになったことだ。最終的にイエスを目撃したという記事が生み出されたのはこの積極的な主張を説明しようとしたからであって、「起こされた」彼を見ることが必ずしも彼の肉体を感じるということを意味しているわけではない。それは彼の真意を悟るということを意味しているのである。

それより前の五〇年代半ばにコリント人たちに宛てて手紙を書いていたパウロは一切の細かい説明を私たちに与えてくれない。彼は単に「キリストは復活した」（１コリント15・４）と言うだけである。同様にマルコも復活したイエスの出現を描いてはいない。マタイは彼が天から出て来て現れたと述べている。ルカはパンを裂いたときに彼だとわかったと言う。ヨハネはイエスがまだ彼の父のもとに昇ってはいないのでマリアに自分に触れることを禁じたと言う。これら全てのエピソードは啓示的な出会いの言葉に満ちている。それらは別の意味で見るということを示しているのである。それはむしろ洞察と言ってもよい。あるいは心眼とも言うべきものである。それは物理的に見ることや字義通りの史実を見ることを示す言葉ではない。復活というのは昔も今も写真に撮れるような現象ではない。しかし「私たちは主を見た」という言葉は最終的には人間の言語が通用する実在領域で存在し続ける者としてイエスを描く写実的な説明に必然的に道を譲ることになる。なぜなら私たちは私たちの言語をそのように使うしか方法がないからである。

復活またはイースターが「三日目」に起こったという考えが生まれた事実も、イエスに関する初期の理解が置かれた文脈が字義通りではなく典礼的であったことを示すもう一つのしるしである。聖書において三日間は短い時を表す。それは聖書において四十日間が長い時を意味するのと同じである。つまりそれはある具体的な時間についてではなく曖昧な長さの時間を指している。聖書の語句索引をざっと見ればわかるように、「三日間」は字義通りでない様々な使われ方をしている。それどころかこの三日間というシンボルは福音書の物語のなかを踊り回っている。マルコがイエスに三つの異なる状況で予言をさせているのは三日「後」ではなかっただろうか（8・31、9・31、10・34）？　あるいはマタイとルカがマルコの数え方を彼らの福音書において巧妙に編集し直して主張しているように、それは「三日目」だったのだろうか（マタイ16・21、17・23、20・19、ルカ9・22、18・33）？　それは単なる気まぐれではない。後にマタイはヨナが大魚の腹の中にいた時のようにイエスも「三日三晩」大地の中にいることになるだろうとイエスに言わせている（マタイ12・40）。この時間的要素に加えてさらに面倒なことに、マルコはイエスがガリラヤで弟子たちに姿を現すだろうと言っており、マタイはその約束は果たされたと述べている。もし復活したイエスがガリラヤで見られたのなら、そのような字義通りの意味での目撃は三日以内あるいは三日後にもあり得なかったはずである。なぜなら当時ガリラヤへはエルサレムから出発すると七日から十日はかかったからである。ルカは彼の書いた使徒言行録のなかでこのイエスの出現をおなじみの四十日間に伸ばし、彼の物語のクライマックスをイエスの昇天の物語のところに持ってきている（使徒1章）。ヨハネは復活したイエスがガリラヤで出現したという記事を自分の福音書（21章）に追加する際、彼のテクストはそれが最初のイースターの日曜日から長い時間が経過したあとであることを明らかにしている。このことは復活したイエスの顕現がかなり長い間、それも何か月も続いたとヨハネが考えていたことを示す。

この三日間というシンボルの力をより興味深いものにしているのは、それがキリストの物語の始まりの瞬間を、その信仰共同体が自分たちの起源を祝う典礼を再演するために集まったのと同じ日であると位置づける役割を果たしている点である。出エジプトにおける過越祭が紅海におけるユダヤ教の始まりを解釈する上で果たしている機能を、キリスト者における聖餐が復活の瞬間の起源を解説する上で同様に果たしている。加えて留意すべきなのは、それに先立ってパウロが、この最後の晩餐に由来する聖餐の行為がイエスの死を理解しあるいは解釈するヒントであると書き残していることである。「あなたがたは、このパンを食べこの杯を飲むごとに、主が来られるときまで、主の死を告げ知らせるのです」（１コリント11・20）。キリスト教の聖餐と復活は共に来るべき神の国のしるしとなった。マルコはそのテーマを最後の晩餐の時にイエスが語る言葉でより明確にしている。「神の国で新たに飲むその日まで、ぶどうの実から作ったものを飲むことはもう決してあるまい」（マルコ14・25）。これは明らかにメシア的な宣言である。マタイはマルコの言葉をほとんど一言一句そのままに繰り返している。ルカはその食事がイエスの苦しみを理解するヒントだと提言する。過越祭においてユダヤ人は約束の地に到達するために紅海における象徴的な死を経験しなければならない。教会はイエスの死を全ての民のための象徴的な死とし、彼の復活を新しい霊の命への再生のしるしとしたのである。似たようなテーマが教会の入会儀礼である洗礼（バプテスマ）にも内包されている。ヨハネは彼の福音書では最後の晩餐の記事を完全に削除しているが、そのかわりガリラヤ湖のほとりでペトロや弟子たちの間に現れるイエスを、聖餐の場面に作り替えている。しかし、それまでの聖餐の食事の記事においては聖餐で用いられる動詞のすべて――「取り」、「祝福し」、「裂き」そして「与える」――が記録されているのに対して、ヨハネはこの説話では「取り」「与える」ことしかイエスにさせていない（ヨハネ21・13）。ヨハネは既に彼の福音書の本文でイエスは命のパンであるとしている。そのことは彼の体が既に「祝福され」十字架において「裂かれ」たので、ガリラヤ湖のほとりでイエスが弟子たちと食事をする時には、あえてそれを言葉上繰り返す必要がなかったことを意味する。とにかく新約聖書の復活物語のどこを見ても見つかるのは典礼の言葉であり、恍惚のまたは超越的な突破を指す言葉だということは事実である。それは時間や場所や歴史についての言葉ではない。それは字義どおりに受け取られたり、私たちの人間としての限界に縛られたりするべきものではない。それは元来イエスについて語るために使われた言葉が人間の限界とりわけ死の限界によって縛られたりしないのと同じである。

歴史を経るにしたがって、この福音書におけるいくつもの復活物語はいっしょになって人びとの共同意識の中を流れ、それぞれの違いは全くぼやけてしまい、その内容は一種の調和の中にブレンドされ、個々のテクストの注意深い読みは維持されなくなった。私はそれらを分離しようとしてきた。ここで物事をはっきりさせるために、多くの人が復活と混同しているルカ独自の説話に着目する必要がある。それはイエスの昇天の物語である。なぜルカがこの昇天の物語を作り出す必要があったのかということ自体が注目に値する。彼以前の作者たちに増してルカは復活を物理的に文字通り体が蘇生したかのように描いている。ルカによればイエスが初めて弟子たちに姿を現したとき、彼らは亡霊を見ているのだと思ったという。このような非物理的解釈に対抗するように、ルカのイエスは彼らに自分の手や足に触れるよう招く。亡霊や霊魂には肉も骨もないと彼は言いたいのだろう。非常に物理的な主張である。そしてこのよみがえった亡霊でないイエスは食べ物を求める。彼は焼き魚を一切れ与えられ、それを食べ、彼の胃腸が十分機能していることを示す。それからイエスは彼らに、ルカの最初の復活物語でクレオパたちに行ったことを彼らに対しても行う――彼は「聖書を悟らせるために彼らの心の目を開いて」弟子たちに宣教命令を発する。すなわち「罪の赦しを得させる悔い改めが……あらゆる国の人々に宣べ伝えられる……エルサレムから始めて」。そして彼は弟子たちに「高い所からの力に覆われる」

までは都にとどまっていなさいと命じる（24・44―50）。そうしてやっとイエスは彼らから離れるのである（51節）。

その時イエスはどこに行ったのだろうか？　これまで見てきたとおり、ルカはイエスが肉体的によみがえりこの世に戻ってきたかのように描いている。ここで問題が生じる。通常この世から出ていくとすれば、死ぬ以外に方法はない。イエスはそうしようとした。しかし、復活がルカの言うように肉体的に蘇生してこの世に戻って来ることを意味するのであれば、死はイエスに出口を与えなかったことになる。このためルカはイエスのために別の脱出方法を開発する必要に迫られる。それがまさに使徒言行録の冒頭で彼が提供しているものだ。つまりルカはイエスを空に上げ、白い衣を着た二人の男性にイエスの出発の意味を解釈させ、イエスの再臨を予言させるのである。それを見てイエスの弟子たちおよび女性たちやイエスの母、そして彼の兄弟までもが「上の部屋」に戻り、ペンテコステに来るはずの力が与えられるのを待ち受けたという。

この昇天の物語は明らかに歴史ではない。空に昇っても天にたどり着くということはない。地球の周回軌道に乗るか、重力から逃れて無限の宇宙空間に放り出されるかである。

ヘブライ語聖書にこのイエスの昇天物語の先例があるかどうかを探すと、私たちは再びなじみ深いエリヤとエリシャの一連の物語に目を引かれる。エリヤも天に昇っている。またエリヤも彼の後継者である弟子に彼の霊を授けている。この物語を注意深く読むと、ルカが単にエリヤの昇天を誇張してイエスの昇天物語を作り出したことがわかる（列王下２章）。

エリヤは天に昇るために、不思議な火の馬に引かせた燃える戦車の助けを必要とした。また空に向かう推進力として神が送ったつむじ風によっても助けられた。新しいエリヤであるイエスは自力で天に昇る。エリヤは彼の弟子であるエリシャ一人に彼の膨大な、しかし人間の霊二つ分を注ぎ与えた。イエスは神の聖霊の力を、集められたキリスト者の共同体の上に何百年も続くに足るほどの量を注ぎ与えた。ルカは馬に引かれたエリヤの戦車から火を取り上げて、弟子たちの頭上で彼らを焼くこともなく踊り回る炎の舌にした。またエリヤの物語からつむじ風を取って、「上の部屋」に満ちた「激しい風が吹いてくるような音」に転じさせた。

私たちは歴史を読んでいるのではない。私たちはひとりの福音書記者が神とひとつになることへの招きとしてイエス体験を現出させるためにヘブライ語聖書から引用された人物像を描くのを見ているのである。この人物像において福音書記者は彼に使える唯一の言語、彼の宗教的伝統における格調高い言語を用いているのである。

私たちはこのキリストの物語の中心的な瞬間においてさえも、動的で根本的で人生を変容させてしまうような何か、しかし人間の言葉では十分に受け入れることができないような何かが最初に存在していたという事実を受け入れる必要がある。復活の物語と昇天の物語、この両者からなるイースターを字義通りに解釈することによって、伝統的なプロテスタントとカトリックは決定的な異端となった。あの変容の神秘は、もはや二十一世紀の精神が受け入れることのできない命題的真理に敗れてしまった。

復活物語を含むイエス物語は人間の限界を越え、人間の境界線を越えた、私たちが神と呼ぶ体験の領域に至る旅への招きである。神は空の上にいますのではなく、むしろ私たちの命の深みの中に見出される。キリストの物語に入るために、私たちは目に見えないものを見る目を開き、人間に聞こえる周波数を超えた音楽を聴くために耳栓を抜かなければならない。そうすると私たちの舌はもつれを解かれて恍惚の声を上げ、命そのものが開かれて、もはや死によって縛りつけられたりはしなくなる。それがキリスト教信仰が私たちに始めることを求める旅である。だから私たちは、「疲れた者、重荷を負う者は、だれでもわたしのもとに来なさい。休ませてあげよう」（マタイ11・38）というイエスの招きを聞き、「わたしが来たのは、羊が命を受けるため、しかも豊かに受けるためである」（ヨハネ10・10）というイエスの約束に耳を傾けるのである。

私たちの信仰の旅の第一段階、すなわち私たちがイエス物語を見る上で邪魔になる歪曲を取り去ることは、これで完了した。イエス物語の解釈を何百年間も誤らせてきた直解主義は打ち壊された。目の前にはいくつかの欠片がぞっとするような配列で並んでいる。イエスは全くノーマルな生まれ方でナザレに誕生した。彼の母は処女の純潔の象徴などではない。彼の地上の父ヨセフは文学上の創作だった。彼の家族は彼が正気を失ったと思っていた。彼にはおそらく十二人の男性の弟子はいなかった。彼の弟子たちの中には男性もいれば女性もいた。彼は自然に対して自分に従うよう命じたりはしなかった。彼はいかなる文字通りの意味でも見えない人を見えるようにしたり、聞こえない人を聞こえるようにしたり、体が麻痺した人や衰弱した人に癒しを与えたりはしなかった。彼は死人を起こしたりはしなかった。パンが彼の裂かれた体と同一視され、ぶどう酒が彼から流れ出た血と同一視され、こうして彼の死の最後の予告を象徴するために仕立て上げられた最後の晩餐も、実際には行われなかった。彼の死につながる裏切りも英雄的行為もなかった。彼を嘲る群衆も、荊の冠も、十字架上の言葉も、強盗も、渇きを訴える叫びも、正午の暗闇もなかった。墓も、アリマタヤのヨセフも、地震も、石を転がした天使も存在しない。三日目に蘇生して墓から出てきた体も存在しないし、イエスの傷に触れたという出来事もなかったし、彼によって聖書の秘密が説き明かされるということもなかった。そして空の上に存在する天に向かっての上昇もなかったのである。

これらの物語の詳細の全ては、ナザレのイエスという一人の人間の命の中に神が存在していると信じるに至った人びとの共同体によって作られた。彼らはその信仰を個人であるいは集団で経験した。彼らが自分たちの経験を説明する方法は彼ら自身の方法によっている。それは私たちが前提できないことを前提しているし、私たちが使うことのできない思考法を使っている。イエス体験の伝統的な説明方法はもはや死につつある。というより多くの人にとっては既に死んでいる。伝統的なキリスト者たちは、イエス体験の真理を、その体験の説明の字義通りの解釈と混同するという致命的な過ちを犯してしまっている。それでは何にもならない。あらゆる説明は時代と共に廃れる。しかし説明が廃れることは体験まで廃れることを意味しない。私たちの課題はこの永遠の体験を賞味期限切れの時代錯誤な説明から引き離すことである。その課題にこれから取り組んでいこう。それは私たちを聖書の物語の背後あるいは底にあるものに連れていってくれるだろう。そこは福音派のキリスト者が赴くのを渋っていた場所である。しかし他に選択肢はない。未来の希望に火を灯す明かりが見つかるまで私たちは旅を続けねばならない。

第2部　イエスの本来の姿

12 序論――イエスの本来の姿を探求する

私は聖書を超えて、信条を超えて、教理を超えて、教義をも超えて、そして宗教そのものさえも超えて、その向こうにいるイエスを探し求めている。そこまで行って初めて、私たちは神の神秘、命の神秘、愛の神秘、そして存在の神秘へと眼差しを向けることができるのである。

世の中には、伝統的な宗教の定型にあまりにも愛着を持つがゆえに、もはやそのような定型が役に立たず、信じるに足りないものになっていることがわかっており、彼らのキリスト教を迷いから覚ますものがあったとしても、それに関わりを持とうとしない人びとがいる。しかし私はそういう人間ではない。過去の宗教理解が衰退し滅亡することは、私にとって成長し新しい意識へと進み入り、神体験について語る新しい方法を発見するチャンスに見える。処女降誕が生物学とは関係がないこと、新約聖書の奇跡が超自然的なものの介入ではないこと、復活が肉体の蘇生ではないこと、そして「イエスの神性」を信じることは人間存在の外から神的なものが侵入してくることと同じではないことなどを認識するとき、私は心が浮き立つような自由を感じる。無神論が神の否定であることよりも、有神論が神とは関係ないことを発見するほうに喜びを感じる。また有神論が人間による神の定義のひとつにすぎず、無神論はそのような人間による定義の拒絶であることがわかるのは嬉しい。私は神が時間を飛び越えてきたような昔の説明に左右されるとは思わない。過去の字義通りの理解を退けることによって、今日のキリストの物語を発見する素晴らしいチャンスが得られることを私は確信しており、私はその課題に取り組みたくて仕方がないのだ。

それゆえ私は、キリスト教の中に発見する究極の真理とリアリティをよみがえらせることに十分配慮し、キリストの物語の核心へと向かう新しい旅を始めるために、時代遅れの説明を放棄する勇気を持つよう読者の皆さんに呼びかけたい。あなた方がこの旅で学ぶものはこれまであなた方が想像していたものよりもはるかに多いことを私は約束する。

現代の男性や女性がキリストの物語を理解する方法を改革しようという試みは以前からキリスト教の内部で始められてはいたが、これまではいつも恐怖がその試みを後戻りさせていた。そしてより強固な防御壁が古い象徴の周囲に築かれていた。それらの新しい教会のマジノ線〔第二次世界大戦前にフランスがドイツ国境に築いた要塞線。難攻不落と言われたが、ドイツ・ナチ軍に一挙に破られた〕は少なくともあと数年は私たちを守ってくれるはずだった。悲しいかなそれも幻想にすぎなかった。

ローマ・カトリックの教会史には、二十世紀半ば、伝統的な思考法の囲いから脱出してキリスト教を現実世界とかみ合ったものにしようとする短くも美しい試みがあった。それは教皇ヨハネ二十三世の任期中（一九五八―六三年）に起こった。ますます見当違いの度を増す彼の教会が直面している問題の重大さを感じ取った教皇ヨハネは第二バチカン公会議を召集し、過去の信仰理解と現代の研究との対話を促した。結果は非常に有益だった。この古びた組織のクモの巣に変化と改革の風が吹き始めた。それは輝かしく希望に満ちた瞬間だった。しかし長くは続かなかった。カトリシズムの伝統と悪しき古めかしい理解が公然と挑戦を受け始めるや否や、信仰深い人びとの間に恐怖が芽生え、蔓延してしまった。恐れおののいた組織の指導者たちは力を失ったように感じ始め、「信仰の擁護者」たちは力強いコーラスと共に立ち上がって、この可能性と命に満ちあふれた改革の努力を叩き壊してしまったのである。

ヨハネ二十三世の死とともにこの運動は破綻した。ヨハネ二十三世以降のどの教皇も古びたハッチを固く閉じ、伝統的な権威を再び主張することに専念した。この激しい現実逃避の様子は教皇庁の歴代の住人を辿るだけでじゅうぶん理解できる。ヨハネ二十三世の後、カトリック教会はパウロ６世を任命した。彼はあらゆる神学者たちの主導権を奪い、家族計画についての考えの前進をことごとく逆転させた。その次にヨハネ・パウロ一世を選んだが在位は数か月しか続かなかった。そしてヨハネ・パウロ二世がバチカンの教皇の座を占め、カトリック共同体におけるあらゆる創造的な思潮を組織的に抑圧し始めた。最終的にこの仕事はヨハネ・パウロ二世のもとで正統主義の最高責任者であったベネディクト十六世の手に渡る。そう、現教皇（本書執筆当時）でありかつての枢機卿ヨーゼフ・ラッツィンガー。彼こそが第二バチカン公会議を実現させたカトリックの神学者たちの集まりを最初に破壊した背後にいた権力者である。彼の指図によりハンス・キュンク、エドワード・スヒレベークス、チャールズ・カラン、レオナルド・ボフそしてマシュー・フォックスといった著名なカトリック思想家たちが教職を追われ、嫌がらせを受け、聖職の叙階を解かれ、発言を禁じられた。あらゆる世代の学者たちはその指導的な立場の思想家や創造的な学者が攻撃を受けることで沈黙させられてしまい、その結果今日ではローマ・カトリックの学者はほとんど司祭階級から姿を消してしまった。あの教会の指導者たちは二つの点で致命的な過ちを犯している。一つは真理の説明と真理そのものの混同。もう一つはあらゆる命題の叙述は相対的であることの否定。究極の神の真理が信条や教理といった定型文の中に濃縮することができるという考えは滑稽であり、霊的には自殺行為である。この結果悲劇的なことに、カトリックのキリスト教は以前にも増して今日の世界から遊離したものになってしまった。

一方、プロテスタントの側でも、同じような改革の動きが同じような時期に起こっていた。英国の主教ジョン・アーサー・トーマス・ロビンソンが一九六三年に出版した『神への誠実』と題する一般向けの書物の中で、プロテスタントのキリスト教が直面している課題を力強く提示したのである。[30] キリスト者たちに彼らの神やキリストのイメージを再考することを求めるこの小著は、各国語に翻訳され何百万部も売れた。彼の改革への努力はジェイムズ・パイク[31]や、自らを「神の死」の神学者と呼ぶアメリカの研究者たちの仲間、すなわちウィリアム・ハミルトン、トーマス・J・J・アルタイザー、ポール・ヴァン・ビューレンといった人びとの協力を得た。彼らには別の場所にも仲間がいた――その中には英国のジョン・ヒックやドン・キューピット、ニュージーランドのロイド・ギーリングがいる[32]。キリスト教が公共のメディアで討論に上げられ、タイム誌の表紙を飾る特集記事にさえなった。それは活気にあふれ前途有望だった。しかしなんということか。この動きも結局は潜在的な願望の表れという程度以上のものにはならなかった。なぜならこれに怯えたプロテスタントにおけるキリスト教組織が、カトリックがそうしたように反撃したからである。ロビンソンとキューピットはイングランドの隅っこに追いやられた。ヒックは宗教裁判で脅迫された。パイクは現代のガリバーのように拘束された。アメリカの学者たちは一方では自己防衛的な伝統主義者たちによって煽動された群集に、また一方では宗教的な物事にほとんど関心のないますます世俗化する社会の構成員たちから笑い者にされた。ニュージーランドでは長老派教会がロイド・ギーリングを異端の罪で訴え、その過程でほとんど組織としては自滅してしまった。第二バチカン公会議のようにこの動きもすぐに歴史の片隅に脚注として記述されるにすぎないものとなった。しかし抑圧された思潮は消え去ってはいない。それは単に地下に潜っただけであり、再び出現するために良い時機を待っているのである。

私のこの方向での新しい努力は多少はましな結果を残すだろうか。それに私が答えることができればと思う。しかし時間だけがそれを知っているとも言える。ただ確かなのは私はもはや黙ってはいられないということである。一九六〇年代以降、社会の世俗化は劇的に進んだ。今日の宗教的なコミュニティは、カトリックであれプロテスタントであれ、その立ち位置はさらに浮世離れし、より伝統主義的になり、より極端に自己防衛的になり、よりヒステリックにさえなってしまった。私の感覚では第二バチカン公会議もラディカルなプロテスタントの神学者たちも彼らの目標を十分には達成していない。かつてキリスト教がどのようなものになってしまったかを批判するだけで、これからキリスト教が何に進化するかを述べるところまで手が回らなかったのである。彼らが到達できなかった地点まで行くのが私の希望である。私はあまりに深く神の神秘に魅入られているのでそうせずにはおれない。

そこで、本書の第２部では、キリスト教の未来を示し得るロードマップを明らかにしたい。私の最初の任務はキリスト教史における口頭伝承の時代と呼ばれているものへの扉を開くことである。それはイエスに関する記憶や言葉が文書に記述される前の時代である。そこにアプローチすることで最初のキリスト体験を浮き彫りにし、今日の私たちの探求を助けるヒントを探したいのである。この旅は私たちを否応なしにユダヤ的世界の内部深くへと連れていくだろう。イエスはそこから出現した。その旅は私たちをユダヤの聖書、ユダヤの典礼、ユダヤ人の待望しているものに関する知識へと運んでゆく。そしてユダヤ的な理念に対する異邦人の誤解がイエス物語にどのように影響したのかもさらけ出すことになるだろう。

しかしイエスを彼本来のユダヤ的文脈において捉えることが私たちの最終目標ではない。旅はそこで終わるわけではない。とはいえ、それは私たちの永遠の探求における重要なステップである。その探求は最終的には私たち自身の人間性の奥深くへと入っていかなければならない。そこで私たちは宗教とは切り離されたイエスを見ることができるかもしれない。あるいは私がこの旅を名づけていたように、「信じない人たちのためのイエス」を見ることができるかもしれない。私は聖書を超えて、信条を超えて、教理を超えて、教義をも超えて、そして宗教そのものさえも超えて、その向こうにいるイエスを探し求めている。そこまで行って初めて、私たちは神の神秘、命の神秘、愛の神秘、そして存在の神秘へと眼差しを向けることができるのである。また私たちは不可避的に私たち自身の人間性の神秘、自己意識というものの神秘、そして超越の神秘へと向かうプロセスにも入っていくことになる。その努力の過程で私たちは全人性(ホールネス)へと向かう人間の永遠の探求の奥深くに向けて自分自身が押し出されていくように感じるだろう。イエスでさえ自身が終着点であるとは思っていなかったはずだと私は思う。この点でキリスト者たちは大いに誤解していると思われる。むしろイエスは驚くべき神体験へと至る通り道なのである。イエスの最初の弟子たちは、あたかもキリストを知ることが彼らの終着点であるかのようにキリスト者と呼ばれていたわけではない。そうではなく、彼らは自分たちのことを「この道の者」と呼んだ。[33]あたかもイエス自身も彼らの旅の一部分であるかのように。キリストの道は全人性へと向かう道であり、究極的な現実であり、それを表現するいかなる言葉もなかった何かへの旅なのである。全ての宗教は究極的にはこの同じ神秘の現実に流れ込むものでなければならない。イエスはその旅の終着点ではなく、むしろそこに至る手段である。

では、ナザレのイエスを生み出したユダヤ的世界から旅を始めよう。

13　口頭伝承――イエスはどこで記憶されたのか？

イエスの生涯とメッセージは、福音書記者たちの記憶の中で何度もユダヤ教の礼拝の中心に位置づけられている。イエス物語が福音書に記されるようになるはるか以前に、それは既にユダヤの聖書を通して解釈されていたのである。

福音書が執筆されるに先立ち、イエスに関する記憶は口頭伝承の期間と呼ばれるものを通過したと考える人たちがいる。その期間イエスの記憶は、個人的なとりとめない方法で――つまりイエス物語に関わる親たちから子どもたちへ、あるいは隣近所や市場での井戸端会議でイエスについて話されていたというのである。しかしこれは全くの見当違いである。福音書そのものを分析すればそれは明らかである。

七〇年代初期にマルコが最初の福音書を執筆したとき、彼は物語を「イエス・キリストの良い知らせ（または福音）の初め」（１・１）という言葉で始めている。この１節はユダヤ教の聖書に大いに関連づけられている。「良い知らせ」というフレーズは第二イザヤから取られたもので、第二イザヤはこれを三つの異なる箇所で用いている（40・9、52・7、61・1）。マルコはこのキーワードを数節後に再び用い、イエス自身にこれを言わせている（１・14―15）。そしてマルコはその後すぐにこの「良い知らせ」を彼が依拠している資料と関連づけようとする。それらは全てヘブライ語聖書の中に見出されるものである。「預言者イザヤの書にこう書いてある」（１・２a）と彼は言い、資料をほとんど文字通り引用している。ここでマルコはイザヤの名前だけを挙げているが、実は彼はこの1節において二人の預言者の告知を合成している。彼の最初の言葉、「見よ、わたしはあなたより先に使者を遣わす」（2節）はマラキ書に由来するものであり（3・1）、出エジプト記（23・20）の響きも伴っている。それからようやく彼は「荒れ野で叫ぶ者の声がする。『主の道を整え、その道筋をまっすぐにせよ。』」（3節）という言葉を加える。これこそがまさにイザヤ書に由来する言葉だ（40・3）。そういうわけで最初の福音書のまさに最初の数節は、私たちの注意をヘブライ語聖書に向けさせるために引用された材料が何層も積み重なっているのである。このことは福音書が執筆されるようになる以前、口頭伝承の期間から、イエス物語は既にユダヤ人の聖なる書物と深く絡み合っていたと考える有力な手がかりである。

マタイはキリスト教史上第二の福音書を執筆するにあたって、彼のイエス物語の導入を、そのユダヤ人の先祖たちの系図から始めている。その系図ではタマルやラハブ、ボアズやウリヤといったユダヤ人の聖書の中でも目立たない登場人物まで触れられている（マタイ1・2―16）。このヘブライ人の聖なる物語について深く知る者でなければマタイが伝えようとしているメッセージを理解できないだろう。そうしてマタイは彼の物語を進めるにつれ、証拠聖句を引用する田舎牧師のような振る舞いを見せる。彼はそのイエス誕生物語の中で、ある特定の定型文「このすべてのことが起こったのは、主が預言者を通して言われていたことが実現するためであった」を少なくとも五回は使い回している（1・22―23、2・5―6、15、17―18、23）。マタイはイエスの誕生に関するあらゆる疑問にユダヤ教の聖書の権威によって答えている。なぜイエスは処女から生まれたのか？それは預言者イザヤが予告していたからである（イザヤ7・14）。イエスが生まれたのはどこか？　ベツレヘムである。預言者ミカがそう告げていたからである（ミカ5・2）。なぜヨセフとマリアと赤ん坊のイエスはエジプトに逃げたのか？　それは預言者ホセアが、「エジプトから彼を呼び出し、わが子とした」（ホセア11・1）と言ったからである。なぜヘロデは罪のない子どもたちを殺したのか？　それはアッシリア人たちに子どもたちを奪われて泣くラケルについて述べている聖書の言葉が成就するためである（エレミヤ31・15）。なぜイエスの家族はナザレに住み着いたのか？　それは彼がナザレ人と呼ばれるだろうという預言が成就するためである。[34]

　マタイよりいくらか後、ルカが自分の福音書の物語を始める際、彼はイエスをユダヤ人の男子に義務づけられたあらゆる儀礼をきちんと守った人として描こうとしている。彼は八日目に割礼を施され（2・21）、四十日目には清めの儀式に参加するため神殿に現れている（ルカ2・22）。彼の名前「イエス」は、イスラエルの偉大な解放者の一人であるヨシュアというヘブライ人の名前をギリシア語で綴ったものである（ルカ1・31）。ルカはイエスの幼児期の物語を彼が十二歳のとき両親が彼を過越祭のためにエルサレムに連れていった記事でしめくくっている。この神殿訪問の物語は少年サムエルが母ハンナによって神殿に連れられた聖書の記事と大いに関連している（サムエル上2章）。ルカがマリアに歌わせている賛歌（マニフィカート）でさえサムエルの誕生と神への奉献の祝いの中で歌われたハンナの賛歌に基づいて形作られたものである。

　正典福音書の中では最も後に書かれたヨハネの福音書もやはりヘブライ語聖書の引用で満ちている。その最初の章は創世記の最初の章に基づいて記された一種の劇である。またこの福音書、そのテクスト中の至る所に出エジプト記（3・14）から直接取られた「わたしはある（新共同訳）」という神の名前を含んでいる。ある箇所ではヨハネはイエスに「アブラハムが生まれる前から『わたしはある』」と言わせている（8・58）。そこにはイエスの記憶とヘブライ語聖書の間の深い関係が福音書が成立するはるか以前から存在しているのである。この認識によって生じる疑問は何か。それはこの関係がどのような状況で生まれたのかということである。

　またこの認識に基づいて、福音書の中にはイエスをユダヤ教の礼拝の核心的部分と関係づける言及がたくさんあるという認識と共に、第二の洞察が生まれる。少なくともルカによる福音書においては、イエスの生涯は神殿によって枠づけられている。彼は生後四十日のとき神殿で年老いた祭司シメオンのもとに姿を現す。そして彼は受難の直前にも再び神殿に戻って来る。また各福音書にはイエスをはっきりとシナゴーグの中にいる者として位置づける言及が二十三個所ある。明らかにそれは彼についての弟子たちの記憶の主たる部分の一つである。イエスは普段からシナゴーグによく通っていたと言われている――あるいはルカによればそれは「いつものとおり」（4・16）だった。ここでそれぞれの福音書からそれらの言及のサンプルを挙げてみるので、その累積的なインパクトを感じていただきたい。

（洗礼を受けた後、イエスは）会堂に入って教え始められた。（マルコ1・21）
安息日になったので、イエスは会堂で教え始められた。（マルコ6・2）
（イエスは）ガリラヤ中を回って、諸会堂で教え、御国の福音を宣べ伝え……。（マタイ4・23）
イエスはそこを去って、会堂にお入りになった。（マタイ12・9）
（イエスは）故郷にお帰りになった。会堂で教えておられると……。（マタイ13・54）
イエスは諸会堂で教え、皆から尊敬を受けられた。（ルカ4・15）
また、ほかの安息日に、イエスは会堂に入って教えておられた。（ルカ6・6）
安息日に、イエスはある会堂で教えておられた。（ルカ13・10）
これらは、イエスがカファルナウムの会堂で教えていたときに話されたことである。（ヨハネ6・59）
（大祭司に）イエスは答えられた。「わたしは、世に向かって公然と話した。わたしはいつも、ユダヤ人が皆集まる会堂や神殿の境内で教えた。ひそかに話したことは何もない。」（ヨハネ18・20）

これらの例が示す通り、イエスの生涯とメッセージは、福音書記者たちの記憶の中で何度もユダヤ教の礼拝の中心に位置づけられている。それは彼の死後の弟子たちにおいても同じだった。使徒言行録ではペトロがエルサレムでペンテコステの体験後、すぐに人びとに話し始めた様子が描かれている。エルサレムでは神殿が彼の活動の中心である。彼はその説教の最初の呼びかけにおいて預言者ヨエルを引用し、残りの部分では全体を通して詩編やイザヤ書からの章句をふんだんに取り混ぜている（使徒２・14―36）。また彼の二つ目の説教は神殿の回廊でなされたという。そこで彼はアブラハム、イサク、ヤコブ、モーセそしてサムエルについて語った（使徒３・11―26）。神殿当局に逮捕されたとき、ペトロは彼らの宗教指導者に対して、詩編と出エジプト記から引用した言葉によって語っている（使徒４・８―12）。ステファノが会堂長たちに抗弁する場面では、彼の話はイエスを彼らの聖書に記されたユダヤの民の歴史と関係づけ、よく知られたユダヤ的なるものの基礎に触れている（使徒７章）。またパウロは安息日のシナゴーグに現れてイエスのことを話したと繰り返し記されている（使徒13・14、14・１、17・10。18・４、18・19）。使徒言行録17章１―２節では、安息日にシナゴーグに参列することはパウロの「いつもの」習慣であったと言われている。各福音書と使徒言行録によれば、イエスの物語はユダヤ教の礼拝の場所における中心に位置づけられたのである。

同時に、ユダヤ教の礼拝において実際に何がなされていたのかは、初期の教会においては周知の事実であったようである。というのも、これらのパターンは使徒言行録においては時折説明もないまま何度も描かれているし、ユダヤの聖日についての言及は福音書自体の記事の中にも見出しうるからである。例えばルカは使徒言行録の中で、過去何世代も前からモーセの律法についてはどの町にも告げ広める人がいて、それは「安息日ごとに会堂で読まれているから」であると記している（15・21）。ルカは明らかに「モーセ」――つまり、いわゆるモーセ五書またはトーラー（創世記、出エジプト記、レビ記、民数記、申命記）――を、どこのシナゴーグの礼拝においても毎回の安息日を通じて、一年で全体を朗読することを求めるユダヤの習慣に精通していたのである。

何者かが福音書の執筆に着手するはるか以前から、イエスは既にヘブライ語聖書を通して解釈されており、そのプロセスにおいてイエス物語は、おそらく私たちの多くがこれまで想像していた以上に、ユダヤ的な物語によって形作られていたのである。私はこれらの事実に基づいて、口頭伝承の時代にイエス物語が想起され形成されたのは、シナゴーグ以外においてはあり得ないという結論に至った。この位置づけは想定外のことでも偶然でもない。ユダヤ教の内部で始まり、普段からシナゴーグに通っていた男に端を発する運動は、その運動のリーダーが世を去っても、その環境から離れはしなかった。イエスについての記憶がユダヤの聖書と深い意味で一致するものとされ、またその中に包まれるようになったのも、他の場所においてはあり得なかったのである。この洞察を十分に理解するために、しばらくの間一世紀のユダヤ世界に場を移してみる必要がある。

当時の人びとは自分用の聖書など持ってはいなかった。ホテルの部屋や会議場などに聖書を置いていくギデオン協会のようなものは存在しなかった。聖書のテクストは巻物に記され、共同体の文化遺産だった。それらの巻物はたいへん費用のかかる手書き写本の工程によって保存されていた。シナゴーグにおいてのみ、人びとはそれらの聖なるテクストにアクセスできた。そこでは安息日における聖書の学習が共同体の機能として働いていたからである。そういうわけで、シナゴーグこそが口頭伝承が行われた場所なのであり、他の場所では起こりえなかった。それが確固たる結論である。

この事実が明らかにされるべきであったにもかかわらず、これを支持する証拠はキリスト教史を通じてずっと隠されてきた。イエス物語を形成したヘブライ語聖書の代わりに、イエスの生涯の出来事は聖書に書かれた期待や預言が神に定められた奇跡によって実現したのだというような、魔術的な福音書の読み方が広まってしまった。しかしイエスはそのような預言された期待を実現したわけではない。事実この奇妙な偽りのアイデアは、イエス物語が実際には明らかにヘブライ語聖書によって組み立てられ、イエスに関する記憶は聖書に書かれた期待に応えるように作り替えられたという事実を隠す役割を果たしてきた。このプロセスによって歴史性も客観性も損なわれてしまった。だから私たちは、歴史のイエスを見出そうとするならば、シナゴーグでの解釈のプロセスに立ち入っていかねばならないのである。

そこで、新約聖書の謎を適切に解明する次のステップは、キリスト者の記憶を明らかにまた決定的に形作ったシナゴーグでの典礼を学ぶことである。不幸なことにほとんどのキリスト者はシナゴーグでの礼拝の形態を全く知らないため、たとえ福音書においてそれに該当する部分を読んでいても、その影響をどう認識すべきかを知らないのである。

その解釈の手助けとなる言及が使徒言行録の中に隠されている（13・13―16）。そこでルカはパウロが説教をしていた一世紀のシナゴーグで行われていた典礼の形態について概説している。それは受難から福音書の執筆までの隠された期間を明らかにする鍵を探している私たちにとっては、テクストから飛び込んでくる小さな宝石のようなものである。典礼の様式は非常にゆっくりと変化するものである。したがって、ルカが描いている九〇年代初期のシナゴーグでの典礼は、イエス物語が口頭で伝えられていた三〇年代から七〇年代のシナゴーグでの典礼と非常に似ていたと考えるのが無難であろう。

ルカによれば、パウロは仲間たちと共にピシディア州のアンティオキアに行った。安息日に彼らはシナゴーグに入り、礼拝のために席に着いた。礼拝はいつものように進行した。このシナゴーグでの典礼でルカがまず注意を促しているのは、「律法の書が朗読された後」というフレーズである。創世記から申命記までのモーセ五書は「律法」と呼ばれていた。巻物に記されたそれぞれの書は、毎週の安息日ごとに前の安息日に読み終わった箇所から朗読されていた。巻物は決して飛ばし読みしてはならない！　一年でトーラー全体を読むという義務を達成するのであれば、この「モーセ五書」あるいは「律法」からの学習は、現在の私たちの聖書で5章から6章分に相当するはずである。しかしこのトーラーの朗読は、毎週の典礼の中でも最も神聖な部分であったので、その長さにもかかわらず厳格に受け継がれ、頑なに守られたのである。

さてルカは、シナゴーグの典礼は「律法」の朗読の後「預言者」の朗読へ続いたと述べている。一世紀のユダヤ教では、預言者には二つのグループがあるとされていた。最初のグループは先の預言者（ヨシュア記、士師記、サムエル記上・下、列王記上・下）と呼ばれ、紀元前十二世紀におけるヨシュアのカナン征服から紀元前六世紀にバビロニア人の手によってユダヤ人が敗北するまでのユダヤの歴史物語を語っている。またこの資料はサムエルやナタン、エリヤ、そしてエリシャといった預言者たちを紹介している。彼らはいずれも聖書の宗教における連綿と続くドラマに力強い貢献をしている人びとである。[35]そのような第二の学習が朗読されるのであるが、決められた期限のうちに読み切らなければならないといった義務は課せられていない。そのため、この学びはいくらか短いものであり、トーラーと同じほど重要で厳粛に守られねばならないという扱いではない。

第二の預言者のグループは後の預言者と呼ばれている。彼らの著作は一種の爆発を生み出した。それは紀元前八世紀における第一イザヤに始まり、七世紀のエレミヤ、六世紀にかけて活躍したエゼキエルに至る。それらの主要な人物に混じって、小さな書物を著した預言者のグループもある。彼らの著作は小さいので一つの巻物にまとめられ、「十二の書」（十二小預言書）と呼ばれた。今日の私たちの聖書ではそれらは小預言者と呼ばれ、ホセア書からマラキ書までを含んでいる。これらの人びとは紀元前八世紀から五世紀に至るユダヤ人たちの声を代表している。「十二の書」を一巻にまとめた巻物はシナゴーグでは一つの書として読まれた。そのため、「後の預言者」という言葉は四つの預言書、すなわちイザヤ、エレミヤ、エゼキエル、そして十二の書を指すために使われる。(36)これらの四つの作品はほぼ同じ長さであり、一年に一人の預言者を四年サイクルで読まれることが多かった。

会堂長たちがパウロと彼の仲間たちに使いをよこし、「兄弟たち、何か会衆のために励ましのお言葉があれば、話してください」と言ったとルカが述べているのは、それらの律法と先の預言者と後の預言者の朗読が、賛美の詩編や祈りが組み入れられながら終わった後のことである（13・15）。そこでパウロは立ち上がってこの招請に応じ、人びとに話し始めた。

彼の説教は、使徒言行録が再現している他のすべての説教と同じように、ユダヤ人の歴史を延々と辿っていく。それは彼らのエジプトからの解放から荒野の時代を経てカナン征服へと至る、パウロに言わせれば四百五十年に及ぶ歴史である。それから彼は士師たちやいくつもの王朝の栄枯盛衰の間をさまよい歩き、最終的に洗礼者ヨハネで彼の語りを締めくくっている。次に彼はこのヨハネが指し示した人物を、そして「安息日ごとに読まれる」預言者たちが誰について語っているのかを、人びとが理解しなかったと語る。それから彼は受難の出来事とイエスを引き上げた神の行いとを取り上げる。彼は復活を支持する証言として詩編の第２編（７節）を引用する。そしてイザヤ書55章（３節）と詩編16編（10節）を引用してクライマックスを迎え、最後には預言者ハバククから引用しつつ、ユダヤ人たちはイエスを拒絶するだろうと予告する。もしこの説教が初期キリスト教の説教を表すもの、あるいはモデルであるとすれば、イエス物語の想起や現在化がユダヤ人による聖書の朗読を背景にしていることは明らかである。

これと全く同じことが四〇年代から七〇年代、受難の出来事から福音書の執筆までの期間に、各シナゴーグの間で起こっていったのだと私は確信している。イエスの弟子たちはユダヤ人として礼拝するためにシナゴーグへ行き、毎週の安息日に聖書の朗読に耳を傾け、イエスの言葉を思い出し、年を経るごとに聖書と典礼が明らかに指し示しているものとしてイエス体験に目が開かれていったのである。彼らは自分たちの記憶を、彼らの共同の礼拝の諸要素を通して捉え直した。その結果、イエス体験が彼らに適合し納得できるものとなったのである。

したがって今日の私たちがイエス体験の力を究極的に理解する唯一の方法は、彼らの立場に立ち、彼らがイエスに適用したイメージを精査し、彼らがイエスを理解するために使った象徴を紐解き、彼らがイエスにおいて出会った神を探すことである。そのため、私たちが福音書に対して発するべき問いは、私たち現代世界における貧しい問いとは大いに異なる。現代の人びとは、「それは本当に起こったことなのか？」と問う。そのような問いにはイエスかノーとしか答えようがない。そのような二項対立は、最終的には私たちに直解主義者か棄教者のいずれかしか選択の余地をなくさせる。聖書のような古代の伝承を学ぶにあたって適切な問いとは、「最初の弟子たちがイエスに対し、ユダヤの過去の聖なる歴史をまとわせようとし、さらに宗教上の偉人物語を拡大解釈してまで、このイエスにおいて彼らが経験したことを最大限伝えようとしたのは、ナザレのイエスの何に起因するのか？」というものである。その問いはさらに他の多くの問いを導く。すなわち、なぜ彼ら初期の弟子たちはイエスの中にユダヤ人の伝承の成就を見たのか？　なぜ彼らはイエスがそれらの伝承を変容させたと信じるようになったのか？　彼らの生を常に束縛していたものがイエスの生において現われている力の前に消え去ったことを、イエスに関する彼らの言葉が示唆しているのはなぜか？　なぜイエスの死が、より拡大された命の前触れに他ならないと見なされるようになったのか？　いったいイエスの人間性の何が、新しい方法で弟子たちの目を神に対して開かせたのか？　それらの反応を引き起こした人物、それがこの研究で私たちが求めているイエスである。そして私たちはゴールにたどり着くまで立ち止まるわけにはいかない。

14　新しい過越(すぎこし)として理解されたイエス

過越の文脈の中にうまく取り入れられた受難を見つめること、またイエスが過越の小羊との類比によって理解された事実を受け入れることは、イエスの意義の全く新しい次元に、また人間であることの全く新しい次元に歩みを進めることである。

私たちの多くが福音書を字義どおりに読み、実際に起こったことがそのまま書かれている記録として読むように教えられてきたことは事実だが、私たちはどんなに困難でもこれを退けなくてはならない。福音書は事実を文字通り記録したものではなく、ユダヤ人の日々の礼拝を通してなされたイエスの解釈であり、そのことによってイエス物語は福音書が執筆される以前の二、三世代にわたって記憶され想起されてきたのである。各福音書はユダヤ人の礼拝者だけが慣れ親しんでいるイメージによって満たされており、そのような信仰の伝承を知らない外部の人間にとってはほとんど意味をなさない。そしてそれが私たちにとんでもない誤解を抱かせたままにしている無知の原因である。そのため私たちは、誤解を字義どおりに受け取っていたのである！　福音書は確かに歴史を生きた一人の人の生涯を指し示している。しかし福音書記者たちが問題にしていたのはその身体的な生涯ではない。重要なのはイエスが意味している何かであり、彼らがイエスにおいて経験したと信じた何かである。福音書記者たちに道を開くことになったパウロは五〇年代半ばにイエスについて書く際このことをはっきりと述べている。「わたしたちは、今後だれをも肉に従って知ろうとはしません。肉に従ってキリストを知っていたとしても、今はもうそのように知ろうとはしません」（第二コリント５・16）。その理由はパウロによれば、「キリストと結ばれる人はだれでも、新しく創造された者なのです。古いものは過ぎ去り、新しいものが生じた」（第二コリント５・17）からである。ここで描かれているのは身体的な知識ではなく、心が開かれる恍惚とした体験である。したがって福音書が書かれたのも、イエスの生涯の詳細を記録するためではなく、イエス体験を解釈するためである。この区別はしっかり認識しておかなければならない。そうでないと私たちは、福音書の記事を字義どおりに受け取る人びとと、そのような字義どおりの内容は信じるに値しないとして拒否する人びととの間で、現代のキリスト教会を引き裂いている無意味な争いから脱出することができなくなる。

もちろん福音書の章句の向こうには、歴史上実在した人物の響きが残っている。そのような響きを取り出し観察することもできる。しかし福音書記者たちの第一の関心は、イエスの死と彼の死の意味を絶望から新しい命への希望へと変えたものはいったい何かということに向かっている。したがって不可避的にイエスの意味を探究する私たちの旅は、それらの最後の出来事の描写から始めなければならない。

聖書の証言そのものによって、受難の意味がイエス物語における決定的な要であり、彼の死がかなり早い時期から過越祭を背景にして解釈されていたことは明らかである。しかしこの結びつきは必ずしも歴史的な結びつきではなく、私たちの探究はイエスが過越祭の時期に十字架につけられたという記述を字義どおりには受け取らないことから始めねばならない。もし私たちがこの結びつきは歴史的なものではなく元来あったものでもないことを示すことができれば、その事実によって私たちはイエスの死が最初にどのように理解されたのかに対する洞察を与えられるだろう。そうすることによって私たちは再び新約聖書の文言の下に潜んでいる世界への道を見つけることができるのである。

マルコ、マタイ、そしてルカは、最後の晩餐を過越の食事と同一化することで、イエスの死を過越祭の時期に位置づけている。第四福音書ヨハネも同じようにこのような関係づけを行ってはいるが、受難の日を過越の羊が屠られる日であると示唆することによってそうしている。このことはヨハネにおいては最後の晩餐が過越祭の食事ではなく、過越祭を前にした準備の食事であることを意味する。

受難物語の詳細を見る前に私たちは、イエスと彼の弟子たちがエルサレムに入ったのは過越祭のためだったと各福音書が断言していることを受け入れる必要がある。十字架の物語全体は、過越祭を守る一部として語られている。じっさい各福音書によれば一行はこの聖なる都に一週間前に入っている。[37] この入城は今日でもキリスト者たちが受難週と呼ぶ週の最初の日に祝われている。しかしこれらの物語を注意深く精査すると、この受難物語には十字架やその他の象徴のために別の時間枠が示唆されていることに気づく。それらの象徴は、過越祭とは全く程遠い別のユダヤの祝祭から文字通り引き抜かれて、過越祭の暦に移されたと思われる。

最初に執筆されたマルコによれば、オリーブ山からエルサレムへと向かう勝利の行進に同行した群衆は、葉のついた枝を振り、自分たちの服を彼の前に敷いて、このように叫んだという。「ホサナ。主の名によって来られる方に、祝福があるように」（マルコ11・9）。過越祭はニサンの月の十四～十五日に守られるため、それは私たちの暦でいう三月の終わりか四月の初めに当たる。今日のキリスト者たちが「棕櫚（しゅろ）の主日」として祝うイエスのエルサレム入城の物語は、少なくともマルコ、マタイ、ルカによれば、その一週間前、三月の半ばあたりには起こったこととされる。この日程には問題がある。中東のその地域では、そのような早春には葉のついた枝を手に入れるのは困難である。木々の葉が茂り始めるのは、四月半ばから五月初めにかけてである。したがってこの物語は私たちに、受難物語は元々は別の季節のものとされていたのではないかという可能性を示す。もしそれが立証できるなら、私たちが抱くのは、受難と過越のこのような結びつきが必要不可欠なものと見なされるようになったのはなぜかという疑問である。

この可能性はマルコに大いに依存し、マルコを大幅に書き写しているマタイとルカがこの矛盾に気づいた時に何をやったかを見れば、さらに信憑性を増すものとなる。マルコよりおよそ十年後に執筆されたマタイは、葉のついた枝についての言及にさしかかると、「葉のついた」という言葉を彼のテクストから削除してしまった。マタイでは、群衆は単に「枝」を広げたり振ったりしているだけである（マタイ21・8）。もちろん通常は枝を「広げる」とか「振る」などとは言わない。それらは葉のことを表現するのに適している。この場合は大した編集ではない。しかしさらに後に執筆したルカに目を転じてみると、彼も同じ問題に気がついたようである。彼はマルコの葉のついた枝もマタイのただの枝も両方とも削除し、単に人びとが自分たちの衣服を行進の行われた道に敷いたという記事だけを綴っている（ルカ19・36）。しかしこの衣服の物語は、三月末よりももっと温かい季節を示唆している。そのような寒い時期に人びとが上着を脱いで道に敷くということはありえない。

九〇年代末期にヨハネが福音書を執筆したとき、たとえ彼の目的が全く違っていて先立つ福音書に全く依存しなかったとしても、彼がそれらの福音書を知らなかったということはあり得ない。しかし彼はこの葉のついた枝の問題を、群衆が「なつめやしの枝〔文語訳で「棕櫚の枝」〕」を振っていたと書くことによって解決した。なつめやし、すなわち常緑樹の葉である（ヨハネ12・13）。大半の人はこの行進に持って来られた枝が、この最後の正典福音書が書かれて初めて棕櫚の枝になったのだということに気づいていない。なぜなら現在私たちはこの日を棕櫚の主日と呼んでおり、行進には棕櫚を持ってくるものと思い込んでいるからである。これらの葉を振ることについての福音書間のバリエーションが決定的な議論を構成しているわけではない。それらは昔から当たり前だと思われてきたものを揺るがそうとするきっかけのようなものである。それをあなたの考察に入れていただいた上で次に進もう。

受難と過越の不自然な一致を示唆する次のヒントは再びマルコに現われる。マルコは棕櫚の主日のエルサレム入城の終わりにイエスが神殿に入り、両替商たちと遭遇し、それから夜に備えてベタニアに退却し、彼と弟子たちがそこに本拠地を構えたらしいことを述べる。翌朝イエスと弟子たちはエルサレムまでの短い距離を戻っていく。そこで次にマルコは私たちが宮清めとして知っているエピソードを物語ることになる。その行く道の途中でマルコは、イエスが空腹を覚え、遠くからいちじくの木を見つけ、実がなっていないかと調べに近づいたと知らせている。しかしマルコによれば「いちじくの季節ではなかった」（マルコ11・13）。にもかかわらずイエスは実がなっていないのを見てこの木に呪いをかけた。先に私たちが自然奇跡について論じてきた観点から見て、控えめに言ってもかなり奇妙な物語である。――それどころか文字通りに受け取っても、およそイエスらしくない。あり得ないというだけではなく超自然的だとさえも言えない。それから一行とイエスはエルサレムに行き、神殿に入り、両替商や動物を売る商人たちの台をひっくり返し、神殿の神聖さを取り戻すことを要求した（マルコ11・15―19）。その日の行動はそれで完了し、彼らは同じルートを通ってベタニアに戻った。彼らがいちじくの木の所に戻ってきたとき、ペトロがこれに注意をうながす。木は根元まで完全に枯れていた。「先生、御覧ください。あなたが（今朝）呪われたいちじくの木が、枯れています」とペトロが言う。呪いは明らかに聞き入れられたのだ！　イエスは祈りの効果についてのいくつかの言葉でこれに応じているが、それはおおよそ文脈と関わりがあるようには見えない（マルコ11・21―25）。

マタイとルカが自分たちの福音書を執筆する際このマルコのストーリーをどのように処理したかを再確認しておくと、やはり面白い。マタイは二部からなっている宮清めの物語を一つのエピソードに圧縮している（マタイ21・18―22）。あたかも彼は問題に気づき、できるかぎりこれを早く取り除きたいようである。一方ルカは単純にこれを削除している。彼はむしろ、別の場所にある、実がならないために主人に切り倒されそうになるいちじくの木のたとえ話の方を際立たせようとしているようである（ルカ13・6―9）。

こうしてみるとやはり、このいちじくの木の物語は、エルサレム入城の元の文脈とは異なる季節だったこと、つまり元来は枝に葉が生い茂っていちじくの実がなるような季節だったのではないかということを暗示している。そうだとすれば、過越祭は記述されている十字架の出来事の本来の文脈ではなかったかもしれないという疑いが強くなる。

この可能性は、スコットあるいは仮庵祭（かりいおさい）とも呼ばれる八日間におよぶユダヤの秋の収穫祭を見るとさらに強まる。この祭にはとてもたくさんの巡礼者がエルサレムに集まる。この祭りはおそらく一世紀のユダヤ人の間で最もにぎわう祝日だったにもかかわらず、新約聖書ではヨハネしかこれに言及していない（7・10）。しかしこの秋の祭に関するヨハネの記述の中には、イエスの受難が元々は過越祭の間に起こったのではないことを示そうとする私の試みにとってきわめて重要な言葉が見られる。スコットの祭では、礼拝者たちはエルサレムの街中や神殿の中を行進し、ルーラブと呼ばれるものを右手に持って振りながら歩く。ルーラブとは柳や銀梅花や棕櫚から取られた葉のついた枝である。これらの枝を振って行進しながら、礼拝者たちは詩編118編を朗誦する。それは通常スコットで用いられる詩編の箇所である。その中に「どうか主よ、わたしたちに救いを」という言葉がある。「わたしたちに救いを」はヘブライ語でホシャナまたはホサナである。この言い回しはたいてい次のような言葉に続く。「祝福あれ、主の御名によって来る人に」（詩118・25、26）。これらスコットの伝統が秋から過越祭の季節に移し替えられ、福音書における解釈的なニーズを満たすために棕櫚の主日の物語に組み込まれたことを、すぐにおわかりいただけると思う。そういうわけで受難物語と過越祭の関係が混乱している理由がはっきりし始めた。

過越祭と受難の関係が歴史的なものではなくむしろ典礼的なものであることを示唆する最後のヒントは、先に第9章で展開したように、マルコの元来の受難物語が八つの三時間ごとのセグメントから成る典礼の様式であることを再認識することにある。その物語は目撃者の証言としてではなく、詩編22編とイザヤ書53章から取られたメシアのイメージを体現するものとして存在している。

キリスト教の典礼の慣行は、単に元来過越祭の儀礼であったものを、イエスの受難を覚える方法として二十四時間の典礼に拡大したものである。過越の物語も受難物語も、それぞれの信仰の物語における始まりの瞬間に、時を超えた性質を与えることを意図して作られている。この二十四時間の典礼の名残は今日のキリスト教の慣習の中にも、さらに典礼的に強化された伝統として残っている。以下その例を挙げてみよう。

洗足木曜日におけるイエスと弟子たちの最後の晩餐の再現は過越祭にならって形作られており、十字架で引き裂かれたイエスの体であるパンと十字架で流されたイエスの血であるぶどう酒という、象徴的な要素を伴っている。典礼のこの部分が終わると祭壇は取り払われ、礼拝者たちはイエスの生涯の最後の数時間に思いを集中し、それから十字架の道行きをイエスと共に歩むよう呼びかけられる。教会によっては礼拝者の黙想のために一晩中扉を開けておくところもある。翌朝、その日を私たちは聖金曜日と呼ぶようになったが、「あらかじめ清められたホスティアのミサ」と呼ばれるものから再び典礼が始められる〔ホスティアとは聖公会やカトリックで行われる聖餐式に用いるウェハース状の無発酵パン。キリストの血である赤ワインと並び、キリストの体であるパンに相当する〕。それは、新たな祝祭というより堅苦しい聖礼典（サクラメント）として執行される聖餐である（祝祭はこの厳粛な状況では不謹慎と見なされるからである）。正午になると十字架につけられた三時間が始まる。現代の礼拝者が文字通りイエスの最期の瞬間を十字架の足もとでしっかりと見届けるようにとされる典礼である。この部分の礼拝は、イエスが「息を引き取られた」――あるいは美しいエリザベス朝時代の一節によれば、彼は「霊をささげた」（マルコ15・37欽定訳）という宣言によって終結する。それから礼拝者たちは、沈黙のうちに畏敬の念を保ちつつ教会を出て日が沈むのを待つ。その日没は晩祷の終わりと同時に受難節(レント)の断食の終わりを示す。そして土曜日はイースターの晩祷と復活の日を迎えるために日没後に焚かれるイースターのかがり火の準備に費やされる。しかし私たちが念頭に置かなければならないのは、この典礼が実際に起こったことを思い出すために作られたのではなく、むしろ後々の世代にわたってイエスに従う者たちが、過越の小羊のように死の力を打ち破ったイエスの死に、深く思いを馳せることができるように作られているということである。

受難物語は文字通りイエスの死を過越の小羊になぞらえて形作られている。それは明らかに福音書というものが執筆される以前から決定されていた解釈である。またそれはキリスト教史に「神の小羊」という称号を導入し、その称号をイエスのイメージの中でも最もよく知られたものにする上で多大な貢献をしている。

このイメージの意味を十分に理解し、それゆえまた神の過越の小羊との関連の意味を完全に理解できるようになる前に、私たちはまずトーラーに記され人びとが遵守するよう命じられた過越の教えを理解しなければならない（出エジプト12章、レビ記23章）。過越はユダヤ人の神によってエジプト人たちに下されたと言われる多くの災いの終わりに伴うものとしてユダヤの伝承の中に登場した。それらの災いの全てはファラオに対してイスラエルの民を奴隷状態から解放させることを要求するものであった（出エジプト7・14―11・10）。しかしその災いによっても目的が遂げられないのを見て、神はモーセに最も恐ろしい方法で再びエジプト人を打つことを決めたと告げる。神は何らかの形で、おそらく「死の使い」によってエジプト全土をファラオの子から家畜に至るまでありとあらゆる家族の初子を殺してまわった（これは神による殺人と言われても仕方ないのではないか？）（出エジプト11・6）。この死の災いがエジプト人たちにのみ下ることをはっきりさせるため、ユダヤ人たちは再びモーセを通して、独身者、高齢者、配偶者を亡くした者などを忘れずに含んだ拡大家族のグループを作るよう神から指示を受ける（出エジプト12・4）。少人数の家族は、隣りの家族と一緒にされた。それから各々のグループは羊の群れから生贄となる一匹の小羊を取ってきてこれを屠り、屠られた小羊から流れ出た血を、全てのユダヤ人の家にある入り口の柱に塗りつける。神あるいは神の「死の使い」は入り口の柱に血の塗られた家に来ると、その家を「過ぎ越す」であろう――これが過越祭の名前の由来である。その魔術的な血のついた柱は、エジプト人たちだけがこの災いの犠牲者となることを保証するものだった。そこで過越の小羊の血は、死の訪れを祓ったり、砕いたり、退散させたりする力を持つものとされた。それは原始的で迷信的な、明らかに一部族の記憶にすぎないが、それにもかかわらず非常に力強い物語である。

それから屠られた小羊の死骸は清められ、下ごしらえをされてローストされ、過越祭の祝いの食事のメインディッシュとなる。つまり過越祭の食事は「神の小羊」の体を食するために主の食卓の周りに家族が集まって守られたのである。このようにして聖餐と過越の間で様々なテーマが混じり合っている様子を見てとることができるだろう。こうして過越は、初期のキリスト者たちがイエスにおいて――すなわち彼の前には死の力さえも屈服するという、彼の命において発見した真理の核心を祝う手段となったのである。

それゆえに私は、イエスの受難と過越の小羊の屠りとの間に関係ができたのは、受難が過越祭の時期に起こったという歴史の記憶によるものではないと考える。むしろそれは持続的な解釈のプロセスとして発達し、おそらくパウロがイエスのことを「わたしたちの過越の小羊」（第一コリント5・7）と呼んだことから触発されたのであろう。シナゴーグでの礼拝において初期のキリスト教の説教者は、おそらく過越の習わしを念頭に置いて、イエス体験の光のもとで過越を再解釈することを意図し、イエスについての説教を作り出すためのテクストとしてパウロの言葉を使ったに違いない。その説教学的努力を再現するならば、次のような類似点を指し示すことができる。

・イエスも過越の小羊も生贄としてささげられた。
・一方の血はユダヤ人の家の門柱に塗られ、他方の血は十字架に塗られる。十字架は天と地の間に立ち、地の側の一種の門柱として立っている。
・いずれの血も死を追い払う力を持っている。

説教者のアプローチは概ね次のようなものだろう。「私たちのうちで神に近づく者は、この新しい過越の犠牲による血に守られて、今や私たちの命において死の恐怖が打ち破られたことを知るのです。イエスは私たちを生ける神の永遠へと招かれました。かつてパウロが最後まで残った敵と呼んだものは、今や克服されました。死はもはやイエスを支配しません。それどころか、イエスの死のしるしである血に守られた私たちも、死に支配されることはありません。イエスは生きて神に至ったのであり、私たちにもそれは可能なのです」。

このようにして受難は過越の体験を通して解釈されるようになった。受難物語が最終的に文書化される頃には、それは過越祭の時期に起こったのだと言われるようになっていた。福音書記者たちの関心は歴史上の出来事を記録することにではなく、人びとがイエスと共に体験したことを精査することにあった。その体験により彼らは、死を打ち破り私たちの人間性を異なる意識の領域に向かって解放するのに十分な力をイエスの死の中に見出した。どうやらそれがイエス体験のなせる業であるらしい。

それぞれの福音書は私たちをイエスにおける新生の体験へと招くために執筆された。その命は死によって束縛されてはいない。それは超越へと至る一種の新しい人間性である。過越の文脈の中にうまく取り入れられた受難を見つめること、またイエスが過越の小羊との類比によって理解された事実を受け入れることは、イエスの意義の全く新しい次元に、また人間であることの全く新しい次元に歩みを進めることである。それはまた新しいキリスト教への扉を開くことでもある。

15　ヨム・キップルの象徴のもとに理解されたイエス

この物語の細部は史実ではない。このことは何度も強調しておかねばならない。イエスの両足が折られることを免れたといった場面はなかったし、イエスの死を求めて叫ぶ群衆も存在しなかったし、バラバが釈放されたというドラマもなかった。

シナゴーグで礼拝し続けるイエスの弟子たちは、彼らのイエス体験がユダヤの典礼を通じて絶え間なく解釈され説き明かされるという経験をした。そのため、先の章で私たちがしてきたように、イエスを過越のレンズを通して見ることは、神話の向こう側にいる人間のもとにたどり着こうとする私たちの企ての最初の一歩である。しかしそのまま終わりに向かうわけではない。新しく敏感になった目でもう一度私たちは福音書の執筆以前の時代に目を向けたい。そこではイエスの記憶がユダヤの典礼暦におけるもう一つの特別な日によってドラマチックに形作られている。それはヨム・キップルあるいは贖いの日として知られている日である。事実このユダヤの慣習からとられた「贖い」という言葉は、キリスト教神学の基礎を据える主要な教理の名前となった。それはイエスを贖い主とする独特の理解を伴い、洗礼から聖餐までのありとあらゆるものを形成している。多くの人はこの言葉がどうやってキリスト教の伝承の中に登場したのかを知らない。この章ではその結びつきについて明らかにしてみたい。

イエスが過越の生贄の小羊と同一視されるや否や、彼がもう一つのユダヤの聖日で使われる生贄の小羊と同一視されたのは、ほとんど不可避なことだったのだろう。その機会を提供したのがヨム・キップルである。その結びつきには矛盾がなく疑う余地もない。過越の小羊もヨム・キップルの小羊も同じように殺される。どちらもその血を流すことによって、ある種の「救い」を提供すると考えられた。過越の小羊の血は、人間の死への不安のために流されたものである。これに対してヨム・キップルの生贄の小羊の血は、神と一体になろうとする人間の切望のために流される。そこには、神との一体性が疎外や過失や罪によって頽落させられているという認識がある。どちらの典礼の慣習も、ユダヤの民が動物の典礼的な死の中に一つの入口を見るための手段となった。つまりその入口を通じて彼らは、旅路の中で完全な者になるとはどういうことかを新たに理解する道へと歩み出すことができるのである。ここで私たちはヨム・キップルに焦点を合わせ、初期のイエスの弟子たちが、彼らがイエスにおいて発見した意義を、ユダヤの慣習のレンズを通して見ることが適切だと考えた理由を探してみよう。

全ての人間は生まれながらに分離、孤独、疎外といった経験と共に生きている。それは私が思うに、自意識というもののトラウマである。それは束の間の人生における人間の命の究極的な意味を発見し自分のものにしたいという人間の欲求に伴って起こる、無意味性への不安でもある。それは私たちの罪悪感と恐怖心を増大させる。それは人間的であるための重要な要素でもある。誰もこの現実から逃れることはできないし、あらゆる宗教の体系はいずれも何らかの形でこの問題と取り組んできた。

ユダヤ人においては、これらの人間的な要求は典礼において語り継がれ、毎年行われる共同の悔い改めの儀式によって、命の源から切り離されているという彼らの感覚が象徴的に克服されていた。それこそがヨム・キップルに他ならない。イエスの弟子たちがイエスをヨム・キップルと結びつけ始めたとき、イエス体験に対する新しい洞察が開かれたのである。それは複雑な物語である。というのも、このユダヤの聖日には多くの側面があるからだ。

イエスとヨム・キップルの間にある関係もやはりパウロから始まっている。彼は五〇年代半ばにコリントの信徒たちへの手紙を書いたが、それはイエスの受難を解釈するために書かれた文書の中で私たちの手にある最古のものである。彼はそこで、彼に伝えられたイエスに関する最も古い伝承について述べているのだと主張している（第一コリント15・1―11）。イエスは「わたしたちの罪のために」死んだと書くことで、パウロがイエスの受難とヨム・キップルを結びつけたことは確かである。そうして彼は、イエスの死が救済のドラマにおいて非常に具体的な効果を与えたのだという考えを提示した。これは、イエスの死が偶然起こったことではなく、究極の意味を持たないはずがないという主張である。死はむしろ意図的なものであり、おそらく神によって定められたことだった。そこで、イエスの死は私たちの罪に関係があるとパウロが主張したことの真意を検証してみよう。その主張はヨム・キップルの典礼における生贄の小羊に関連づけられた中心的な教えなのである。

まず、これはパウロの著作の中に何度も繰り返し現れる主要なテーマである。ローマの信徒たちへの手紙のなかでパウロは、イエスが「その血によって信じる者のために罪を償う供え物」であると言っている（ローマ3・25）。彼は詩編（32・1）を引用し、「罪を覆い隠された」者は幸いであると述べている（ローマ4・7）。またパウロはイザヤ書（59・20、21）を引用し、人びとの罪を取り除く解放者のことを述べている（ローマ11・26、27）。彼はイエスが「御自身をわたしたちの罪のために献げてくださった」方であると言っている（ガラテヤ1・4）。ユダヤ人パウロがこのように考えるのは不思議なことではない。それは彼の思想のきわめて重要な部分であり、彼自身も遵守していたヨム・キップルの儀礼からの強い影響と密接に結びついている。

このヨム・キップルとの関係を最初に考えたのはおそらくパウロであるが、後の執筆者たちは間違いなくこの基礎の上に立ち、それはごく早いうちから一般的なイエス理解の一部となった。マルコの福音書が執筆される頃までには、このパウロのアイデアはすでに著しく発展を遂げていた。マルコはイエスの死は罪の束縛から人類を自由にするために必要な「身代金」であったという考えを示している（マルコ10・45）。マタイはこのマルコのアイデアに何らコメントを加えず、そのまま繰り返している（マタイ20・28）。どちらの福音書にも、その「身代金」が誰に支払われたのかは明確ではないため、キリスト教神学では長い間、この身代金が神に支払われたのかそれとも悪魔に支払われたのかと議論されてきた。いずれにせよ、この解釈を施された言葉の中には、人間の命は疎外や存在の意味への渇望や救いようのない罪に捕われているため、身代金が必要とされているのだという含みが見られる。ここで強く示唆されているのは、人間の命は何らかの形で束縛されており、それらの不安の源から自分を解放する力もないということである。「身代金」という言葉は、人間の命がこれを払いきることができず、代理人の介入が必要であったことを示唆している。この代理人は身代金を支払う力を持つことが必要だった。このアイデアは、そのユダヤ的な起源から切り離せば、その象徴的な意味を字義通りに受けとめる宗教システムとして興味深いが、非常に破壊的な歴史をたどることになるだろう。

第四福音書が書かれる頃までには、イエスとヨム・キップルの生贄との関係づけは完成し、ヨム・キップルの象徴のもとにイエスを解釈することは定着していた。ヨハネの福音書では、洗礼者ヨハネがナザレのイエスを最初に見たとき、イエスが何者かをめぐる彼の理解をはっきり述べるために、ヨム・キップルの典礼からまるまる持ち出した言い回しを口にしたことになっている。「見よ、世の罪を取り除く神の小羊だ」（ヨハネ１・29）。

これらのイメージの背景には、人間の罪の起源を語るユダヤの神話がある。人間の罪はユダヤの伝説によれば、エデンの園にいた人類が神に従わなかったために神の前から追放されたことに原因がある。エデンとは私たちが元来住むべき所であり、神と一つになれる場所だった。その最初の反抗によって「エデンの東」[38]あるいは神から引き離された状態に生きるということが、人間の新たな避けられない運命となった。この神から遠ざけられた人間という見方は多くの疑問に答えるものだった。なぜ男たちは日々の生計を立てるために自然界と闘わなくてはならないのか？　なぜ女たちは子どもを産む時に苦痛を味わわねばならないのか？　なぜ私たちは皆エデンに帰ることを切望しているのか？　それらは全て神話的なエデンの園における神との一体性から追放されたことによる分離と疎外が原因なのである。人類は元来死なない者として創られた。私たちの本来の立場は完全な状態で神と共に歩むことができるというものだった。しかしその栄光は今や永久に私たちには閉ざされている。そのユダヤの神話では剣を抜いた天使がエデンの入口を見張っており、私たちはもう二度と元の状態には戻れないことが明らかにされている（創世記3・24）。私たちは不死の命を取り上げられ、罪に対する最終的な罰である死と共に、存在の苦しみに耐えながら生きなくてはならなくなった。このような人間観においては、将来私たちの疎外が克服されることへの望みが救いとなる。罪とは常に疎外の象徴である。人は不完全な者としての罪、私たちが本来創造された者ではなくなっているという罪に苦しむ。そのため、救いは赦しと回復という形で描かれることになる。神との一体性が回復する瞬間こそが救いである。それゆえ贖いは最も重要な神学用語となったのである。

聖書が最初から人間をこのように定義しているが故に、これらの文書が贖い（atonement）あるいは「ひとつになること」（at-one-ment）の獲得を目指す神の主導権とも言うべきものに満ちていることは驚くに当たらない。少なくとも贖いの教理が有力なテーマになったとき、特に後のキリスト教界では、聖書の解釈はこのようになされるようになった。まず最初にノアと洪水の物語がある。そこでは神の創造した良い世界に悪がはびこったことに神が失望し、一人の男性とその妻、そして三人の息子とその妻たちによって構成された一つの正しい家族を除いて全ての人間を滅ぼすという劇的な行いに至る。この物語が示唆しているのは、人間の悪があまりに甚大なので、この世の償いは不可能であると神が感じていたということである。このため人類を滅ぼして一つの正しい家族から再び始めるというのが神の計画だった。この物語によれば、残りの生物たちはノアによって救いを見出した。彼は箱舟の中に一つがいずつ乗せることで、地上の全ての動物の種を保護することができたのである。もちろんこの洪水の神話には数え切れないほど不条理なところがあるが、神話というものを字義通りに受け取ると大抵はそういうことになる。にもかかわらずこの物語は、人間の命は私たちを神から引き離す悪に感染しており、人類が自力では越えることのできない裂け目を作ってしまっているという無慈悲な結論を導き出している。私たちは究極的には私たち自身を救うことができないのだ。

しかし洪水によって人間界から罪を取り除くという壮大な、しかし残酷な神の実験は失敗したとも言える。ノアは究極的には正しい人でもなければ清廉潔白な人でもなかった。洪水が収まり、渇いた地が再び現れるや否や、ノアは見たところ人間としては自然な悪に向かう傾向に負けた。彼は新しいぶどう酒を飲んで酔っ払い、彼の子の一人は彼が裸で酩酊している姿を見ることによって掟を破った（創世記９・21―28）。人間の魂を歪める悪は、洪水で滅ぼすにはあまりに深かった。それは私たち人間の本性の中でも、取り除くことのできない部分となっていた。贖いをもたらし、この世の罪を克服するために、神はより包括的で長期間にわたる償いのプログラムを採用しなければならなくなった。

神によるこのような救いへの探求が、アブラハムの召命と選ばれた民の創造につながったと言われている。彼らの任務は彼らを通してこの世の全ての民が最終的には祝福されるようになることであった――すなわち彼らは、彼らを通して最終的に人間の贖いが獲得されるための民であった（創世記12・３）。贖いの発想は宗教的な意識に影響を与え始めたのである。

一方、ユダヤの歴史における贖いの探求が発達するにあたって、別の歩みも進んでいた。その一つはシナイ山における律法の授与である。もしこの律法の全てが守られれば救いが地上にもたらされる。もちろんそんなことは実現しない。もう一つの歩みは、ユダヤの宗教の中に預言者の運動が起こってきたことである。預言者とは現在多くの人が思っているような未来を予言する者ではない。彼らはユダヤの民に（そして彼らを通して人類全てに）、神の最初の契約に表されている神との完全な関係に戻れと呼びかけるために、特別に神によって起こされた人びとである。しかしこの預言者たちの物語も失敗に終わった。預言者たちは必ず彼らに特有の運命にさらされた。つまり追放されるか殺されるかしたのである。神と人間との間の疎外はあまりにも広範囲にわたっていたので、聖なる神でさえもこれを克服することができなかった。このような人間理解があまりに深かったため、ついにユダヤの民はこの現実をシナゴーグにおける典礼生活の中に位置づけた。

ヨム・キップルの典礼の中には、この人間の全体性や全人性、そして一体性／贖い（at-one-ment）への切望が表現されている。一年に一度「贖いの日」が定められている。その日の典礼は象徴的に疎外を克服し、本来彼らのものであった全人性や一体性を人びとに取り戻すものとして執り行われる。それによって、たとえ少しの間であったとしても、少なくとも典礼的には贖いは体験される。こうしてヨム・キップルは、神の国が始まる時に人間が最終的に与ることのできる贖いの象徴となった。そしてヨム・キップルが誕生したとき、それはユダヤの暦でティシュリの月の十日目、すなわちユダヤの新年を祝うローシュ・ハッシャーナーの祭（この時期、人びとは神の国の到来を祈るために集まる）の直後で、農作業の終わりを示す収穫祭スコットの直前の時期に位置づけられた。ヨム・キップルの慣習とその祝われ方はレビ記に描かれている（23章）。それは深い懺悔の日であり、疎外と悪に満ちた人間の状況を認識するのにふさわしい。

この日の準備にあたって、人びとは厳粛な集会に集まったと記されている。生贄の象徴となる二匹の動物が群れの中から選ばれる。それによって神との和解が典礼的に行われる。この二匹の動物は羊でも山羊でもよいのだが、伝承では一匹が小羊でもう一匹が山羊と理解されているようである。どちらも汚れがなく、若くて健康な雄でなければならず、古代世界の父権的なメンタリティと価値観を反映している。どちらも汚れがなく、切り傷も擦り傷もなく、骨も折れていないものではなくてはならない。それらは身体的に完璧であることを、大祭司によって細心の注意をもって確認されねばならなかった。不完全な献げ物を神に献げることはできない。そうして一匹が生贄となるためにくじで選ばれ、もう一匹が罪を背負うものに定められる。

生贄のために選ばれた小羊は、神との和解を獲得するための完璧な生き物であると考えられた。この雄の小羊は身体的に完璧であると判定されただけではなく、伝承の発達に伴って、道徳的にも完全であるとみなされるようになった。つまり、人間の自由のレベルに達しない羊のように生きる者は、悪を選び取ることもできず、したがって罪を犯さないというわけである。もし人びとの罪深さが彼らを神の前から遠ざけているとすれば、身体的にも道徳的にも完全な神の小羊の無罪を通して神に近づくことで、切望されていた和解がこの典礼行為において少なくとも象徴的には実現されるかもしれなかった。人びとは適切な振る舞いを身につけることで、この聖なる瞬間に備えようとした。彼らは断食をし、自制心の欠如を示すようなことは一切拒否した。また清めの火による献げ物を用意し、まる一日仕事から離れ、仰々しいほどの悔い改めを行った（レビ記23・26―32）。

人びとの準備が完了したとき、神の小羊は儀式の中で屠られる。その血は至聖所の贖いの座に振りまかれる。そこは神殿の中でもまさに神がいる場所だと考えられていた。この至聖所には年に一回この日にのみ、厳格な清めの儀式を済ませた大祭司だけが入ることができた。しばしば人びとにこの生贄の意味を伝えるために、この完全なる神の小羊の血が人びとに向かっても振りまかれた。それにより彼らは「神の小羊の血によって洗われたのだ」と主張することができた。彼らは小羊の血にまみれて、少なくともその瞬間は罪深さを洗い流され、受け入れられ、神と一つにさえなれると考えることができたのである。

このヨム・キップルの典礼の最初の部分が完了すると、ユダヤ人の礼拝者たちは、大祭司の連れてきた第二の動物のところへ移動する。こちらの生き物は一般的に伝承では若い山羊であると記憶されているが、必ずしもそうである必要はなく、身体的に完璧で、やはり悪を選ぶことができないが故に罪のないものと見なされた。大祭司はこの山羊の角を持ち、リズミカルに悔い改めの祈りを唱え始め、民の名において彼らの全ての罪と悪を告白する。民の罪は民から出て、この生き物の頭と背の上に移っていくかのように象徴的に言い表される。この罪のない山羊は民の罪を背負うものとなる。そうして彼らの罪が罪を背負う山羊に移ってしまうと、民は清められ、罪のない者と見なされた。そして民は新しく道徳的な完全性を得て、この山羊を呪い、その死を求める。これほど多くの罪を負う者が生きることは許されるべきでない。しかしヨム・キップルの典礼はこの山羊を屠ることを求めない。その代わり、この山羊は民の全ての罪を背負って荒野へと追い払われることが求められる。集会の場所は囲われてはおらず、罪を運ぶ山羊は民の前から追い払われ、少なくともその象徴的な一日だけは清くなり神と一つになった彼らのもとを去る。

この生き物はやがてスケープゴートと呼ばれるようになった。それは他者の罪のための罰を負う存在である。そしてそれは私たちが当然受けるべき罰から私たちを救ってくれる。したがって生贄の小羊は「私たちの罪のために死んだ」と言われ、罪を背負った山羊は「世の罪を取り除いた」と見なされたのである。これらの言い回しは全て本来はヨム・キップルに関連する言葉である。しかしそれらは最終的にはイエスの十字架における死を解釈するための言葉となった。不幸なことにほとんどのキリスト者は、この典礼的な言葉の由来を全く知らないし、血による救いの効果という概念についても何もわかっていない。しかしキリスト教におけるイエス理解を形作ったのはヨム・キップルをおいて他にはない。キリスト教がどんどん異邦人の世界へと移動していくにつれ、これらの概念は典礼の文脈から離れ、一種の法的な契約のように考えられ始めた。罪責感と恐怖、告解と赦免、恩恵と刑罰といったキリスト教の世界への扉が開かれたのである。

私たちが福音書で出会うイエスが既にヨム・キップルの贖罪理解によって形作られていたとしても何の不思議もない。ヨハネの福音書で語られている、十字架につけられた二人の強盗の死を早めるために彼らの足が折られたという話を思い出してみよう。それは日没から始まる安息日の規定に触れないようにするためである。ヨハネの福音書によれば、イエスの所に来てみると彼はすでに命を失っていた。そこで彼の足は折られなかったという（ヨハネ19・33）。そういうわけで象徴は維持されている。ヨム・キップルで生贄となる神の小羊は身体的に完全でなければならず、骨が折られてはいけないのである。そしてさらにヨハネは、この出来事が預言者の言葉を成就させたと述べている。先に私たちが見てきた詩編22編が、犠牲者は彼の全ての骨を「数えられ」ていると述べているが、これは詩編34章にある「骨の一本も損なわれることにないように、彼を守ってくださる」（20節）という記事によって補われた概念である。これらの詩編からの引用は、いずれもヨム・キップルの小羊についての言及であるが、福音書に引用されるとイエスを指すものにすり替わっている。同様にトーラーも過越の小羊について「その骨を折ってはならない」と述べている（出エジプト12・46）。象徴的な生贄は完全でなくてはならないのである。ヨム・キップルの象徴は、過越の小羊の象徴と同じように、口頭伝承の時代にイエス物語の中に組み入れられた。そのことは私たちが福音書において出会うイエスが、既にヨム・キップルの典礼を通して解釈された後のものであることを意味している。

福音書にはこの同一化が物語を形作っているもう一つの個所がある。マルコの福音書においてイエスが殺されに行く途上でピラトの前に現れる場面がある。ヨム・キップルの典礼における言葉に則ってピラトは、彼の前に立っている罪を象徴的に背負ったイエスという人物について群衆に問いかける。「お前たちがユダヤ人の王と言っているあの者を、どうしてほしいのか」。群衆は応える。「十字架につけろ！」。イエスは死に値する罪を背負った者として描かれている。そしてピラトは、人びとの罪を一身に背負ったスケープゴートについて大祭司が発してもおかしくない質問を、その死を望む人びとに発する。「いったいどんな悪事を働いたというのか」。これに対してピラトの前の群衆はさらに大声で叫ぶ。「十字架につけろ！」（マルコ15・12―14）。もしイエスがこの世の罪を背負っているのなら、彼は十分悪に満ちているのだから死なねばならない。そこでピラトはイエスを街の外に引き出して殺させるために引き渡す。ここではヨム・キップルにおける生贄の小羊とスケープゴートが結合されている。この口頭伝承の時代に起こった結合は、イエスの死の目的を解釈する手段となったのである。

　よく似た響きがルカの中にも見出される（23・21）。そこではピラトがイエスを釈放しようとしているが、群衆は彼の死を要求し続ける。そしてヨハネにおいては（19・13―16）、イエスの死を求める叫びと共に、「殺せ！」〔新共同訳。原著では〝Away with him!〟：彼を追い払え！〕という言葉がちりばめられている。これらの物語にはヨム・キップルの痕跡が至る所に残っている。それらは歴史的な記憶ではない。典礼による解釈なのである。

　最後に、四つの福音書全ての受難物語に登場するバラバという名の得体の知れない人物がいる（マルコ15・7以降、マタイ27・16以降、ルカ23・18、ヨハネ18・40）。受難物語において彼はイエスの代わりに釈放される。このバラバについては、この瞬間の前にも後にも何の言及もなく、謎が彼を覆っている。彼はマルコでは「暴動のとき人殺しをした」とされている（15・7）。彼の邪悪さは、後の福音書になるにつれ増大しているようだ。彼はマタイでは「評判の」囚人であり（27・16）、ヨハネでは強盗である（18・40）。

かつて私は、聖書を読む際に字義通りに受け取るようにするための一生続きそうな修行から逃げてしまったが、それ以来バラバという人物に興味をそそられるようになった。その魅惑の理由の一つは、ピラトが過越祭の時に囚人を釈放するという慣習があったと主張されていることにある。彼は群衆にイエスかバラバかを選ぶよう要求する。私の研究の結果、そのような慣習が存在していた証拠はなかった。魅惑の第二の理由は、彼の名前である。「バル」は「息子」を表す二つのヘブライ語のうちの一つである。[39] 私たちはこの言葉に、既に盲人バルティマイの物語で出会っている（マルコ10・46）。マタイはペトロのことをシモン・バルヨナ（16・17）と呼んでいる。これはヨナの子という意味である、おそらくペトロの父親の名前であろう。使徒言行録には、魔術師であり偽預言者とされるバルイエス、つまりイエスの息子という人物も登場する（13・6）。バラバの名前のもう半分は「アッバ」であり、神または父親を指す言葉である。「アッバ」はイエスによる神への親しみを込めた呼び名であり（マルコ14・36）、パウロによっても用いられている（ローマ８・15、ガラテヤ４・６）。要するにバラバ（バル・アッバ）とは「神の子」という意味に他ならないのである。

それは、ヨム・キップルの典礼に馴染んだ人びとだけが悟ることのできたユダヤの贖いの日についてのもう一つの遠回しな言及であることが私にはわかる。ヨム・キップルと全く同じように、そこには二匹の動物がいる――一匹は生贄にされる神の小羊、もう一匹は解き放たれるスケープゴートである――それゆえ、十字架の物語には二人の神の子が存在する――一人は生贄にされるイエスであり、もう一人は解き放たれるバラバである。[40] 私たちの多くが想像してきた以上にヨム・キップルの典礼は受難物語の形成に大きな影響を及ぼしている。悲劇だったのは、十字架の物語は実際はイエスの意義に読者を引き込むことを可能にするだけの大きな言葉を探す過程でシナゴーグによって形作られた典礼だったのに、あまりにも長い間私たちがイエスの受難物語を適切に読む唯一の方法はその個々の細部が実際の出来事を正確に記録したものとして受け取ることだと思い込んでしまったことである。

この物語の細部は史実ではない。このことは何度も強調しておかねばならない。イエスの両足が折られることを免れたといった場面はなかったし、イエスの死を求めて叫ぶ群衆も存在しなかったし、バラバが釈放されたというドラマもなかった。そのことを踏まえるならば私たちは、福音書において扱っている解釈を施されたデータは口頭伝承の時代に発展し、人びとがイエスにおいて発見した意味を整理するために用いられたものだということから出発できるだろう。もう一度言うが私たちの本当の問いは以下のようなものである。ナザレのイエスの何が人びとをして彼をヨム・キップルの典礼における動物になぞらえさせたのだろうか？　ヨム・キップルの動物の役割は、民と神を引き合わせ、全ての人間の条件とも言える疎外、分離、罪や不安といった感覚を克服することである。だとすると、イエスの何が、人びとに、彼においては命の源そのものとの一体化が可能であり、罪と疎外が私たちの日々から一掃されると信じさせたのか？　なぜなら、それこそがイエス体験の引き起こしたものだからだ。イエスにおいてそれらの古いものが過ぎ去り、全てが新しくなった。イエスにおいては私たちは新しく創造された者である。パウロが言ったことを思い出していただきたい。「罪に対して死んでいるが、神に対して生きている」（ローマ６・11）。「わたしたちは自分のために生きるのではない」とパウロは書いた。「生きるとすれば主のために生きる」（ローマ14・７―８）。「生きるにしても、死ぬにしても」、彼はこう結論づける。「わたしたちは主のものです」。パウロは異口同音に別の場所でも書いている。「生きているのは、もはやわたしではありません。キリストがわたしの内に生きておられるのです」（ガラテヤ２・20）。イエスの弟子はその愛と自己放棄の能力で知られるが、これらの全ての宣言はイエスの死の結果だと述べられている。これら全てはヨム・キップルの贖いの日の言葉を用いている。では私たちがイエスにおいて一体性と全人性を体験するにはどうすればよいのだろうか？　それが直解主義を越え、神学を越え、神話を越え、古代からのイメージを越え、さらには宗教さえも越えて私たちを駆り立てる問いである。イエス体験には、神と一つになるとはどういうことなのか、またお互いに一つになること、私たち自身と一つになるとはどういうことなのかについて、私たちの目を開いてくれる何かがある。ここまで来ればゴールは近い。しかし旅はまだ終わりではない。

16　人の子としてのイエス

人の子よ、自分の足で立て。わたしはあなたに命じる。（エゼキエル2・1）

夜の幻をなお見ていると、見よ、「人の子」のようなものが天の雲に乗り、「日の老いたる者」の前に来て、そのもとに進み、権威、威光、王権を受けた。諸国、諸族、諸言語の民は皆、彼に仕え、彼の支配はとこしえに続き、その統治は滅びることがない。（ダニエル7・13―14）

あなたは人の子を信じるか。……主よ、その方はどんな人なのですか。その方を信じたいのですが。……あなたは、もうその人を見ている。あなたと話しているのが、その人だ。（ヨハネ9・35―37）

私たちは既に、イエスが奇跡を行ったという福音書記者たちの主張に着目し、検証した。そこで私たちは、この主張が「人の子」と呼ばれる独特のメシア観と関連していることを発見した。これは明らかに口頭伝承の時代にイエスに適用された称号である。なぜならこのイメージに関する言及は福音書の物語群に浸透しているからである。このことは何を意味しているのだろうか？　またイエスが彼の弟子たちから「人の子」と呼ばれ始めたとき、イエスの何を伝えようとしたのか？　それがここでの私の問いである。

「人の子」というのは、おそらくユダヤの民のメシア待望を満たす者に当てられる最も古い、また最もよく知られた称号である。それは使われ始めた頃はごく単純な意味であったが、最終的にはこの世の物とは思われない力を持ち、神的で奇跡的な意味合いを満たすものとなるまでに成長し続けた言葉である。そういうわけで、それは私たちが元来のイエス体験の様相を理解するための探究に踏み入る、もう一つの入り口なのである。

「人の子」という言い回しが初めてユダヤ人の伝承に登場するのは、捕囚期の大預言者エゼキエルの紀元前六世紀における作品を通してである。エゼキエルは「人の子」という言い回しを九十回以上も使っているが、それは常に神が彼を呼ぶときに単にそう呼んだだけのことである。――例えば、「人の子よ、自分の足で立て。わたしはあなたに命じる」（エゼキエル２・１）。「人の子」という言葉はヘブライ語では「ベン・アダム」であり、文字通り「人の子」であって、「人間（ヒューマンビーイング）」という以上の意味はない。「ベン」は「息子」を表すヘブライ語の単語であり、「アダム」は「人類（ヒューマンカインド）」（または、かつては正しい訳と思われていたが実は父権的な言葉である「人（マンカインド）」）という意味の単語である。新改訂標準訳聖書〔NRSV〕は「ベン・アダム」を常に「死ぬべき者（モータル）」と訳している。これは元来エゼキエルの、アダムの子、すなわち人間として置かれている立場を表すものに他ならない。

エゼキエル書全体を通して、この書物の著者が、神が預言者に命令するから預言者は見るべき物を見、なすべきことを行うのだと信じている印象を受ける。エゼキエルが生きたのは敗北と捕囚、そして生き残りという、ユダヤ史の中でも非常に危機的な時代だった。おそらくエゼキエルほど、バビロン捕囚として知られる何世代にもわたる強制連行の時代においてユダヤの民の独立性を無傷で保つことに貢献した人物はいないであろう。彼はユダヤの民の結束を固め、単に捕囚に耐えるだけではなく、後の世代においては故国の返還を要求し、生きた民族としてのアイデンティティを再び確立するために帰還する意志を保ち続けるようにしたのである。また彼は祭司資料の記者たちのグループにおいても有力者であったと考えられる――彼らはバビロン捕囚の間、トーラーを書き直し、内容を倍増させて、例えば私たちがレビ記の中に見るような詳細な典礼の方式をたくさん書き込んだ。また、安息日の礼拝や、コーシャー〔ユダヤの戒律にかなった食事〕のルールや、割礼によって男性のしるしを肉体的に刻むなどの風習によって、ユダヤの魂を文字通り人びとに焼きつけた張本人たちである。こういったユダヤ人の独自性のしるしは、ユダヤ人を隣人たちから分離し続けることに役立った。それらはまさにユダヤ教の特徴となり、ユダヤ人を他の民とは異なるものにした。ユダヤ人は週の七日目には働かないし、特別な調理場で用意された独特な食事しか食べない。またユダヤ人男性は体の一部を切り取り、自分がユダヤ人であることを示す肉体的なしるしとする。それらは神が「人の子」と呼んだとされる預言者エゼキエルによってもたらされたものである。

「人の子」という名前あるいは称号は、エゼキエル書が書かれてから後およそ四百年間はユダヤの聖書には現れない。それが再び姿を現すのは紀元前二世紀に書かれたダニエル書においてであり、それもかなり変形された概念としてである。この頃になるとユダヤ人を囲む状況は著しく悪化し、それと共にユダヤ人たちはますます希望を喪失していた。彼らをバビロン捕囚から解放し祖国へと帰還させたペルシアは、その地域で強大な勢力を持ったマケドニアに支配権を奪われた。さらにマケドニアはアレクサンダー大王の死によって崩壊し、小国ユダはシリアとエジプトにかわるがわる支配された。真の自由と自分たちの国土を得たいというユダヤ人の希望は次第に焼け焦げて、ついには死に絶えてしまった。そしてユダヤ人たちは、黙示思想〔または終末論〕と呼ばれるものに注意を向けるようになった。それにより彼らは、彼らを最終的に解放する何かが歴史の中に現れることを期待するのをやめ、歴史を超えたものによってのみ成就する運命あるいは解放を夢見るようになった。これによってユダヤ人の生活の中に終末論的な、あるいは「世の終わり」的な思考が登場することになった。ユダヤ人たちは、歴史の終末における驚くべき不思議と共に、神の代理人としてやってくるだろうメシアを夢見るようになったのである。世の終わりにはこのメシアが最後の審判の審問官を務め、その後、神の永遠の王国が地上に確立されるにつれ、「メシア」の本質も次第に変化していった。この待望されたメシアは、回復されたダビデの王座を継ぐ者であるだけでなく、超自然的な力を持つ天的な存在として描かれるようになった。このようにユダヤ人の夢に包まれながら変形された人物像が、ダニエルの著作によってユダヤ人の意識の中に入り込んだ。ダニエルは「人の子」という称号を明らかにエゼキエルから借りてきたにもかかわらず、大幅に異なる意味で用いている。ユダヤ人の歴史の中に息づく絶望故に、この新しい神話的で超自然的なメシアのイメージは急速に支持を得ることになった。

ダニエル書の著者は、この「人の子」的人物を、夢か幻の一部として彼の物語に登場させている。当時、夢は神からのメッセージを受け取る手段であると考えられていた。夢の中でダニエルは華麗なる輝きに満ちた天の王座を見せられる。その王座に着いているのは、彼が言うには、「日の老いたる者」〔新改訳では「年を経た方」〕であり、これは新改訂標準訳（ＮＲＳＶ）では単に「老いたる者」である。この神的な存在は雪のように白い衣を身にまとい、その神々しい頭髪は純毛のようであったと描かれている。「日の老いたる者」の王座は火でできており、その周りで炎の車輪が絶え間なく回転していた。そしてこの「日の老いたる者」から常に火の川が流れ出しており、天使のような存在が幾千人も幾万人もこの聖なる存在に仕えていた（ダニエル７・９―10）。この状況においてダニエルは、人類の歴史に終わりをもたらす最後の審判が起こるだろうと断言する。このあたりの章句は、神体験を描写するのに十分大きく、十分威厳のある言葉を探す上で、人間の言語と人間のイメージを誇張する方法の第一級の例であろう。私たちが持ち合わせているものが人間の言語にすぎないということに気づくことが、それを字義通りに受け取りたいという誘惑から私たちを自由にしてくれるのである。

その次のダニエルの幻において、「日の老いたる者」の王座に天の雲に乗って近づく者が現れる。この人物をダニエルは「人の子のような者」と呼んでいる――これは「ベン・アダム」あるいは「人間のような者」である。しかしこの人物を「人間」と呼ぶのはやや非現実的である。というのも彼は少しも人間らしい現れ方をしないからである。この「日の老いたる者」の後に登場した「人の子」に関するダニエルの描写は魅惑的である。この人物は「権威、威光、王権を受けた。諸国、諸族、諸言語の民は皆、彼に仕え」たと彼は記している。この人物による支配は「とこしえに続」くと言われる――つまりそれは時間を超越したものであり、この人物による統治は「滅びることがない」のである（ダニエル7・13―14）。

ダニエルがこの幻の解釈を始めるにあたって、彼は神の聖なる民を支配するいくつもの王国の栄枯盛衰について物語る。それらの王国は合わせて四つであったが、第四の王国が最も悪いものであり、その王国が滅びるとき、全ての王国のあらゆる偉大さが「いと高き者の聖者たち」に与えられることになるのである（ダニエル7・22）。言い換えれば、それらの王国の偉大さは、敗北して虐げられたユダヤの民のものになる。彼らによれば、彼らは神に選ばれた民だからである。そのため、「人の子」は超自然的な力を持つ天的な人物となり、世の終わりと裁きと、地上の神による永遠の統治をもたらす任務を与えられたのである。

もう一度パウロに注目してみよう。彼は福音書が一冊も書かれないうちに世を去ったのだが、その彼がこのようなイメージによって形作られたイエス概念を全く持っていなかったように思われるのは興味深い。しかし福音書がこの世に現れる頃までには、この「人の子」イメージがイエスを解釈するための主要なレンズとなったことは明らかである。新しい過越の小羊のイメージや、ヨム・キップルの生贄の小羊と罪を背負ったスケープゴートのイメージのように、今やこのイメージもイエスを包み込み、彼の死から福音書の執筆までの謎の年月の間に人びとの記憶を形作ったのである。パウロ以降マルコ以前の六〇年代の十年間はきわめて重要である。その間にこれらの解釈を施されたイエス像が影響力を持つようになったからである。

それゆえ「人の子」としてのイエスというアイデアは、元来のイエス体験がいったい何であったのかに触れようとする私たちの旅において、もう一つのチャンスの窓を開いてくれる。とはいえ、私たちの問いは変わらない。いったいナザレのイエスの何が当時の人びとに、この「人の子」のイメージを彼に適用するのがふさわしいと思わせたのか？　人びとが彼を「日の老いたる者」のわざを行う者として天から下ってきた超自然的な存在であると見なし始めたのはなぜなのか？

このシンボルを解明する上で私が最初にしなければならないのは、「人の子」をナザレのイエスに適用している福音書のテクストを検証することである。マルコが最初にこのフレーズを使用したのは、彼の福音書の初めのほうにある、体が麻痺した人を癒す物語においてである。イエスはこの癒しのわざを、以下のような言葉を使いながら行っている。「子よ、あなたの罪は赦される」（マルコ２・５）。罪を赦すことができるというのは明らかに自分が神的な存在だという主張であり、イエスの批判者たちはすぐに彼を非難した。「神おひとりのほかに、いったいだれが、罪を赦すことができるだろうか」（マルコ２・７）。しかしイエスはこのように応じる。「人の子が地上で罪を赦す権威を持っていることを知らせよう……わたしはあなたに言う。起き上がり、床を担いで家に帰りなさい」（マルコ２・10―11）。ダニエル書における「人の子」は最後の審判を行う役割を持ち、人びとを罪に定めたり解放したりする力を持っていた。明らかにイエスは、この新しく適用されたイメージを通して見られている。

マルコがこの「人の子」というフレーズを最後に使うのはイエスの生涯の最後の日、大祭司の前で裁判にかけられる時である。大祭司は問う。「お前はほむべき方の子、キリスト（メシア）なのか」（マルコ15・61）。この質問で使われているように、このフレーズにはある種の超自然的な称号のような響きがある。しかしこの質問に挑発的な意味があろうとなかろうと、イエスの応答は確かに、「そうです」だった。彼は言う。「あなたたちは、人の子が全能の神の右に座り、天の雲に囲まれて来るのを見る」（14・62）。マルコ福音書の始まりと終わりにあるこれら二つの使用例の間に、イエスの称号としての「人の子」というフレーズは、他に十二カ所の異なる状況で用いられている。マルコが七〇年代初頭に執筆するまでに、このダニエル書からのイメージがイエスの記憶の中に取り入れられたことは明白である。マルコは単に常識になっていたことを受け継いだだけである。すなわち少なくとも信者たちの間では、イエスは神の国を創始するために天からやってきた超自然的な「人の子」と考えられるようになっていたのである。

マタイは、このようなダニエルの超自然的な「人の子」のイメージによるイエスの定義づけを、このフレーズを二十七回も使うことで強調している。そのいくつかはとてもくだけた調子の一種の自称である。例えばマタイはイエスにこう言わせる。「人の子には枕する所もない」（マタイ８・20）。しかしそれ以外は明らかにダニエル的な意味が大いに注ぎ込まれている。マタイにおいて、イエスは十二人の弟子たちを派遣するにあたって、このような指示を与えたと言われる。「あなたがたがイスラエルの町を回り終わらないうちに、人の子は来る」（マタイ10・23）。マタイがイエスに、「人の子」の運命は聖書に定められていると述べさせる時（マタイ26・24）、彼が参照している第一の資料は間違いなくダニエル書である。

マタイは彼の福音書に、さらに二つの物語を付け加えている。それらはマタイだけに収められており、それによって彼は必然的にイエスが「人の子」であることを強調している。その一つは裁きのたとえ話である。時の終わりには世界中の民が、あたかも羊飼いが羊と山羊を分けるように、それぞれ分類される。このたとえ話では、「人の子」は栄光に満ち、天使たちを従えて、終わりの日に世界を裁くためにやって来る。この審問官は羊たちを自分のもとへと呼び寄せる。しかし山羊たちに対しては、彼は「悪魔とその手下のために用意してある永遠の火に入れ（はい）」と命じる（マタイ25・31―46）。ダニエルの「人の子」のイメージのもう一つの明らかな引用は、マタイにおけるイエスの復活の取り扱いに表れている。マタイは復活したイエスに一度だけ弟子たちに話をさせている（28・16—20）。ここでイエスは天から現れ、マタイの言葉によれば、「天と地の一切の権能を」授かっていた——つまり、彼は「人の子」のシンボルを身にまとっていたということである。この主張に先立ってマタイは読者に対して伏線を張っている。16章でマタイはイエスにこのように言わせている。「人の子は、父の栄光に輝いて天使たちと共に来るが、そのとき、それぞれの行いに応じて報いるのである」（マタイ16・27）。これは、ダニエル書がメシア像に適用した裁く者としての役割に再度言及している。マタイは復活をこのような文脈でとらえているのである。

ルカはマタイより幾らか後に執筆されており、ユダヤ的なメシア待望から離れて、分散した〔ディアスポラの〕ユダヤ人と異邦人改宗者たちから成る、より国際的な世界を指向していたが、それでもなお「人の子」というフレーズを二十七回も用いている。その最も印象的な使用例は、世の終わりについての言及の中に見出される（17章、21章）。そこでは歴史の終わりを知らせる人物が「人の子」となる。ルカは、それが自分であるとイエス自身にはっきり言わせている。

ヨハネは「人の子」というフレーズを十三回しか用いていない。しかし私たちの目的から照らして最も印象的なのは、生まれつき目の見えない男性が癒された物語においてである。イエスはシナゴーグから追放されたばかりのこの男性に向き合い、問いかける。「あなたは人の子を信じるか」（ヨハネ9・1—37）。この男性が「主よ、その方はどんな人ですか。その方を信じたいのですが」と尋ねると、イエスは「あなたは、もうその人を見ている、あなたが話しているのが、その人だ」と言う。この物語では、この世の民を裁き神の国を始める使命を持った超自然的な「人の子」が、それ以前のイザヤによって伝えられた平安と全人性を命にもたらし、見えない人を見えるようにし、聞こえない人を聞こえるようにし、歩けない人を歩かせ、口のきけない人に歌わせるという、神の国の到来のしるしを行う者とされた終末論的な意味合いの薄いメシア像に結びつけられた。

したがってイエスは二つのメシアの役割を持つ者と解釈された。彼は最終的な審判者である超自然的な「人の子」であると同時に、今ここにおける全人性の源でもある。彼の最初の到来は、神の国の始まりを示す一連の治癒奇跡を伴うものだった。しかし彼は歴史の終わりにも神の国を確立するために最後の審判者としてやって来るのである。いずれにせよそこでは、人びとがイエスにおいて体験したと信じたことを描写するために十分な言葉を探す企てがなされていたのである。

イエスの命とは、愛されなかった人を愛によって造りかえ、拒絶された苦痛を癒す受容があり、破壊を克服する全人性があり、あらゆる限界を超越するまでに拡大された命がある、そのようなものである。イエスに接触したことによって自らが復活したことに気づいた人びとの物語が、彼に結びつけられている理由はそこにある。またそれが、癒しという神の国のしるしがあたかも歴史上の出来事のように彼の記憶に結びつけられている理由でもある。そしてそれが、今この人の中に神の国の夜明けを見ているのだ、そういう人に我々は出会ったのだ、と言うための彼らなりの方法だった。あまりにも完全で、あまりにも開放的で、あまりにも自由で、あまりに自分自身に正直であったが故に、人びとはこの人の命を通して自分たちの命に聖なる神がやってきたと確信するようになった。それが人間イエスである。神はキリストの内におられる。そしてその神は全人性を創造した愛だった。イエスの命を経験したとき、彼の弟子たちは、イエスは神の国の「初穂」であると言い始めた。パウロはこのフレーズを二回使っている（第一コリント15・20、23。ローマ8・23）。ヤコブは一回（1・18）。黙示録もこれを使っている（14・4）。各福音書は形式上は大幅に物語化しているが、それでも福音書記者が大いなる癒しの物語を語ったり、最後の審判のたとえ話を記したり、新しい視野、新しい聴覚、新しい運動、新しい語り方によって命を回復させた「人の子」としてイエス像を描くとき、依然としてこのイエス理解を示している。

そう、つまりそれらは、人間になりすました神の魔法の物語ではない。歴史のイエスが、自分は終わりの日に神の国へ入るべく救われた人びとを招く審判者だ、と言ったのを聞いた者など誰もいない。そうではなく、初期のキリスト者たちがこれら全てのものを人間イエスと結びつけるようになったのである。強烈な体験が言語を新しい形へと飛躍させた。イエスの弟子たちは、彼らが体験したことの意味を伝えるのに十分大きな言葉を探す中で、恍惚的で終末論的な象徴言語によって彼の意義をとらえようとしたのである。それが「人の子」の意味するところであり、その称号がイエスの記憶に付加された経緯である。

紀元後三〇年から七〇年までの間にシナゴーグでの生活において、イエスの力強い、命をもたらす体験はユダヤ的な概念に置き換えられ、ユダヤ教の典礼の内部で祝われてきた。イエスは「人の子」だった。すなわち神の国の創始者だった。七〇年から一〇〇年の間にその体験が文書としてまとめられるに際して、それらのイメージは物語の形式をとって彼の属性として描かれるようになった。

最初の福音書〔マルコ〕において、イエスが決して奇跡的な誕生をしているのではないことを私たちは忘れてはならない。彼は罪の赦しを求めて洗礼を受けに行くことさえしている――そんな彼のことを、私たちは伝統的に罪のない存在と考えてきた。洗礼を受けると天が開け、彼の上に聖霊が注がれる。神の声が彼を「神の子」と認める。イエスはこの二つのアイデンティティと格闘する。いや実際、彼の弟子たちは格闘することになる。いかにして人間イエスにおいて聖なる神と出会えるのか？　それこそ福音書が答えようとした問いである。そしてそれは、もし私たちがイエス体験に入ろうとするならば、私たちも答えを出さなくてはならない問いである。

人の子？　そう、完全なる者、全人的なる「ベン・アダム」、死すべき存在でありながら不死への扉を開く者。それがイエスである。あまりにも完全であるが故に神の命が噴き出して来る。そのような一人の人間の命である。

17　マイノリティのイメージ――僕（しもべ）と羊飼い

彼は蔑まれ、見捨てられ、悲しみの人であり、嘆きを知っている。
（ヘンデル『メサイア』よりコントラルトのソロ）

イエスの存命中に彼の弟子たちが抱いていた期待は、イエスの死という現実によって根底から覆された。イエスは力を行使することで彼の目的を遂げはしなかった。むしろ彼は力への要求を一切退け、無力を受け入れて自らの人生を生きた。彼は、もし誰かが自分の命を救おうとするなら、その人は命を失うことを望むべきだという原理に基づいて行動したようである。また死を克服するためには、死を受け入れ死の中に入り込むことさえ必要だと信じていたように見える。本来の自分であろうとするなら、却って喜んで自己放棄する者でなくてはならない。このような思想はイエスの弟子たちが生きている世界の規範ではなかった。それは彼らが知っていたような人間性のあり方においては不自然だった。しかし彼らがイエスと共に体験したことは、イエスのやり方が正しいことを証明しただろう。

この葛藤は、イエス体験と人間の現実との間で板挟みになっていた弟子たちを、イエス体験の光を当てて命の意味を理解する方法を探すことに駆り立てた。彼らはもう一度シナゴーグで遵守され想起されている彼らの聖なる伝承を調べた。その伝承の中から、彼らは弱さと無力さが究極的には強さと意味に導くという物語を二つ見出した。そして彼らがそれらの伝承でイエスを分厚く包み込んだために、イエスがその二つの様式を実際に生きたように見えるのである。どちらのイメージもよく知られていたわけではない。しかし弟子たちがそのイメージに照らして自分たちのイエス体験を振り返ったとき、それらが彼ら自身の宗教のまさに核心へと変化したのである。それらのイメージはいずれも深くイエス体験に形を与え、最終的に彼を完全に人間らしい人とする新しいイエス理解への道を開いた。それは、今日私たちが「神性」という言葉を使うときに意味するものを理解可能にする唯一の方法だと私は信じている。

　これらのイメージのひとつは「僕（しもべ）」または、しばしば「苦難の僕」と呼ばれている。これは恐らく紀元前六世紀に活躍した名も知られぬ預言者によって記され、預言者イザヤの巻物に付け加えられたものである。今日私たちはそれを第二イザヤと呼んでおり、イザヤ書の40章から55章がそれであると考えている。

　もうひとつのイメージは「羊飼い」または、しばしば「羊飼いの王」と呼ばれている。これも名も知られぬ預言者によって記されたものであるが、この作品の時期を特定するのは第二イザヤの年代を決定するよりも困難であり、おそらく紀元前五世紀の後半か四世紀の初期であるとされている。こちらは預言者ゼカリヤの巻物に付け加えられた。この人物のことを第二ゼカリヤと呼ぶのが適切であろうと思われる。ほとんどの人は第一ゼカリヤが誰かさえも知らないので、第二ゼカリヤという用語を使うのは一般的ではない。しかし第二ゼカリヤは9章から14章を構成している。たいていのキリスト者が知っているよりもはるかに深く第二イザヤと第二ゼカリヤはイエス体験の理解に道を与えており、各福音書に記録された物語の細部を彩っている。それらのイメージはユダヤ人の過去から発された声として、福音書記者たちにイエスの口に乗せる言葉を提供した。まず私たちは「苦難の僕」に目を向けてみよう。

第二イザヤにおける苦難の僕

ユダヤ人国家は、まず紀元前五九八年にバビロニア人の手によって打ち倒され、やがて紀元前五八六年にはさらに徹底的なやり方で痛めつけられた。ユダヤ人の中で年老いた者、体に障がいがあったり、耳や目が不自由であったりする者だけがユダヤの地に残され、そこに異邦人や異教徒——すなわち「偽の神々」を拝み奇妙な風習を持つよそ者が入植した。それ以外の全ての人びとはバビロンに強制連行され、底辺労働者とされた。ユダヤ人は、彼らが後に残してきた地が多くのよそ者たちによって汚されたと思った。さらに悪いことに、ユダヤ人たちが捕われている間に、彼らのかつての祖国で異人種間の結婚が起こり、その結果として、後にサマリア人として知られるようになった人びとが現れた。このサマリア人たちがユダヤ人の民族的純血を汚し、ユダヤ人の宗教を冒瀆し、ユダヤ人の統合を損なったのだとユダヤ人たちは思ったのである。

第二イザヤが執筆された頃にはバビロン捕囚は終わりかけており、解放への希望が起こりつつあった。それは捕囚民の第二、第三世代の人びとだった。彼らの愛する故郷であり、神殿のあるエルサレムの都を擁するユダヤの地は、鮮やかに活き活きと輝いていた。しかしそれはあくまで記憶の中だけの話だった。捕囚民の最初の世代が世を去ったとき、その記憶は夢と幻想に変わり、次の世代はそれを、彼らが見たことのない現実と結びついた憧れとして大切に心に留めた。と同時に、自分たちは決して見ることはないかもしれないと恐れもした。夢や幻想は知識や経験に囲われていないと大きくふくらむものである。彼らの心の中にしかないエルサレムは、より素晴らしく、より美しく、より神秘的で、より好ましいものへと成長していった。彼ら捕囚民たちは新たな栄光をもたらす復興を夢み、彼らの親たちによって、また祖父母たちによって、さらには曾祖父母たちによって、決して消えないようにその心の中に深く刻んだ場所を、いつか取り戻す日が来ることを夢見た。第二イザヤの記事を読むと、そのような幻想とその背後にある憧れに気づかないわけにはいかない。それは征服された民に典型的なものである。彼らは自分たちの敗北を覆し、再び地上で有力な国家となる日のために生きている。彼らは弱さの中にあって力を望み、貧しさの中にあって富と威信を夢見た。第二イザヤは、いつの日か彼らの敵を襲い、その姿を消し去るようユダヤ人たちが望んでいる、恥と辱めについて語った（41・11―12）。いつか神がユダヤ人たちを「新しく、鋭く、多くの刃をつけた打穀機」とし、それは山々を「踏み砕き」、「丘をもみ殻とする」（41・15）と、彼は力が復興することを夢見る。この復興の夢の中でこの著者は、まだこの時点では報復の機会をうかがっている。「エジプトの産物、クシュの商品……があなた（ユダヤ人）のものになる」、彼らの敵は「鎖につながれて送り込まれ、あなたに従う」（45・14以降）。彼のテクストが極めて高貴な内容だというわけではない。ともかく彼らの現在の屈従状態がいつの日か敵どもに対する支配に変わるだろうという人間的な希望に満ちている。

紀元前六世紀後半におけるペルシャの王キュロスの台頭は、この希望をあおり立てた。キュロスの下にバビロンと対抗しうる軍事力が現れたのである。しかもキュロスは、宗教については寛容な政策を取り、また捕囚民を解放して先祖代々の土地に帰らせるという施策を実施した。紀元前五三九年、バビロンがキュロスの手に落ちたとき、ユダヤ人たちの希望は現実のものとなった。捕囚民たちは喜びの歌声を上げ、間近に迫った彼らの自由を祝い始めた。

捕囚民たちがユダヤにある先祖伝来の故郷に帰還するには時間も組織も必要だったので、すぐに帰還が始まったわけではなかった。しかし約束の日は近い。まずは調査のために先遣隊が準備された。第二イザヤと見られることになる人物は、間違いなくこのグループの一員であったと思われる。当時、旅は困難で危険なものだった。この帰還は持てるだけの荷物を持って徒歩で行われた。彼らが丸腰であったのは実際的な目的に適っていた。おそらくか弱く貧しいことが彼らの安全に役立っただろう。追いはぎや強盗にとって実入りの良い標的ではなかったからである。よく知った世界を離れ、未知の世界に向かう勇気を与えたのは、先祖たちによって彼らの心に植えつけられた絵に描いたような夢であった――それは美しさと不思議さに満ち、彼らの神が約束した故郷の夢である。それが自由への切望と結びつき、神が彼らに与えた力を歌う原動力となっていく。第二イザヤの言葉は、この期待に満ちた心を言葉に記している。その言葉は欽定訳聖書（ＫＪＶ）のテクストの形で最もよく知られている。なぜなら、それはヘンデルが『メサイア』と名づけられた見事なクリスマス・オラトリオの中で用いた歌詞だからである。

慰めよ、わたしの民を慰めよと
あなたたちの神は言われる。
エルサレムの心に語りかけ
彼女に呼びかけよ
苦役の時は今や満ち、彼女の咎は償われた、と
罪のすべてに倍する報いを
主の御手から受けた、と。（イザヤ40・１―２）

次にこの名もない預言者は、故郷への帰還が何を意味するのかを述べはじめる。それは神の国の到来に他ならなかった。

谷はすべて身を起こし、山と丘は身を低くせよ。

険しい道は平らに、狭い道は広い谷となれ。
主の栄光がこうして現れるのを、肉なる者は共に見る。（40・4―5）

第二イザヤはキュロスの中に贖い主の姿を見た。彼はキュロスのことを「主が油を注がれた人」、あるいは「マシアハ」と呼ぶことさえしている。それはユダヤ人の言葉で「メシア」のことであり、英語でそれに相当する言葉が「キリスト」である（イザヤ45・1）。第二イザヤが、「いかに美しいことか、山々を行き巡り、良い知らせを伝える者の足は。彼は平和を告げ、恵みの良い知らせを伝え……あなたの神は王となられた、とシオンに向かって呼ばわる」（イザヤ52・7）と書くとき、彼の脳裡にあったのは、おそらくキュロスである。彼の情熱はとめどなく流れ、「歓声をあげよ」と記す。「共に喜び歌え、エルサレムの廃墟よ。主はその民を慰め、エルサレムを贖われた……地の果てまで、すべての人が、わたしたちの神の救いを仰ぐ」（イザヤ52・9―10）。

しかし、幻想と夢は現実と同じではあり得ない。やがて現実が、この名もない預言者に体験されることになる。おそらく彼の言葉は、民族的な記憶を通してしか知らなかった場所への、捕囚民の帰還に対して高まる期待を反映している。彼はエルサレムのことを、丘の上に輝く神の街、黄金の街、「あなたの神が治める」場所であると考えていた（イザヤ50・1）。しかしこの調査隊が到着し、現実を見たとき、彼らの全ての希望が崩れ去り、あたかも眠りから覚めた時のように全ての夢が消え去る瞬間がやってきた。私が思うにこの疲れきった旅人たちは、来るべきではなかったと思ったのではないだろうか。これが約束の地なのか？　これが我々の祖先が決して忘れまじと誓った場所なのか？　それは彼らには受け入れ難い現実だった。ユダヤのただの不毛の地だった。エルサレムの都は瓦礫の山であり、神殿は崩れた石が転がる雑草の原っぱだった。美しいと呼べるようなものは何一つなかった。荘厳な未来を描く幻想は、この冷徹な認識の前に崩れ落ちた。

第二イザヤはユダヤ人国家の再興はあり得ないと悟り始めた。彼らが将来的にも力を持つことはあり得なかった。どうすればユダヤ人が再び神の祝福を地上の全ての民にもたらすために選ばれた民としての召命を実現することができるだろうか？　貧困にあえぐ地に生きるこの哀れなユダヤ人などに目を向ける者は断じていないだろう。彼らは今や自分たちのことを、この地上において、弱く、打ちひしがれ、無力で、無防備で、希望のない、踏みにじられた民であると見なすようになった。この現実と彼らの希望に満ちた幻想がぶつかり合い、現実が勝利したのである。第二イザヤは失意の底に沈み込み、そこからもう一度彼の国、彼の民族的遺産、彼らの神、そして選ばれた民としての彼らの召命を見つめなおした。そのとき神の道具として威厳のある地位に返り咲くという彼の国の運命は消滅した。同時にこの預言者の神との関係も消滅したようである。彼は自らの国の運命を見定めるとか、この新しい地で神の民としての使命を見つけるといった可能性をあきらめてしまった。ユダヤと呼ばれた土地とこの望みを失った神の民の生き残りは、今や取るに足らず、無力で、誰にとっても重要なものでない存在に成り下がってしまった。魂の闇夜へと第二イザヤは沈み込んだ。そこに彼がどれほど長く留まったのかは誰も知らない。

しかし第二イザヤが再び姿を現したとき、彼はまるで別人のようになっていた。彼は大きく変化した人格によって「主の僕」という人物像を描いた。この人物は私が思うに、現実的に未来と向き合ったユダヤ人国家の象徴であろう。この僕は、この名もない預言者が見出した召命を生きる。それは、この預言者が神の選ばれた民と考える人びとに与えられた唯一の召命である。

イスラエルの役割は、もはや力を求めることではなく、ひとつの生き方としての無力さを受け入れることだった。この「僕」はユダヤ人としての境界線を越えていき、異邦人に正義をもたらし、世界に光と救いを与える（49・6）。そして「僕」は、全ての民に与えられる神の慈しみを体現し（55・5）、渇く者を水に導き（55・1）、命を自由にし（42・7）、民を完全なものにする（42・7）。彼はこの任務を、力によってではなく、弱さと自己放棄によって成し遂げる。彼は敵意に対して抵抗せず、どんなに虐待されても退いたりはしない（50・5―6）。彼の顔は、その目的のために、硬い石のようにされる（50・7）。苦しみを受けても、「僕」は最終的に自分の正しさが証明されることへの期待に生きている。その証明は歴史の中ではなく、おそらく歴史を超えて起こるだろう。この人物は遂には打ちのめされ、犯罪者として恥ずべき死を迎える。それが無力さによる召命を受け入れるということだった。

またある者はこの僕を、私たちの病を担う者、私たちの痛みを負う者と見なすであろう。「彼が刺し貫かれたのは、わたしたちの背きのため」であり、「打ち砕かれたのは、わたしたちの咎のため」であり、彼の受けた「傷によって、わたしたちがいやされる」のである（53・5）。彼の苦しみは身代わりの苦難である。虐待を進んで受け入れることによって、彼はこの世界から怒りを抜き取り、それによって彼を通して人びとに全人性がもたらされるのである（53・3―5）。この方法によって、神はユダヤ人国家を再興するのではなく、創造そのものに栄光を回復させるのである。

第二イザヤのこの僕は神の側に立ち、悪と対峙する。この僕が得ることになる「戦利品」は、栄誉や力といった私たちの不安定な世界で熱心に求められているような生き残りの道具ではない。彼が手に入れるのは、言うなれば解放され、完全にされ、新しい意識へと呼び出された命そのものだ。それは衝撃的なイメージではあるが、確かによく知られたものではない。そんなものは苦しみを楽しむような人間しか関心を持たないように思われた。そのためユダヤ人たちはこぞってこの第二イザヤの著作を無視し、バビロン捕囚後のユダヤ世界を率いた別の指導者たち――エズラやネヘミヤといった預言者たちによって後に書かれた、より魅力的な栄光への道をたどっていった。この勝利に満ちた「人の子」のイメージは、敗北し虐待された主の「僕」よりも、はるかに強く彼らのイマジネーションをつかんだ。そのため苦難の僕のイメージは何世紀もの間捨て置かれていた。しかし、それはユダヤ人の聖書の中に組み込まれた――それは私が思うに何よりイザヤ書の巻物に付加されたからであろう。

それから五百年あまり後の共通暦一世紀に、明らかに預言者の伝統に則った一人のユダヤ教の教師がガリラヤから現れた。彼はそれまでのよく知られたイメージのどれにも当てはまらなかった。彼はあらゆる人間の防御的な境界線を越え出て大胆に歩んだ。そして最終的に彼はローマ人たちによって殺された。やがて彼の弟子たちは、第二イザヤによって作られた、この捨て去られ見捨てられた「僕」という人物像の中に、イエスの生涯の意味を理解する鍵となる弱さと無力さを備えた存在を発見したのである。必然的に、各福音書が執筆されるはるか以前から、この「僕」のイメージがナザレのイエスの記憶のまわりを覆うようになった。イエスの生涯のどの部分も、この「僕」の影響から逃れているものはない。そのことが特に顕著なのがルカである。ルカのみが伝えている物語においてであるが、祭司シメオンが生後四十日のイエスを腕に抱き、祝福する場面で、彼はイエスのことを「異邦人を照らす啓示の光、あなたの（神の）民イスラエルの誉れです」（ルカ2・32）と言っている。この言葉には明らかに「僕」の役割に関連する響きがある（イザヤ42・6）。また各福音書がイエスの洗礼について語る際、彼らは洗礼者ヨハネを、第二イザヤの「僕」の物語から直接引用した言葉によって、主の道の備えをする者として描いている（イザヤ40・3）。イエスの洗礼の時おそらく天から聞こえた言葉と、変容の山においても繰り返された天からの声もまた、「僕」から直接取られた言葉である（42・1）。「僕」は虐待と拒絶と迫害、そして死を経験することなしにはその目的を達することはできない。イエスは「僕」の道を歩む者として描かれた。イエスの死はこの「僕」のイメージを通して理解されるようになった。私たちは既に、受難物語の内容の大部分がいかに第二イザヤの作品から引き出されているかを確かめてきたが、今やそれがいかに容易であったかが明らかになる。というのも、イエスについての記憶は、既に「僕」が生きた召命を中心に構成されてしまっていたからである。他にも多くの接点がある。変容の物語の後、イエスは彼の運命に対して「決意を固められた」と述べられているが、これはイザヤ書において「僕」がしたことと全く同じである（50・7）。「僕」は火を灯しに行くが、一方イエスは、ルカによれば、「聖霊と火で」洗礼を授けるためにやってくる（3・16）。ルカがイエスに、「今、わたしたちはエルサレムへ上っていく。人の子について預言者が書いたことはみな実現する」と言わせる時（18・31）、彼の念頭にあったその預言者が第二イザヤであったことは疑いない。

ルカの復活物語において私たちは、エマオ途上でイエスが、その時点ではまだイエスであると知られてはいないのだが、「聖書全体にわたり、御自分について書かれていることを説明された」と伝えられている（24・27）。その後、イエスが弟子たちに姿を現したとき、ルカはイエスが「聖書を悟らせるために彼らの心の目を開いて、言われた。『次のように書いてある。「メシアは（キリストは）苦しみを受け（る）」』」と記している（24・45―46）。苦しみと死を通して人びとを自由にする人物像を描いた者といえば、第二イザヤをおいて他にはいない。これは印象的な人物像である。人間の姿をした神でもなく、神がかった訪問者でもなく、この世を造りかえる人間性の意味を行動に表す道を見つけ、古い人間性のまっただ中に新しい人間性を創り出した一人の人間の像である。こういうわけで、第二イザヤはイエスに対する新しい観点を指し示す一連のユダヤ教的イメージの一つに加えられることになった。こうして彼は主の僕となり、無力さという道を行く人間的な存在となった。これは私たちが各福音書の中で見出す全てのイメージの中でも最も深いものかもしれない。そのことを私たちは意識しておく必要がある。なぜならイエスの弟子たちは、この第二イザヤのレンズを通して全く新しいイエス像を引き出し始めたからである。

第二ゼカリヤにおける羊飼いの王

第二ゼカリヤと呼ばれる預言者は、彼の「羊飼いの王」というイメージを創り出す上で、第二イザヤの「僕」に依拠しているように感じさせる部分がある。それらが非常に似通っているからである。両方ともそれ以前からある文書につながる形で聖書に組み込まれており、また両方ともどちらかと言えば無視される傾向にあった。キリスト教の学者たちが第二イザヤを発見したとき、それは解釈の道具として広く知られるようになった。その一方で第二ゼカリヤは広く知られるようなこともなく、その影響についても沈黙したままだった。しかし私は、第二イザヤだけではなく第二ゼカリヤも、ヘブライ人の伝承における他のどの部分よりも劇的にイエスの記憶を形作っている証拠を挙げることができると思っている。

まず注目すべきなのは、第二ゼカリヤがどの正典福音書の背景にも明らかにあるいは密かに入り込んでいるという点である。最も明らかな例は既に述べたが、イエスのエルサレム入城の物語である。ここの章句は、しばしば棕櫚の主日に、ヘブライ語聖書からの教えとして読まれる所である。

娘シオンよ、大いに踊れ。
娘エルサレムよ、歓呼の声をあげよ。
見よ、あなたの王が来る。
彼は神に従い、勝利を与えられた者
高ぶることなく、ろばに乗って来る

雌ろばの子であるろばに乗って。（ゼカリヤ9・9―11）〔この引用部分は9節のみ〕

この関連性は、棕櫚の主日の物語が史実であったことを疑問に思わせる。むしろこれもまた、伝統的なメシア待望の観点からイエスを描こうとする試みのように見える。この疑問は第二ゼカリヤの仕事が明らかになるにつれますます強くなる。伝統主義者たちはこれを、イエスはご自身がメシアであることを示すために意図的にこのようなイメージを演じてみせたのだと言う。しかしそのような議論は私に言わせれば、永久に現実逃避していたいという直解主義者たちの最後の悪あがきである。

第二ゼカリヤの物語を読み進めると、羊飼いの王の敵は神殿における羊の商人たちであることがわかる。14章では、この預言者は主の日に「万軍の主の神殿にもはや商人はいなくなる」と述べている（ゼカリヤ14・21）。そうなると、動物を売り買いしていた人びとを神殿から追い払ったイエスのとても劇的な宮清めの行いの話も、メシア的象徴の発展形にすぎないように思われてくる。このことは、これらの物語でさえも、ベツレヘムでの誕生や、弟子の数が十二人といったことと同じ範疇に入ることを意味している。

第二ゼカリヤを注意深く読むと、さらに別の響きも鳴り響いているのがわかる。羊の商人たちは「羊飼いの王」を追い払うために銀貨三十枚を支払うのである（11・12）。しかし彼はその支払いを拒絶する。彼はもはや彼らの羊飼いであることを望まなかったからである。そして「羊飼いの王」は銀貨を神殿の宝物庫に向かって投げ込む。すると、ゼカリヤによれば、エルサレムの全ての者は、彼ら自身が刺し貫いた者である彼を見つめ、初子の死を悲しむように泣くのである（12・10）。

シナゴーグにおいてこれらの聖句が読まれたとき、イエスの初期の弟子たちが、これはイエスについて書かれたものだと信じるようになったことは疑う余地がない。今になって考えてみれば、イースターとは棕櫚の主日の行進から裏切りと磔刑にいたるまで、第二ゼカリヤのストーリー展開なのである。そして最後の章、14章はスコット祭〔仮庵祭〕に定められた箇所としてシナゴーグで読まれるのだが、それは後にキリスト教のペンテコステ（使徒2章）の中に残響を感じ取ることができる経験への期待が描かれている。そこでは第二ゼカリヤは来るべき主の日について述べている。その日、時の終わりにおける終末の戦いが起こる。諸国の民は集められ、ハルマゲドンであるかのようにエルサレムに戦いを挑む。都は陥落し、家は略奪され、女たちは犯され、都の半ばは捕囚となっていく。それ以外の者は都から断たれてしまう〔新共同訳では「断たれることはない」〕。暗黒の瞬間が訪れ、一切の希望が消え去る。そのとき、「主は進み出て、これらの国々と戦われる。その日、主は御足をもってエルサレムの東にあるオリーブ山の上に立たれる」（14・3―4）。ここで私たちは、イエスの勝利に満ちた行進がオリーブ山から始まったと言われていることを思い起こす。そして第二ゼカリヤは、地震によってオリーブ山が二つに裂かれ、それから神がやってくると述べる（14・4以降）。イエスが死んだときに一種の霊的な地震が起こったと各福音書が述べていることを思い出そう。マタイはこれを字義通りに起こった出来事のように描いた（マタイ27・51）。しかし地震はオリーブ山を裂く代わりに、人びとの集まれる聖所と神の住まう所とされる至聖所とを隔てる神殿の垂れ幕を引き裂く。またマタイでは、この地震が死者を甦らせたとも言われている（27・52）。これら全てのことは、「主の日」の到来の前兆に他ならない。

それから第二ゼカリヤは、「主の日」のしるしを列挙し始める。聖霊の象徴である命の水がエルサレムから湧いて東西へ流れ出し、世の国々を取り囲む。ルカは使徒言行録におけるペンテコステの物語の中でこれを連想させる記事を残している。霊が弟子たちの上に降ったとき、彼らは人びとが理解できるどの言語でも話せるようになり、それによって諸国の民が共に集まることができるようになったというのである。次に第二ゼカリヤは、主が地上を全て治める王になると言う。その日、神は唯一となり、その御名も唯一の御名となる。おそらく神の民も唯一となって平和が広がるのであろう。地には花が咲き誇り、ぶどう絞り器は満杯となり、エルサレムは住み良い街となるだろう。かつてエルサレムを攻めたあらゆる民が、今や万軍の主を礼拝し、収穫を祝う仮庵祭を守るためにのみ上って来るだろう。

この小さな作品が福音書の伝記風イエス物語を作り上げるために利用されなかったなどと想像できる人がいるだろうか？　明らかにこの「羊飼いの王」は、イエスの弟子たちがイエス体験の意味を理解するために使ったもう一つのイメージとなった。口頭伝承の期間に彼らは、ユダヤ教の聖書とユダヤ人の意識の中に繰り返し見出されるメシア待望に基づいてイエス物語を構築した。私たちが福音書のあまりに多くのイエス描写が歴史的人物に関する目撃証言どころかほとんど解釈の結果にすぎなという可能性に気づいた結果、歴史のイエス、つまり実際に生きた人間は不鮮明になっていった。しかしともかくもあのイエス、歴史的人物は、これらの聖書的イメージの一つ一つが彼にふさわしいものだと考えられるようになっていったのである。

歴史のイエスの姿が薄れていく一方で、彼が生み出した体験はますます大きなものへと成長していった。私たちはひょっとすると痛みを伴いつつ気づき始めている。本当の意味で史的イエスを再び捉えることはもはや不可能ではないかと。イエス像は、かつては確実で信頼できるもののように思われていた。彼の存在は事実だと私たちは考えていた。しかし今や彼は、歴史のような姿を装った神話的解釈の混合物であると見なされている。イエス・セミナーの研究結果では、福音書におけるイエスの言葉の八十四パーセント、またほぼ同じ割合のイエスの行いは、歴史的な真正性をもたないと考えられている。[41]むしろそれらはイエスに由来して後からできた共同体の産物なのだ。しかし歴史のイエスを見失うことは悲しむべきことではない。なぜなら恐らく虚構という方法でなくては、私たちは彼を保持することができないからである。

この分析が何度も提起してきた問題は、このイエスをめぐって何かがあるに違いないということである。その何かがあまりに力に満ちているが故に、イエスの弟子たちにとっては、彼らの礼拝における聖なる象徴や、彼らのメシア待望の神話や、彼らの伝統における最も聖なる英雄たちを、超自然的なレベルにまで誇張してイエスをくるんでしまうことが彼にふさわしいと見なしたわけである。弟子たちの信じていた神が彼らの知っていたイエスの中に、またともかくイエスと共にいると彼らが結論づけざるをえないような何かがそこにあったのである。それを私たちは取り戻さねばならない。

18　イエス――ユダヤの四季に生きる人

現実の人間イエスの中に、もしかすると私たちが神だと思っているものが満ちており、それに触れ、それに関わることができたのかもしれないということは、キリスト者が求めているもののまさに核心である。そのリアリティを信条や教理、教義などから切り離すことはできるだろうか？

福音書の物語群がいかに深いところから旧約聖書のイメージ群によって形作られているかを知ると、今日でさえ福音書の読者たちは驚くであろう。各福音書が解釈を施された文学的断片の集まりであり、実際に起こったことの字義通りの記録ではないという事実を把握したとき、聖書に関する伝統的な主張への読者の確信は揺らぎ始める。それが聖書への学問的洞察に対する抵抗が非常に高い理由のひとつである。二千年近くも字義通りに受け取ってきたのだから、福音書記者たちがいかに歴史的正確さというものに配慮していなかったかを想像したり認識したりするだけでも非常に困難なのである。彼らは自分たちがイエスと共に体験したことを非常に情熱的に解釈しようとした。そのため彼らは弁解も良心の呵責もなくヘブライ語聖書からの引用に寄って自分たちの物語を語り、ユダヤの歴史における英雄たちの物語をさらに高める形でそれをイエスに適用したのである。

各福音書のどのページをめくっても、ユダヤの英雄たちに関する明らかな、あるいは遠回しの言及を発見することができる。実際イエスの生涯がほとんど全てヘブライ語聖書の解釈によって形作られているということを受け入れない限りは、知的に福音書を読むということはできない。その種の解釈のプロセスは、シナゴーグにおいてのみ起こりえたということを私は既に示すことができたと思う。そこから始めて私たちは、シナゴーグでの礼拝の中に存在するメシアのイメージ群を確認した。それらのユダヤ教的イメージ群を通してイエスを見る過程で、私たちは初期のキリスト者たちがイエスとシナゴーグの礼拝生活との間に作り上げた関係に気づき始めた。私は本書の第２部を、イエスに関する最初の記憶へのもうひとつの扉を私のために開けてくれる明らかなパターン、そして最初のイエス体験に可能な限り私たちを近づけてくれる明らかなパターンが何なのかを提示することで締めくくりたい。

ほとんどのキリスト者が教会暦と呼ばれるものに親しんでいる。それはイエスの生涯における二つの主要な出来事、すなわちクリスマスの誕生の祝いとイースターの復活の祝いによってしっかりと支えられている。そして一年は、イエスの誕生を待ち望むアドヴェント〔待降節〕と呼ばれる季節と、彼の誕生の祝いを延長するエピファニー〔公現日〕と呼ばれる時によって肉づけされる。またイースターは、一方ではレント〔受難節〕という四十日間の懺悔の季節によって、またもう一方では昇天日と聖霊の到来を示すペンテコステ〔聖霊降臨日〕によって拡張されている。そうやって教会暦はキリスト者に毎年イエスの生涯における重要な場面を思い起こさせ、それらの場面を自分たちの暮らしにおける霊的な側面に割り当てることを可能にしているのである。

これと同じようにシナゴーグにも典礼暦がある。それによってユダヤ人の歴史における重大な場面が追体験され、時代を超えたものになる。ほとんどのキリスト者はこのユダヤ人の年中行事にはなじみがない。そこでレビ記（23章）に基づくと思われる順序でそれらを読者の前にわかりやすく並べてみよう。

・**過越祭**　ニサンの月の十四日と十五日（三月下旬か四月初旬）。出エジプトにおけるユダヤ民族の誕生を祝う祭。

・**シャヴオットまたはペンテコステ**　過越祭から五十日後、シヴァンの月の六日（五月下旬か六月初旬）。シナイ山におけるモーセへの律法の授与を記念。

・**ローシュ・ハッシャーナー**　ティシュリの月の一日（およそ九月下旬か十月初旬）。神の国が到来することを祈るため、民が毎年集まる日。

・**ヨム・キップル**　ティシュリの月の十日（九月下旬か十月初旬）。人間の罪と神からの疎外を克服する神の力に基づく、悔い改めと内省の日。

・**スコットまたは仮庵祭**　ティシュリの月の十五日（通常は私たちの暦でいう十月）から始まる。八日間の収穫祭。

・**奉献祭またはハヌカー**　キスレーヴの月の二十五日（概して十二月半ば）から始まる。マカバイ時代の間、神殿に「神の光」が戻ったことを祝う八日間の祭。

福音書が執筆される以前、イエスは毎週、安息日の聖書朗読の場において記憶に蘇り、思い起こされた。ここで私が注意を喚起したいのは、このユダヤ人の典礼暦もやはりイエスに関する記憶を大いに形作ったという現実である。実際私は、最初の福音書であるマルコがこの典礼暦に基づいて構成されたこと、またマルコの大まかなアウトラインを踏襲してその作品のかなりの部分を写し取ったマタイとルカの福音書も、この同じ構成原理を実に意義深く反映していることを論証するだろう。私はめったに問われることのない二つの疑問を提起することからこの問題にアプローチしてみたい。まず、あなたはマルコの福音書が他の共観福音書よりも非常に短いことを不思議に思ったことはないだろうか？　また、マタイとルカの両者がマルコの中に発見し拡大版に書き改めたいと思わせた欠陥とは何だったのか、あなたは考えたことはないだろうか？　なぜなら、後発の二人の福音書記者が行ったのはまさにそういうことだからである。マタイは、マルコをはっきりユダヤ的な方向に向けて拡大した。一方ルカは、イエスのメッセージに引きつけられ始めていた離散したユダヤ人や異邦人改宗者といった国際的な読者層に向けてマルコを書き直した。これらの福音書をユダヤ人の典礼暦というレンズを通して見ることで私たちはこれらの疑問に答えることができ、またこの発見から不可避的に生じる洞察は非常に啓発的なものになると私は思う。今こそ、いかにユダヤ人の典礼暦との関連性がまずマルコの構成原理となり、次いでマタイとルカでもそうなったかということを認識すべき時である。

この解釈理論の最初の積み木は、私が過越祭の儀式という文脈に受難物語を位置づけ、それを歴史的なものとは程遠く、むしろ典礼的な関連づけであることを示唆した時に置かれている。この洞察は既に論証済みであると前提させていただきたい。そしてこれから私は、受難物語を過越祭に結びつけた上で、ユダヤ教の典礼暦によって残されたものに向かって、マルコの福音書を後ろ向きに遡って拡大してみよう。マルコの14章、15章は過越祭の時期に読まれ、イエスの受難に関するキリスト教的な物語となった。先に私はマルコの受難物語が二十四時間の徹夜祭の典礼に適用されるよう考案された八つの部位によって構成されていることを明らかにしようとした――それらの各部位はマルコのテクストの中にはっきりと現れている。そしてマルコのイースターの物語（マルコ16・１―８）は、過越祭の後の安息日に読まれるために残されているのである。

14章、15章より前に遡ると、次に登場する大きなユダヤ教の祭が奉献祭であることに気づく。今日ハヌカーと呼ばれているこの祭は、キスレーヴの月、つまり大まかに言って私たちの暦における十二月に相当する時期にやってくる。過越祭のおよそ三か月前である。マルコの福音書におけるある程度まとまった章句をそれぞれの安息日に割り振って遡っていくと、この二つの祭すなわち過越祭と奉献祭の間に、マルコ９章30節から始まるエルサレムへの旅の開始に達するのに十分な材料がテクストの中に存在することがわかる。このセクションは、エルサレムへの道中における弟子たちに対するイエスの教えの全てを含んでおり、（11章から始まる）エルサレム入城、宮清めの物語とエルサレムにおけるイエスの教えも含まれている。そして終末論的な13章でクライマックスを迎える。それはエルサレムの神殿を舞台にしているが、実は世の終わりについて論じているのである。

この部分が、マカバイ時代に神殿に神の光が取り戻されたことを記念する奉献祭に私たちを導くのは偶然でないと私は確信している。それは、今やイエスこそが神の光が宿る新しい神殿であると宣言する。彼と共に現れたモーセとエリヤ（ユダヤ教の二本柱を象徴している）は、イエスに従属する者とされている。そこは同じような三つの仮小屋〔仮庵〕を建てるべき場所ではないと雲の中から天の声が言う。その声はイエスを「わたしの愛する子」と宣言し、「これに聞け」と命令を下す。イエスの変容は、イエス物語の中に奉献祭を組み込む上で完璧な物語であり、典礼暦にも驚くべき正確さで一致する。神と人間が出会う場所としての神殿は、この時代まではローマ人たちによって破壊されていた。その災厄に対応し、イエスの弟子たちは、神と人間が出会う新しい場所として次なる神殿というイメージを彼に投影していた。奉献祭は神殿に神の光が取り戻されることを祝う祭である。変容は神の光がイエスに宿ることを祝う。この二つの物語は相互に深く関連しており、イエス物語がシナゴーグの典礼暦を辿っていることを示唆している。マルコにおけるこの初期の物語からおよそ三十年後、ヨハネはこのイエスと神殿を同一視するというテーマをマルコから借りた。「この神殿を壊してみよ。三日で建て直してみせる」とヨハネはイエスに言わせている。このイエスの信じがたい発言に対して、宗教的権威者たちは、「この神殿は建てるのに四十六年もかかったのに、あなたは三日で建て直すのか」と言った。そこに著者は注釈を加える。「イエスの言われる神殿とは、御自分の体のことだったのである」（ヨハネ２・19―21）。

十二月半ばの奉献祭と、そのひとつ前のスコット――収穫祭――と呼ばれるユダヤ人の祝日との間には、およそ七回から九回の安息日があり、その数はどの時期にハヌカーが来るかによって決まる。[42] 再びマルコを逆戻りに進めていくと、イエスの公生涯のガリラヤでの段階における出来事を描く多くの物語を通り過ぎていくことになる。そこには、レギオンと呼ばれる悪霊にとりつかれた男から悪霊たちが追い出され、ユダヤ人の間では不浄な動物であるとされた豚の群れに入ったという癒しの物語がある（マルコ５・１―20）。また、出血の止まらない病気の女の物語を挟み込んだヤイロの娘の復活物語がある（５・21―43）。さらに、イエスが故郷では家族からもシナゴーグの会衆からも疎外されていたことを明かす物語（６・１―６）、十二人の派遣と、それに続く彼らの宣教が起こした洗礼者ヨハネの死の物語を含む議論（６・７―29）、五千人の給食と、イエスが水の上を歩き湖を横切って旅をする物語（６・31―56）、穢れについての彼の教え（７・１―23）、ティルスとシドンの国境付近の異邦人の土地への旅と、異邦人であるシリア・フェニキアの女の娘の癒し、そして言葉に障がいのある男の癒し（７・24―37）、湖の対岸にある異邦人の土地における四千人の給食とその解説（８・１―21）、そして最後にベトサイダにおける盲人の物語が、イエスはキリストだというフィリポ・カイサリアにおけるペトロの告白の次にユニークな仕方で配置される。そのペトロの告白が盲人の段階的な癒しと関係があることは既に述べた（８・22―38）。これらは九つのエピソードであり、それぞれスコットから奉献祭までの間の安息日に一つずつ対応している。そして必要に応じて七つか八つの安息日にはめ込むために二、三のエピソードを圧縮することもできたのである。

このことはマルコの福音書の４章が、ティシュリの月の十五日から八日間祝われるスコットの時期にあてられた章句であろうことを意味する。スコットはユダヤ教における収穫感謝祭であり、十月の半ばから下旬まで祝われる（読者の皆さんは、過越祭に先立つイエスのエルサレム入城物語について論じていた時に、スコットに関する詳細のいくつかを見てきたことを記憶しておられるかもしれない）。スコットが祝われているその季節にマルコが持ってきた物語は何か？　それは四種類の土地に種を蒔いた種まきの収穫の物語である。それらの土地はそれぞれ異なる収穫をもたらしたという。これは弟子たちが説明を求め、さらにその解説へと続く長いたとえ話である。さらにこのたとえ話に収穫に関係する自然についてのいくつかの物語が続く。たとえば、地に種を蒔いて収穫時に実を産み出すのを待つ男のたとえ話、からし種のたとえ話、そして最後に突風を鎮めることで自然の力に対する支配力をイエスが示したという記事である。この長い4章はスコットの祭の八日間に読むのに十分な内容がある。ここでも私たちは、福音書のイエス解釈と、このユダヤ人の秋の大祭のテーマとの間に、驚くほど緊密な一致を見出す。このパターンは明らかになり始めている。

マルコの福音書を、受難物語と過越祭との間に発見された本来の結びつきから逆向きに開いていくと、スコットと次のユダヤの典礼暦における大きな聖日であるヨム・キップル、つまりティシュリの月の十日にある贖いの日との間には、たった一つの安息日しか存在しないことに、私たちは自然と気づくことだろう。私たちは既にこの行事におけるいくつかの象徴が、どのようにナザレのイエスの生涯に関係づけられているかを詳細に見てきた。そこで私たちの課題は、この厳粛な悔い改めの風習において読まれるのにふさわしいイエス物語がはたしてあるのかを、この福音書を逆向きにたどって見つけることである。もしマルコ3章の半分がスコットとヨム・キップルの間の安息日に読まれるためのイエス物語であるならば、マルコにおけるヨム・キップルの章句は2章と3章の前半ということになる。そこには癒しと浄めの一連の物語がある。すなわち、体の麻痺した男が屋根から降ろされ、その男の罪が赦されることをイエスが宣言することによって癒されたという話（2・1―13）。イエスがレビに徴税人の仕事をやめて弟子になるよう呼びかけ、徴税人や罪人たちと共に食事をしたという話（2・14―17）。悔い改めの断食についての教え（2・18―22）。安息日が人間の悪を制御するために定められたのか、それとも人間の命を拡大する源となるために定められたのかについての議論（2・23―28）。安息日のシナゴーグにおける片手の萎えた男の癒しと、それと並行して描かれる一連の病気の癒しと穢れた霊の追放（3・1―12）。そして最後に、イエスが十二人を呼び寄せ、彼らに癒し手となり、悪霊を追い出す権能を与えた話である（3・13―20）。この最後のエピソードは、イエスが「気が変になっている」――つまり、彼が正気を失っているか、悪霊に取り憑かれているという告発でクライマックスを迎える（3・21―34）。これらのエピソード全てにおいてユニークなのは、イエスが、穢れているとされた者の只中に入っていって穢れの犠牲者を完全な者に回復する者として描かれていることである。それこそまさにヨム・キップル、すなわち贖いの日のメッセージではないか！　病気の物理的な原因としての細菌やウィルスなどに関する知識のなかった当時、病気は悪に対する罰であると見なされていた。また精神的な病は悪霊が取り憑いたものとされていた。そしてユダヤ人にとって、レビのように穢れた異邦人のために働くことは、自らを儀礼的に穢れた者にしてしまうことでもあった。しかしこれらの全ての記事においてイエスは、その悪の領域に踏み込み、その領域に捕われていた犠牲者を洗い、浄め、救い出す者として描かれている。ヨム・キップルのメッセージはこれらの物語のテーマであり、それは典礼暦におけるこの日のテーマとしてふさわしいのである。

さて、さらに巻物をユダヤの典礼暦を視野に入れながら遡っていくと、私たちはヨム・キップルを通過して、それよりもちょうど十日前、すなわちティシュリの月の第一日に、レビ記が定めたローシュ・ハッシャーナー、またはユダヤの新年の祝いがあることを発見する（レビ23・23―25）。この十日の間に一つか二つある安息日のために、マルコの福音書の中に読むべきところがあるはずである。マルコの福音書の巻物を遡って拡げていくと、それをカバーするのに十分な材料が1章16節から45節の間に存在する。それらの章句の中には、最初の弟子たちの召命、イエスが悪霊と同一視される話、そして故郷での癒しの物語であり、ペトロの姑の癒しとイエスの評判が知れ渡るようになる話を含んでいる。

このことは、もし私たちの理論が有効なら、マルコ冒頭の物語（1・1―15）は、ローシュ・ハッシャーナーすなわちユダヤの新年祭に割り当てられるのが適切だということを端的に示している。ローシュ・ハッシャーナーの祝いではショーファ〔ユダヤの角笛〕が吹き鳴らされ、人びとが集まり、神の国が近づいたという宣言がなされ、神の国に備えるために悔い改めるよう人びとは呼びかけられる。マルコの冒頭には何があるだろうか？そこには洗礼者ヨハネの物語がある。彼は人間のショーファとなって荒れ野で叫び、人びとに集まって主の道の備えをするよう促し、神の国を始める者がやってくることを告げた。ヨハネは彼のところに来る人びとを集め、悔い改めのしるしと来るべき神の国への備えの行為として、ヨルダン川で洗礼を授けた。彼は、自分より後から来る者を歓迎しているように描かれている。ヨハネが誰のことを言っているのかマルコの読者たちは知っている。それを確認するだけのために、彼はこのような設定のもとでイエスを紹介する。彼こそが水ではなく聖霊によって洗礼を授ける者である。イエスが洗礼を受けると、霊が鳩のように降り、天の声が彼をメシア（マシアハ）であり、神の子であると定める。これは完全にローシュ・ハッシャーナーのメッセージである。

マルコの福音書の背後にある構成原理は、明らかに記憶でも歴史でもない。それはユダヤの典礼暦に割り当てられたイエス物語の語りである――そしてそれは、イエスの弟子たちもシナゴーグの礼拝者として生きていたのと同じ典礼暦である。このことを考えると全てぴったりと適合するし、秩序があることは明らかである。最初の福音書がこのように作られ、イエスの弟子たち、すなわちこの道の者たちは、シナゴーグでの礼拝を続けていたにもかかわらず、一年を通して安息日に読むものとしてイエスの物語を保持することができたのである。

なぜマルコは、マタイやルカよりもかなり短いのか？　マルコは、ローシュ・ハッシャーナーから過越祭までの安息日をカバーするイエス物語を弟子たちに提供した——すなわち六か月半程度の時期である。なぜマタイとルカがマルコを拡大する必要を感じ、事実そうしたのか？　それはイエスの弟子たちに一年の残りの期間に読む物を与えるためである。もしこの仮定が正しければ、私たちは後の二つの福音書においても、それを支持する証拠を見つけるべきである。そして私はそれが可能だと信じている。

まず、マタイが彼の福音書をどのように始めているかに着目してみよう。マタイと彼の福音書の基礎にあるマルコとを比較してみると、マタイは13章以降、マルコを忠実になぞっていることが明らかになる。もしマタイの挑戦が、復活物語が読まれた過越祭から九月下旬のローシュ・ハッシャーナーまでの安息日を受けることであったとすれば、五か月半の期間をカバーするのに十分なだけのイエス資料が彼には必要になる。それを彼がどう工面したか見てみよう。マルコはイエスの洗礼から始めている。しかしマタイは長い系図から始めており、それは彼の二章にわたる誕生物語の一部でもある。マタイがヨハネによるイエスの洗礼にたどり着くのは、3章になってからである。そして彼は、マルコの一節しかない荒れ野での誘惑の物語を、一つ一つの誘惑の内容まで詳述するような一つのドラマに拡大して、4章に収めている。マタイ5章、6章、7章では、彼は山上の説教において、イエスの教えの拡大版を提供している。11章にたどり着くまでに、彼はローシュ・ハッシャーナーを迎えてしまう。しかし、彼は既に洗礼者ヨハネを主役にしたマルコのローシュ・ハッシャーナーの物語を使ってしまっている。それはイエスの公生涯の始まりに来なければならないので、彼はローシュ・ハッシャーナーのためにイエスの洗礼の物語をとっておくことができなかったのである。ではマタイはどうするのか？　セシル・B・デミル〔アメリカの映画監督。一八八一～一九五一年。『十戒』『キング・オブ・キングス』が有名〕ばりのフラッシュバックを使い、彼はヘロデが洗礼者ヨハネを投獄したというマルコの物語を拡大して、ヨハネを再度登場させる。ここで、マタイとルカだけにおいてであるが、獄中のヨハネがイエスに、彼が来たるべき者、つまり待望されているメシアかどうかを問い合わせるメッセージを送っている。イエスはイザヤ書35章を引用してこれに答える。それは私たちが治癒奇跡に関する章で探索した所である。イエスは自分の周りには神の国のしるしがあふれていると言って、それらを列挙していく。目の見えない人は見え、耳の聞こえない人は聞こえ、足の不自由な人は歩き、口のきけない人が歌っている。これはローシュ・ハッシャーナーのメッセージである。人びとはこれらのしるしを見て神の国が間近であることを知る。典礼暦上のタイミングとしては申し分ない。

もう一つマタイの福音書において、ユダヤ教の典礼暦と福音書を強く結びつけ、マタイも彼の作品においてこれを構成原理として用いていたことを指す有力な証拠となる明らかなしるしがある。マルコはローシュ・ハッシャーナーから過越祭までの読み物を提供しただけなので、過越祭から五十日後にやってくるシャヴオット、またはペンテコステと呼ばれるユダヤの大祭を取り残してしまった。その日、ユダヤ人たちはシナイ山におけるモーセへの律法授与を思い起こす。それは二十四時間の徹夜祭として祝われる。詩編の中でも最も長い119編が、律法の美と不思議を讃える賛美の歌として、この二十四時間の礼拝の間使われるために作られた。詩119編には8節から成る序章があり、その最初の2節は「いかに幸いなことでしょう」から始まる。それに24節から成る八つの部分が続いており、それぞれが三つの連に分かれている〔実際には詩119編は176節までであり、序章の8節を除いた168節が、24節×7部に分けられる〕。このことは二十四時間の徹夜祭における三時間ごとの八つの区分に割り当てられた部分がこの詩編の中に存在することを意味する。マタイがシャヴオットの時節を迎えたときに自らの福音書に書き込んだ内容は何か？　それは山上の説教である。それは3章を占めており、詩119編を模倣していることは全く明らかである。山上の説教は８節から成る序章から始まり、それらは全て「幸いである」から始まっている。私たちはこれらを八福の教えと呼んでいるが、マタイはこれに続けて、八福のそれぞれを逆の順序に解説する小さな注解とも言える八つの部分を付け加えている。山上の説教全体を通してマタイはイエスを、新しい山の上で新しいトーラーの解釈を与える新しいモーセとして存在させている。これ以上完璧な一致はあり得ない。

一方、これらを裏づけるデータを探してルカに目を転じてみると、それほど明確なものは現れない。というのも、ルカが読者として想定している共同体は、ディアスポラのユダヤ人や異邦人改宗者から成っており、より伝統的なマタイの共同体のようにユダヤ教の典礼暦をたどることにはさほど厳格でなかったからである。彼らは、保守的なユダヤ人コミュニティの特徴である二十四時間の徹夜祭や八日間の祭に没頭したりはしなかったが、その様式だけは残していた。

ルカを詳細に検証すると、彼がマルコの冒頭部の前に、さらに長い誕生物語と同じく長い系図を置いたことがわかる。彼はイエスの洗礼の物語を拡張しているが、その内容のほとんどは洗礼者の説教である。ルカはシャヴオットまたはペンテコステにたどり着くと、洗礼者ヨハネが次のように語るエピソードを展開する。「わたしはあなたたちに水で洗礼を授けるが（私の後から来られる方は）……聖霊と火であなたたちに洗礼をお授けになる」（ルカ３・16）。思い出していただきたい。ルカは使徒言行録の２章でペンテコステに対するキリスト教的な理解を詳細に述べている。神からユダヤ人に与えられた最も偉大な贈り物はシナイ山におけるトーラーの授与だった。それがユダヤの暦におけるペンテコステの日に祝われる。ルカはパウロの影響を受けて、神からキリスト者に与えられる最も偉大な贈り物は聖霊の授与であると述べようとしているのである。使徒言行録において彼はユダヤ教のペンテコステを聖霊に関する内容によって再生する。翻って福音書においては、彼は洗礼者ヨハネによってペンテコステの物語に注意を向けさせている。それはまさにうってつけの場所である。ルカはローシュ・ハッシャーナーにたどり着くと、マタイと同じように獄中の洗礼者ヨハネを再登場させ、イザヤ書35章から引用された神の国の始まりにおけるしるしを繰り返している。これらの福音書の構成がシナゴーグの典礼暦に基づいているという理論は、ここでも一致を見せている。

ルカの規則性がユダヤの典礼暦によって決定されているということを明らかにする箇所がもう一つある。ルカだけが、ローシュ・ハッシャーナーに合わせた洗礼者ヨハネのフラッシュバック的なエピソードに続けて、イエスの足を拭う女性の物語を語っている（ルカ7・36―50）。この物語については、いくつか特筆すべき点がある。まずこの物語が置かれた箇所が特異である。マルコとマタイにおいては、この物語はイエスの生涯の最後の一週間に現れる（マルコ14・3―9、マタイ26・6―13）。それらの記事では、出来事が起こるのはエルサレムにある重い皮膚病の人シモンの家においてである。その女性は名もなく、その行いは恥ずべきこととはされず、むしろ埋葬のためにイエスの体に油を注ごうとした彼女の意図は賞賛されている。しかしルカの語る物語では、このエピソードはファイサイ派のシモンの家で起こり、より道徳的な状況に設定されている。また受難の直前ではなく、イエスの宣教におけるガリラヤでの段階で起こっている。またマルコやマタイと違い、この女性の振る舞いは罪深いものとして描かれている。彼女は「通りの女」と表現されているが、それは売春婦と同義語である。彼女はイエスの両足をなでる。少なくとも共観福音書の中ではルカ版でのみ、この女性はイエスの両足を涙で洗い、髪で拭っている。彼女が不道徳だという位置づけは食卓についている人びとによって指摘される。イエスは、「この人がもし預言者なら、自分に触れている女がだれで、どんな人か分かるはずだ」と批判されるのである（7・39）。イエスにとってこの穢れた女性に自分を触れさせるということは、彼自身も穢されるということを意味していた。では、この物語の配置とこの女性の罪深さの強調によって、ルカは何を伝えようとしているのだろうか？

ルカの福音書に対してユダヤの典礼暦を配置してみると、このエピソードはまさにヨム・キップル、すなわち贖いの日が祝われる時期にやってくる。ルカはヨム・キップルの風習に対応するイエスの物語を必要とした。イエスを穢れた女性に触れさせ、イエスが穢れのないままで女性が完全な者とされ浄められるというのは、非常にルカの目的に適っている。彼はイエスがこの罪の世界を造り変えるためにやってくるとき、この記事がヨム・キップルに対応する完璧な物語となるようにするという意図から、女性の罪深さを強調したのである。やはりそうだ！　これまで何度も見てきたように、ユダヤの典礼暦の法則が物語の編成順序を決定していた。これはマルコにおいても、またマルコに依拠するマタイ、ルカの福音書においても共通するパターンなのである。

ヨハネはこのパターンには当てはまらない。この第四福音書は、自然や病や死に対してさえも打ち勝つイエスの神的な力を示す一連のしるしをめぐって構成されているように思われる。このヨハネの構成原理を分析する試みに紙幅を割く余地は本書にない。ただ、多くの緻密な注解書が出ているにもかかわらず、ヨハネ福音書の決定的解釈というものは未だ書かれていないと思うと言えば十分だろう。私は、ヨハネもまた典礼的な輪郭をたどったものだと確信している。

最後にもうひとつ。人びとは長い間イエスの公生涯の期間を、マルコ、マタイ、ルカは一年間であるとしており、その一方でヨハネは三年間続いたと言っていると思い込んできた。しかし今や私たちは、この一年間がイエスの公生涯の長さではなく、ユダヤ教の典礼暦の一年間のことであり、それにイエスの生涯の物語が組み合わされたものだということを知っている。

もう一度スタートラインに戻ろう。福音書が執筆される以前に既に、イエスはユダヤの聖書によって解釈され理解されていた。ユダヤ的なメシアのイメージ群が彼に適用され、彼の生涯はそれらのイメージ群に一致するように手を加えられていた。私たちが伝え聞いていた彼の生涯の物語は、シナゴーグで守られていた典礼暦によって編集されたものだった。今やこの典礼暦が、少なくとも最初の三つの福音書においては、イエスの言葉と行いを思い起こすための構成原理として認識されうるのである。(43)

私たちはイエス体験が元来どのように解釈されたかを検証した。これからの私たちの課題は、時を超越したこの神体験が元来どのようなものであり、それが今日では何であり、今私たちがそこに入っていくためにはどうすればよいかを知ることである。この本が執拗に目指しているのはそのリアリティなのだ。あとは、それをできるかぎり明確に説明すればよいだけである。現実の人間イエスの中に、もしかすると私たちが神だと思っているものが満ちており、それに触れ、それに関わることができたのかもしれないということは、キリスト者が求めているもののまさに核心である。そのリアリティを、信条や教理、教義などから切り離すことはできるだろうか？　この分析によって姿を現すイエスは、それでもなお、あたかも歴史的な装いで作り上げられた彼に関する主張と深い部分で触れ合っているだろうか？　私はそう信じる。それゆえに私は大いなる期待と活きとした信仰をもって、この本の最終章に進んでいくのである。

第3部　信じない人たちのためのイエス

19　序論――イエスは本当に生きていた

「お願いです。イエスにお目にかかりたいのです」（ヨハネ12・21）。そう、彼はお目にかかることができた歴史上の人物なのである。

私たちはこれまでのページを費やして、人間イエスを神話から切り離そうと試みてきた。私たちはキリスト教史における口頭伝承の時代を通じて、ユダヤ人の弟子たちによって彼にあてがわれた解釈のプロセスを多面的にたどってみた。ここで私は、信じない人たちのためのイエスを新しく論じてみたい。彼を所有しているとずっと主張してきた宗教システムの言葉や伝統の中にいては、もはや心地よく生きることができなくなってしまった人びとに、もう一度イエスを紹介するために。

私は控えめな所から、しかし最も本質的な所から始める。基本的なことをすべて押さえるためである。何よりもまずイエスは、実際に特定の時代の特定の場所に生きた一人の人間だった。人間イエスは神話でなく、途方もないエネルギーを放出する歴史上の人物であった――そしてそのエネルギーは私たちの時代においてさえ的確に説明されることを求めて叫んでいる。ガリラヤのナザレが彼の故郷であり、彼の地上での生涯は共通暦（Common Era）と現在呼ばれている時代が始まる数年前に始まり、共通暦の第一世紀の三分の一のうちに終わった。

私はこの点を強く主張することから始めたい。というのも、この本の最初の部分で行われたように、イエスを取り巻く解釈の層がはがされていくと、決まって何らかの意図をもった人びとが、イエス自身は伝説的な想像上の人物だと言い始める人が現れるからである。[44] 私はいくつかの理由で彼らの議論には説得力がないことを知っている。

第一に、まず神話的なキャラクターを創り出そうとする人が、彼の出身がナザレ村であるなどと提案することはあり得ない。しかし彼はナザレのイエスとして知られており、実際にガリラヤにはこの村があり、彼はガリラヤ人と呼ばれていた。このあだ名が神話において好印象を加えるような、ある種の威厳をもたらすということもまたあり得ない。ナザレというのは小さく、汚く、取るに足りない、特に注目すべき特徴もない村である。ガリラヤの他の地区の人びとでさえ、この村を見下げていた。ナザレに対する否定的な含みは福音書自体にも見出される。「ナザレから何か良いものが出るだろうか」。フィリポがナタナエルに「私たちは、モーセが律法に記し、預言者たちも書いている方に出会った。それはナザレの人で、ヨセフの子イエスだ」と知らせたとき、ナタナエルはフィリポにそう言ったと伝えられている（ヨハネ1・45）。しかしナザレにつきまとうこの否定的なイメージにもかかわらず、各福音書ではイエスの卑しめられた出身地を隠そうという何の努力も見られない。マルコとマタイはいずれも四つの異なる状況でナザレについて言及している。ルカは彼の福音書の中ではハ回ナザレについて言及しており、さらに使徒言行録では七回触れている。ヨハネは彼の物語の中で五回ナザレに関する言及を加えている。その内の三つは受難物語においてであり、そこで彼がナザレ出身であることが疑う余地もなく明らかになっている。故にイエスは確実にナザレの村の出身である。

イエスを覆い隠すように成長したベツレヘムでの誕生の伝承が、彼のナザレ出身という不都合な真実に対する初期のキリスト者たちの困惑を証ししているというのは、まぎれもない事実である。もしイエスが単なる神話的なキャラクターであったなら、なぜ神話の作者たちが自分たちを困惑させるような神話を作るだろうか？このような些細なことは、変更できるなら変更すればよいのではないか？　しかしそれは変更されなかった。なぜなら、それはイエスに関する記憶の中でも、あまりに鮮明で消し難い事実だからである。ナザレこそがイエスの出身地である。イエスはガリラヤ人である。その事実は史料と共鳴し合っている。

私がナザレのイエスが実在したと断言する第二の理由は、彼が明らかに洗礼者ヨハネの弟子として公生涯を始めたことである。実際、彼はヨハネによって「罪の赦し」のために洗礼を受けている（マルコ1・4）。このことに対する拒否感は、第四福音書が執筆されるまでにはかなり高まっていたと見え、ヨハネ福音書では実は洗礼者ヨハネはイエスに洗礼を授けていないことになっている（ヨハネ1・19―34）。繰り返しになるが、私がイエスの実在を主張する理由は、イエスがヨハネよりも優れた者だということを証明しようとする初期のキリスト者たちのこのたゆまぬ試みにある。それは明らかにイエスが公生涯を洗礼者ヨハネの弟子になることから始めたという、歴史的な事実に対する反応なのである。それが、このヨハネが先駆者として解釈され、新しいエリヤとして描かれた理由である。またそれが、彼の死がイザベルのエリヤに対する誓いが成就したかのように描かれている理由でもある（列王上19・1―2）。[45]そして私たちがすでに触れてきたように、洗礼者ヨハネがいつもへりくだった言葉を口にしているのもそのためである。改めてここで繰り返しておこう。「わたしより優れた方が、後から来られる。わたしは、かがんでその方の履物のひもを解く値打ちもない。[46]私は水であなたたちに洗礼を授けたが、その方は聖霊で洗礼をお授けになる」（マルコ1・7―8）。マルコはこれに続けて、ヨハネが逮捕されてから初めてイエスがガリラヤに来て「神の福音を宣べ伝えて……『神の国は近づいた……』」と言われた」（1・14）と記している。しかしマタイは洗礼者ヨハネに、イエスに洗礼を授けることに異議を申し立てさせている。ヨハネのほうが逆にイエスから洗礼を受けなくてはいけないのであって、その逆ではありえないと言うのである（マタイ3・14）。ルカはもっと極端な立場を取っていて、胎児のヨハネでさえも、胎児のイエスの優位性を、お互いが生まれる前から認識していたとまで言っている（ルカ1・41）。ヨハネはこの弁解がましい趣意を、洗礼者にこう言わせることで締めくくっている。「この方がイスラエルに現れるために、わたしは、水で洗礼を授けに来た」（ヨハネ1・31）。

私が推測するに、イエスがヨハネの弟子であり、したがってヨハネの後に続く者という記憶は、各福音書が執筆されるまでにはかなり知れ渡っており、その事実は記録から消し去ることができなかったのであろう。そこで福音書記者たちには、ヨハネ自身にイエスの優位性を語らせるという形で処置する方法しかなかったのである。しつこいようだが、もしイエス物語が神話であったなら、彼が洗礼者ヨハネの弟子であったというような不都合で些細な点が含まれることは決してあり得ない。しかしそれは私たちの聖書から削除されてはいない。その代わりに、それらをうまく説明して逃れようとする試みがなされている。それはこの物語の些細な点が事実だからであり、したがってイエスの存在も事実なのである。

イエスという人物の史実性を私が確信する第三の理由は、彼が処刑されたということである。初期のキリスト者たちは、彼の十字架刑による死を勝利であると主張するために途方もないエネルギーを費やしている。私たちは既に、彼らはどのようにそれを行ってきたかを検証した。彼らはヘブライ語聖書を研究し、その聖書の言葉によってイエスを包み込んだのであるが、その包み込み方があまりに深かったために、彼の死はすっかり変容させられてしまった。もう一度言うが、歴史とはそうやって作られるものである。説明され擁護されなくてはならないような事実がなければ、弁解がましい説明がなされることもない。イエスが実在の人物であったということは否定できないのである。

これらの三つの理由に加えて、パウロが歴史のイエスを知る人びとと接触を持っていたという見解を支持し、客観的に立証することも可能である。このことは、疑いなくパウロ自身の初期の作品の一つであるガラテヤの信徒への手紙の中に見つけることができる直接体験に基づく証言によって可能となる。この手紙の中のパウロの個人的な回想によって、私たちはパウロが実際にイエスの弟子たちの何人かとイエスの受難があった直後に接触し、彼らが歴史のイエスの直接の記憶を彼と共有したと結論づけることができる。それはイエスが生きていたという有力な証拠であるが、そのあらましを手短にスケッチする必要があるだろう。

イエスの死が紀元三〇年前後に起こり、ガラテヤの信徒への手紙が書かれたのは遅くとも五三年（おそらく五一年）だというのは学界では定説とされているが、このような新約聖書学者たちの合意を受け入れるならば、私たちの前にあるのは、その間の二十一年から二十三年間の境界線である。これに私たちは、パウロの回心の時期に関する研究では比類のない、十九世紀の卓越した教会史家であるアドルフ・ハルナックの研究成果を付け加えよう。ハルナック博士は、パウロの回心の時期は受難から数えて早くとも一年後、遅くとも六年後と論じた。[47]ということは、パウロの回心が起こったのは、紀元三一年から三六年の間だということになる。

そこで、ガラテヤの信徒への手紙を見てみよう。そこでパウロは回心の直後、彼が何をしたのかを述べている。ただ、まず私たちが留意しておかねばならないのは、パウロは回心の体験についてはほとんど何も語っていないということである。そういったことの詳細は使徒言行録によってのみ提供されているが、それはパウロが死んで三十年から四十年も後に、ルカによって書かれたものである。使徒言行録の物語の史実性は明らかに疑わしい。ガラテヤ書でパウロ自身が語っているのは、彼がイエスの教会を迫害し、破壊しようとしていたということだけである。加えて彼は、神が彼を召し出した時――彼自身の言葉で言えば、神が「御子をわたしに示し」た時（ガラテヤ１・15）――彼はエルサレムには行かず、アラビアに行き、そこで三年間留まったと言う。これにより、私たちは紀元三四年から三九年の時間枠で考えることになる。

それからパウロはエルサレムに行き、十五日間ケファ（シモン・ペトロ）と話し合ったが、主の兄弟ヤコブ以外の人とは会っていないと述べている（ガラテヤ１・18―20）。その後パウロはシリアとキリキアに行き、そこで十四年間を過ごしたと言っている（ガラテヤ１・21、２・１）。これによって私たちは、紀元四八年から五三年という時期に導かれるのであるが、これはガラテヤの信徒への手紙が執筆された時期にうまく当てはまる。十四年間の空白の後、パウロはバルナバやテトスと共にエルサレムに戻り、彼が異邦人の間で宣べ伝えている福音について使徒たちに意見を求めたという（ガラテヤ２・２―５）。パウロはその集まりにおいて到達した和解について事細かに描いている（ガラテヤ２・６―10）。私たちがこのガラテヤ書における第一次資料から学ぶことができるのは、パウロが彼の回心後三年以内にペトロと話し合い、主の兄弟ヤコブとも会ったということである。これはイエスの受難後四年より早くはなかったし、九年後よりも遅いということはなかっただろう。ペトロと主の兄弟ヤコブは歴史のイエスを知る人びとである。さらに受難後十八年から二十三年後に他の者たちも加えたより大きな会議が行われたというが、確かにそれが平均的な記憶の範囲で憶えている程度のことであろう。この時間の再構成について、あまり大それたことを断言するのはよろしくないと読者の皆さんには申し上げたいが、その一方で、完全に何もない所から生まれる神話がそのような短期間に作られるものではないということも明らかだと私は思う。したがってイエスの実在という歴史的事実が、新しいイエス探究の出発点となる。それは大それた主張ではない。しかし私たちは実際に生きた一人の人間の生を取り扱っているのである。イエスが真に人間であることは疑いようがない。

私たちが始めるのは、ここからである。ヨハネの福音書に記録された、弟子たちを訪ねてきたギリシア人たちの言葉のように、「お願いです。イエスにお目にかかりたいのです」（12・21）。そう、彼はお目にかかることができた歴史上の人物なのである。

20　イエスにおいて出会った神とは誰なのか？

「主はわたしの光……わたしは誰を恐れよう」（詩編27・1）
「主はわたしの味方、わたしは誰を恐れよう……主はわたしの味方、助けとなって……」（詩編118・6―7）

そういうわけで、イエスは一世紀に生きた正真正銘の人間である。この定義こそは無数に存在する人間の共通の特徴と言える。イエスが他の人と違っていたのは、神がこの世の生に入り込んで来るための媒介と見なされるようになった正真正銘の人間という点である。しかし「神」という言葉は人間の言葉であり、ある特定の意味を含んでいる。人間の言葉は、人間の経験を超越したリアリティを表現することはできない。「神」という言葉は、その言葉の人間的な使い方の外に存在しているわけではない。そういうわけで、新しいイエス理解に踏み入る第二のステップは、私たちが「神」という言葉で意味しているものを意識化することによって見出される。実際にあった話から始めよう。

数年前、私はアンドリュー・ブラウンという英国の宗教担当のライターによるインタビューを受けた。英国の高級紙のひとつ、『サンデー・インデペンデント』の雑誌部門の特集記事のためである。アンドリューは賢く魅力的で、因習を打破する主義の青年であり、私は彼と一緒にいる時間を大いに楽しんだ。当時私が主教として仕えていた教区を案内したので、彼は私たちの教会がいかにアメリカの都市部が抱える諸問題に取り組んでいるかを知り得たわけだが、その後でアンドリューは私に、私の神概念について質問し始めた。私は最近の五百年から六百年間の知性の革命によって、伝統的な神概念は信じることができなくされてしまったのだと応えた。このことは、私がもはやこの神を、「天におられる」方であるとか「あの世におられる」方であると思っているわけでもないし、この世に介入したり、祈りに応えたり、神の意思に適う者に報いを与え適わない者に罰を与えるような存在であるとも考えていないことを意味した。対話が進むにつれ、アンドリューは目を丸くして信じられないといった顔をするようになった。二週間後に出版された彼の記事の中で、彼は私たちの教区の新しい取り組みのいくつかを称賛していたが、やがて、この主教がいかに独創的で革新的であろうとも、最終的な分析では実は彼はもはや神を信じておらず、事実上「無神論者の主教」になってしまったと述べていた。これはなかなか気の利いた表現だ。きっと何度も引き合いに出されることだろう。「無神論者」と「主教」、この二つを並べれば、多くの否定的な反応を巻き起こすだろうことになるだろう。と同時に、私の見解ではこれは深刻なほどに無知な結論である。人間の語彙の限界と、私たちが神と呼んできた領域あるいは存在を、人間の知性が本当の意味で表現することができると思っている人間のエゴイズムとの両方を暴露している。しかし事実、ごく稀な例外を除いては、[48]今日の世界中の新聞における宗教担当の記者のほとんどは神学的には無学な人びとなのである。アンドリュー・ブラウンもまた然りである。

まず第一に「無神論者」という言葉は、一般に人びとが考えているように、神のようなものは存在しないと断言する人のことを指しているのではない。そうではなく、それは有神論的な神の定義づけを拒絶する人のことである。したがって神を拒絶することなく有神論を拒絶することは全く可能なのである。アンドリュー・ブラウンはその区別をしなかったし、できなかった。ほとんどの人は似たような固定観念に縛られている。このことを少しだけ違った角度から述べてみよう。私は神に酔いしれた人間であるが、もはや私の神体験を有神論的な神の定義の領域内では定義づけることができない。したがって私が神はキリストの内にいたと言うとき、あるいはイエスの人格において私たちは神と出会うのだと断言するとき、それは受肉や三位一体といった有神論的な神の定義に依存する教理を形作った過去の神学的定義づけとは全く違った何かを意味しているのである。そのためイエスが誰であったか、また今なお誰であるのか、そのエッセンスを取り出すためには、伝統的な有神論的神の定義は今やあまりにも単純素朴で、言うまでもなく間違ったものとして乗り越えていかねばならない。

この探求は有神論の生まれ故郷とも言える人間の意識の芽生えの段階まで私を引き戻す。それは有神論がなぜこれほどまでに人間の心理に強い影響を与えるのかを理解し、また人間の魂の内側にある有神論への執着を明らかにする助けとなるだろう。またそれは、たとえ有神論的な神の定義など現代社会における知識の進展によってほとんど破壊されてしまっているにもかかわらず、宗教的な人びとが理不尽な頑固さでそれに固執し続けるという奇妙な現実を説明することにもなるだろう。現代人は無神論者のように見えるが、実はその生活における宗教的な側面においては、瀕死の有神論に今でもしっかりしがみついている。人びとが聞き、そして受け入れなくてはならないのは、有神論による神の定義は実は神に関するものではないということである。それは常に人間であることの不安を抱えながら生きることができるようにするための対処法を必死に求めている人間に関する事柄である。だから有神論が死んでも神は死なない。それが私の到達した結論である。そこで、この結論に至るまでのステップを共有しよう。それは長い旅ではあったが、うまくいったと思う。その旅は文字通り地球の歴史の始まりにまで遡るのである。

この惑星すなわち地球は、宇宙学者や物理学者による最新の推定値によれば、十七世紀のアイルランドの主教ジェイムズ・アッシャーが提案した、紀元前四〇〇四年十月二十三日（！）よりはるかに古いもののようである。この惑星は、今日の科学者たちがビッグバンと呼んでいる、全宇宙の存在をもたらした爆発の結果として生まれた。この爆発がビッグバンと呼ばれているのは、今日存在している全ての物質がかつては言語を絶する密度の一つの塊の一部であり、その爆発が膨大な量の素粒子や宇宙塵を広大な宇宙にまき散らしたからである。この宇宙塵や素粒子は何十億年以上もの歳月をかけて融合し、最終的には数々の銀河系や、重力などの様々な力に基づいた軌道に乗って星の周りを回る天体を伴った惑星系となった。宇宙自体は百二十億から百六十億歳と考えられているが、地球のような星を含む特定の太陽系は相対的に若者であり、おおよそ四十六億から四十七億歳とされている。私たちの太陽系には最初は生物はいなかった。少なくとも地球では皆無だった。生命を支える環境がまだ存在していなかったからである。地球の表面はまだ赤く、熱く沸騰した溶岩の海だった。また常に外宇宙からの彗星や小惑星や星の破片などの衝突にさらされていた。繁殖力を持つという定義に当てはまる生命が到着した、あるいは出現するまでには、十億年はかかったようである。

この惑星で生命が最初にどのようにして誕生したのか、そしてそれがいつだったのかについては、まだ議論の余地があるが、とにかく生命が誕生したことは間違いない。その原初の形態は、自らを分割することのできる一個の細胞だった。そこから生物と呼べるようなものに発展するまで、おそらく二十億年近くかかっている！　生命のプロセスにおける次のステップは、単細胞がお互いに群れをなし始めた時に起こった。それは、細胞分化を可能にし、この世界の一部となる多細胞生物の発生を促した。顕微鏡でしか見えないほど小さく、依然として海の中であったが、この生命という名の存在は、数百万年もの後に次の大きな発展を経験することになる。すなわち今日私たちの言葉で「植物」と「動物」と呼び分けている二つのはっきり異なる存在に分かれたのである。植物と動物はその分離の瞬間から深く関連しあっており、常に互いに持ちつ持たれつの関係だった。その後数百万年かけて生物は広がり、急速に増殖し始め、海は生物で満ちるようになった。それからさらに数百万年後、地球の陸の部分がついに生命に適した状態になり、植物も動物も川床や河口に入りこむことによって、この新しい環境へと引き寄せられてゆき、ついには海から出て乾いた土地に登ったのである。ついに最近二〇〇六年にカナダの北極圏で、海の生物と陸の生物との間の過渡的な段階を示す典型的な四肢動物が発見された。それはおよそ三億七千五百万年前のものだとされている。[49]

生物たちと陸地というこの新しい環境との絶えざるやりとりは、生物たちが生き残るための容赦のない苦闘を通して、更なる適応を生んだ。そしてさらに数百万年が流れ、実に多彩な生物が進化してこの世界に広がることになった。しかしここまでの段階では、いかなる生物においても意識は存在しておらず、最も原始的な意味での感覚があるかどうかという状態だった。毎日、何百万もの生物が、他の生物の命を維持するために消費されていたが、その事実を自覚した者は誰もいなかった。この地球上の命は失われやすく、何度か絶滅の危機を経験するが、この星の生物はそれに耐え、最終的には滅びることなく、災厄の後には必ず立ち直るのだった。意識の最初のかすかな兆しは環境刺激に対する化学反応の一種として現れたが、生物が様々な異なる形態に発達するに伴い、この原初的な意識も共に発達することになった。

また数百万年の後、生命が爬虫類に進化し、爬虫類はついに世界中の生物の支配者となった。この動物たちの脳は、いわゆる「闘争‐逃走反応」として知られる恐怖と危険に対する意識的反応を生命に持たせることが可能なくらいには十分に発達していた。だがこのような早い時期においては、反応は単に本能的なものでしかなかった。というのも、この黎明期の意識には時間の感覚もなく、過去の記憶も未来への不安もなかったからである。

おそらく今から六千五百万年前以内に、何かが地球の気象を劇的に変動させた。多くの科学者が、巨大な彗星が地球に激突し、地球の軌道を外側にズレさせたという仮説を唱えている。それが何であるにせよ、それまでの支配的な爬虫類たち、すなわち巨大恐竜たちは絶滅し、彼らの消滅と共にこの惑星の生態系における爬虫類の支配は終わった。自然の世界ではよく見られることだが、この大変動は別の形態の生物が発生するきっかけとなった。そして温血動物としての豊かな可能性を携えた哺乳類が支配権を握ることになった。私たちの哺乳類としての最初の祖先は、現在の東アフリカにあたる草原に生息したネズミに似た小動物であったらしい。爬虫類たちの競争上の優位性がなくなったことで、哺乳類は広範囲の新しい環境に移動できる能力を明らかにした。それによって彼らは地球上を縦横無尽に動き回り、おびただしい種類の形態や種となって増殖することができたのである。

　哺乳類における生存闘争や支配権闘争は、最初の頃はどこに軍配が上がるか判定がつかなかったが、やがて、新しい知的な能力への可能性を持つ特定の種の猿たちが卓越するようになった。肉体の力よりも頭脳の力が勝ることを示すことで、知性は優れた才能であることが証明された。力やスピードを備えた巨大な猫たちや、そのサイズと力で圧倒的なマンモスたちも、彼らの固有の環境では比較的安全に暮らしており、後に「ジャングルの王」という呼び名を得たりもしたが、彼らは脳の力を拡張し続ける能力には欠けていた。肉体的にはさほど強くはない猿型の哺乳類たちは、サイズの増大した脳とレベルの高い意識を備えており、それが彼らを支配者へと押し上げ始めた。この動物たちは興味深い方法で共同生活を営んだ。共同体の中に目に見える上下関係の序列を築いたのである。彼らは単独で獲物を狙う方法に代えて、群れで協力し合って狩りをする能力を身につけた。彼らが知性によって獲得したものは、次第に彼らのあまり大きくない身体やスピードの遅さを埋め合わせて余りあるものとなった。彼らの脳がかつてないほど複雑に発達するにつれ、高度な計画性といった要素が生活の一部となり、彼らはこの強みを生存闘争に活かした。群れによる狩りは、時折、成功の代償として一匹あるいはそれ以上の犠牲を必要とした。どうやら一人のメンバーが生き残るよりも種の生き残りの方が価値あるものとなったが故に、彼らはこの代償を受け入れた。ここには、後に愛国心と呼ばれる、群れが生き残るために犠牲になった者を称賛する心理としての、部族的なアイデンティティの原始的な発達段階が見られる。

やがて、確実に今から百万年から二百万年前以内に（あるいはそれよりも後の可能性もある）、まだ十分に人間とは言えないまでも人間に似た動物が、猿型の生物の中から生命という絶え間なく進化を続けるプロセスの中に姿を現した。それらは決して一直線の道のりではなく、むしろ散発的に起こったことであり、発展途上の種のいくつかは行き止まりで終わった者たちもいる。これらの人間型の動物たちは道具と武器を作る技能を身につけ始めた。道具を作ったり武器を作ったりするこの行動は、彼らが道具や武器を使う可能性を予期する能力を持ったことを意味する。少なくとも、抽象的な思考力や、中期的な時間の中で起こることに対応したり計画したりする能力が、この進化し続ける生命体を特徴づけるものとなり始めたと言える。人類の登場まであと少しだが、まだ全くそこにたどり着いてはいない。

その瞬間は、五万年前から十万年前のどこかでやってきた。地球の誕生から数えればほんの一瞬前のことである。そのとき、私たちが現在定義している意味での人類の到来を告げる三つの出来事が生命に起こった。第一に意識が成長し、自意識や自我の目覚めをもたらした。第二に時間の感覚が拡張され、それらの人間型の生物は、意識的に過去を記憶したり思い出したり、未来を予測しそれに対して計画したりできるようになった。第三にこの動物たちは、自分たちの声を何らかの対象物や動きと同一化し始めた。そしてこの方法により、抽象的な思考のエッセンスである言語が生じた。それは同時にではなく、同じ場所においてでもなかっただろうし、アダムやエバと呼ばれる神話的な個人においてではあり得なかっただろうが、ある特定の瞬間、私たちがホモ・サピエンスと呼ぶ種族が初めて生じたのである。この地球という惑星は今や、自意識があり、時間を認識し、言葉によってやりとりする力を持つ住人を得たのである。進化のスープの中から何か新しく驚くべきことが姿を現した――それは、自然の歴史を人間の歴史に変容させるものである。

私は、意識が自意識となり、気づきが自我の気づきになった神話的な瞬間のことを思い描いてみようとしている。この新しいリアリティが途方もない年月をかけて当たり前の状態となり始めた感覚というのは、この生物たちにとってどんな感じだったのだろうか？　私たちが知りうるのは、これらの人間型の生物たちが、自分たちを自然の一部として見るのではなく、自然から切り離された者、あるいは自然界と対立しているようにさえ見える地点へと進化してしまったということである。これらの人間型の生物たちは、単独の、自我に目覚めた、自意識を持つ存在としての新しい中心から世界を眺めることができる地点にまで進化した。それはおそらく驚くべき不思議であったと同時に、恐怖と計り知れない不安によるトラウマ的な瞬間であっただろう。自分が力強い自然の力のただ中で恐怖に満ちて生きる、孤独で弱い自意識過剰な生き物であることに突然気づいたとしたら、あなたはどう感じるだろうか？　あなたはその自然の様々な力を名づけることはできるが、支配することはできない。これらの私たち人間の先祖たちは、生命が到達し得たいわば必然的な結果としてのこの新しい視野に立って、心底ショックを受けたのではないだろうか。彼らはこのような強力な変化を経験できたが、その変化をおそらく最も原始的な方法で理解することしかできなかっただろう。

この自我への目覚めに伴って現れたのが、時間と呼ばれる常に流れ続けるある局面なり次元の中で自分たちが生きているという感覚である。これら人間型の生物たちは、自分たちが意識のある生物として存在する以前から時間が存在し、意識のある者が存在を終えた後にも時間が存在するだろうことを認識した。つまり彼らは、自分たちが一時的な存在だという感覚によって、自分たちには始まりと終わりがあることを知るようになった。自らの有限性を受け入れつつ、彼らは自分たちの死ぬべき運命について熟考するようになった。そしてついにこの生物たちは、自分たちの恐怖を象徴的な音声によって表現し、同時に言葉の力によって彼らの限界や無力さ、そして無意味性の感覚を受け入れる能力を得るに至ったのである。

これが意味することは何か。死ぬということは毎日たくさんの生命体に膨大な数で起こっている出来事だ。そのことと、あなたが自分はいつか死ぬということを知り、それに備え、その不可避性を受け入れることとは全く別である。人間が置かれているのはそういう状況なのだ。何十億もの虫たちが毎日他の生物の餌としてガツガツ食われているのと同じように、あなたがあなた自身の存在に意味がないということに気づかないでいることと、そのような現実に気がついてそれと闘うこととは全く別である。あなたが自然界における生と死の繰り返しの一部だということと、あなたが食物連鎖の中の一部だという事実に気づいているということとは全く別である。

意識の中心として存在する人間は、今や自分が死ぬことを知っており、いつかは姿を消すということに気づいている。この自覚は彼らに、自分の存在には意味があるのかないのかという疑問を投げかけた（また今も投げかけている）。この自覚は先天的なもので、人間は皆、自意識を伴う生命体には究極的に意義があるのかどうかを問わざるをえない。故に人間であることは、即ち自意識のトラウマを抱えて生きるということである。これは存在しなくなるという脅威に対する実存的なショックである。人間以前に発生したあらゆる生物は、このようなレベルの不安を抱える必要はなかった。私たちが慢性的に不安を抱える動物であることを知ることが、人間であることの証しとも言える。それは、私たち自身を自分の死ぬべき運命を受け入れねばならない者として見ることを意味する。またそのことは、もし生命が究極的な意味を持たないとすれば、全ての生物の中で人間のみが、その無意味性の脅威を思い知るということを意味する。その脅威に対する反応として、人間は意味というものを造り出さずにはいられなくなる。そのような認識に恐れおののくのは、昔も今も人間固有の経験である。しかし、意味を手に入れ、生き残り、永く生きようとする闘いに勝つことができないのも、周知のとおり人間の宿命である。全ての生物は敗北を運命づけられている。ただ人間だけがそれを自覚的に知っている。故に、人間だということは容易なことではない。私たちは自然界の敵に倒され、殺され、食われる――どう逃れても最終的には細菌やウィルスに――私たちの肉や骨は他の生命体の食物となるのである。

もし私たちの古い祖先たちが、まずこの自覚から生じた不安を食い止めていなければ、自意識というものが生き残ることはできなかっただろうと思う。それは進化のプロセスの一つのステップではあるが、いつまでもそのままで置かれたわけではなかった。なぜならその不安を抱えたままでいることは、私たち人間の対処できる範囲を超えていたからである。それは私が思うに、この新しく発生した人類が有神論的に理解された神概念を答えとするような問いを抱いた最初の瞬間だった。有神論とは自意識のトラウマによる直接的な結果であると私は思う。有神論自体は神でない。それはむしろ人間の対処法の一つなのである。

人類はこのような疑問を抱き始めた。この宇宙には私と同じような意識を持ち、自分の存在に気づいている存在がいるのだろうか？　そしてその存在は私よりも大きな力を持ち、私が今直面している存在の不安に対処することができるのではないだろうか？　そのような存在はどこにいるのか？　その存在は生存闘争において私の味方になってくれるのか、それとも敵になるのか？　その存在は私が助けを必要とする時に力を行使してくれるのか？　どうすれば私はその存在に気に入ってもらえるだろうか？　どうすれば私はこの「他者」を迎え入れることができるだろうか？　どうすれば私はその力による祝福を確保することができるだろうか？

最初の頃はこの思考プロセスはとても単純な形をとった。孤独で自意識過剰な人類は、植物や動物といった生き物たちが人間とは全く無関係に存在していることを観察した。そしてそれゆえに、私たちの古い祖先たちは彼ら自身の起源がどこにあるのか不思議に思うのと同じように、それらの生き物たちがどこから来たのかを不思議に思った。また彼らは川の流れや潮の満ち引き、風の力や太陽の温かさや月の光といった、活き活きした自然界の力を観察した。そして彼らは、何らかの力がそれらに命を吹き込み、そういうことができるようにしたに違いないと推論した。それではその力は彼らをも守ってくれるだろうか？　これらを人類は霊と呼ばれる力によるものだと考え始めた。霊は目に見えず謎めいてはいるが、その力は容易に見てとることができた。彼らはこの霊の世界と関係を持ち、好意を得て、その保護を受けることができるだろうかという疑問を抱いた。彼らは雷や稲妻、風や雨、そして暑さも寒さも空からやってくるのを観察した。これらの力を支配している霊は空の向こうにいるのだろうか？　その霊は慈悲深いのだろうか、それとも邪悪なのだろうか？　彼らはその霊と親しくなるために何かできるだろうか？　一見生き物のように見える様々な現象の源にあるそれを喜ばせるのは一体何なのか？

やがて、生物や自然界に内住していると考えられた個々の霊たちが、人類における最初の宗教の内容となっていった。それはアニミズムと呼ばれる――すなわち、霊と呼ばれる何かが生きとし生けるものに生命を吹き込んでいるという信仰である。宗教の役割はそれらの霊を怒らせず、喜ばせることであり、そうすれば彼らは私たちの求めに応じてくれるというものだった。私たちの命の外に存在し、超自然的な力を持つ何者かとして神が誕生した。こうして有神論が登場したのである。

生命が進化し変化していったのと同じように有神論も進化し変化したが、決して当初からの定義づけを越えることはなかった。狩猟や採集による生活から定住型の農耕生活へ人類が転換したとき、有神論は大地の母の形態をとり、人間の生き残りへの奮闘を支えるために彼女の子宮から命をもたらした。このような変遷においては、有神論は女性的な特性を示し始めた。後にはこれらの超自然的な霊たちは、多神教的な宇宙に住む神々や霊たちの家族であるかのように考えられるようになった。その後しばしば神々と呼ばれたこれらの天的な力は、地上の部族的な生活の規範になぞらえて、その様々な力や働きの内容によって、上位の神が下位の霊たちを支配するという組織化が行われたようである。人間の想像力がユピテル〔ジュピター〕とユノ〔ジュノー〕あるいはゼウスとヘラによって治められた王宮というものを思いついたのもこの頃である。さらに後になると、家父長制が女性性を追い払い、有神論も多くの霊たちの世界という考えから、単一の神という形に移行した。それは部族の長のように、一種の拡大された部族の神として世界を動かし、この特定の神に仕える部族のみを選ばれた民として守り、さらに後には、この宇宙の王として全ての生命を支配する普遍的な神となった。

しかし、これらのどのイメージにおいても有神論的な神の定義は揺るがず、いつも敬意を表され、常に無傷のままだった。私の見るところでは、以下のような神の定義が明らかとなっている。すなわち、「超自然的な力を持ち、この世の外側に住んでおり、祝福し、罰を与え、自らの意志を行い、祈りに応え、はかなく弱い人間を助けに来るために奇跡的な方法でこの世に介入することのできる存在」である。この有神論的な考えが確立されるや否や不安も和らげられた。というのも、そもそも人間が有神論的な神を造り出した当初の理由が、この不安だったからである。ここで人類は結論づけた。私たちを越えた、私たちより力のある存在が存在する。その存在は私たちを守護する存在であり、自意識を持つ存在である。この有神論的な対処の道具を宗教というシステムに変えていくために必要だったのは、何がこの神を喜ばせるかを識別することだった。生存のための闘いにおいて、その超自然的な存在の助けを得るために神の好意を得る、あるいは神の怒りを避けるために、何が必要なのだろうか？　その疑問が発せられたときに宗教システムが発生した。それは全てがまさにこうした目的を果たすために意図的に考案されたものである。ここで人間の生活は一般に「宗教的な人間生活」と定義づけることができる。いくつかの宗教システムを分析すると、二つの明確な側面が明らかになる。一つは、神の好意を得るためには神をどのように拝めばよいのか。もう一つは、神に認められるためにはどのように振る舞い、どのように生きるのが正しいのか。その後もっとフォーマルな状況において、それは神に対する務めと隣人に対する務めと呼ばれ、ヘブライ人の伝統においては十戒として二枚の石板に刻まれて奉られるようになった。

しかし安心というものは、宗教システムが何らかの神の啓示によって究極的な真理を手に入れることに成功したと主張するまでは獲得され得ない。この権威の主張は通常以下の二つのうちの一つの形でなされる。一つはその真理が神に近いとされるある人物――例えば大祭司――に啓示されたという形、あるいはもう一つは神の絶対的な意志が、神の代理人にしか正しく解釈できないようなある霊感によって書かれた文書に綴られたという形である。絶対的な真理を保持しているというこの主張が、不安を抑制してくれる。宗教的な主張における相対性といったものは排除されなくてはならない。なぜならそれは、私たちを弱らせる原初からの不安を再び呼び寄せるからである。このシステムのもとで私たちは真の安心を得ていると考え、私たちは自分たちが造り上げた安心のシステムの意味を疑わないということが要求される。こうして私たちを見守り守護する全能者としての神という理念が誕生した。私たちは正しい礼拝によってこの神の好意を得る。また私たちは正しい振る舞いを特徴とする生活を生きることで、この神を喜ばせる。困難に遭ったとき、また悲しみや欠乏、病のとき、あるいはその他の逆境に陥ったとき、私たちはこの神に祈り、助けが介入してくれることを願い、祈りの答を待ち望む。悲劇が襲うとき、私たちは何が神の怒りを招いたのかと思い悩む。これが有神論の意味と遺産であり、それは自己理解において有神論的な全ての宗教の主たる内容となった。この洞察から私たちが受け入れるべきなのは、人間の宗教システムは決して最初から真理の追求ではなく、何にも増して常に必要とされたのは安心の追求だったということである。

人類が神を思い描く方法はもっぱら有神論だったのだから、一世紀のある人びとの集まりがイエスの物語において神と遭遇したと信じたとき、彼らがイエスの中に見たものが有神論的であったのは無理もない。だからイエス物語は、有神論的な神が私たちを救助するために人間界に上から介入するという記事になってしまうのである。有神論は、私たちがイエスにおいて出会った神については、十分有効な定義づけだった。字義通りに解釈された受肉の概念は、昔も今もこの理念を伝えるために使われる神学的な言葉である。神のリアリティを定義しようとする三位一体の教理も、イエスとこの有神論的な神概念を一つに統合するものである。

上から介入する神は、人間の置かれた状況と関わるために人間界に入り込む道筋を必要とするため、神を受けとめることのできる着陸路が造り出された。その着陸路をキリスト者たちは処女降誕であるとした。この奇跡によって有神論的な神は人間の体をまとい、私たちの間にやってきた。このイエスは地上にいる間、人びとが神にはできると思った全てのことを行うことができた（と描かれている）。なぜなら彼は人間の姿をした神だったからである。だから物語は、イエスが嵐を鎮め、水の上を歩き、食べ物を増やし、病を癒し、死者を甦らせることさえしたと語った。もし人びとがこのイエスにおいて出会ったと主張する神を喜ばせるなら、この本質的に依然有神論的な神は、彼らを祝福して祈りに応答し、彼らの歴史に介入し、ついには彼らをその死の瞬間に永遠の命へと受け入れ、それを最後に人間の有限性への不安を克服してくれるだろう。

有神論的な神理解の発展が直面した古くからの人間の不安は、今日なお伝統的な様式のキリスト教のほとんどの部分で作用している。宗教システムというものの変革には非常に時間がかかる。有神論は今なお生命に意味を与え、私たちの自意識的な存在に関する問いに権威でもって答え、死ぬべき運命に対する私たちの不安を永遠の命への約束でもって鎮めようとしている。こうして自意識というものから生じた不安の火は宗教によって食い止められた。私たちの中には感謝していない者もいるが、この私たちが造り出した有神論的な神の定義の中で生きることに甘んじている。したがって有神論は神そのものではない。有神論は人間による神の定義の一つである。そこには著しい違いがある。

だから私たちのイエスに関する疑問は革命的に新しい方向へと向かわざるをえない。イエスの弟子たちが人間イエスの中に有神論的な神が啓示されたということをあの手この手で宣言したとき、彼らが伝えようとしていた体験とは何だったのだろうか？　この神体験を理解する方法は、瀕死の有神論しかないのだろうか？　私たちの神理解からこの有神論的な神概念を削除した上で、なおかつ信仰者であり続けることは可能だろうか？イエスの生涯の上を覆っている有神論的な神を取り上げてしまっても、なおキリスト者であり続けることは可能だろうか？　私は可能だと信じている。実際もし私たちがこの二十一世紀においてもなおキリスト者として生きたいと望むなら、他に選択肢はないと思っている。そのために私たちは、先の章で行ってきたように、歴史のイエスから神話のイエスを切り離すという行為を通っていかなければならなかった。またそのために私たちは、彼を理解するために用いられてきた原始的なイメージを検証する必要があった。そのために私たちは今、私たちがイエスにおいて主張する神体験から、有神論的に理解された神を切り離さなくてはならない。それが私の求める洞察である。

イエスが何者であるかを発見する次のステップでは、私たちがかつて彼を覆っていた見当違いの有神論的な言葉を彼の足元に粉々になるまで粉砕することになる。そうすることによって再び、信じない人たちのためのイエスが私たちの視野に入ってくる。またそれによって人間であることの新しい意味も目に入ってくる。今や有神論がこれからも人間性に役立つものなのかどうかを問う時だ。生き残るとは、生きることそのものではないだろうか？　私たちは旅を続ける。次はその疑問に取りかかろう。

21 宗教的な怒りの源を認識する

ひとたび神概念が滅び始めると、それはハンプティ・ダンプティのようなものである。
「王様の馬みんなと王様の家来みんなでも、ハンプティを元に戻せなかった」〔マザーグース〕
私たちがキリストの物語を語る伝統的方法は、神を材料にして人食い鬼を作り出し、イエスを材料にして暴力被害者を作り出し、私たちを材料にして、いつまでも感謝感謝と言っているがそれゆえに絶望的なほど依存的な怒れる人間を作り出すのである。

有神論的な神理解が滅亡する兆候は、私たちの周囲の至る所に見つけることができる。私たちの多くはそれを見ないようにしようとするだろう。なぜなら私たちには選択肢はないし、現実を受け入れようとするよりは幻想と共に生きることを望むからである。しかし今後はそれも役には立たないだろう。ひとたび神概念が滅び始めると、それはハンプティ・ダンプティのようなものである。

「王様の馬みんなと王様の家来みんなでも、ハンプティを元に戻せなかった」。

データを見れば一目瞭然である。私たちはもはや津波や台風や熱波を、悪人を罰する超自然的な神の意志のせいにはしない。また私たちは人間の病気を、怒れる神がその人に負わせた罰であると解釈したりはしない。また私たちはもはや、神が我らの敵を罰してくださるだろうとか、戦争における我らの大義を証明してくださるだろうといった考えに確信を抱いてはいない。これら全ては、私たちがかつて有神論的な神に由来するとしていたものであるが、今や私たちがそれらを超自然的な神を引き合いに出して説明するということはあり得ない。英国の聖書学者マイケル・グールダーの言葉を借りれば、有神論的な神は私たちの時代になって「失業した」のである。この神は「もはや何もすることが残っていない」[50]。

しかし、有神論的な神のイメージ群は、典礼や説教や賛美の中に用いられ続けている――それを聴く者たちにとってはますます無意味な物になっているにもかかわらず。この慣れ親しんだ有神論のパターンの外側からイエスを見ようとする試みは、教会内の様々なグループからきっぱりと拒絶される。この奇妙で理不尽な反応は、ひょっとすると私たちが神について語る際、他の方法を知らないからではないかとも思われる。もし有神論が無効になってしまえば、あとは底なしの穴があるだけだと私たちは恐れている。この全てを食い尽くすような直観的不安や恐怖と共に生きることは人間にはこれ以上無理だろう。それは私たちが発生以来最も根源的な恐怖として忍耐してきたものである。多くの宗教はこの無への恐怖の文化的な顕れにすぎない。それが有神論に異議を申し立てられた時に人びとがヒステリックになる理由である。

今日のキリスト教会において、これらの神のイメージ群は整合性の問題に突き当たっており、そのイメージ群が今でも信頼に足るというふりを装い続けることはできないと思う人が増えている。彼らはもはや自分たちの宗教生活が謎解きゲームのようになることを望んではいない。実は私もそのような類の人間である。私は私が神と呼ぶ究極のリアリティについて語り、またそれと関わりを持つ新しい方法を探る上で、過去の有神論的なパターンを超えていく道を見つけなければならない。さもなくば正直に神なき世界で生きるしかないことはわかっている。それ以外に選択肢はない。したがって信じない人のためのイエスを探求する次のステップでは、イエスと有神論を分離することが必要とされる。

宗教的な観念の領域では、変革というものは容易に起こらない。ある人が伝統的で居心地の良い場所から動くためには、その古い場所はもはや存続できないのですよと単純に告げられる以上のものを必要とする。人びとは何か相当に強い力で強制されないと、その宗教上のセキュリティ・システムから動き出そうとはしない。実際、動かなければ実害が生じることを見せつけないと、人びとは動かない。

ここで私は、もはや信ずるに値しない有神論を抱えて生き続けることの実害が、二つの点ではっきりしていることを明らかにしよう。第一に神を理解する方法としての有神論は、実際には私たちの人間性を損なうことに役立ってきたと思われる。第二に有神論はとてつもなく破壊的な宗教上の怒りを生み出すと思われる。これら二つの論点に肉づけをすることで、私は読者のみなさんに、伝統的な有神論的キリスト教理解を超えて、力強く新しい、そしてこれまで誰も描いたことのない場所へと移り住む憧れを抱いていただければと願う。

私はキリスト教の福音のエッセンスは、第四福音書においてイエスが発したとされている以下の言葉に要約されると確信している。「わたしが来たのは、羊が命を受けるため、しかも豊かに受けるためである」（ヨハネ10・10）。もし、ここで言う豊かな命というものがキリスト教がそのために存在する究極の価値だとすれば、私たちは現代のキリスト教的表現の全てを、命を輝かす力かどうかという基準で評価すべきだし、もしそれに失敗しているなら、それがなぜかを理解しようとすべきである。

まず、およそ千九百年もの間、キリスト教が組織的にジェンダーや民族や性的指向における偏見の上にのうのうとあぐらをかいてきたのは事実である。しかし二十世紀の始まりと共に、最初はヨーロッパから、後にアメリカにおいてもキリスト教は急激に影が薄くなった。力は劇的に制度化されたキリスト教から活気にあふれた世俗的なヒューマニズムへとシフトしたからだ。キリスト教が実に永い間迎合してきたいくつもの偏見を一掃したのは、この世俗的な精神である。この精神が人権の確立によって、二十世紀を人類史上最も劇的な世紀にしたのである。

まずは女性たちが社会秩序をこじ開け、投票所での平等、法の下での平等、また教育、就職、専門職、そして兵役においてさえも平等を要求した。次に人種隔離が撤廃されることによって人種差別の基盤が破壊され、アメリカの黒人がアメリカにおける社会、政治、そしてビジネスにおける頂点に到達するチャンスの扉が開かれ、また彼らは実際に到達した。そして最後に二十世紀の後半、ゲイとレズビアンの人びとがカミングアウトし、平等と承認を求めてそれを勝ち取った。私は二十世紀以降は性差別も人種差別もホモフォビア〔同性愛を恐れる心情〕もなくなるなどとは言わない。しかしこれら全ての偏見は二十世紀において敗北し、やがては忘れ去られるに至る前途の長い道をたどり始めたのだと言いたい。これまでの人類の歴史を振り返ると、公に論議された偏見で滅びなかったものはない。論議の的になる偏見は必ず滅びつつある偏見である。論議そのものが滅亡のプロセスの一部なのだ。

私の問いは、なぜこれらの巨大な意識の変革が、キリスト教が衰退し、代わりに世俗主義が興隆する時期に限って起こったのかということである。これらの人間性を損なう慣習に対し、なぜ制度化されたキリスト教は、それができる力を持っていた時に挑戦しようとしなかったのだろうか？　またもしそこには何の因果関係もなく、単なる偶然の一致だったとしても、組織的キリスト教の大部分がこれらの変革に対して頑なに抵抗したのはなぜなのか？　制度化されたキリスト教の大勢を占める人びとが、教会と社会との両方での完全な男女平等に対して容赦ない闘いを未だ続けているのはなぜなのか？　またキリスト教の最高位に位置する指導者たちが、なぜ未だに新しく解放された女性たちから、自分の身体について自分で決定する力を奪おうとしているのか？　なぜ今日においてもなお、アメリカで最も人種隔離がひどい時間帯が礼拝の時間なのか？　今日の先進国の中で、今でもまだ教会がホモフォビアの最も強力な砦であるのはなぜなのか？　果てしなく被害者を生み出そうとするかのような有神論的な神理解に基づいて構築されている今日のキリスト教、そこにあるものは何なのか？　偏見を取り除くことや、かつての私たちの宗教による固定観念に基づいた定義によって犠牲者の役割に投げ込まれた人びとの人間性を引き上げることは、全ての人に豊かな命をもたらすと告げられたイエスの目的に実際的に適うものではないのか？　私たちが伝統的に神を概念化し、それによってイエスを定義づけてきた有神論的な方法は、実は私たちの無知のしるしだったのではないか？　私はそうだと思っている。しかしその結論を引き出す前に、私たちのキリスト教の、そして宗教の歴史を新たなデータによって導き出される別の観点から眺めてみたい。

キリスト教の歴史をざっと見通すと、有神論的な宗教と殺意を伴う怒りとの間に非常に強い相関関係があるという結論を支持する十分な証拠が見つかる。宗教的な人びとはこの事実から顔を背けたがるが、このことは痛ましいほどに一目瞭然である。互いに相反する意見を持つ人びとが宗教について会話するのを聞くだけで、いかに早く怒りが沸騰するのかを見るには十分だ。このような会話は、あっという間に無礼極まりない状態へとエスカレートする。声を荒げ、感情をむき出しにし、相手の話をさえぎり、脅し合い、侮辱し合う。宗教論議は紛争地帯となり、それはしばしば路上の乱闘騒ぎのほうがまだ上品だと思えるほどである。

私が主教時代に関わったいくつかの論争において、私が受けることを余儀なくされた敵意は、信じ難いとしか言いようのないほど激しいものだった。嫌がらせのメールや口汚い電話、あるいは私の家族の安全に対する脅迫といった方法で辛辣な言葉が投げつけられた。その中には、大したことではないと言って片づけることができないような、本物の殺人の脅迫を十六回受けたことも含まれる。数年前ある大学の名誉学位を受けるに当たって、私がすっかりアカデミックな装いで列に連なって歩いていた時に、その大学の医学部長がこの機会をとらえて、自分が教会の中での安心を奪われたといって私にガミガミと怒鳴りつけてきた。意見の不一致というものが、無関係の人たちの眼前でのこんな不作法につながるケースが、人生の他の場面であるだろうか？この手の始末に負えない振る舞いの何が面白いかというと、その敵意は往々にして我が同胞たるキリスト者たちから発せられているということである――私に関して言えば、そのうちのいくつかは福音派教会やカトリックのグループでもよく知られている。無神論者や仏教徒やムスリムから、私に対する殺害の脅迫が来たことはない。ほとんどの場合それは、自分たちを真の信仰者と定義して聖書を引用するキリスト者たちであり、神の守りのうちに、あるいは神の導きによって行動すると主張する男女によって発せられるのである。事実、神は彼らの殺意に満ちた憤怒やあからさまな怒りを正当化しているかのようである。宗教と怒りの結びつきはまぎれもない事実なのだ。

社会学的な研究は同じ結論を示している。すなわち、これまで私たちが社会において直面してきた文化的偏見のほとんど全てに関して、宗教的な人びとの方が非宗教的または世俗的な人びとよりもはるかに強いのである。そのまさにぴったりの例が、アメリカにおけるバイブル・ベルトと自称する地域に見られる。そこは私が生まれ、人生の最初の四十四年間を過ごした所でもある。アメリカのバイブル・ベルトはだいたい南北戦争において南部連合を形成した州と重なる。この地域は国内の他のどこよりも教会に通う人の多いことが統計によって明らかである。国内の他のどこよりも聖書が徹底的に読まれ教えられる。そこではより見える形で宗教が守られている。しかしこの宗教は、怒りと暴力に満ちた正体を歴史上に現すのである。例えば奴隷制は拘束された人の人間性に対する残虐な抑圧であるが、バイブル・ベルトの人びとはこの邪悪な制度を全力で擁護し、その存続と遵守を支持する聖書の箇所を引用しさえした。聖書をよく読む人びとは神から罰せられるなどと夢にも思わずに奴隷たちを鞭打ち、処刑した。それだけでなく、教育を授けることも拒絶し、彼らの家族を奴隷市場に出して散り散りにしたのだった。このような行いは間違いなく怒りと暴力に満ちている。しかし、奴隷を抑圧した人びとの大多数は信仰熱心なキリスト者だった。

南北戦争における敗退によって奴隷制は終わったが、バイブル・ベルトでは全く意図的に、そのろくでもない後継者、すなわち人種隔離によってそれが置き換えられた。一八七六年、南部での黒人への抑圧を人種隔離の仕組みによって合法化するという意気込みが買われ、アメリカ大統領職を共和党のラザフォード・B・ヘイズに委ねるという政治的な取引がなされた。このような非人間的な社会形態は、歴史の偶然で起こったものではない。同じ人間に対するこのような無慈悲な怒りは、アメリカの最も宗教的な人びとによって続けられたのである。

その七十五年から百年後、公民権運動によって人種隔離を終わらせようとする試みは、更なる暴力や苦しみを招き、多くの罪なき人びとの命が奪われることになった。現在はジョージア州出身の民主党下院議員であるジョン・ルイスは、六〇年代、全く法的な手段で人種差別を終わらせようとしたとき、「法に従う」警察に鉛管で殴打されている。[51] 南部の至る所で放水車や警察犬がデモの参加者たちに差し向けられた。教会の子どもたちは爆弾で殺害された。公民権運動の活動家たちは誘拐され処刑された。教会出席率が最も高いいくつかの州では、黒人の子どもたちの入学を拒否するために公立学校が閉鎖された。自分たちの差別的なやり方を廃するよりも、民衆の無知を奨励する方がましだと判断したわけである。人種隔離という形でこの国のこの地域を覆っていた怒りが滅びるべきものであったことは誰も否定できない。と同時に、その怒りを正当化し奨励していたのがこの地域のキリスト教であったことも誰も否定できない。

当時私は、ノースカロライナ州の東部にある人口七千五百ほどの小さな町に住んでいた。そこでは人びとの私的な会話や、彼らが感情むき出しで人種隔離を擁護する姿の中にも、文字通り怒りが煮えくり返っていた。マーティン・ルーサー・キング・ジュニアが一九六八年、バイブル・ベルトの中心部であるメンフィスで暗殺されたとき、南部の新聞記者たちはその社説で神を讃え、キングは当然の報いを受けたのだと宣言した。[52] ほとんどの場合、まさにこの社説担当記者たちが、彼らの属する地域社会の社会的および宗教的支配者層の代弁者であり、まさに南部の宗教の公式スポークスパーソンなのだった。裁判官も陪審員も、その他の選挙で選ばれた公職者たちも、皆この暴力に加担し続け、同時に聖書を読み、教会に出席することを決してやめないキリスト者でもあったわけである。公民権運動家を殺害したかどで告発された男の有罪判決が、最近では二〇〇五年に下されている。被告の名はエドガー・レイ・キレン。彼の罪状はジェイムズ・チェイニー、アンドリュー・グッドマン、そしてマイケル・シュワーナーの殺害である——事件は一九六四年、ミシシッピ州のフィラデルフィアで起こった。この男を早く裁判にかけようとするあらゆる努力が、この州のあらゆる層の人びとから妨害を受けてきた。また結審前の審理は、いつも評決不能陪審という結果に終わっていた。最終的にキレンが有罪判決を受けたとき、メディアの記事において彼が何者とされたのかは注目に値する。彼は単によく知られたクー・クラックス・クランのメンバーであるだけでなく、さらに重大なことであるが、バプテスト教会の牧師だったのである。[53] そう、宗教と怒りには事実非常に密接なつながりがあるのだ。

このつながりの証拠は、多くのプロテスタントの説教の内容を聞けばさらに明らかになる。説教者は大喜びとは言わないまでもいくらか熱狂的に、彼のメッセージに従わない者には神が何をなさるかわからないといったことを述べる。それは罰を与える神に投影された宗教的な怒りに他ならないのではないだろうか？　このようなプロテスタントのリバイバル主義者たちに負けず劣らず、ローマ・カトリックの指導者たちも、彼らが教会分離論者と呼ぶ人びとへの態度は辛辣で、その人びとが当然の報いとして受けるべき運命については歯に衣着せぬ表現をする。怒りは何度も繰り返し神の是認を受ける。

宗教的な迫害に教会が公式に関与した事実は、キリスト教史上の至る所で克明に記録されている。公的な教会の立場に異議を唱えた者たちは破門され、拷問にかけられ、火あぶりに処せられた。私はかつてサンディエゴ博物館で、拷問に使われた道具の移動展示を見たことがある。それはキリスト教史上、異端者と呼ばれる人びとに対してキリスト教の指導者たちがしばしば用いた物である。その中には犠牲者の喉に向かって突き出した釘のついた鉄の首輪もあった。それは「回心」か、あるいは死をもたらすまで締めつけられたのであろう。他にも、社会から逸脱した思想家などを串刺しにするための道具もあった。それを使うと犠牲者の内臓はズタズタに切り裂かれてしまう。これらが宗教的な怒りの表れであることを本当に否定できる人がいるだろうか？

　宗教戦争は歴史上最も残酷なものの内に含まれる。「十字軍」は教会によって公認された拷問とテロの行為に他ならない。彼らの主要な目的はきわめて単純に異教徒を殺すことであり、何たることかその殺戮は彼らの仕える神によって正当化された。その結果、怒りは宗教の香りを帯びることができたのである。

　またキリスト教は何世紀にもわたって反セム主義〔反ユダヤ主義〕を支持してきた。それは「教父」たちから始まり[54]宗教改革の指導者たちを経て引き継がれ[55]、その中にはピウス七世のような教皇たちも含まれている。そして今日でもなお、多くのプロテスタントの指導者たちの口からも聞かれる。全国ネットのテレビ放送で、「全能の神は、ユダヤ人の祈りをお聞きにはならない」と宣言したのは、南部バプテストの総会で選ばれた指導者に他ならない。[56]

　このような破壊的なレトリックの結果、いつの間にかユダヤ人はヨーロッパのほとんどのキリスト教国から追放されてしまった。また、追放されなかった人びとはゲットーに押し込められた。十四世紀に腺ペストの原因をユダヤ人になすりつけた反セム主義は、二十世紀のナチによるホロコーストのテロにおいて最高潮に達する。ヨーロッパと北米のキリスト教国は、この苦しみを和らげるようなことはほとんど何もしなかった。このことが、歴史的にもキリスト教の核心の部分で生き続け現在もそこに存在している殺意に満たされた怒りを象徴していないと誰が主張できるだろうか？

　伝統的なキリスト教の教えから敬虔さやステンドグラスのような上辺の態度を削り取ると、そこには全世代にわたって宗教的な怒りに火をつけてきた憤怒の巣窟、煮えたぎる大釜を発見することになる。キリスト者たちは自らの歴史にこのような部分があることを認める必要がある。

　この分析から提示される問いは以下のようなものである。イエスの弟子であることを自称する人たちの内部に実際に怒りを生み出し、それを奨励するようなキリスト教の伝統的理解の仕方、あるいはキリスト教そのものに存在するものは何なのか？　その怒りは突発的で偶発的なものとして扱うにはあまりにリアルであり、どこにでも遍在している。

　この宗教的な怒りの刺を感じていたのは、キリスト教会の敵とされた者たちだけではない。実はこの怒りは内部に、つまり礼拝に集まった信徒たちにも向けられた。キリスト教の式文や賛美歌の言葉の中に信じ難いほどの自己否定や自己卑下が存在することは誰でも容易に気がつく。それは神の名によって人間を衰弱させる敵意に他ならない。しかしこのような振る舞いは今日でもなお、真の宗教のしるしとしていくつかのグループで見受けられる。礼拝がしばしば自己嫌悪を経験する場になっている理由はここにあるのではないだろうか？

　私たちはよく知られた賛美歌で神の恵み（グレイス）は「驚くべき（アメイジング）」だと歌っている。なぜか？　それは私のような「ろくでなし」をも救ってくださるからである。なぜか？　私たちは問わなくてはならない。なぜ神の恵みは私たちの人間性が中傷されている所で最も良く見出されると考えられているのか？　別の賛美歌、福音伝道者ビリー・グラハムのクルセードでおなじみの"How Great Thou Art"〔直訳：あなたは何と偉大なのでしょう：日本語版「輝く日を仰ぐとき」（『讃美歌第二編（161番）』日本基督教団讃美歌委員会、一九六七年所収）〕という歌も、私たちの悪の重荷を引き受けようとするイエスの意志の中にこそ神の偉大さが最も良く表れていると告げる。それと同じような調子で、「彼は私の罪のため死なれた」というのも、日曜日の朝のキリスト教の礼拝で最もよく聞かれる呪文である。この力強い罪のメッセージが語っているのは、人間の悪がイエスの死を必要としたということである。このような礼拝を通して私たちは救いのドラマにおける悪役に貶められてはいないだろうか？　私たちの賛美歌の一つは、このことをきわめてはっきりと歌っている。

罪人は誰か？　誰がそれをあなたに負わせたのか？
ああ、私の裏切りが、イエスよ、あなたを手にかけた。
それは私です、主イエスよ、あなたを拒んだのは私です。
私があなたを十字架にかけたのです。(57)

キリスト教の礼拝において繰り返される嘆願が慈悲を求めるとき、それは私たち人間の定義について何と言っているのだろうか？　「主よ、私たちを憐れんでください。キリストは私たちを憐れんでくださいます。主は私たちを憐れんでくださいます」と私たちは歌う。常に憐れみを乞う人間とはいったいどんな人たちなのだろうか？　自らの内部に向かう怒りが命の源になり得るのだろうか？　私たち人間は自分たちがいかに絶望的でろくでなしで邪悪であるかを告げられることで救われるのだろうか？　そんなことが私たちを完全な者にしてくれるのだろうか？　そんなことが果たして私たちをより愛に満ちた者にしてくれるのだろうか？

教会によるこの絶え間ない否定の猛攻撃は、直接には、私たちの有神論的な神像が伝統的に子どもを罰する親の姿のように理解されてきたことから由来するのではないだろうか。キリスト者の主流派の解釈では、イエスはカルバリの丘で十字架につけられることによって私たちの代わりに罰を受けてくださったということになっている。全く罪のない者の神聖な血が流されたことによって神の怒りは私たちから逸らされた。私たちの悪はなくなってはいない。しかしそれは覆い隠された。そこで私たちは礼拝を以下のような有神論的テーマで満たすのである。「私は」神のテーブルから落ちる「パン屑を拾い集める値打ちもありません」。「私は小羊の血で洗われました」。

そもそもキリスト者がこのような言葉で考えることをやめれば、私たちはそれらが決して良いものではないことが分かるはずである。この絶え間ない罪と不名誉のメッセージは、伝統的理解におけるキリスト教が他者に投影する怒りによって特徴づけられていることの真の原因ではないだろうか？　このことが罪をキリスト者の生活の根本的な要素にしてはいるのではないだろうか？　また罪とは、数百年にもわたって人間の生活を支配してきた教会が装備する主要な武器と言えるのではないか？　歴史を通じてキリスト教会が人びとを操作してきた基本的な手口は、人びとに常に自分たちの失敗や落ち度や弱さを意識するように仕向けることだった。と同時に、このような行いが、キリスト者である民を常に依存的にし、口うるさい神の怒りを受けるにふさわしい反抗児のような者と定義したのではなかっただろうか？　また、イエスの福音は絶望的に罪深い民が本当は引き受けなくてはならなかった運命から救われるというありがたい神の物語として繰り返し喧伝されたのではないだろうか？　有神論的な神理解による救いのメッセージは、人間の愚かさから来る罪の感覚や、人間を特徴づける本来的な邪悪さといったものに満ちている。神のみがそれを取り去ることができるが故に、私たちは乞い願い、ひれ伏し、そして決して霊的に成長しないのである。

私たちがキリストの物語を語る伝統的方法は、神を材料にして人食い鬼を作り出し、イエスを材料にして暴力被害者を作り出し、私たちを材料にしていつまでも感謝感謝と言っているが、それゆえに絶望的なほど依存的な怒れる人間を作り出すのである。それは決して福音の「良き知らせ」ではあり得ないし、神の愛の表れでもあり得ない。このようなメンタリティは、私たちが本来あるべき姿になる自由を得るために必要な力を決して与えてはくれない。それは常に人を深く傷つけ、深刻な打撃を与えるだろう。それは決して豊かな命に導いてくれない。救われることへの感謝の念は、決して全人性へとつながっていかない。こういったこと全てが、人間であることの伝統的な定義の中に構築されてしまっており、教会は信徒たちに対していつもこのような態度で対応している。これでは、大きな怒りの根源が非常に深い部分でキリスト者の生活の一部をなしているというのもやむを得ない。侮辱された人は常に侮辱する。嫌われた人は常に嫌う。虐待された人は常に虐待する。罰せられた人は常に罰する。それは人間固有の法則である。私たちの神やイエスを理解する方法は、私たちの宗教的な怒りを生み出す上で主要な役割を果たしてきた。それは私たちの偏見を正当化し、私たちを自己嫌悪に陥らせ、私たちを感情的に虐待し、ともすれば永遠に罰を受け続ける必要があるかのように私たちに告げてきた。そうすることで、それはキリスト教の歴史全体を通じて常にキリスト者たちによる暴力を養ってきたのである。

このことは私の教え子の一人であるケイティ・フォードによって私の心にしっかりと刻みつけられた。二〇〇〇年ハーヴァード神学校においての話である。説教学のクラスにおける実習説教で、彼女は伝統的なキリスト教において彼女が体験したことを、以下のような言葉で明らかにした。

「キリスト教が私たちに与えた神は、自分の子を殺し、自分を信じない者を地獄に落とし、女性に屈従を強い、十字軍の血なまぐさい大虐殺をもたらし、裁きの恐怖や、同性愛者に対する怒り、そして奴隷制の正当化をもたらしました。いくつかの信条に表された父なる神は、この世のある子どもたちを選ぶ一方で、その他の子どもたちを切り捨てます。彼は怒れる父であり、男性の支配と女性の服従の上に立つ父であり、文字通りの意味でも霊的な意味でも奴隷制の父なのです」。

私たちキリスト者は歴史を通じて、私たちの信仰の物語をおそらく神の創造の美と不思議ではなく人間の堕落に基づく腐敗によって根拠づけてきた。私たちは「原罪」というレンズを造り、それを通してイエスを見てきた。マシュー・フォックスが言うところの「原祝福」の代わりに。(58)

今日において、宗教があまりに荒々しいものになってしまっているのは、この非常に超自然的な神概念が既に滅んでいる一方で、私たちが意識的にも無意識的にも恐怖と支配の源である宗教を野放しにしているからである。この神の死に直面した無力感によって私たちはただ不安を高めるのみであり、これまでになく高い防御壁を築かずにはおれない。またそれは、ほとんどヒステリー寸前の宗教的な怒りを引き起こす。しかし有神論的な神が滅びつつある――あるいは既に滅んでいるかもしれないという事実には変わりなく、その現実を覆い隠すことは私たちにはできない。

空の上にいて私たちの記録を取り続け、私たちの行いに応じて見返りを与えたり罰したりする用意をしている有神論的な神など存在しないことを私たちは知っている。また私たちは数学的に正確な自然法則が時計仕掛けの宇宙を支配する秩序ある世界に自分たちが住んでいることを知っている。神の意志を成就させたり信仰深い人びとの熱烈な祈りに応えたりするための有神論的な神の上からの介入というものは、たとえそれが恵みや癒しのためであったとしてももはや信じられてはいない。奇跡や魔術といった類いのものは私たちの世界から消え去った。

私たちは進化における自然淘汰や、ダーウィンの適者生存の法則が、共にＤＮＡによる証拠を伴っており、(59)私たちがかつて教えられたように、人間は天使よりも少しだけ劣る存在だというだけでなく、私たちがいま理解しているように、人間は猿より少しだけ勝っている存在でもあるということが明らかになっている。進化論に対する宗教界の反発は周知の通りである。進化論によって私たちは、人間とは何かについて新しい定義を考慮せざるをえなくなる。人類とは実際、生命と呼ばれる今も展開中の統一体の一部である。猿からキャベツまで、私たちはあらゆる生き物と深くつながりあっている。人類のユニークな所と言えば、私たちにおいては、この生命と呼ばれるリアリティが完全な自意識の中に入り込んできたことである。

キリスト者はもはや現実に背を向けて生きることはできない。有神論は倫理的に中立ではない。有神論の破棄は大いに望ましい。その真理がようやく私たちにおいて露になろうとしている。有神論の破棄は、新しい人間性と新しい成熟に到達するために通らなければならない道になるだけではないと私たちは思い始めている。それは同時に、有神論が育ててきた人間の堕落という否定的なイメージを和らげることによって宗教的な怒りのレベルを下げることに役立つはずである。神の子が死ななければ堕落した人間を赦す気になれないような神を必要とするのはいったい誰なのか？　それは神を、子どもを虐待する父として描くことだ。私たちはそのような神の死を喜ぶべきである。この神のようなやり方で自分の子どもに接する親は人道的でないと言われるだろう。今こそ、有神論的な神は非人道的だと宣告すべき時だと私は思う。有神論を越え、私たちのイエス理解を有神論的神理解から切り離すことは、単に人道上の急務であるだけではない。それは愛あるキリスト教の未来につながる唯一の道なのである。だからイエスを有神論的な神の受肉であると見なすのはもうやめよう。私たちは新しい可能性に向かって進まねばならない。有神論から歩み去ることで私たちにはそれができると思う。

今日組織としてのキリスト教会で何が起こっているかは私の知ったところではない。私に言わせれば、これは死後硬直前の最後のダンスにすぎない。今日の教会は、権威や聖書、女性、セクシュアリティや同性愛などをめぐる負け戦にそのエネルギーを浪費している。教会の歴史は、教会がそれらについていかに無知であったかを暴露している。組織的キリスト教の現状を最も雄弁に語っているのは、その内部における秘められた、あるいはあからさまな怒りである。ある組織が防御不可能なものから自らを防御するために時間を浪費するとき、また真理の本質を宣言するための新しい形を探す責任を放棄するとき、あるいは私たちがこの世界について知っているあらゆることに反するような神話に覆い隠されたイエス像をこの世に提示したり、あるいは全くイエス像そのものを提示できなかったりするとき、そして真理よりも一致を誉め称えるとき、それは明らかにその組織の滅亡の時であり、大胆な新しい方向性が必要な時なのである。必ず他の道があるはずだ。

そこで私はそのような道を指し示そうと思う。私はイエスに関する伝統的な説明から立ち去るかわりに、イエス体験に迫る新しいキリスト論の概略を描きたい。そこに姿を現すのは、ひとりの命の像である。そこでは人間は神的なものに開かれた者となり、聖なるものが現実から切り離されず、むしろ現実の表現となっているような命の像である。それが「信じない人たちのためのイエス」と私が呼んでいるものである。

22 イエス――部族的な境界線を壊す人

有神論的な宗教システムが部族的メンタリティの表出にすぎず、また全ての宗教がそのようなものであるならば、宗教とは結局人間らしさにとって有用なものではないことが明らかになるだろう。

私が子ども時代を過ごしたノースカロライナ州。北をヴァージニア州、南をサウスカロライナ州に挟まれたこの州で、私は自分の州の評判を高め、またそれによって自分自身も誇りを持とうとすることに熱心だった。そのためにノースカロライナについて、「二つの絶望の谷に挟まれた希望の山」であるとか、「二つのうぬぼれの山に挟まれた謙遜の谷」といったことを口にしていたのである。そのようなお国自慢によって自我を拡大しようとする練習が、部族主義と呼ばれる人間の生き残り戦術のひとつであるとは私は思ってもみなかった。人類は当然ながら部族的な生き物である。自意識の目覚めの時代、部族主義は生き残るための方法だった。私たちはその選択肢を受け入れ、その中で自分たちの人間性を定義したのである。そして有神論的な神が部族の神となった。

部族的な思考は、国際的なレベルからローカルなレベルまで、人間生活のほとんど全ての領域で存在する。今日アメリカは、多くの異なる部族から成る多民族、多文化の国である。しかし二〇〇一年九月十一日、この国が別の国の異なる文化から来たテロリストたちに攻撃されたとき、この国の国民はあたかも一つの民であるかのようにまとまり、伝統的かつ部族的な方法で反応した。家でも職場でも以前には決して掲げられなかったような場所に国旗が掲げられるようになった。たった一世代前にはベトナム戦争に反対して国旗が焼かれ、反米主義が支配的だった同じ大学のキャンパスで、車や自転車に国旗がはためいた。あらゆる公の場で「ゴッド・ブレス・アメリカ」が歌われた。それが祈りだったのか命令だったのかは私に知る由もない。ただこの国の集団的な目標が、私たちを攻撃する者たちを罰し、滅ぼしてさえやろうという統一された意志として表現されたのである。

ワールドカップのような国際的な競技会、様々な参加国の部族的なメンタリティはスタンドにありありと表れている。国の色の服を身にまとったり、顔や体にペイントを入れたりして激しい感情が燃えている。事実、中米では、宣戦布告がサッカー試合の敗北直後になされたことがある！　部族主義が国民国家のレベルで明らかである一方で、もっと小さなレベルでもそれは存在する。州への忠誠心や地域同士のライバル意識にも部族的な熱情が満ちている。部族的な感情というものがいかに激しくなりうるかを見たければ、野球のニューヨーク・ヤンキースとボストン・レッドソックスの試合を見れば十分である。大学間のライバル心は、これよりはるかにローカルなレベルで、このような感情を楽しむものである――この感情はスタジアムを満たしているだけではなく、卒業生をも大いに興奮させ続ける。年老いた卒業生たちで、彼らの若き日の部族的な忠誠心から逃れられる者などほとんどいないのも頷ける話である。ケンブリッジ対オックスフォード、ハーヴァード対イェール、ヴァージニア大学対ヴァージニア工科大学、ノースカロライナ対デューク、テキサス大学対テキサス農工大学など、世界でも名だたる大学の名前を挙げるだけで、それらの関係が部族的な言葉遣いに満ちていることがわかる。例えばヴァージニア大学の学生たちは、ヴァージニア工科大学の野外スタジアムが人工芝のアリーナを持っていることに対して、「あいつらのミスコン女王が芝を全部食っちまったらしいぜ！」と言い立ててみたりするのである。

部族主義は、私たちが自分たちの敵のことを描写する時にも表れる。ニュージーランドで売っていたあるTシャツにはこんな台詞が書いてある。「私は二つのチームを熱烈応援します。ニュージーランドとオーストラリアを手玉にとるチームとを」。戦争中に部族的な感情が増幅されると、部族的なプロパガンダはいつも敵を非人間化し、良心の呵責無しに憎んだり殺したりすることを容易にする。つまり戦争において自分が殺すのは人間ではない。我々が殺すのは誰かの息子でも夫でも父でもないとするのである。自分が殺すのはフンズやクラウツ〔いずれもドイツ人への蔑称〕、ジャップやニップス〔いずれも日本人への蔑称〕であり、VC〔ベトコン：ベトナム人への蔑称〕であり、暴徒、狂信者、テロリストなのだ。第二次世界大戦中の南京大虐殺や、ベトナム戦争中のソンミ村大量虐殺、あるいは第二次イラク戦争中のアブグレイブ刑務所での事件は、この部族的な人間性への洞察がなければ決して理解できない。部族的なメンタリティは人間一人ひとりの中に深く埋め込まれている。西洋人は昔から偏見を持っており、アフリカの部族間闘争が現代的でなく洗練されてもいないといった風を装う。あたかも彼らは西欧が常に部族の境界線によって分断されてきたことを——イングランドはアングロサクソン諸部族によって支配され、フランスはフランク族、ドイツはゲルマン諸部族、特にプロイセン族などの連合によって築かれた国であるし、ハンガリーはフン族の土地である——また人類のほとんど全てが世界中の至る所で部族の歴史に根ざす対立を経験していることを知らないようだ。私たち全ての者の中に自分たちとは違う部族に対する基本的で強力な内在的恐怖がある。またよそ者に対して用心し、場合によっては拒絶し、攻撃し、あるいは殺しさえもするような傾向も存在する。この部族的な伝統は生き残りを志すメンタリティから発しており、私たちの不安に満ちた人間性の中心にある何かを養っている。私たちは骨の髄まで部族的な民なのである。キリスト教を含めた世界中の宗教は、私たちが意識するよりはるかに私たちの部族的思考から生まれ、またそれを補強している。

それらは全て有神論的な部族の守護者を拝む、非常に根深い部族的メンタリティの表現である。

しかし現実には、私たちが部族的な態度に沈めば沈むほど、私たちの生活は憎しみに食いつぶされたものとなる。そしてその直接的な結果として、私たちはますます人間らしさを失う。部族間の衝突にまきこまれると、私たちの中にある生まれつきの生き残り本能が圧倒的となり、敵に飛びかかってしまうのである。共通の敵がいるとき、私たちの敵意はいつも外に向かう。政治的な連合というものも、増幅された部族的な恐怖や、憎むべき敵を一致させることによって築かれてきた。ヒトラーが権力の座についたのも、ドイツ人のユダヤ人に対する潜在的な敵意をナチ運動に向けて活性化することによってである。アメリカにおいても、政治的な勝利は、目に見える共通の敵に対して団結するために、民族的あるいは性的な恐怖をかき立てることによって勝ち取られてきた。そこでは敵の敗北が自分たちの生き残るための道であると信じられており、したがって敵に敗北することは自分たちの破滅を意味する。部族的な分断は、いつも私たちの憎悪や偏見や防衛的な傾向を強めてしまう。この部族的なメンタリティは、進化のプロセスにおいて生き残るために必要だった。しかし、それを超越しない限り、それはより深い人間らしさの可能性を奪ってしまう。

人は自分の生き残りを脅かす者への憎悪にかられている限り、完全に人間らしい者になることはできない。近年の自爆テロリストたちの存在が、このメンタリティを嫌と言うほどあからさまに物語っている。完全なる人間性というものは、部族としての生き残りの必要性や、自意識の目覚めの時代から人間の体質の一部であった部族主義の発想によって常に踏みにじられてしまう。しかし、もしイエスの目的がかつても今も豊かに命を与えることだとすれば、私たちの部族的メンタリティや部族的な恐怖をどうにかしない限り、この目標に到達することは不可能だと知らねばならない。元来は部族の神であった有神論的な神の受肉としてイエスを見なすことによるのでは、この問題に対処できそうもない。世界中のあらゆる国や民族に存在するあらゆる宗教システムや、その部族的な神の像の中には、部族的な民の憎悪を駆り立てるものがあまりに多すぎるのである。

部族的な憎悪は、憎悪を向ける対象の人間性を見えなくさせてしまう。またそれが部族的な憎悪の目的でもある。しかし部族的な憎悪は同様に、憎悪を抱く側の人間性をも消し去ってしまう。このことはまだ十分に理解されていない。有神論的な宗教システムが部族的メンタリティの表出にすぎず、また全ての宗教がそのようなものであるならば、宗教とは結局人間らしさにとって有用なものではないことが明らかになるだろう。そのことは、有神論的な宗教の力に捕われてしまったイエスについて言えるし、他の誰についても当てはまる。

このイスラエル民族の神は、ナザレのイエスが生きた一世紀のユダヤ人世界においては、まだ十分有効に働いていた。そのため人間イエスがこの部族的メンタリティと衝突するのは避けられないことだった。したがって、イエス体験における何が彼の弟子たちに、自分たちはイエスにおいて形を変えた神の臨在に出会ったと確信させたのかを理解しようとする私たちの最初の課題は、イエスがどのように部族的メンタリティと対決したのか、また彼がどのように弟子たちに、彼の生涯が鮮やかに示した完全なる人間性に向けて、あらゆる部族的な障壁を越えて踏み出す力を与えたのかを観察することである。

イエスが対決した部族的な障壁は、ユダヤ人の世界観を形成した究極の人間間の断層とも呼ぶべきものだった。ユダヤ人たちは世界を、彼ら自身の小さな国家のメンバーである「我ら」と、異教徒（異邦人）すなわち「彼ら」とに分断した。全てのユダヤ人はこの仕切りの内側で生きる。ユダヤ人は神に「選ばれた者たち」であり、異教徒は神に「選ばれなかった者たち」だった。ユダヤ人は彼らが神の意志を知っていることを確信している。なぜなら、神はシナイ山で彼らのトーラーを与え、どのように生活し、どのように礼拝するかを彼らに教えたからである。この有神論的な神を喜ばせることが、神に自分たちに好意を持ってもらい、自分たちを守ってもらう方法だった。またそれが部族的な神というものを生み出す上で意図されたことでもあった。一方、異教徒たちにはトーラーはなく、神の意志の啓示もなく、律法もない。したがって彼らは穢れており、無割礼で、コーシャーにも反する者たちと定義づけられた。ユダヤ人は異教徒とは食事をしない。ユダヤ人は異教徒とは結婚をしない。そしてユダヤ人は、異教徒と「つきあう」ことさえしなかった。イエスの時代、ユダヤ人の人間性はこのような部族的な障壁によって特徴づけられていた。ここで問われるべき疑問は、ユダヤ人でない全ての人びとを拒絶することに躍起になっている人間が、いかにして完全な人間らしさを備えることができるだろうかということである。それが一世紀のユダヤ人世界における部族としてのジレンマであったが、このジレンマの中に完全に人間らしさに満ちたイエスは歩み入ったのである。

そこで私たちがなすべきことは、イエスが目に見えるようにし公にした変容の力の響きを福音書の伝承の中に追跡することである。その響きが、イエスの命の中に現れた力、人びとが神と同じものだと感じ始めた力を示す、ある一貫性のある人物像を描き出すことを私たちは発見するだろう。

イエスの地上での生涯は紀元後三〇年前後に終わった。パウロは五〇年代前半になって書いているが、それにもかかわらず、このイエスの力はその時でもまだあまりに驚くべきことであったために、まるで宇宙からのメッセージのように彼の読者の心を打ったに違いない。パウロはガラテヤ人たちに向けてこう記している。イエスと共に人びとが得たキリスト体験の中では全ての部族的な障壁は溶け去った！　キリストにおいては、「ユダヤ人もギリシア人もない」、つまりユダヤ人も異教徒もない（ガラテヤ３・28）。そのわずか数年後、ローマ人にパウロが手紙を書いた時も、彼はやはりこのようなイエス体験の感覚を保持していた。彼は、救いが神からイエスの人格の中に到来し、それは「ユダヤ人をはじめ、ギリシア人にも」もたらされると記している（ローマ１・16）。パウロはその数節後でも、「神は人を分け隔てなさいません」と書く（ローマ２・11）。さらにその後でもパウロは、「ユダヤ人とギリシア人の区別はなく、すべての人に同じ主がおられ、御自分を呼び求めるすべての人を豊かにお恵みになるからです。『主の名を呼び求める者はだれでも救われる』のです」（ローマ10・12―13）と断言している。これは驚くべき主張である。イエスの力はパウロの部族的な境界線を拡大し、また彼を通してイエスに従う者たちが世界を受け入れることを可能にしたというのである。

コロサイ人への手紙のなかでも、パウロもしくは彼の弟子の一人が、部族的なアイデンティティなどなくしてしまおうという同じ超越的なメッセージを発し続けている。「あなたがたは、キリストと共に復活させられたのですから」と彼は書く。「そこには、もはや、ギリシア人とユダヤ人、割礼を受けた者と受けていない者、未開人、スキタイ人、奴隷、自由な身分の者の区別はありません。キリストがすべてであり、すべてのもののうちにおられるのです」（コロサイ3・1、11）。これらの主張は、完全に理解されるならば、今なおお力強くほとんど想像困難なほどのキリスト体験の記述である。このイエスに関する何かが、私たちに部族的アイデンティティという何百万年と続いてきた人間の生き残りの特性を退けさせ、新しいレベルの人間性へと導く彼の招きを感じられるようにするのに十分なほどユニークで、人生を変えるようなものだったのである。それは堕落した者たちを救うために介入してくる神の像ではない。むしろそれは、十分に完全に人間的になるよう人びとを力づける人物の物語であり、それによって人びとは太古からの生き残りのために築かれた防衛線から実際に脱出することができるようになるのである。これは人間の意識の飛躍的な進歩に他ならない。

このテーマは以前にも触れたように、新約聖書のほとんどのページに見られる。新しい人間性の感覚の全面的な変容は、人びとがイエスにおいて見出したもののまさに本質だった。それは人びとのイエス体験についての記憶の中でも深いところにある。最初の福音書を執筆するにあたって、マルコはレビという名の男について語っている。レビはユダヤ人の徴税人で、忌み嫌われていた異教徒の征服者の手下になることによって自分の信仰とアイデンティティを損なっていた。当時のユダヤの掟によれば彼は全面的に穢れている。しかしイエスはその障壁を越えて歩み出て、自らの弟子になるよう彼に呼びかけた（マルコ２・13―15）。レビはそれに応答し、言われた通りにした。それが変容をもたらすイエスの記憶になったのである。

その後マルコは、イエスがガリラヤ湖を横切っていくことによってユダヤ人のテリトリーを出ると、おびただしい群衆が彼を追ったことを非常に具体的に述べている。マルコはこの群衆が「ユダヤ、エルサレム、イドマヤ、ヨルダン川の向こう側、ティルスやシドンの辺りからも」（マルコ３・７―８）来ていたとしている。これらの領域の多く、特にヨルダン川の向こう側、ティルスやシドンの近くは異教徒が住む地域である。イエスは「穢れた」異教徒との和解のメッセージを宣言し、そうすることで彼の弟子たちに、部族的な境界線を越えて歩み出し新しくより良い人間性、他の部族の者を憎んだり恐れたり侮蔑したりしない人間性の意味を味わうよう呼びかけたのである。先に私が言及した物語において、イエスの死の意味の最初の解釈者として十字架の下に立つ異教徒の兵士を登場させることによってマルコが彼の福音書を締めくくっているのは偶然ではない。神はイエスの命の中に認識された。恐怖にかられて部族的な憎悪に隠れることなく人が他者に、それも自分とは「異なる」他者に与えることのできる力として認識された。この人間の命のイメージは、後にイエス像とイエスの記憶の両方を呑み込んでしまうことになる生贄のメンタリティをはるかに超越したものである。

マタイはあらゆる観点から見て最もユダヤ的な福音書記者である。そしてそれゆえに部族間の境界線については最も神経を尖らせていそうな人物である。しかし部族的なメンタリティをこじ開け、部族的な境界線を越えて進むために作られた解釈を施された膜の中にイエス物語を包み込んだのはマタイである。マタイはイエスによって部族的な境界線がいかに人びとの生活における最大の関心事から些少なものに変えられたのかを見せることで、イエスの誕生から死、そして復活にいたるまでの生涯の中に彼が発見した不朽のテーマを讃えたのだった。さらに彼は、私たちの人間性に制限を設け、私たちを原初的な生き残りのメンタリティに縛りつけるものは、何であってもイエス体験において存続することはできないだろうと宣言した。

マタイは彼の福音書を、イエスの誕生を知らせるために天に輝く一つの星の物語から始めている。その星の光は、ユダヤ人世界の民族的境界線の内側に生きる人びとの視野に限定されていない。どこの国の人にも見える星は、全ての人に見えることの普遍的な象徴である。マタイによれば、異教徒のマギたちを、恐怖や不安といった部族的な障壁を越えて、イエスの生まれた場所であると彼が断言する場所への旅へと導いたのはこの星だった。それが彼の物語における冒頭部分の意味である。私たちはこの賢者たちの物語を字義通りに受け取ることによって意味を取り違えるべきではない。これは実際に夜空をさまよう星を追いかけた実在の人物たちの物語ではない。私たちがこの物語を的確に読み、賢者たちとはイエスに引きつけられた異教徒たちを象徴しているのだと認識しないならば、私たちがマタイの大いなる結論を見逃すことは避けられない。というのも、この福音書における結末の物語は、やはり同様に力強く包括的なものだからである。その記事でマタイは、ガリラヤ地方のある山の頂きにおける復活のキリストを描いており、そこでマタイが復活後のイエスが発した唯一の言葉とする内容を彼の弟子たちの群れに向かって語らせている。この著者の意図において最後の言葉が非常に大きな意義を持つことは間違いない。それはどんな言葉だろうか？　異教徒をユダヤ人イエスのもとへと導いた星のメッセージの裏返しである。マタイはイエスの最後の言葉が彼のユダヤ人の弟子たちに異教徒の地へと駆り立てたことを明言している。「だから、あなたがたは行って、すべての民をわたしの弟子にしなさい。……あなたがたに命じておいたこと（例えば、私があなたを愛したようにあなたも人を愛しなさい、といったこと）をすべて守るように教えなさい。わたしは世の終わりまで、いつもあなたがたと共にいる」（マタイ28・19―20）。異邦人のもとに行け。すなわち、あなたの恐怖による境界線を越えていけ。そう彼は言っていたのである。あなたとは異なる人びと、あなたがこれまで穢れているとしていた人びとの所に行き、神の無限の愛を宣べ伝えよと。

これらの章句のみならず、キリスト教それ自体の中心に位置するこの宣教命令は、かつて帝国主義的なキリスト教が長年主張してきたような異教徒の改宗を意図するものではない。それは、他者の考えをあなたの神に関する考えに一致させろという命令ではない。それはむしろ、新しい人間らしさを体験することへの招きなのである――その人間らしさは部族的な限界を超え、またそれゆえに生き残りへの希求をも超えて拡大する。それは命を与える愛の力を全ての民と共有しようという招きであり、その愛は常に人間の命を高める。わが身を守るための障壁による束縛という十字架から私たちを解放する。その全てがイエス体験であったし、今もまたそうなのである。

ルカに目を向けると、以上のような包括性というテーマと、完全に人間らしい者となるために部族的思考という精神安定剤を投げ捨てる必要性が、再びしかも非常に劇的に提示されている。ルカによる福音書と使徒言行録の双方を執筆したこの著者は、イエスを描くひとつの物語を造り上げた。その生涯と宣教をとるたりないナザレという村、ユダヤ人世界の辺境で開始し、やがてエルサレムというユダヤ人世界の中心へと旅し、その都市を、そして宗教においても部族的メンタリティにおいても熱狂的な人びとを、愛の力へと取り戻そうとする。ルカは決してイエスや彼の弟子たちをガリラヤに戻らせたりはしない。むしろ彼は、この普遍主義の夜明けを、異教徒の世界の中心、非ユダヤ的な世界の都であるローマへと否応なく広がるものとして描く。それゆえルカによる物語はローマで締めくくられる。

ルカは彼の福音書を締めくくるにあたって、イエスの弟子たちがイエスの生涯の意味を知る証人であったことを読者に思い起こさせている。イエスの生涯は「エルサレムから始めて、あらゆる国の人びとに」(ルカ24・27)呼びかけるという唯一の目的のために、受難と死を通り抜けて復活にまで至ったのである。もうあなたは部族を超えた人間らしさへと向かうべきだと彼は言う。ルカは使徒言行録の冒頭で、この前進命令を再びイエスに繰り返させている。「そして、エルサレムばかりでなく、ユダヤとサマリアの全土で、また、地の果てに至るまで、わたしの証人となる」（使徒1・8）。地の果てとは異邦人たちが住む地域のことであったことを、どうかおわかりいただきたい。つまり彼はあなたに、あなたの人間らしさを阻んでいる生き残りの本能を超えて行けと言っているのである。あなたは自らの部族的な障壁を超えて行くべきだ。あなたとは異なる人びとの所へ。また自らの安全を守る必要上憎悪を抱いたり穢れた者たちとして扱うよう教えられてきた人びとの所へ。部族的な境界線を消し去り、セキュリティ・システムから踏み出すよう人びとを促し、防衛本能の壁に妨げられない新しい人間性へと流れ込む何かが、このイエスの中には存在する。それが、このイエスという人間の中に神が存在していることを経験したと言うときに意味する一つの巨大な次元である。

最後に、このイエス体験の意味が再びきわめて劇的に強調されるのは、ルカが使徒言行録において、恐怖におののいて上階の部屋に集まっていた弟子たちに聖霊が注がれた物語を語るときである。この物語ではイエスの弟子たちが教会となること、すなわちキリストの体となることが委託されている。このペンテコステの物語では聖霊の顕現が彼ら弟子たちに部族的な境界線を超える力を与えたことが象徴的に表現されている。すなわち聞いている人びとがそれぞれ理解できるような様々な言語で話したという描写である。読者にそのメッセージの力を十分に確信させるためにルカはこのように付け加える。「わたしたちの中には、パルティア、メディア、エラムからの者がおり、また、メソポタミア、ユダヤ、カパドキア、ポントス、アジア、フリギア、パンフィリア、エジプト、キレネに接するリビア地方などに住む者もいる。また、ローマから来て滞在中の者、ユダヤ人もいれば、ユダヤ教への改宗者もおり、クレタ、アラビアから来た者もいる」（使徒2・9―11）。一世紀の人びとの地理的な知識から見て、これは実に印象深い世界観である。西はリビアやローマから、ギリシアを通過してアラブ人、ペルシア人、バビロニア人の土地を含み、現在のイラクの中心部にあるティグリス川とユーフラテス川によって作られた谷にあるメソポタミアにまで届いている。

新約聖書に収められたこれらの物語が明らかにしているイエス体験の意味は、生き延びるための防御壁を手放し、部族を超え、言語を超え、恐怖によって強いられたセキュリティ・レベルを超えて進み出るための力をイエスが与えたのだということである。私たちは、この聖書の中の証人たちのリストが語っているように、全ての人に対して命の意味を開き、またそれゆえに神の意味を開くような人間性に踏み込むよう招かれているのである。それがイエスのもたらした贈り物である。

各福音書に表現されているこのキリストの意味を見抜き始めると、私たちは、福音書記者たちが伝えようとしていたのは、罪人を救済したり、失われた者を助けたり、私たちの不安を煽ろうとしたりするような部族的なメッセージではないことがわかってくる。むしろそれは、イエスの存在を経験した人びとに対して、彼らがイエスにおいて見出した完全なる人間性を、全てを包み込むような新しい命へと、彼ら自身のために解釈し直すよう呼びかけることを意図して作られたメッセージである。それは恐怖や不安を乗り越えて、防御壁の外に出るリスクを冒すことを、そして以前には知られていなかった仕方で人間というものを受け入れるよう呼びかけているのである。

この呼びかけを発し、弟子たちをその意味へと招いたのは、イエスの全身に充満した人間性の力だった。私たちの人間性が恐怖に脅かされるとき、また私たちが自分で建てた防御壁の背後に隠れるとき、私たちは生き残り指向の人びとの間で葛藤せざるをえない。私たちの人間性が大きく広がった命に満たされることを求める中で、どんな危険も顧みず自分たちと異なる人びとを愛するよう呼びかけられるとき、私たちは人間というものについてたいへん異なったイメージを抱くことになる。完全に人間らしい人間、すなわちイエスにおいて神の命へと入る唯一の方法は、私たちの人間らしさ、私たちの完全な人間らしさの意味の中に歩み入ることだと悟る。キリスト教がこれまでしばしば教えてきたように、神性が私たちを人間以上のものにしてくれるわけではない。むしろ神性は境界線が消え、憎悪が失せ、そして新しい創造が姿を現すとき、人間らしさの充満において見られるのである。

だからこそ、神なるキリストがここにいると断言できるとすれば、それは人間イエスの完全なる人間らしさを讃えることによってでしかあり得ない。イエスはその人間性が完全無欠であるが故に、霊の領域にまでも開かれている唯一の比類なき命である。霊の領域とは、私にとっては、人間がまさに神の命の中へと入る場所である。私たちは「神的な」という単語でさえも人間の経験に名前を与えるために作られた人間的な言葉だということを認識する必要がある。

このイエスを見るとき、私はもはや人間の形をとった神を見るようなことはしない。そんなものは今の私にとっては神の意味についての全く不適切な有神論的理解である。そのような理解は部族の生き残りへの要求に応えて作られたものにすぎない。そうではなく、私はイエスを見るとき、神そのものに対して全く開かれた——命に開かれ、愛に開かれ、存在することに開かれた一つの人間性を見出すのである。これはイエスについて考える新しい方法であるが、これに伴い、有神論の破綻は明らかであり、超自然的な神は滅びるだろう。しかしこれは歓迎すべき選択肢である。

こうして部族的なアイデンティティによって人間性を阻んでいた最初の障壁はこじ開けられ、このプロセスによってイエスは部族的宗教の牢獄から脱出する。私たちが自らの人間性を深刻に阻害する部族的な限界を超えて歩み出ることを可能にするのは、まさにこの人間イエスなのである。こうして、信じない人のためのイエスが形をとり始める。

23 イエス――偏見とステレオタイプを壊す人

偏見はどのような形態であれ、あらゆる人間に印をつけたがる一種の病気である。これも生き残るための一つの技術なのだ。

人類史始まって以来猛威をふるってきた部族的アイデンティティであるが、自意識を持った新しい人間たちが生き残りのための手段として開発した武器はそれだけではない。自意識は生き残りを最初の目的にした。そしてその周りに私たちは全ての生き物を体系化し、そのことが私たちの部族的宗教の発展の仕方に影響を与えた。自己中心的な生き残り本能は、私たちの種を特徴づける自己中心性の普遍的な側面であって、かつての宗教的な人びとなら即座に断定するような、人間性の中心部に横たわる先天的な悪、あるいは堕落の結果などではない。それはむしろ、進化における苦闘、すなわち適者生存の戦いの現実である。どんな手段を用いてでも仲間の人間たちより優位な立場を勝ち取り、敵を打ち負かし、自分たちが他の全ての者よりも優れていると証明するために時間を費やすのは、私たちの人間性のかなり本質的な部分である。そしてそれが、私たち全ての者における偏見が根深いことの理由でもある。偏見はどのような形態であれ、あらゆる人間に印をつけたがる一種の病気である。これも生き残るための一つの技術なのだ。そのため、私たちが完全に人間らしい者になるために理解と探究を進めようとするならば、ここで人間の偏見というものを私たちの顕微鏡の下に持ってこなければならない。部族的心理と同じように、偏見も私たちが完全なる人間となろうとするのを阻み、歪めるものである。

偏見は投影という人間の行為を通して姿を現すが、そこには三つのステップがある。まず私たちは生贄を特定する。次にその生贄に対して私たちは自分たちの中の欠点や傷、そして恐怖を、それが実在するか単なる想像かにお構いなく投影する。そして最後に私たちは、それらの人間的な感情を投影している相手を排除する。こうすれば私たちは、それらの事柄が自分たちのせいだと思わなくて済む。悪いのは生贄なのだ。神の国が完全にやってこないのはユダヤ人のせいだとキリスト者たちはかつて論じていた。そして彼らはキリスト者たちの怒りを受けるに値するとされた。なぜなら彼らは救いのメッセージを拒むことによって世界制覇という目標をキリスト教会が勝ち取ることを妨げているからだ。またアメリカ南部で南北戦争が起こったのは黒人のせいだ。一九三〇年代に大恐慌が世界を揺るがせたのは共産主義者のせいだ。家族の価値を貶めたのは、公平な就職、公平な収入、そして公平な発言力を求めた女性たちのせいだ。そして今日において結婚が促進しないのは同性愛者のせいだと言うのである。

偏見とは常に、偏見を持つ者自身の欠点や傷や恐れを暴露する。偏見はまぎれもなく、私たちが生き残りの中で優位に立つためのもう一つの方法である。私たち自身の欠点をうまく生贄に投影し、実はおそらく自分に対して抱いているであろう自己嫌悪を全てそこに投影することに成功すれば、私たちは自分が指名した生贄を排除することによって自分を正当化できるのである。感情的な議論とはそのようなものである。私たちは自分が指名した生贄を拒否することによって実際に自尊心の高揚を感じる。それは、生活環境や宗教から、自分たちが無力で拒絶されるべき存在であると宣告されてきたために最も深い問題を抱えた人びとにとって、必要な偏見だったのである。

私たちの社会では、人種やジェンダーや性的指向に関する偏見が大手を振ってまかり通っている。私はこれらの偏見を打倒するために起こされた改革に参加しながら生きてきた。しかし同時に現在の私にとって明らかなのは、堕落した無力な人間を救うためにどこからかやってくる救い主に関するメッセージを含む私自身の信仰が、私たちの選んだ生贄に対するかつての私の態度を事実上祝福し正当化するために利用されていたということである。この事実に直面したことによって私は、イエスとは何者かということの全く新しい理解へと押し出された。現在私は彼のことを、私たちを救うために介入してきたが、実際には私たちの人間性を低め、結果的に私たちが自らの自尊心の欠如を克服しようとして新たな生贄を作り出すよう導いてしまうような神だとは思っていない。そうではなく私はイエスを、私たちをある新しい人間らしさへと招く人として見ている。救いとは私たちの罪深さの確信ではなく、あらゆる欠点を超越した新しい意識へと進み入るための力を受けとることである。

ここでまず人種に基づく偏見について検証してみよう。怒りを論じた先の章で私たちは人種差別の現れ方について観察してきたが、ここではそれがどのようにして宗教的に正当化されてきたか、また現在もされているかを観察する必要がある。これについては自伝的に取り扱うのがベストだろう。というのも私たちの子ども時代は偏見を空気のように呼吸してきたからである。私はアメリカ南部における人種隔離の世界で育った。そこでは文字通り無学で貧困の状態に固定された黒人たちが存在しているおかげで、私の家族のような教養のない白人たちが劣等感を抱かずに済んでいた。私の家族の者たちは、「少なくとも我々はニグロじゃない」とよく言ったものである（そういう言葉を上流社会でも使っていた）。そのような世界では、黒人は一方では依存的で子どもっぽく無能で間抜けとされており、また一方では力持ちで逞しく性的にも精力絶倫だと見なされていた。人びとはこの両方の定義に弄ばれて、互いに相反する恐怖の中にある矛盾に気づかなったし、偏見を持っている人自身が本当は何を求めているのかを認識する様子も全くなかった。それどころかこれらの定義づけは、有色人種が絶えず受けてきた残虐で非人間的な扱いを正当化するために役立った。例えばある人がアフリカ系の出身者は生まれつき間抜けで無学であると確信するようになると、次には論理的必然として、彼らのような劣った人間性における基本的かつ先天的な欠陥を克服するために、時間や労力や資金を無駄に費やす必要はないという結論に至るのである。したがって黒人の子どもたちに非常に貧しい内容の教育を施す人種隔離的な学校システムは、正当かつ適切で自然なことだということになる。人種的なステレオタイプの要素として、無知のイメージを強化する表現文化はたくさん存在する。例えば私はかつてスイカが熟しているかどうか知りたければ叩いてみればよいと教わったことがある。「もしスイカがニガーの頭みたいに空っぽの音がしたら食べ頃だ」。そう私に助言してくれた人物は、それが人の命をも奪う偏見を強化する言葉だという認識など全くなく、当たり前のように話していた。

黒人は生まれつき依存的で子どもっぽいという偏見は、私の子ども時代に植えつけられたものである。無論それは、白人がより成熟した人間であると感じることができるように、彼らを子ども扱いすることを正当化する。アメリカの歴史において黒人奴隷は常に、たとえ彼らが成人に達していても体罰によってしつけられていた。彼らには決して経済的に自立できるに十分な賃金が支払われることはなかった。そのため彼らは、この世で生き延びるために必要な物を調達するために、高位の白人と思われる人間の前では卑屈な態度をとらねばならなかった。数世代後の黒人運動家たちは、このような態度を「アンクル・トム」と呼んで軽蔑したが、この「アンクル・トム」症候群は生き延びるために必要な道具として黒人たちが用いた技術であり、当初それは意識できないほど深く刷り込まれていたのである。卑屈でこびへつらうような服従は「アンクル・トム」の特徴である。黒人奴隷たちはそのような態度で農地から引き上げ、彼らを抑圧する者たちの家に入らせてもらう。

そこには多少ともましな食べ物があり、それをもらうために彼らはご主人様や奥様のご機嫌をとるのである。

黒人が人種的に怠惰で無能だという思い込みは、とりわけ示唆に富んでいる。私は幼い頃から何度もこの二つの形容詞が人種差別用語として併用されるのを聞いてきた。私がこの二つの言葉が投影のための道具だと悟ったのは、アフリカからさらってきた人びとを怠惰で無能だと呼んでいたのはヨーロッパ人の子孫である白人たちであることに気づいたときである――実際には白人たちは、自分たちにはできない、あるいはやりたくないような激しい肉体労働をやらせるために彼らをアメリカに連れてきたのである。本当に怠惰で無能なのは誰なのか一目瞭然である。何と巧みに黒人奴隷たちは、白人たちの無能を意識から隠すために利用されたことか！　しかし偏見とその本当の意味は、私たちの言葉からいつも滑り出てしまう。私の子ども時代、私自身の母や父がそうであったように、白人が激しい肉体労働を伴う厳しい一日を過ごすとき、彼らの決まり文句は「今日もニガーみてえに働かなきゃいけねえ」だった。もう一度言う。怠惰なのは誰か？　無能なのは誰か？　偏見というものは、被害者の実態よりもはるかに雄弁に加害者の自尊感情の欠如を物語るのである。

もう一つの巨大な恐怖、南部の白人たちの心にあるもう一つの不安の源は実は性的なものであり、それがもう半分の偏見に満ちた決めつけを生み出していた。南部の言い伝えでは、黒人男性は獣のような情欲と性的能力に満ちた者として描かれる。シェイクスピアの悲劇『オセロ』は地域的にも時代的にも異なるところで執筆されたが、実は同じテーマを描いたものである。南部の白人たちの最も大きく明瞭な恐怖が、劇中のほとんど全ての人種差別的なやりとりの最後に、反論の余地のない結論として発せられる言葉に表現されている。「おまえは自分の娘をニグロの嫁にやりたいのか？」。私が南部で育っていた頃、こんな言い回しを何千回も耳にした。この国では見合い結婚という制度がないので、ここで表現されている無意識の前提は、もし自分たちの娘が黒人男性と結婚することが可能なら彼女たちはそうしてしまうだろう、ということである。なぜなら黒人男性は性的に強いと思われ、それを白人男性たちは恐れていたからである。またおそらくそれが、白人男性は白人女性を黒人の性暴力から守らねばならないという南部特有の騎士道が考え出された理由でもある。南部における黒人男性へのリンチのほとんどは、白人女性への実際の性暴力、あるいはその濡れ衣からなされている。黒人の愛人と関係して妊娠した白人女性は「レイプされた」と泣き叫び、その犯人を恣意的に指名し訴えることによって常に自分を守ることができた。白人女性が自分から進んで黒人男性とそのような行為をするとは白人男性たちには考えられないから、白人女性の貞節を汚した犯罪が明らかな者、あるいは容疑者に対しては、自警団が襲撃してリンチにかけることになる――その一方で、白人男性が日常的に（しかも何の咎めも受けずに）黒人女性を強姦していたのは、よく知られた事実だというのに！

人種差別の歴史においてセックスがいかに深く結びついているかを無視することはできない。南部の白人たちが「異人種間結婚」とか「人種の混交」と呼んで恐れているものは、もちろん現実に起こっている――ただしそれは白人男性に襲われた黒人女性たちの犠牲の上に成り立っている。黒人たちの記憶はこのようなエピソードに満ちあふれている。[60] 奴隷制と人種隔離が行われていた時代には、このような慣行はほとんどどこでも行われていた。そのために現在アメリカに住んでいる人間の中で、本来の故郷であるアフリカの血のみが血管を流れている人はほとんどいないのである。白人男性たちは自分たちの性的劣等感をやり過ごすために黒人男性を抑圧し、黒人女性を襲った。現在そのような強姦者のうちの幾人かは、新しく発見されたＤＮＡ鑑定法によって特定されている。その中には、例えばアメリカの第三代大統領トマス・ジェファーソンといった過去の著名人や、サウスカロライナ州の人種差別主義者で人種隔離を擁護した州知事であり上院議員でもあったＪ・ストロム・サーモンドといった近年の著名人も含まれている。

もし私たちが偏見というものを人間のサバイバル症候群の一部であると認めるなら、それは私たちをどこに連れていくだろうか？　もし私たちが私たちの生贄を敗者にすることで自分たちが勝者になるとしても、その勝利はそもそも自意識の強い人間の心に生き残りという目的を置いた無力感を克服するのだろうか？　それはまずあり得ない。それはむしろ、その病気の別の形の現れ方にすぎない。だからといって、私たちの人間性における自虐的な側面から私たちを救うために人間界に登場した神としてイエス物語を語ることによって、私たちの生き残りという課題に対処できるわけでもない。そのような物語は私たちの慢性的な劣等感の存在を確認することにしかならない。私たちは他者を拒絶したり憎んだりすることによって、決して完全なる存在にはなれないだろう。そのことをイエスは理解していた。しかし彼はそれを、神と呼ばれる人間界の外にいる何かからではなく、彼自身の人間性から理解したのである。

さらに一歩しっかりと踏み出そう。歴史のイエスを歪曲してきた超自然的な枠組みから出て、もう一度彼の人間性に目を凝らしてみよう。イエスが彼の時代にもあった人間性を奪う人種差別的な偏見とどう対決したかを観察しよう。一世紀のユダヤ世界において穢れた排除すべき人間の屑と言えば、サマリア人だった。彼らは雑種であり、その血統はユダヤ人の先祖と異邦人たちとの結婚によって堕落しているとされた。彼らは概して宗教的な指導者たちから異端であると見なされていたが、それは神に対する真の礼拝が彼らの片側の祖先である異邦人（つまり異教徒）によって穢されているからというのである。ユダヤ人はサマリア人を非常に忌み嫌い、ガリラヤからエルサレムに旅をする時も、ヨルダン川を渡って東岸の砂漠を通り抜け、再びヨルダン川を西岸に渡って南からエルサレムに到達するルートを取るのが普通だった。このルートを通れば、彼らは旅の間、穢れたサマリアの空気を吸わなくても済むからである。このユダヤ人のサマリア人に対する偏見に見られるように、偏見というものは加害者の生活を不便にしてまでも根深く染み付いているものなのである。

イエスはこの偏見にどう対処しただろうか？　それには人間イエスがこのような当時の非人間的な力に対し

てどう振る舞ったかを、各福音書に少し目を通して観察するだけでよい。イエスの偏見に対する反応に最も焦点を当てているのはルカのようだが、ヨハネも同様に力強くこれに取り組んでいる。パウロは、キリストにおいては「奴隷も自由な身分の者もなく」（ガラテヤ3・28）と述べている。しかし彼は「サマリア」とか「サマリア人」という言葉は一切使っていない。それはマルコやマタイにおいても同様である〔実はマタイには一度だけ出てくる（一〇・五）。しかし、やはりサマリア人を忌避するようにという発言ではある〕。しかしルカはこの問題に対しては実にはっきりしている。彼はイエスに、福音のメッセージはサマリアでも聞かれなければならないと言わせている（使徒1・8）。これが人間を消耗させる偏見という状況の上に輝く光であることは間違いない。ルカはイエスのサマリア人への対応を二つの力強い記事で描いている。

ルカの第一の記事（10・29―37）は、私たちが以前から「善いサマリア人」と呼んできた一人の男についてイエスが語ったたとえ話を含んでいる。「善いサマリア人」というのは面白いタイトルだ。というのは、「善い」という形容詞が「サマリア人」という名詞を修飾するために普段から使われていたとはとうてい思えないからである。このたとえ話は部族的排他性と宗教的義務の関係に関心を向けている。[61] トーラーは究極の宗教的義務は困窮に置かれている人びとに慈悲を示すことだと定めている。しかし同時に、異邦人（およびサマリア人）は死んでいるあるいは死にかけている人間と同じくらい穢れているとも定めている。イエスのたとえ話はユダヤ人の宗教における二人の代表、祭司とレビ人を、儀礼的浄さと慈悲とが衝突する状況に置いている。この物語のポイントは、この二人の男たちから慈悲の方が失われてしまったということである。他者の人間性を軽んじるということは部族的宗教ではありがちなことである。その一方で、雑種で異端で穢れたサマリア人――おそらくトーラーを学ぶというような恩恵には与らなかった――は、部族的宗教による指示に毒されてはいない。彼はただ一人の困窮した人間を見ることができ、その困窮に対して自らの時間と気遣いと手段を用いただけである。

このたとえ話によってイエスは彼の聞き手に、砂の上に線を引いて神の愛と慈悲を制限するようなことはできないのだから、一人の人間ともう一人の人間との愛に線を引くべきではないと告げている。これは過激で挑戦的な結論である。あなたに偏見がある限りあなたは人間ではない、そうイエスは言ったのである。偏見は常に人間性を冒瀆する。偏見はあなたの生き残りには役立つかもしれない。しかし、あなたが完全な者でありたい、人間らしさにあふれた者になりたいという求めには応じてくれない。もしあなたが自らの脅えた人間性の中で衰弱させられる局面から脱出し、他者を引きずり下ろすことで自分の評価を上げようとする恐怖の壁を超えていくことができないのであれば、あなたは決して人間性にあふれるということはできない。それがかつての、そして今も発せられているイエスのメッセージなのである。生き残り志向ではない、無私の新しい人間性を求める旅において、部族としての安全や偏見といったようなものを手放すよう、イエスはあなたに呼びかけ、その力を与えてくれる。そこに救いはやってくる。それは人間になりすました神ではなく、一人の人間性に満ちあふれた人物によってこそ成し遂げられる。それはイエスの命において見出された完全なる人間性への洞察であり、それによって当時の人びとは彼の中に神が存在しているのを見ることができたのだった。

ルカの第二のサマリア人に関する物語においても、その最終的な意味は同じである（ルカ17・11―19）。十人の重い皮膚病の患者たち〔著者はハンセン病患者と書いているが聖書本文からは特定され得ない〕が、ガリラヤとサマリアの間の地方を旅していたイエスのところに来て、憐れみを求めたと伝えられている。重い皮膚病は文字通り肉体が腐って落ちる病で、当時の中東では天罰とされていた。患者は追放され、触れてはならない穢れた者として人びとが住む居住区から離れた所にある集落で暮らすよう強制された。イエスはこの十人の患者たちを見てこれに応じ、トーラーが定めているように祭司たちの所に行って、彼らが病から浄められ、したがって社会復帰できることを証明しなさいと彼らを行かせたという。物語によれば、患者たちがこのイエスの命令に従うと奇跡的な治癒が生じた。かつてはこの世から排除すべき者とされた人びとは、今や肉体的に完全な者となった。彼らのうち九人は後ろを振り返ることもなく、声高に自分が治ったことを吹聴しながら行ってしまった。たった一人、自分が浄くされたことに気づいて、その癒しの源であり媒介者であったイエスに感謝しながら戻ってきたという。他の九人はおそらく敬虔なユダヤ人であったが、この一人は穢れた異教徒で異邦人のサマリア人だった。イエスは言った。「立ち上がって、行きなさい。あなたの信仰があなたを救った」。この言葉はイエスのメッセージの本質、すなわち「行って、本来のあなたとして生きなさい！」を暗示するものであると私は信じている。

イエスの関心は全人性にある。その結果、彼は人間らしさというものをある新しい視点から見るようになったのだ。イエスは、一人の人間の人間性は他者の人間性に触れることができるし、また恐怖や部族的なセキュリティ・システムや偏見に満ちた決めつけや見せかけの安全性を見出そうとするその他あらゆる境界線を超えて歩み出る力を他者に与えることができると信じていた。それは「彼」にしかできないことではなかった。イエスという完全に人間らしい存在において見出された神の招きは、人間らしさの意味を「全ての」人に与えられる贈り物にした。そのために人びとが人間イエスの中に彼らが神と呼ぶものを見たのである。彼の人間性は、彼の命を神そのものに向かって開放した。イエスを体験した人びとは、この新しい命の質を体験した。彼らはそれを見、それを感じ、それを獲得した。それが私たちの探し求めるイエス体験であり、イエス体験の一世紀風の説明ではない。この二つは全く違うものである。

ヨハネは福音書を執筆する際、自らのサマリア人理解と女性理解を結びつけた。そのことによって、自己中心的で生き残り志向の人間が、自意識過剰で恐怖に満ちた無力な生き物であることから受けたトラウマに対処する方法のもう一つの象徴として、ジェンダーにまつわる偏見に焦点を合わせている。サマリア人に対する一般人の偏見は、ヨハネの福音書の中でも明らかに作用している。彼はユダヤ人群衆の一人が次のようにイエスに言ったことを記している。「あなたはサマリア人で悪霊に取り憑かれていると、我々が言うのも当然ではないか」（ヨハネ８・48）。サマリア人と悪霊の取り憑きとを結びつけることをやめさせることがここでは意図されている。しかしそれより前の方の物語では、ヨハネはサマリア人であることと女性であることを結びつけ、それによってこの父権的な社会で人びとから広く不適格者として二重の烙印を押された人物を登場させている。それがヨハネの語る筋書きである（以下４・７―42を、多少手を加えて引用してみよう）。

一人のサマリア人女性が水を汲み上げようと井戸の所に行く。彼女が来たとき、独りで井戸のそばにいたイエスは彼女に水を飲ませてくれと頼む。彼女は彼が慣習を破っていることを告げる。というのも彼――ユダヤ人――がサマリア人女性に水を求めたからである。ここでヨハネは一旦物語を中断し、このことがいかにあるまじきことであったかを読者に確認させている。イエスはあえて会話を続けることで意図的にこのタブーを冒し続けた。もしこの女性がイエスの招待を知れば、彼女は彼に「生きた水」を与えてくれるように願うだろうとイエスは言った。ユダヤ人世界では「生きた水」とは常に聖霊と同義語であり、元来は命を人間に与える者として考え出された存在である。[62] この女性は言葉の字義どおりの意味にとらわれて、イエスには彼女に水を与える用意がないではないかと答えた。「あなたは汲む物をお持ちでないし、汲む物が無ければ水に届かないほど井戸は深いのですよ」と彼女は言い張る。そして彼女は、民にこの井戸を与えた彼女の先祖ヤコブと比較して、イエスのことを悪し様に言う。

そこでイエスは、霊あるいは生命力としての水の深い意味について立ち戻る。彼は、井戸の水は喉の渇きを一時的には満足させてくれるが、何度も繰り返し飲まなければ再び渇いてしまうことを強調する。生き残りのための要求も、喉の渇きを癒す水のように終わることなく毎日追い求めなくてはならないではないかと彼は示唆する。しかしどんなに激しく追い求めても、生き残りのための要求は決して完全に満たされるものではない。有限性と死は私たち自身と切っても切れない属性である。完全なる者となりたいという切なる願いは、永遠に喉が渇かないようにしたいと望むのに似ている。イエスの与える水は、この人間の力や成功、あるいは人を束の間の勝利感にひたらせるにすぎないあらゆるものを追い求めるサイクルを断ち切るだろうと言う。彼は「その人の内で泉となり、永遠の命に至る」、そのような水を与えようと申し出るのである。

女性は、そのような贈り物が自分にも必要であることに気づきながらも、なおほとんど字義どおりの意味でしか理解しないまま、その「生きた水」をくださいと言った。それで彼女の暮らしは楽になるだろうと彼女は言った。彼女はもう水を汲むために井戸の所まで来なくても済むからである。イエスは会話を続けて、この女性の望みをつなぎながら言った。「行って、あなたの夫をここに呼んで来なさい」。その言葉には、そうすれば彼女は自分が求めているものを得られるだろうという含みがある。

ここでこの女性は、自分が人間としての幸福の追求においては破綻していることを明らかにする。「わたしには夫はいません」。するとイエスは彼女の生活の質が脆弱であることを見抜いたとヨハネは告げている。「あなたには五人の夫がいたが」と彼は言う。「今連れ添っているのは夫ではない」。彼が自分の魂の奥をじっと見つめていることに気づいて不安を覚えたこの女性は、神に自分を守ってもらおうとした。彼女は、自分が神を礼拝できるのはサマリアの山の上なのか、それとも実際に神が住んでおられるとユダヤ人が考えているエルサレムの神殿に行くべきなのかをイエスに問いかけた。イエスは真の礼拝は場所や儀式には関係なく、むしろ霊に満たされた命と関わりがあるのだと明言することによって会話の内容を変化させていく。その霊において全人性が体験され、真理が知られるのである。するとこの女性は再び会話のテーマを変化させる。今度は来たるべきメシアについての話である。それは有神論的なイメージである。彼女の頭の中のメシアは彼女を救うために天からやってくる超自然的な存在だからである。するとイエスはヨハネの演出のもとでメシアは自分だと述べる。しかしここで彼は「メシア」を、今彼女を全人性へと招いている存在として再定義している。それは救い主という概念からは程遠い。

このエピソードにおいて、イエスは再び偏見の意味を明らかにしている。しかし彼は、彼の（そして私たちの）関心を女性たちの存在に振り向ける。女性は人類の実に五十パーセントを占めているのだが、イエスの時代においては、人口のもう半分を占める男性たちによって、単なる私有財産以上のものではないという扱いを受けていた。そしてユダヤ人の宗教もそのような見方を支持していた。創世記によれば、女性は主人としての男性の助け手として仕えるという目的のために創造されたという（創世記２・18）。また後に十戒においても、人間以下だという感覚に基づいて、女性はじっさい私有財産であると見なされていた。「隣人の妻……牛、ろばなど隣人（男性）のものを一切欲してはならない」（出エジプト20・17）。一夫多妻制も、女性が男性の所有物であると定義づけられて初めて意味をなす。男性は自分の経済力に見合うだけの妻や、羊や、牛を所有することができたからである。

人類史が始まって以来、男性と女性は何度も争い続けてきた。時には男性は女性の生殺与奪の権を持つことさえあった。イエスの時代、ユダヤ人の男性は妻に対して、「おまえを離縁する」と証人の前で言うだけで離縁できた。その一方で女性には人権というものがほとんどなかったから、彼女の夫がどんなに無慈悲な人間であったとしてもその結婚から逃れることができなかった。女性蔑視が根付いている社会では、寡婦は夫を火葬する炎の上に身を投げよとけしかけられることもあった。そのような社会では女性は誰かの妻であることでしか存在価値を認められなかった。またある社会では女性の両足を拘束していた。自由に動けなくすることによって常に監視しやすくしておくためである。また別のある文化では、女性の性的な喜びを取り去るために少女たちが強制的に性器を切除されることになる男性の支配から離れようとする望みを奪うのである。それにより、後に自分の身体が捧げられることになる男性の支配から離れようとする望みを奪うのである。

たちが強制的に性器を切除される。それにより、後に自分の身体が捧げられることになる男性の支配から離れようとする望みを奪うのである。キリスト教の歴史においても、ほとんどの時代において男性が妻を殴るのは自由だった。そして女性は、キリスト教会の結婚の儀式のなかで、自分の夫への服従を強制的に約束させられてきたし、それは二十一世紀においてさえもそうである。このような非人間的な振る舞いの動機はどこにあるのだろうか？　それは私たちの文化における生命理解の一部にあまりにも深く染みついている。

腕力の弱い女性は、生き残りの道具として自らの肉体的な魅力を使わざるをえなかった。男性の性的要求に応えて喜びを与えることによって彼女たちはほんの些細な安全を確保してきたのである。西洋の歴史上ほとんどの時代で女性たちは二流の存在として貶められ、キリスト教会はそれを神が定め、神から与えられた位置だと正当化してきた。いたる所いたる時代において、彼女たちは教育を受けられず、自分の名義による財産を持つことも許されず、選挙によって意思表示する公民権を行使する力も与えられなかった。彼女たちはそれだけでなく他にも様々な形で手ひどい扱いを受けてきた。それらは全て彼女たちに劣等的な地位を課すために考え出されたものである。女性の身体が男性より小さいことや俊敏でなく肉体的に弱いことも、彼女を幼稚で依存的な地位に貶めるために使われた。それは明らかに男性のなかでいつも働いている生き残り本能の要求を満たすものである。人間社会における最も基本的な関係において女性の地位が低いのは、神の創造における計画なのだと主張することで、男性は自らの生き残り本能の要求を満たしてきた。もし女性がこれに異議を唱えるなら、彼女は神とも戦わなくてはならないということになるのである。

他のあらゆる生き残り志向の関係性においても同じだが、他者をないがしろにすることによって力を得ようとする限り、人間は決して人間らしい者にはなれない。性差別もまた人間らしさを奪う偏見の一つである。それは女性を人間以下の者として扱うことによって彼女を傷つける。そこまでは私たちも時間をかけて考えれば理解できる。しかしイエスはその先のことまで理解していた。彼は性差別者の偏見が男性をも歪ませ、彼自身の人間らしさをも損なうことを知っていた。他の人間を人間以下の者として扱うことによって加害者自身も人間以下の者になってしまう。他者の犠牲の上に自分が立つということはできない。そんなことをしてもうまくいくはずもない。

しかしキリスト教会は男性である父なる神によってそれがうまくいくかのように吹聴してきた。人間を堕落した（したがって二流の）存在と見なし、超自然的にこの世に介入する有神論的な神の名を持ち出して、教会は男性の振る舞いに正当性を与えてきたように思われる。

もしキリスト教の父なる神が人類を、欠陥のある堕落した罪深く無能で弱く依存的で幼稚な、明らかに神による守護と救済を必要としている者と見なしているなら、キリスト者たちは男性の側における女性蔑視を正当化しないだろうか？　すなわち男性は女性を欠陥のある堕落した罪深く無能で弱く依存的で幼稚な、そしておそらくここが一番重要なことであるが、明らかに男性による守護と救済を必要としている者と見なすとき、自分たちは神をその本質において模倣していると信じていたのである。この種の人間の振る舞いはあまりに多くの宗教システムにおいて大きな要素となっている。それは決して男性も女性をも全人性へと導いてくれはしない。そしてそれはナザレのイエスによって私たちにもたらされた最も深い神理解を侵害する。

私たちはもう一度、天からやってきた救い主というイエスのイメージをそぎ落とし、彼の行いが残した響きに注目する必要がある。それは彼の本当のアイデンティティ、すなわちかつて存在し今も存在する彼の人格について声高らかに語っている。彼は井戸のそばでサマリア人女性と神学的な対話をした。それは神や典礼の本質、また神を礼拝する適切な方法についての対話である。そうすることによって彼は、人間であるということの新しい次元へと彼女を招く敬意や尊厳を彼女に注いだのだ。

各福音書の他の物語も、この革命的で、しかし深く人間味にあふれた人物像を支持している。例えばルカによる福音書では、イエスがマリアとマルタという二人の姉妹の家を訪問した物語を伝えている（ルカ10・38—42）。ヨハネによる福音書はこの姉妹がエルサレムの近くにあるベタニア村に住んでいたことを告げている（ヨハネ12・1）。イエスを主賓として迎えるにあたって、おそらく姉であったマルタは社会的に女性に課された役割を引き受け、食事を用意するために厨房を忙しく走り回っていた。一方マリアは女性への期待という小箱の外に歩み出て、優れた教師の足もとに座り、弟子として自分を位置づけた。それはあたかもラビのもとにおける学生のようであり、彼女には学ぶ力があるということを大胆に示す態度でもあった。マルタは、自由でない人に往々にして見られることだが、怒りを感じながら部屋に入ってイエスに対し、マリアを「女の仕事」の領域である厨房に戻るよう命じてくれと要求した。ルカによればイエスはこの要求を退け、マルタを慰め（彼女は性別役割期待に捕らわれている）、「マリアは良い方を選んだ。それを取り上げてはならない」と言ってマリアの選択を評価した。これは、女性であると同時に人間であるという新しい理解へと招くことによって、押しつけられた人間の定義づけが打ち破られるという衝撃的な物語である。

各福音書は、イエスが全人性と人間性を擁護するために宗教や社会から与えられた人間の定義づけを無視したことをもうひとつの方法で伝えている。すなわち彼には女性の弟子がいたのである。マルコ、マタイ、ルカの全員がこの事実を記録している。性差別をしないイエスを理解することは、男性支配的なキリスト教会では非常に困難だった。教会はその歴史を通じて、神の子たちの輝かしい自由とはいったい何なのかについて全くと言ってよいほど無感覚だった。西洋史全体を通じて教会の男性指導者たちは、人間らしさのもう半分である女性的な面を抑圧することによって権力を行使してきた。しかしイエスが進んで女性の弟子を受け入れたという事実は、聖書の物語に消し去りがたく書き込まれている。女性の弟子たちは全般的に見て、福音書がイエスの生涯の最期の瞬間――彼の死と復活を語り始めるまではほとんど目につかない。しかし突然女性たちが、ただ姿を現すだけでなく、物語の決定的な要素となる。おそらくそれはマルコが語るように、イエスが逮捕されたとき全ての男性の弟子たちが「イエスを見捨てて逃げてしまった」からである（マルコ14・50）。十字架の場面になってやっとマルコは彼の読者たちに、この女性たちがイエスの公生涯のごく最初の頃から彼についてきていたことを知らせている。この女性たちは、ガリラヤからエルサレムまで彼と一緒にやってきた。そしてマルコは、この女性たちの名前が、マグダラのマリア、小ヤコブとヨセの母マリア、そしてサロメであるとしている（マルコ15・40）。

マタイは女性たちの存在について彼独自の証言を加えて述べている。「またそこでは、大勢の婦人たちが遠くから（十字架を）見守っていた。この婦人たちは、ガリラヤからイエスに従って来て世話をしていた人びとである」。そして彼もまた、彼女たちの名前を挙げている。すなわちマグダラのマリア、ヤコブとヨセフの母マリア、そして（名前は出ていないが）ゼベダイの子らの母である」（マタイ27・55、56）。ルカは十字架の側でイエスの死を悼む者たちについてこのように記している。「イエスを知っていたすべての人たちと、ガリラヤから従ってきた婦人たちとは遠くに立って、これらのことを見ていた」（ルカ23・49）。イエスのガリラヤでの宣教の場面からこの女性たちに言及しているのはルカだけである。そこで彼は、彼女たちが資産家であったように述べている。「彼女たちは、自分の持ち物を出し合って、一行に（いくつかのテクストでは「彼に」）奉仕していた」（ルカ8・3）。ルカもこの女性たちの名前を伝えており、それはマグダラの女と呼ばれるマリア（マグダラ出身のとは書かれていないことに注意してほしい）、ヨハナ、スサンナ、そしてその他大勢である。

イエスの宣教においては彼を助け、彼の死において世話をした同じ女性たちが、やはり復活のドラマにおいても主役を演じており、そのことは四つの福音書全てに鮮やかに描き出されている。さらには、どのイースターの記事においても、マグダラの女は女性たちの中でも高い地位にあるかのように先頭に挙げられ（マルコ16・1、マタイ28・1、ルカ24・10）、あるいはイエスの墓の側でたった一人彼の死を悼み、復活の最初の目撃者であったようにも言われている（ヨハネ20・1）。ペトロが男性の弟子たちのリーダーであったのと全く同様に、マグダラの女も女性の弟子たちのリーダーであったことは疑いない。ということは、ガリラヤ地方を十二人の男性弟子たちを連れてさまよい歩く伝統的なイエス像は、聖書的に見ても実は正確でないということは明らかである。彼の宣教の公生涯全体を通じて、彼には男性の弟子たちと、名前さえ知られている「女性の」弟子たちがいた。これは一世紀においては驚くべき人物像であるが、完全なる人間性を妨げるあらゆる障壁を壊し、あらゆる境界線を超えた、人間らしさにあふれた人物というイエス理解とは完全に一致している。

古くから人びとはイエスとマグダラの女との関係が実際どうだったのかについていろいろ憶測を立ててきた。彼女はイエスのパートナーか、妻か、愛人か？　どの説に基づくデータからも十分な確証は得られない。しかし私はイエスとマグダラの女が夫婦であった可能性を強く主張できると思っている。私は過去に出版したある書物でその立証を試みたので、[63]ここでは繰り返さない。ここで強調したいのは別のポイントである。ここで私はイエスが、他者を貶めることによって自分を高め安心の確保に加担することをやめ、人間の生き残り本能の要求に縛られない命を示すことで、完全で自由な人間性を行動で表したことをご覧に入れたい。そこには神性がある。しかしそれは天界から人間界に入り込んで来た訪問者としての神がイエスの中に存在しているということではない。イエスの力とは人間として十全であることの力である。それは人間に対して完全に開かれ、人間を招き、人間が十全な人間らしさを体験するために、十全ではない人間性がいつも隠れ潜んでいる防壁を超えて踏み出すことを可能にするのである。ナザレのイエスにおいて神が臨在しているということは、様々な受肉の理論によって認識されるのではない。それらの理論はむしろ言葉では表現できないリアリティを人間の言葉で説明しようとした試みである。人間性があまりにも十全で深いものとなったために無防備で力のない者が自分自身を完全に放棄することのできるのを見たとき、そこに神性は現れる。人間イエスが、神という言葉が意味するものに私たちの目を開き、神とは何者であるかを私たちに見えるようにしたときがその瞬間である。

このイエスを、迷える罪人に満ちた堕落した世界を救助するために外界からやってきた有神論的な神という、後の教会の作ったイメージで捉えたままにしてはならない。神の救助の中に救済があるのではない。救いとは全人性に招かれることであり、あなた自身と神自身が一つであることを喜び祝うことを意味している。救助は感謝を生み出すかもしれないが、全人性をもたらすことはない。だから、イエスを外からやってきた天の神であると見なすことがイエス体験の究極的な意味ではあり得ない。人間がどのような存在になれるのかを明らかにし、部族的な境界線から自由になり、偏見からも性差別からも恐怖からも自由なひとりの存在になれることを明らかにした、人間として完全なるイエスの中に救いがあるのだと私は信じる。このようになったひとりの人間は、必然的に他者にもこの約束に向けて踏み出す力を与えるようになる。そして人びとがそれを実行したとき、神のリアリティを体験すると私は信じている。私が描き出そうとしているこのイエス像は、聖書の中では特に第四福音書に最もよく見出される。しかし、もし私たちがヨハネを読む際に人間の姿をしてこの世に介入した神という伝統的なイエス神話を確かめようとして読むならば、この神的なイエスは私たちの目から隠されてしまうだろう。人びとはそのようにしてこのヨハネのイエス像を読み取りがちである――字義通りにであり、体験的にではない。しかし私たちは神的なものを通して人間を体験するのではない。私たちは人間的なものの中から神的なものを体験するのである。

イエスを完全なる人間として見られるようになる前に、私たちは大昔から続けてきたパターンを破壊しなければならなかった。私たちの命が「神」という言葉が意味する全てを体験することに開かれるのは、完全に人間らしい人間においてである。それがまさしくヨハネによる福音書を流れている意味であり、彼は次のように書く。「子も、与えたいと思う者に命を与える」（ヨハネ5・21）。同じテーマの響きが次のヨハネの記述にも表れている。「父は御自身の内に命を持っておられるように、子にも自分の内に命を持つようにしてくださったからである」（5・26）。「もし、わたしを知っていたら、わたしの父をも知るはずだ」（8・19）。「わたしを見る者は、わたしを遣わされた方を見るのである」（12・45）。「わたしを見た者は、父を見たのだ」（14・9）。そして最後に、「父がわたしを愛されたように、わたしもあなたがたを愛してきた」（15・9）。これらの章句はイエスが神と同じであると主張している。それはイエスの十全なる人間らしさにおいて私たちは過去の進化の過程で身につけた障壁を超えて生きることができるからあり、霊に満たされ、命と愛の根源であり、パウル・ティリッヒが神の名前として「存在の根底」[64]と呼んだものに開かれた人間性へと飛翔することができるからである。

これは力強い人間像である――十全に生きること、存分に愛すること、思った通りの人間になれることの、本当の意味へのヴィジョンである。これらはイエスとの出会いにおいて与えられた贈り物だった。そのため彼は私たちにとって、人間が「神性」という言葉で意味するものへの通り道になった。それが私にとってイエスを主と呼ぶことの意味であり、それゆえに私にとってキリスト者の人生はイエスを通って神の命へと至る旅となる。私を開き、イエスの命の意味の底知れない深さとして神を見るようにしてくれたのは、イエスの人間らしい命なのである。「キリストにおいて」生きるとは、命そのものになることである。これこそティリッヒが「新しい創造」と呼んだものであり、そこでは人間であることの意味を含めた全てのものが新しくされる。このようにしてイエスは神の啓示となり、神という言葉が意味する全てを担う人となる。それこそが私が仕えたいイエスであり、私が主と呼ぶイエスであり、私を魅了し圧倒するイエスなのである。

24 イエス――宗教の境界線を壊す人

キリスト者になるということは、宗教的な人間になることではない。それは完全に人間らしい人間になるということである。イエスとはそのような全人性を体現した人物像である。だからこそ彼は私にとってその完全な人間らしさにおいて神の究極的な表現なのである。

私たち人類が自意識と不安の目覚めに対処するために使ったもうひとつの手段は宗教の発達である。宗教をこの観点から見るために自分たちの生き残り本能の要求の外に出るのは非常な困難を要する。しかし、その観点からきわめて大雑把に俯瞰するだけでも、宗教がその中核において償いという人間的な行為を象徴するものであることは明らかである。

無力な人びとは自分を動けなくさせるような恐怖に対して興味深い方法でこれに対処する。人びとは弱さの中にあっても、自分たちの保護者として立つ全能の神によって守られていると自分たちに言い聞かせる。そして彼らは生命の明らかな無意味性というとてつもない恐怖から逃れるために、彼ら自身が造り上げた外なる神的な存在に究極の意味や目的などを投影する。そしてついに彼らは、自分たちが現在知っている、自分たちの命を特徴づけている死ぬべき運命が究極的なものではないという期待感を造り出す。というのも彼らはその永遠の神の中に、彼らの命が一時的なものでしかないという限界を克服する永遠性を見出すからである。以上の三つの手法によって、私たちが知るほとんどの宗教的な仕組みが生まれてきたのであり、それらは自意識の目覚めというトラウマによって作り出されたきわめてリアルな不安に対して心和む答えを提供する。それが人間の現実である。

これが全ての宗教が行っていることの本質だと認識するならば、初めて私たちは数々の宗教団体から絶え間なく発している訳のわからない主張を理解できるようになる。究極の真理を手に入れていると自分に言い聞かせるのは心地よい。それゆえにいくつもの宗教システムが、自分たちは神の権威によって話しているのであり、したがって反論はあり得ないという態度を取る習性がある。そしてそれが宗教システムの内部で選択肢や逸脱を誘う声を追放し抹殺する強烈な要求が存在する理由である。

既に20章で述べたことだがここでもう一度強調しておきたい。宗教システムというものは、そもそも人間による真理の探究によって生じたものではない。むしろそれは人間による安心の探究において生じた。したがって宗教は、この全く安全ではない世界における安心を生み出すために、丹念に作り込まれたもう一つの対処装置であると理解されなくてはならない。

自意識を持つ人間として生きることを引き受けるのはたいへん勇気が要る行為である。人間の命を特徴づけている癒されぬ不安を常に意識しながら生きることは容易ではない。それゆえに人類はほぼ不可避的に宗教的な生き物となっている。宗教は人間の魂にある死に物狂いで慢性的な要求に応えるが故に、人間の命そのものをがっちりと掴んでいる。しかし自分で作った安全は決して万全ではない。伝統的に営まれてきた宗教が与えるのは決して本物の安心ではなくただの幻想だというのは事実である。実際ほとんどの宗教は民衆のアヘンとしての役割を果たしてきた。[65] だから、信じない人のためのイエスという提案には聖なるものへの新たな通路となる可能性があると言えるのだ。

イエスが彼自身を育んだ宗教や信仰体系に対してどのような態度をとっていたかを検証するのは、なかなか魅力的な研究である。彼は人びとを新しい人間らしさに招き、彼自身の十全なる人間らしさの充満においてその存在を表した神へと導こうと試みることで、何度も宗教の境界線を打ち壊している。人間らしさに限界を置こうとする何ものも、また他者を憎み拒絶し暴力を振るうよう人に教え込む何ものも、神からのものではあり得ない。それがありとあらゆる方法でイエスが言おうとしたことである。そしてそれゆえに彼は当時の宗教指導者たちから心底恐れられたのである。

最初の福音書におけるイエスの描かれ方は、神が乗り移ったようではあるが、その一方でたいへん人間らしいものだった。そこで描かれているイエスは、安心を生み出す宗教の決まり事にはそれほど厳格に従って生きていない。神はイエスのセキュリティ・システムの一部ではなかった。神は人間とは何であるかに関わるものだった。宗教の決まり事が人間としての完全さの探究と衝突したときは、必ず宗教の決まり事のほうを取り下げるのを可能にするのが神だった。イエスは命を志向する人であったことを彼に従う者たちが告げている。だから彼の教えの多くが祝福に満ちたものなのである。彼は社交場や宴会によく姿を現した。彼は熱意にあふれて生きた。ここでは彼の宗教そのものとの関わり方を福音書がどう描いているかを検証しよう。これは魅力的な研究だ。

イエスが彼の宗教から教え込まれたのは、道徳的な規則が何より重要であり、もし誰かがその規則を破れば定められた罰を受けねばならない、さもないと神の怒りが共同体全体に落ちるだろうということだった。このようなメンタリティは必然的に、上辺の正しさと峻烈な裁きを気にする感覚を生み出す。それは共同体の中に神による規則の執行者を生み出すメンタリティだ。しかしそれは決して愛を生み出しはしない。それは決して命を拡大することもない。ではイエスはこのメンタリティに対して何をしたのだろうか？　各福音書を読むだけで、彼がこのメンタリティによる境界線を押しのけ、その宗教的な障壁を超えて進み、他の人びとにもついてくるよう呼びかけたことがわかる。

まず、ヨハネ（８・１―11）に見られる、姦通の現場で捕えられた女性の物語から始めよう。[66] 彼女は律法学者やファリサイ派の人びとによって愛人のベッドから引きずり出され、当時の道徳を取り締まる憲兵のような人びとの前に連れて来られた。彼らは規則を知っていた。彼らはモーセが何と教えているか分かっていた。彼らはその道徳規則が守られなければ共同体全体が無秩序になり、神の怒りを招くと信じていた。彼らはまさにその結果起こることを記した聖書の物語を知っていた。[67] 彼らは裁きや報いあるいは罰といったものだけで特徴づけられた懲罰的で有神論的な神のイメージに毒されていた。この女性は明らかに有罪である。彼らは彼女を疑う余地のない道徳違反の現場で取り押さえていた。もし彼らが裁きを行わなかったら、この有神論的な神は彼らの名前と共にこのように書き残すだろう。「彼（または彼女）は、この姦通の女に明らかに相応しい処罰を執行しないことによって規則を守り損ねた」。そのように彼らは信じていたのである。

あるいは彼らの抑圧された心理の隠れた所にねたみもあったかもしれない。もし「彼女」が処罰を逃れるならば、なぜ「自分たち」には同じようにする自由がないのか？　なぜ自分たちは規則に従うことを強いられるのか？　彼らは自分たちの正しさに対する見返りが欲しかった。彼らは、パウル・ティリッヒが「否定された可能性の報復」[68]と呼んだものに苦しんでいたのだろう。イエスに見られるような自由の感覚は、制度化された宗教に安住している人びとにとっては常に恐ろしいものである。「我々が神の規則に従わなくてはならないなら、彼女だって当然だ！」と彼らは言った。そうしてこの罪深い女性はイエスのもとに連れて来られた。石打ち。それが処刑の方法だった。それは実に簡便な方法である。石はその狭い地方にも有り余るほど転がっていたし、持ち上げて投げつけるのに大した労力も要らず、特別な処刑場も必要なかった。

しかしヨハネは、イエスがその宗教指導者たちが期待したのとは全く異なる対応をしたことを描いている。道徳主義と裁きが全人性を獲得する道具にはならないということを理解していたイエスは、この女性と彼女の告発者たちの間に立ちはだかった。彼は彼女を告発する者たちの内で彼女を裁くのに相応しい者がいるだろうかと問うことで、道徳の基準をさらに引き上げた。これは今日でも同じことが言える。私たちの内の誰が他人のブーツで歩くことができるだろうか？　私たちの内の誰が他人の特定の行為における動機が何かを理解できるだろうか？　意識的にも無意識的にも、人を訴え非難しようとする言動によって満たされる欲求とは何だろうか？　そのような欲求が起こってくる内面的な源は何なのか？「罪のない者から石を投げるがよい」とイエスは言う。正しい人間を装っている人びとは道徳規則を何一つ破っていないのだろうか？　あるいは彼らは愛する能力を抑制していたから正しいのだろうか？　あるいは単純に彼らは捕まったことがないから正しいのだろうか？　もしこの石打ちの刑が実行されたら、この女性を告発した者たちも、あるいはイエス自身もより深みのある完全な人間になっただろうか？　それとも、彼らはより人間らしさを失った、より暴力的で、それゆえに憎悪を抱き、拒絶し、非人間的な行いをする傾向を持つ者になっただろうか？　道徳主義と正義は、最終的には愛や新しい命をもたらすものではない。それらは法や宗教による支配の問題でしかない。人間らしくあろうとする探究と宗教的であろうとする探究は同じではない。

イエスはいつも宗教的な法よりも人間性を優先させ、そうすることによってその法が目指すより高い目的へと転じさせる。また別の例でイエスは、高所から判決を言い渡す有神論的な神への礼拝に関する宗教規則の強制にも挑戦している。マルコによればそれは安息日だった。イエスの弟子たちが穀物畑の中を通っていったという（マルコ２・23—28）。空腹だったので彼らは穀物の穂を摘んだ。人びとを支配している有神論的宗教の擁護者たちが、すぐさま神の法を引き合いに出してこの冒瀆を糾弾した。弟子たちは安息日にしてはならないことをしていると道徳主義者たちは言った。[69] これに応じてイエスは、祭司のためだけに取っておくことが法に明記されている供え物のパンをダビデ王が食べた事蹟を引き合いに出した。このパンは極限状況においてのみ用いられるものだった――すなわち致命的な飢えを満たすために必要だった時である。そして全ての宗教規則に対する徹底的な逆転の一つとしてイエスは、宗教規則はたとえそれが安息日のように部族の定義に関わる重大なものであったとしても、人間の命を向上させる目的に役立たなければ道徳的ではあり得ないと宣言することで、宗教の優先度をひっくり返した。彼は断言する。それが全ての宗教規則の唯一の目的であると。人間は安息日の律法のために創られたのではないと彼は宣言した。その逆も言える。安息日の律法は人間の命を高めるために作られたのである。もし宗教規則が命を高めないなら、そんなものは人間性の名のもとに廃棄されるべきである。それは宗教における権威と伝統、そして法の驚くべき転換だった。何千年にもわたる宗教の教えと習わしに反してイエスは言う。宗教の究極目的は外部に存在すると思われている超自然的な神を喜ばせることではなく、人間性を高めることなのである。この両者が対立する場合、常に高められた人間性が規則に打ち勝つのである。それは力強い洞察の瞬間であり、新しい意識を示すために変化した象徴であり、イエスが人間の命を神と出会える場として見ていたという事実を示すものである。その瞬間、神は空の上にいます権威主義的な親のような神であることをやめ、人間の命の中心に住むものとして体験されるものへと変わり始める。

マルコはこの洞察を、次のイエス物語（マルコ３・１―６）ではっきり理解させようとする。そこでは再び安息日のシナゴーグにおけるイエスが描かれる――今回は、手が枯れているというから、おそらく手が麻痺している一人の男性と向き合う。この状況は明らかに慢性病で命に関わるケースではない。それゆえ安息日の神聖性を貶めることは許されない状況だった。イエスは、もし人が安息日に善いことを行って病気の苦痛を丸一日辛抱しなくても済むようにできるなら、その善い行いを先延ばしにすべきだろうかと問いかけることによって応えている。言い換えれば、先延ばしにするような正義あるいは善行などもはや正しいとも善いとも言えないのではないかということだ。命には終わりがある。故に親切な行いが延期されることは、ある人の命を一日分損なうことになる。マルコは、イエスがいかに宗教が命を歪め苦しみを増すために用いられているかに怒りながら、この男性をまさに安息日の瞬間に癒してみせ、宗教的権威者たちが即座に反応して激しい敵意を抱いたと述べている。彼らの権力が、人びとの振る舞いを支配する彼らの宗教規則に従わない一人の人間によって脅かされている。これ以上私たちは何を期待するべきだろうか？　彼らの権威は、外部にいる神の救助を獲得するために用いられてきた宗教規則はもはや無効だと主張する一人の人間によって相対化された。彼らは混乱が起こるだろうと主張した。なぜならそれらの規則は、命を宗教支配の下に置いておくために必要だったからである。もしイエスにこのような挑戦を許しておくならば、彼らの宗教的権威は破壊されてしまうだろう。

彼ら神の支配を代表する者たちが、このような律法と秩序と、そして何よりも彼らの宗教権力に対する脅威を取り除くために、政治権力と共謀することになったのも当然である。教会と国家はいずれも常に無秩序で堕落した世界に秩序を押しつける権力を求めるものである。その一方でイエスは、宗教規則によって人間支配を永続させることは、人間の不完全性を永続させるだけだと考えていたようである。権威主義的な宗教は対症療法でしかない。その目的は人間の危険な性癖を抑制することである。しかしイエスは人間の置かれた状況について全く異なる見方をしていた。彼は人間性を支配や規則の下から出て十全なる者へと向かうひとつの旅だと考えていた。彼は人びとに、規則や防御、部族的な境界線、偏見、そして宗教さえも超えて踏み出し、豊かな命を受け入れるよう呼びかけた。それは命と宗教に対するユニークなアプローチである。そしてそれがイエスが驚くほど他とは違っていた理由であり、彼が新たな人間の局面そのものであった理由であり、彼に続く者たちが彼のアイデンティティのひとつとして神を見るようになった理由である。

ほとんど全ての宗教システムに当てはまるもう一つの特徴は、何が儀礼的な清さを構成するか、また何がある人びとを清い者とし他の者を穢れた者とするのかを定義していることである。生理期間中の女性に触れることを禁ずる規定はトーラーの中に数多く見られる（レビ12・1―8、15・19―30）。古くからある宗教の多くで、生理期間中の女性は穢れていると定義されており、ユダヤの宗教も例外ではない。その期間中は女性は何か良くない力を持っており、そのため部族の安定に危害を及ぼす可能性があるから排除する必要があると考えられていた。毎月そのわずかな日数の間、彼女は文化的に強制された後ろめたさに覆われる。それが往々にして宗教の果たす役割なのである。

このような背景の下、マルコによる福音書に収められた、不規則で長期にわたって出血が止まらない病気の女の物語を読んでみよう。その物語は、このような文化の価値観の中では彼女が常に穢れた者と見なされていたことを意味している。彼女は自分の病を治癒してくれる医者を求めていたが無駄に終わったと私たちには伝えられている。彼女の自尊感情は破壊され、自分を呪われた者だと思っており、このような裁きによって彼女の人間性は大きく損なわれていた。彼女は恐怖と嘲りの対象だった。そのため彼女は、おそらく強い性格を持っていたに違いないが、宗教的に強制された牢獄のような状態から脱出することを決心した。彼女はイエスのことを耳にし、彼を探し出し、その体に触れた。彼女にはイエスが彼女の手を咎めることなく受け入れてくれるだろうことを、またそれによって彼女の人間性を抑圧し傷つけていた障壁を彼が打ち破ってくれるだろうことを確信していたに違いない。彼女はこの行為によって自分の体が健康になることを望んだ。マルコが述べるところによれば、この接触は彼女に癒しをもたらし、イエスは自分から力が流れ出ていくのを感じた。

さらにマルコは、振り返って「私に触ったのは誰か？」と探すイエスを描いている。弟子たちは笑った。というのは、既に群衆の押し合いへし合いに巻き込まれていたからである。しかしイエスは、今のは目的のある接触だったと言う。わが身に起こったことを知り、自分が癒しを受けたことを悟ったその女性は、恐怖に身震いしながらイエスに近づき、彼女が意図的に彼に触れたことを告白した。トーラーはこのような接触はイエスを穢れさせると述べており、清浄の掟は定められた日数の間彼が清めの行為を行わなくてはならないと命じている。この女性は自分がイエスを穢してしまったと思い、彼の前にひざまずいた。その時彼女が恐れていたのは、やはり彼女を排除してきた宗教規則と清めの律法だった。

しかしとにかく彼女は、イエスに自分の人生について語ってみた。そして彼はそれを愛と慈しみをもって受けとめた。彼はおそらく再び彼女に触れ、彼女を立ち上がらせ、そして言ったのであろう。「娘よ」。それはきわめて大切な人間関係における呼びかけの言葉である。「あなたの信仰があなたを救った」。この場合の信仰とは、彼女が正しいことを信じていたという意味だろうか？　無論そうではない。彼女の命がそれまで彼女自身が知っていた以上のものになることができた、それが彼女の信仰である。それは彼女に劇的に異なる者になる自由を与えることができ、また実際に与えた愛への信仰である。そしてそれは他者を癒す一人の人間から流れ出る神的な力を信じる気持ちである。マルコによれば、イエスは彼女を新しい意味での全人性における平安のうちに去らせた。

この物語において私たちは、人間が完全に人間らしい者となるためには安心を与える宗教を超え出なければならないという、イエスの信念に関するもう一つの洞察を得る。彼はいかなる状況でもそれを実際に生きてみせた。それがイエスには人間性以上の何かがあると人びとが信じるようになった原因ではないかと私は考える。彼らはその種の人間性にそれまで出会ったことがなかった。そのため彼らはイエスを神だと思った。自由で完全な人間らしさなど異次元の話だった。彼らは空の上に神がいると思っていたので、イエスも同じように上から降りてきたに違いないと考えた。しかし本当は神性というものは常に下から、地から起こってくるのである。神は空の上の天球から降りてきて人間界に登場するのではない。人間の命が完全なる状態に入ったとき、それは神の顕れと見なされ、神性と呼ばれた。それこそがイエス体験である。

外部にいます超自然的な神を拝む宗教は、常に排除されるべき人びとを特定し、聖なる要塞の内側にそのような除け者の穢れが入り込まないよう防御することによって権力を獲得し維持するものである。排除されるべき者は、ほとんどの場合異質な者と定義づけられる。そして恐怖がその他の形容詞を加えていく。すなわち、忌まわしい、恐ろしい、うつる、神に見捨てられたしるしがあるなど。このような断定は、往々にして無知に根ざすものである。イエスが生きていた文化においては、その役割は重い皮膚病の人と呼ばれた人びとが負っていた。レビ記の律法では、その病気の穢れが他の人間を汚染しないように、全ての重い皮膚病の人たちがすぐにそれと分かるようにすることが命じられていた。重い皮膚病の人は自分の着ている物を引き裂き、髪を乱しておかなければならない。そうすれば人びとは彼らに気づいて避けることができるからである。重い皮膚病の人たちは口を覆い、「わたしは穢れた者です。穢れた者です」と叫び続けていなくてはならなかった（レビ13・45）。重い皮膚病の人たちは全く文字通り社会から除名され、宿営や街の外壁の外で暮らすよう命じられた。また律法は重い皮膚病の人たちが清まったと判定されるために行うべき儀式についても定めている。そのような儀式を経て初めて彼らは社会復帰を許されたのである（レビ14・2―3）。だからこそ重い皮膚病の人と向き合ったイエスについて福音書記者たちが何を語るのかを見るのは実に興味をそそられる。

そのような出会いを最初に物語ったのはマルコである（マルコ1・40―45）。重い皮膚病の人と呼ばれる一人の男がイエスの所にやってきた。テクストが示唆するように、イエスが自分を癒す力を持っていると感じていたのであろう。「御心ならば、イエスよ、わたしを清くすることがおできになります」と彼は言う。マルコによれば、イエスはこれに応じ、この重い皮膚病の人と呼ばれていた男に触れた。それは間違いなく深い心の底からなされた個人的な行いだが、描写としては控えめで簡潔である。重い皮膚病の人と呼ばれていた男に人前であからさまに手を触れることは、群衆に衝撃を与えただろう。そして、受け入れるべき清い者と追放されるべき穢れた者を識別する権威を持つ制度的宗教の壁を恐怖で鳴り響かせただろう。「よろしい」とマルコはイエスの言った言葉を記録している。「清くなれ」。ここでのイエスの行いは、他の福音書のテクストにおいても見られる、宗教規則を破り命と全人性を選び取るイエスの姿と一致している。文字通り触れてはならないとされた人に人が触れたということは何を意味するか、あなたは想像できるだろうか？　その触れるという行為は命の回復であり、人間性の高まりである。排除するための壁など存在しないと知った人間性を前にして、無知は姿を消す。それがイエスの示した人間性であり、その人間性は全く新しい方法で神性というものを定義しなおしたのである。

道徳的な裁きは人に命を与えない。裁きによる境界線を超越する愛こそが、イエスの愛がそうであったように、人に命を与えるのである。未知のものに対する恐怖は常に命を阻む障壁を作り上げる。それは、外部にいます神を喜ばせ神の好意を得ようとしてきた宗教が、何度も繰り返し行っていることである。何世代にもわたってイエスに従う者であることを標榜し、自分たちのことを「キリストの体」とさえ呼んでいた人びとが、恐怖に怯えた民と権威主義的な教会の要求を満たすために、かつても今も何度でもイエスの全てを冒瀆しているのである。

キリスト教の歴史においては、どんな人びとが重い皮膚病の人、すなわち穢れた者とされているだろうか？　この人びとは様々な顔を持っている。まず挙げられるのはイエスのメッセージに応答しようとした異邦人たち。彼らはまだユダヤ教の中の一つの運動にすぎなかった頃から、キリスト者の共同体のメンバーとなることを求めた。パウロは異邦人を含めることを支持していた。ペトロはイエスに至る唯一の道として宗教的伝統が必要だという見解を擁護していた。私たちが知らされているのは、最終的にはペトロの方が自らの誤りを正したということである。

この普遍的な神へのペトロの回心の物語は使徒言行録に記されている（使徒10・1―48）。正午ごろ、屋根の家で眠っていたペトロは、トーラーによって穢れていると定められたあらゆる動物が入った大きな布が天から降りてくる夢を見た。天からの声がペトロに語りかけた。「ペトロよ、身を起こし、屠って食べなさい」。ペトロは自分は食物規定を守るユダヤ人であり、穢れた食物など食べたことがありませんと返事した。すると天からの声が言った。「ペトロよ、神が清めた物を、清くない（コーシャ）などと、あなたは言ってはならない」。ペトロは身を起こし、コルネリウスという名の異邦人の家に行き、彼に洗礼を授けた。するとルカによれば、ペトロは異邦人たちの上に聖霊が降るのを見たという。これはペトロにとって人生を変えてしまう瞬間であり、そのことは彼の言葉でわかる。「神は人を分け隔てなさらないことが、よく分かりました」。壁を突き破るイエスは何度も、弟子たちを通してさえも、人びとを新しい意識のレベルへと突き動かす。恐怖に基づくセキュリティ・システムを超え、新しい命を生み出すイエス像は、福音書の中核に位置するものである。

使徒言行録では、それに先立って、福音伝道者フィリポがエチオピアの宦官に洗礼を授けたとき、やはり障壁が崩れ去ったという物語がある（使徒８・26―40）。この男性は当時の宗教規則について二重の恐れを抱いていた。すなわち彼は穢れた異邦人であるだけではなく、去勢されているという点でも受け入れ難い者とされていたからである。トーラーにおいてモーセは以下のように引用されている。「睾丸のつぶれた者、陰茎を切断されている者は主の会衆に加わることはできない」（申命記23・１）。このテクストが相対性や曖昧さといったものを全く顧慮していないことに着目していただきたい。昔から聖書を引用する人びとは、自分たちの偏見を守ろうとして、「神の言葉にはっきりと書かれている」と言ってきたものである。その意味は弟子たちにとっては当たり前のことだった。しかしフィリポはそのような規則をあからさまに除外し、その去勢された宦官に洗礼を授けた。ここでもまた、より高い人間性の名の下に宗教規則への挑戦がなされている。それは彼がイエスの真意によって突き動かされていると感じた結果の行為なのである。

長い歴史を通じてイエスに従う者たちによって恐怖のうちに立てられたその他諸々の障壁も同じように解体される運命にある。どの世代においてもイエスの弟子たちは、彼ら自身の生き残り本能との葛藤を余儀なくされてきた。事実キリスト教の歴史は、過去の宗教的規則とナザレのイエスから容赦なく始められた自由との絶え間ない闘いと見ることもできる。歴史を通じて犠牲者は異なれど、その完全なる人間性を祝福することを阻む障壁はこれまで何度も克服されてきた。私たちは、心を病む人びと、アフリカ系アメリカ人、ユダヤ人、左利きの人たち、ゲイやレズビアン、その他のあらゆる宗教から拒絶された痛みを覚える人びとの物語を語ることができた。しかしそれらの排他的な障壁は、人びとがイエスにおいて体験したのと同じ力を前に、いつの間にか崩れ去っている。神は天の裁判官ではない。神とは、人間性が障壁のない状態に達するまで人間性の内部で膨張しつづける命の力である。それがイエスの人間らしさの充満の中に啓示された神である。それは、人間界の外に存在する力という古い見方を、命の中心に見出される何かに転換する新しい神の定義だった。この神の存在が私たちに存在せよと呼びかけ、この神の命が私たちに生きよと告げ、この神の愛が私たちに愛そうと呼びかけるのである。イエスは神の命を生きた。それゆえ私たちは、彼の命の中に命の源を見ることができると宣言できる。彼の愛の中に愛の源を見ることができる。完全なる人間となることを可能にさせた彼の勇気の中に、全ての存在の根底を見ることができる。「受肉」という言葉を作り出して伝えようとしたのは、このような体験である。それは信じられるべき教理などではなく、体験されるべくして存在している者なのである。

「非宗教的キリスト教」という言葉を最初に生み出したのはディートリヒ・ボンヘッファーである。[70] ボンヘッファーは、人間が「成人する」とき――「成人」という言葉で彼は人類が有神論的宗教の語る外部の超自然的で父権的な神を排することができるまでに成長した状態を意味しているが――そのとき、人類の意識における新しい時代が始まると述べた。あまりにも長い間その有神論的な神は私たちの視界から命と愛と存在の神、人間らしさの中心に現れる神、そしてイエス体験の究極的な深みと意味である神を隠してきた。

このようにして私に向けられたキリストからの招きは、私たちの人間らしさとその可能性を束縛し制限するあらゆる障壁を超えていく旅への招きとなった。イエスは、伝統的なキリスト論が唱えてきたように、神が外部から入り込んだ人間だから神的なのではない。彼の人間らしさと意識があまりにも大きく完全であるが故に彼を通して神の意味が流れ出しているので、彼はかつても今も神的なのである。そういうわけで彼は、私たちが神と呼ぶ、命と愛と存在における超越的な次元に向かう道を人びとに開くことができた。

それが未来のキリスト論の基盤である。もう一度ボンヘッファーの言葉を借りれば、キリスト者になるということは宗教的な人間になることではない。それは完全に人間らしい人間になるということである。イエスとはそのような全人性を体現した人物像である。だからこそ彼は私にとってその完全な人間らしさにおいて神の究極的な表現なのである。

25 十字架――人間によって描かれた神の愛

世界は常に傍観者のようであり、水は常に自らがどこに行くかを知っている人の同伴者のようである。

君が大胆なことをしようとする時は、自分の大胆さに震え上がったりしないだろう。

少なくとも伝統的な理解に基づく宗教の境界線からはみ出たこの新しいイエス像について結論を述べる前に、私はもう一度あのキリスト教の物語の中心にあるクライマックスの瞬間に立ち戻らねばならない。あのカルバリの丘における十字架とはいったい何だったのだろうか？　なぜそれは、私たちの賛美歌にも歌われているように、私たちがその下に立ち、ほめ讃えるべきなのだろうか？[71]　十字架は何を意味しているのか？　それはどのように理解されるべきなのか？　十字架は堕罪の代償が支払われた場所だという明らかに古くさいパターンは全くもって不適切である。罪意識を助長し、神の罰が必要であることを正当化し、何百年にもわたって執拗に続いたサドマゾヒズムの原因となったことをさしおいたとしても、キリストの十字架の伝統的な理解はあらゆる場面で効力を失ってしまっている。既に述べたように、神の救助は感謝にはつながるが、人間らしさの拡大には決してつながらない。変わらぬ感謝は十字架の物語によって奨励されているように見えるが、弱さと幼稚さと依存心を作り出すだけである。それによって私たちは神の偉大さを礼拝において賛美することになるのだが、それと引き換えに、人間の惨めさと、自分のような者を救うために神に支払われた代償を受け入れることになる。しかしそうすると、十字架を究極の啓示の瞬間と見なすことなしにイエス物語を読むのは非常に困難である。だからこそ、十字架につけられたあの人と共に人びとが体験したことを昔ながらの解釈から分離することが急を要するのである。私が思うに、それは復活物語の着想を与え、キリスト者たちの聖餐を形作った体験である。これを解釈する課題は、イエスが死に至るまでその意志に従順であったと言われている有神論的な神のイメージを拭い去ることを求める。十字架につけられたあの人にあったに違いない、命を変容させる力を私たちが見つけるためにはそうすることが必要であり、それが現在の私たちの最終的な課題である。

十字架は各福音書において、避けることのできないイエスの運命であったと示されている。各福音書によれば、彼が十字架につけられたのは預言者たちが待望した通りだった。十字架のテーマは弱さによって成就すると言われてきた。私たちが既に見てきたように、イエスの受難は過越祭や贖罪日や、この世における虐待を受けとめ、それを愛に変える第二イザヤの「主の僕」、あるいは来るべき主の日の前触れとして神殿で売り買いされる動物商の手に渡される第二ゼカリヤの「羊飼いの王」といったヘブライ的なイメージのレンズを通して解釈されてきた。私たちの課題はこれらを額面どおりに歴史として読むことではなく、彼の受難という暴力をこのような解釈に導いたイエス体験とは何かを問うことである。今ここで十字架においてクライマックスを迎えるこのドラマの全体を再構築してみよう。

イエスと彼の仲間たちとの間に強い絆があったことに異議を唱える人はいないと思う。彼らは様々な場面で相互に影響を与え合った。イエスの弟子たちは彼の教えを聴き、彼ら自身も衝撃を感じつつ、その他の人びとに対する衝撃も目の当たりにした。イエスの周囲の人びとは、彼が何の権利と権威によって行動するのかを問いかけたが、その問い自体が彼には全く他にはない正真正銘の何かがあるということを雄弁に物語っている。

それぞれの福音書は、その反応を次のような言葉で捉えている。「この人は、このようなことをどこから得たのだろう。この人が授かった知恵……はいったい何か。この人は大工ではないか。マリアの息子……ではないか」（マルコ6・2―3）。「人々はその教えに非常に驚いた。律法学者のようにではなく、権威ある者としてお教えになったからである」（マルコ1・22）。「群衆はこれ（中風の人の癒し）を見て……人間にこれほどの権威をゆだねられた神を賛美した」（マタイ9・8）。「ある日、イエスが神殿の境内で民衆に教え……ておられると、祭司長や律法学者たちが、長老たちと一緒に近づいて来て、言った。『我々に言いなさい。何の権威でこのようなことをしているのか。その権威を与えたのはだれか』」（ルカ20・1―2）。彼の中にあった力、彼の弟子たちとその他の人びとに対する影響力。それらは必然的にイエスの存在の要素として日に日に、週ごとに、何か月も、あるいは何年もかけて、彼と関わりを持った弟子たちに吸収されていった。

また弟子たちは、イエスがおそらく神と共有していた関係の中に生きるチャンスを得ていた。また彼らはそうしなければならなかった。イエスは神を「アッバ」と呼んだ。親しさと交わりがこもった言葉である。彼らはイエスが祈るのを見た。おそらく彼らは、イエスが聖書の章句を暗誦しているのを聴き、その意味と格闘していたのを目の当たりにしただろう。弟子たちの間には、イエスが彼らを愛することによって愛されるということの意味に関する共通理解が存在していた。イエスは彼らにユダヤ人と異邦人を分け隔てている部族的な障壁を超えて進むよう呼びかけ、彼自身もシリア・フェニキアの女性（マルコ7・24―30）やローマ軍の百人隊長（ルカ7・1―10）に対して同じように実践してみせた。彼らはイエスが、ユダヤ人はサマリア人より優位であるとか、男性は女性や子どもより優位であるといった偏見に縛られていないことを知っていた。イエスと過ごす一瞬一瞬が弟子たちにとっては大きな体験であり、たとえその体験の結果が彼らにとって常に喜ばしいものであったかはともかく、それらの体験によって彼らの命は拡大されたのである。イエスは常々彼らに、神の国と呼ばれるものが人間の歴史の中に割り込んでくるということを語っていたようである。少なくとも、それが記憶されている限りでの彼の教えの主要なテーマだった。おそらく弟子たちは何らかのやり方で、彼の命そのものが神の国のしるしではないかと気づいたのではないだろうか。彼らは「神の国」（または神の王国：the kingdom of God）という言葉の意味を知りたいと願った。またイエスの命がいかにしてその神の国と結びつくのかを探ろうとした。

弟子たちはイエスの中に類まれな全人性を見出したようである。彼らによれば、イエスは周囲の状況がいかなるものであっても自分の本来あるべき姿であろうとする勇気を自らの中に持っていた。彼らの記憶の中のイエスは、彼の友から定義づけられる役割からも、あるいは敵から定義づけられる役割からも完全に自由な者だった。このような自由は人の心をつかんで離さないものだった。弟子たちはそのような自由を自らも手に入れたいと熱望しただろう。

またイエスは他者に深い共感をもって寄り添う人だった。おそらく彼は、パウル・ティリッヒの言うところの「永遠の今」を生きたのだろう。[72] 彼があまりに人びとを魅了するので、イエスと関わりを持った人は誰でも、あたかも時が止まったかのように感じたのだろう。イエスの弟子たちによれば、身分の高い金持ちの青年であれ、井戸の側にいた女性であれ、イエスと遭遇した人は誰でも、「集約された永遠」（または永遠の集中：the intensity of eternity）とでも呼びうるようなものの中でイエスに魅了されたのである。その際、人間の存在価値に優劣を与えるような価値観のヒエラルキーに対し、彼はまさに自らの存在をかけて戦いを挑んだ。イエスにとっては全ての人間が十全な者となる可能性を持ち、無限の価値を授けられるべき存在だった。彼と出会った人はその出会いによって大いなる者とされたのである。

当時の考え方では、病気は神に嫌われたか罰が与えられたしるしであると信じられていた。しかしイエスは病人たちを受け入れ、彼らに手を置き、彼らの体において神の怒りによる呪いを帯びると考えられた部位を洗った人として記憶された。またイエスは、彼の足を涙で洗い髪で拭った街角に立つ女に、自分の体に触れることを許した人として記憶された（ルカ7・36―50）。この女性の不道徳な行いは、当時の宗教指導者たちによって、神の道に対する反逆のしるしであると断罪された。イエスの行為は、このような不道徳の定義に対しても、何度も繰り返し戦いを挑んでいる。ユダヤ人を支配している異邦人の占領者と結託しているという理由で穢れた者とされていた徴税人を、彼は弟子たちの輪の中に迎えた（マルコ2・13―14）。この評判の悪い地位を利用して占領された民族をさらに惨めにさせるようなことをしていたこの男でさえそれに値するのであるから、イエスにとって変容を起こさない命などないのである。弟子たちが追い払おうとした無力な子どもたちもイエスは愛をもって歓迎し抱きしめた。そういった諸々の寛容の振る舞いは弟子たちが見たものであり、弟子たちが考え込まされたことでもあり、彼らを魅了し、惹きつけ、そして時としてイエスに対する不快感をも覚えた出来事だった。しかし彼らは彼の行為のひとつひとつが、常に彼らに対し彼ら自身の価値を再発見させることに驚きを覚えた。イエスと共に生きることは、永遠に変化を続ける万華鏡の中で生きるようなものだったに違いない。

イエスが実際に神をどのような存在だと思っていたにせよ、彼の命の中には、ある力強い存在のリアリティがあった。神は彼の教えの中では、誰でもわかるようなありきたりと言ってもいいような象徴でたとえられた。神は放蕩息子の帰還を喜んで迎える父親のようである（ルカ15・11―32）。また神は迷い出た一匹の羊を探す羊飼いのようであり（ルカ15・3―7）、あるいはなくしたコイン一枚を見つけるまで念入りに掃除をする女のようでもある（ルカ15・8―10）。おそらくイエスが知っていた神は、全ての者がありのままの姿でやってくることを歓迎するような存在であった（マタイ11・28）。神への道を見つける人は、自分の要求が全て満たされるまで扉を叩き続けるうるさいやもめに似ている（ルカ18・１―８）。あるいは彼らは、心の中の秘密の場所で赦しを見出した人たちにも似ている。その赦しがあまりに慈悲深く無限なので、永遠なるものの真の意味にまで手が届いているのである（ヨハネ８・１―11）。彼の弟子たちはそれらの体験の全てに参加していたに違いない。

イエスは彼のことを最もよく知る人びとにはただの人間以上に偉大な存在に見えたらしい。そのため彼は、人間にはどうしようもない自然をも支配する力を持っているかのように見なされた。そのため、奇跡があって当たり前と考えられていた時代に、彼の周囲に超自然的な物語が集められたのも驚くにあたらない。おそらくイエスの近くにいた人びとは、彼の内なる深い霊の泉からあまりにも豊かに絶え間なく栄養を与えられていたので、大群衆がある霊的な食事会を共にしている様子を心に描いたのかもしれない。その食事会ではどんなに多くの人がいても、とても食べ尽くせないような量の食べ物が常にあるといった風に（マルコ６・35―44、マタイ14・13―21、ルカ９・10―17、ヨハネ６・１―14）。

また弟子たちはイエスの内に何らかの使命を感じ取っていた。その使命が何であるかは分からなかったが、ともかく使命があることは確信していた。自らの行くべき所を知る人には、世界は常に傍観者のようであるが、水は常に自らがどこに行くかを知る人の同伴者のようである。「彼の時」はまだ来ていない、あるいはそれは受難の時にやってくるという概念は、明らかに福音書の物語群の中に響いている（マルコ14・41、マタイ26・45、ルカ22・53、ヨハネ２・４）。その特別な「時」は弟子たちの頭の中で、大昔ヘブライ人たちが「主の日」と呼んだものと結びつけられていった。その結びつきはイエスの神秘性を高める効果のみを及ぼし、やがてはユダヤ人の聖書のいたるところに見られるメシア待望を彼に結びつけるものになっていった。ひとつ確かなのは、エルサレムがイエスを磁石のように引き寄せたということである。彼の「時」はこの聖なる都において到来するのでなくてはならない。何らかの方法で、彼のことを記憶している人びとの心の底にあるテーマが、彼の「時」、「主の日」、そしてエルサレムそのものがイエスの心の中ではしっかりと結びつけられていたのだと示唆するようになった。彼は非常に魅惑的で、神秘的な存在だった。

これらのテーマの全てはエルサレムにおけるイエスの受難物語において一つに集約されたようである。それは明らかに最初の記憶であり、トラウマ的で破壊的な記憶である。他方その記憶は、彼の弟子たちが彼と行動を共にしていたということに激しく異議を申し立てるものでもある。彼の死は、激しい悲嘆にくれていた弟子たちの目には、人間界の外で彼の生涯を裁く神とは全く関係のない、深淵で神的なものに他ならないものとして写った。メシアが死ぬということはあり得ない。ユダヤ人は死んだメシアという発想を持たなかった。そのためイエスが死んだとき、イエスと約束されたメシアとの間に彼らが築いたいかなる結びつきも、永遠に打ち砕かれたと思われた。宗教的なヒエラルキーへの信仰に徹底的に立ち向かったイエスは死んだ――それも、恥に満ちた姿で。トーラーは木にかけられた者を「呪われた者」と呼んでいる（申命記21・23）。そのヒエラルキーのメンバーたちは明らかに勝者だった。イエスは敗者だった。イエスの弟子たちは、このような結末に至る必然性のようなものを彼ら自身の思考によって包み込まねばならなかった。イエスが死んだのなら、天の父なる神は彼を助けることが適切でないと判断したのだろう。弟子たちはイエスは何か間違っていた、思い違いをしていたのかもしれないと考えざるをえなくなった。そしてもし彼が間違っていたのなら、彼ら自身も間違っていたことになる。「欺かれた」、「惑わされた」、「罪深い」――そういった言葉で彼らは自分たちのことを捉えることを余儀なくされた。

しかしこのような結論では彼らは満足できなかった。なぜなら弟子たちの内面の葛藤がそれでは解決しなかったからである。イエスの死のリアリティは、彼らがイエスと共に生きた体験のリアリティによって問い直され続けた。赦しと愛というイエスのメッセージを神が否定するということがあり得るだろうか？　神に創造された全ての人間の人間らしさを高めるためにあらゆる分裂を超えてつながり合う命を持つ人が、神の怒りを招くということがあり得るだろうか？　深い命をもたらす使いであったイエスが、神の使いではないということがあり得るだろうか？　あれほど豊かに命と愛を与えきった人が、死罪に値するほど罪深いということがあり得るだろうか？　全てが無駄に終わったのなら、どこにも解決は見出せないことになる。イエスの受難が弟子たちにもたらした混乱と葛藤は明白であり、堪え難いほど苦しく、果てしないものだった。

その未解決の葛藤が、葛藤の原因となった受難とその葛藤の究極的な解決をもたらした復活との間に少なからぬ時間がかかったことの理由であると私は思う。「三日間」というのは、その期間を示す儀礼的な象徴である。既に述べてきたように、福音書の物語のいくつもの部分が、イースターの変容と受難のトラウマとの間に、相当な時間が経過していることを示唆している（ルカ24章、使徒1章、2章、ヨハネ21章）。悲嘆のプロセスについて研究している者が見ると、それらの章句には弟子たちの悲嘆の状態が受難から半年ないし一年後のものであると考える証拠があるという。[73]

受難の悲劇から少なくとも二世代後、あるいは三世代後に書かれた各福音書の中に、私たちはそれらの葛藤がどのように折り合いをつけられていったのかを見ることができる。曰くイエスの死は予め定められた目的だった。パウロによればそれは「私たちの罪のため」であり、「聖書に書いてあるとおり」だった。十字架からイエスが発したとされる言葉はマルコ（15・34）とマタイ（27・46）にのみ見られる「わが神、わが神、なぜわたしをお見捨てになったのですか」という見捨てられた者の叫びから、ルカによる最期の言葉の描写、「父よ、わたしの霊を御手にゆだねます」（ルカ23・46）における勝利と栄光の感覚や、新しい創造をイエスが宣言したことをほのめかすヨハネの言葉「成し遂げられた」（ヨハネ19・30）における、創世記から続く創造のわざが完成され永遠の安息が始まった（創世記２・１）という物語との共鳴へと変化していく。

　イエスの死が過越の小羊の死と似ていると言われ始めたのは、受難の出来事のずいぶん後になってからである。またイエスの死がヨム・キップルの生贄の小羊の死に似ていると言われ始めたのも同じ時期である。後にその死は、創造の破れを克服するために神から求められた償いであり、堕落した人間の罪を贖うために流される血の犠牲であると理解されるようになる。過越の小羊とイエスを関係づけることで、死の力は打ち破られたと言われるようになった。また、ヨム・キップルの小羊と関係づけることで、贖いが果たされたと言われるようになった。そして最終的にこれらの象徴による解釈において彼の死は、人びとが集まることのできる聖所と神のみが宿ることができるとされた至聖所との間を常に分離してきた神殿の垂れ幕を引き裂く力を持つと理解されるに至った（マルコ15・38、マタイ27・51、ルカ23・45）。イエスの死を受け入れ難い悲劇から贖罪という目的のある行為へと変化させたのは、それらのシンボルの数々なのである。

　このようなイエス理解の進化が起こったのは、全くよくある有神論的な神概念の内部においてだった。この創造主たる神は、人間の不服従によって機嫌を損ねていた。この空の上に住む神は、罰と償いを求めた。しかし、その罰が堕落した人間では持ちこたえられないほど大きかったので、この世の罪の克服と神との一致の獲得は、神にしか完成させることができないものとなった。そこで、限りない恩寵に満ちたわざにより、奇跡的な誕生を経て、神がイエスの人格において歴史に姿を現した。神は、神にしかできないようなことを行うイエスの力によって、自らの力をイエスの命の中に示した。すなわち罪人を赦し、病人を癒し、堕落した世界の歪みを克服し、創造主として自然界の力を思うままに操り、死者を甦らせた上に、彼を閉じ込めた墓から彼自身が歩み出ることで生と死の間に立ちはだかり、ついには奇跡的な昇天によってこの周遊旅行を完結させ、回復された創造のわざと、回復された人間性を神にささげたのである。イエス物語はこのように語られるようになり、それはまず各福音書で示唆され、後にはいくつかの信条によって具体的に、また教義的になり、さらに後には、教会の教理となり聖礼典となったのである。しかし解釈というものは、その解釈が形作られた社会の世界観を前提としている。その世界観が命を失えばそれに付随するいかなる解釈もまた命を失う。イエスにおける神との出会いの体験が、神や天国、奇跡といったものへの一世紀の見方を前提とした解釈と同じものだと見なすならば、それもまた必然的に命を失う。それが実は今日私たちが立っている地点であり、だからこそ過去の宗教的な物の見方による束縛からイエスを解放し、「信じない人のためのイエス」の像を提案することが必要なのである。

　私たちの問いはこれまでとは違ったものになる。命について、神について、目的について、ひとつになることへの永遠の追求について、また神とひとつになるとはどういうことなのかについて、イエス体験は何を啓示してくれるだろうか？　その問いに答えることができて初めて十字架は、罪の代償を支払うためにわが子を生贄にすることを求めるような有神論的な神のサディスティックな性質の代わりに、私たちにとって有用な象徴となるのである。だがそのような神学が私たちの典礼に入り込んでいるので、典礼は人間の地位を引き下げ、イエスの血が流されたことによる清めの力などといったキリスト者の迷信に餌を与えることにしか役立たない。そういった外的な枠組みは既に破綻しており、今すぐ解体されなくてはならない——それは犠牲の言語と虐待的で懲罰的な神のイメージを伴い、また人間の生は堕落して罪深く破れており、憐れみを求めることしかできないという理解を伴っている。その解体作業はこの本を貫く私たちの旅が行おうと努めてきたことである。多くの人は、この構造が解体されてしまったら何も残らないのではないかという不安を抱くだろう。もしその通りになってしまったら、その時は率直に、キリスト教は既に死んでキリスト教後の世界（ポスト・クリスチャン・ワールド）が既に始まっているという事実を認めようではないか。

しかしながら、二十一世紀にキリストを信じる者として、私はそのような結論を受け入れはしない。私の務めは過去の象徴に人工呼吸を施すことではない。私の見解では、それらは人工呼吸を施すほどの価値も余地もない。私の務めは、今となっては時代遅れで死にかけているそれらの象徴を生み出した体験の中に入り込み、そのイエス体験の力を伝えることができるような、私の世界観にふさわしい言葉を発見することだ。私はその務めを全ての時代に妥当するように行うことはできない。それは弟子たちができなかったのと同様である。私はただ自分の時代のためだけに行うことができる。

神は誰なのか、あるいは何なのかを、人に教えることなどできない。私たちは信条や教理を通して何世紀にもわたってそれをまさに行っているかのように振る舞ってきたにもかかわらず、他の誰であろうとそれは無理だろう。神のリアリティを定義することは不可能である。それは体験することしかできない。そして私たちは、その体験さえも錯覚以上の何ものでもないかもしれないということを常に念頭に置いておく必要がある。有神論は人間による不完全な神の定義の一つにすぎず、そんなものは放棄すべきである。

自分の神体験について語ろうとするとき、私は人間を比喩に用いることでしかそれを伝えることができない。虫は鳥であるということがどういうことかを語ることはできない。馬も人間であるということがどういうことかを語ることはできない。人間も神であるということがどういうことかを語ることはできない。それはごく初歩的なことだ。そこで私の体験を、人間を比喩に用いた言葉で語らせていただきたい。なぜなら、それが私の話せる唯一の言語だからである。

私は、私が受けとめられる以上の命を経験する。それを十分に生きることは、私の人間としての意識の限界を超えたところへと私を招く。しかし私はその甘美を味わい、その永遠性についてじっくりと考えることができる。そうするとき私は、私が神と呼んでいる命の源と交わるのだ。

私は愛を、私を超越したものとして体験する。私はそれを創造することはできないが、それを受け取ることはできる。ひとたびそれを受け取れば、それを与えることもできる。したがって、愛とは私が関わりを持つことのできる超越的なリアリティであり、それによって私は変えられうる。すなわち私はより深い愛の理解に向かって成長し、私たちが神と呼ぶ愛の源について深く思いを巡らせることができるのである。

私は存在することを自分が参加している何かのように体験する。しかし私の存在は、「存在」そのものの中身を使い果たしてしまうということがない。私の存在は私の存在よりもずっと大いなる何かに基礎づけられている。「存在」そのものは尽きることなく、無限で不滅だ。私がその「存在の根底」に触れるとき、私は私が神と呼ぶ何かに触れているのだと信じている。

このような超越的な体験における意識の拡大を通して私はナザレのイエスを見つめ、彼の命の中に「神」という言葉が意味するものを見ているのだと断言する。私の神観、あるいは私がイエスにおいて出会う神についての見方は、私が客観的な現実であると信じるものについての主観的な描写である。

私はイエスを、境界線を破壊する人、セキュリティ・システムから出てくるよう呼びかける人として理解しようと努めてきた。イエスは、恐怖こそが人間性を窒息させ、防御壁を築かせ、偏見を作り出し、慢性的に脅えている人びとに安心を与える宗教システムを立ち上げているという現実を知っていた一人の人間である。キリストの道を歩むことは、これらの様々なセキュリティ・システムの外に出て、それを超えて歩む力を与えられるということである。それは、新しい人間性によって宗教なき世界へと入るために、人間らしさを阻むありとあらゆる宗教的な様式を超えて歩むことである。それは神的なものを人間の外部にではなく、人間であることの最も深い次元として探し求めることである。私たちが神的なものに入るのは、自分自分を捨て去る自由を得た時のみである。もはや神が誰であり何であるかといった憶測をすることもなく、神が意味するものを行動で示すだけである。それはイエスの人間らしさの全人性を見ることであり、そこに神的なるものが存在するのを目の当たりにすることである。「神はキリストの中におられた」というのは受肉説や三位一体論に導くための教理ではない。それは全人性や新しい創造、新しい人間性、そして新しい生き方に導く存在への大いなる歓呼の声なのである。

ここで私たちは、この神体験という全人性に関わる体験を取り上げ、もう一度十字架の物語を観察してみよう。その残虐性は薄められてはいない。十字架刑は残虐な世界の残虐な処刑法だからである。しかし福音書記者たちによって描かれたイエス像は、私たちの信仰が思い描いてきた以上のものを啓示するものとなっている。

十字架の物語の詳細が歴史的に正確かどうかということは私には関係ない。私はずいぶん前からそれらが史実ではないことを確信していた。というのも、既に指摘してきたように各福音書は目撃者の証言によって作られたのではなく、古代のヘブライ語資料に基づいて典礼用に作り上げられた文書だと思われるからである。しかしそれでも、それらはナザレのイエスに関する記憶を伝えている。その人物像に私は今も驚きを発見するのである。

まずは、私たちが今でも受難週の始まりに開くイエス物語を見てみよう。イエスは勝利に満ちた様子でエルサレムに入城している。お祭り気分の中で多くの群衆が集まっている。これがゼカリヤ書から引用されたメシアの象徴であることは明らかである（ゼカリヤ9・9―10）。

彼は王としてやってきたが、力のシンボルと共にではない。マーカス・ボーグとジョン・ドミニク・クロッサンは彼らの著書『イエス最後の一週間』[74]で、この行進とピラトの行進を対比している。ピラトは同じ頃、過越祭に伴って起こるテロ活動を鎮圧するために、カイサリアからエルサレムに来ていた。力ある者はロバに乗ったりはしない！　力ある者が丸腰ということはあり得ない。各福音書は多くの人が衣服を脱いで彼の前の道に敷いたと告げている。また他の者は葉のついた枝を切ってきて広げたという。全ての者が勝利を歌う詩編の言葉を叫んでいた。「ホサナ。主の名によって来られる方に、祝福があるように。われらの父ダビデの来るべき国に、祝福があるように。いと高きところにホサナ」（マルコ11・1—10）。福音書記者たちが伝えているのが熱いメシア待望であることは間違いない。群衆はイエスを彼らの王にすることを望んでいる。それは高度な、人のうぬぼれを誘う言葉遣いである。不安を抱いている人間にとって人びとの称賛という甘美な麻薬ほど誘惑的なものはない。しかし完全なる人格であったイエスは誘惑に乗らない。彼は自分が何者であるかを知っている。彼は完全であるために人びとの称賛を必要とはしない。彼はうぬぼれたりはしない。彼はただロバに乗っているだけである。

イエスの行進はその一週間を無情に突き進んだ。その様子は、福音書記者たちがその短い日々の過ぎ去る様子を描いているとおりである。それはベタニアとエルサレムの間を往っては帰り、エルサレムの神殿では対立が起こった様が描かれている。神殿を返せと彼は要求した。神殿は制度化された宗教を支えるために集められた強盗の巣であってはならない。神殿は全ての民のための祈りの家でなくてはならない。宇宙全体に浸透しあまねく存在する神から人びとを切り離す障壁などあってはならない。いかに神を迎え入れる場所であると言われようとも、人の手によって建てられた聖なる場所に神が閉じ込められるということはないのである。

その一週間の間に緊張が高まる様子を福音書は描いている。宗教的な権威を持つ者たちが、ぶどう園の主人の息子を殺そうとするというたとえ話が語られる。切迫した状況。マルコが示唆しているのは、宗教的に正統とされた者たちの声は、あたかも神のために語るかのように振る舞いつつも、イエスを拒絶する行いによって結局はイエスを新しい隅の親石にすることしかできなかったのであり、新たな思考様式はその親石の上に構築されるということである。

こうしてイエスは、彼の時代における宗教的な境界線や、彼の属する伝統における宗教規則と対決する。彼はそれらの全てが私たちの人間性を束縛し、私たちを自由にするものは何一つないことを指し示した。人は天国でも結婚するか？　死んだ者は蘇るか？　最も重要な戒めは何か？　イエスはそういった問いの全てを受け流す。彼は全く異なるヴィジョンに触れている。地上のルールは天には当てはまらない。神は死んだ者の神ではなく、生きている者の神である。戒めの本質は愛である。「ダビデの子」はキリストの命の定義ではない。正しい宗教を信じているからその人が正しいというわけではない。人の生き方はその人の在り方と直接関係している。偽のキリストやキリストについての偽の定義が世にあふれるようになるだろう。宗教規則は超越されなくてはならない。神は力の中にではなく無力さの中に見出される。常に備えておきなさい。主なる神は突然やってくるから。神は何ものにも束縛されない無限の愛である。それが、このナザレのイエスという男が生きて語った力強いメッセージであり、人びとはそのような彼を記憶し続けようとしたのである。

続いてドラマは一種の神的な必然性を帯びながらイエスの死へと向かっていく。一人の女性が葬りのために彼の頭に香油を注ぐ。裏切りが起こる。過越が用意され、食事がなされる。裂かれたパンと注がれたぶどう酒の象徴が、彼の引き裂かれる体と流される血を予感させる。弟子たちの弱さが描かれる。彼らは慢心し、眠り、逃げ、ついにはイエスを知らないと言う。イエスが逮捕される。彼は孤独だ。刑が宣告される。彼の生涯は終わりに近づいた。福音書記者たちが彼の死に様をどのように描いたかをよく観察してみよう。彼は裏切られたが、裏切った者たちを愛した。彼は見捨てられたが、見捨てた者たちを愛した。彼の逮捕に抵抗した者もいたが、彼は剣をさやに収めるよう求めた。彼は冤罪の濡れ衣を着せられたが、告発者たちの前で何も言わなかった。彼は全く自分を守ろうとしなかった。嘲りを受け拷問にかけられても、嘲る者や拷問する者たちを愛した。鞭打たれたが、鞭打つ者たちを愛した。否認されたが、否認する者たちを愛した。十字架にかけられたが、自分を殺す者たちを愛した。敵意と拒絶、虐待と死――それらは彼の人間らしさを損なうことはなかったのである。

それが敵意を持ったり傷つけたりする必要を持たない一人の完全に人間らしい人の人物像である。不当に命を奪われそうになったとき、生命に執着し、一瞬でも長く生き延びるチャンスを選ぶのが人間の性である。何としてでも生き延びようという、人間が受け継いでいる最古の努力においては、人間の品位などというものは吹き飛んでしまう。犠牲者は呪い、抵抗し、唾を吐き、己の運命から逃れようと必死になる。それが役に立たないとわかると、懇願し、弁解し、すすり泣き、祈る。自分の存在に執着しようとする絶望的な試みにおいては、一度しかない命を守るチャンスを与えてくれるものは何でも選択する。しかし、これはイエス体験の記憶を捉えようとして福音書記者たちが描いたイエスの死に様とは異なる。

むしろ彼らはイエスを、その命があまりに十全であるがためにそれを放棄することもできた十全なる人格として記憶した。力なき者に対して力ある者が報復する諸々の行動に対し、自らも力なき存在であったイエスは、彼らの暴力に顕われた人間性の破れを救おうとした。「父よ、彼らをお赦しください」（ルカ23・34）。イエスはそう言ったと記録されている。ローマから来た圧政者たちによって何の価値もない薄汚いユダヤ教の狂信者にすぎない者として取り扱われたに違いないこの男は、それにもかかわらず「存在」の贈り物を携えていた――それは、虐待的な人びとの中に常にある抑圧された罪意識を和らげるのに十分な才能である。それゆえにこの瀕死の犠牲者は、彼らの鈍くなった魂に向けて赦しの言葉を発した。群衆は彼を嘲ったが彼は慈悲をもって応じた。彼と共に死にかけていた一人の強盗が、望みを抱いて彼に声をかけた。するとイエスは約束の言葉で応えた。「あなたは今日わたしと一緒に楽園にいる」（ルカ23・43）。実は一つの福音書、ヨハネによれば、イエスの母は十字架の下におり、そこでイエスが母に対し、愛する弟子の世話になるよう託したことが描かれている（ヨハネ19・26）。

どうかこの全体像を受け入れていただきたい。私はこれが歴史的に正確ではないと思っている。しかし、これは確かにイエスの存在を思い起こす方法としての人物像であり、それゆえにイエスの人格とイエス体験の本質に対する洞察に満ちている。それはあまりにも十全で、あまりにも自由な一つの命だった。そのために彼はそれに執着する必要もなかったのである。これは自意識を持つ全ての人間を特徴づける、生き残り本能から脱した人の姿である。人は自分が持っていないものを手放すことはできない。イエスは自分の命を持っていた。イエスはその命を手放した。十字架とは、神の子の苦しみにおいて神の正義が満たされる場所ではない。十字架とは、生命に満ちあふれて生きる人間が自らの全てを他者のために与え、その行いによって私たちが「神」という言葉で意味するものを見えるようにした場所なのである。

人間性はその最高の状態に達すると、神の特質と意味を帯びるようになる。完全なる人間性は神的なリアリティへと流れ込んでいる。神性は究極まで深まった人間性となる。また神性とはそういうものである。神はこの世と人間に対立するような何か超自然的なものではない。神の意味とリアリティは、命を与える道として私たち自身を通って流れている人間としての全人性の体験の中に見出される。命が超越的な他者に向かって開かれるとき、それが絶えず広がり続ける人間性に向かって全ての障壁を超えて招かれるとき、神は体験される。一世紀のイエス体験は、人びとが彼において神と出会ったというきわめてシンプルなものだった。「神はキリストの内におられる」と彼らは言った――そして私たちも彼らと共に言う――なぜなら命と愛と存在は、彼の満ちあふれる人間性を通して流れているからである。

この観点から見ると、十字架は拷問と死の場所ではない。それは人が自らの全てと自らの持てるもの全てを与えることができた時に見られる、神の愛の姿である。それゆえ十字架は、生きよ、愛せ、存在せよと私たちに呼びかける神の臨在の象徴となる。それは人種や民族や国家であろうが、ジェンダーや性的指向であろうが、左利きや右利きであろうが、生きていれば必ず見られる他者の多様性を受け入れる愛を支持している。キリストにおける神体験への呼びかけは、私たち一人一人全ての者に向かって、ありのままの自分であれと呼びかけるシンプルな呼びかけである――それは私たちの人間性の存在を通して、全ての人がもっと十分に生き、もっとふんだんに愛し、自分がなりたい者になる勇気を持つことができるような世界を造ることによって、神からの贈り物を全ての人に与える呼びかけである。それが神の臨在を生き切るということである。神は生きること、愛すること、存在することそのものである。したがってイエスの呼びかけは、宗教的になれという呼びかけではない。それは生きることにつきまとうトラウマから逃げることや、安心を求め心の平安を保つことへの呼びかけではない。そういったものは全て命を萎縮させる偶像礼拝への招待である。イエスを通した神の呼びかけとは、完全に人間らしい者になり、防御壁を築かないことによる不安を受け入れ、人間らしい者となるための必要条件として心の平安の欠如を受け入れることである。それは拡大された人間性の最先端で出会う命と愛と存在の体験そのものが神であるのを見ることである。それがまさに、自らの目的を宣言するイエスを描く際、第四福音書の著者が述べようとしたことである。「（私が来たのは、羊が）命を受けるため、しかも豊かに受けるためである」（ヨハネ10・10）。

キリスト教と呼ばれる宗教は死にかけている。それは人類の視野が拡がったために起きた犠牲である。イエスにおける神体験は――キリスト教もその体験の上に築かれたはずだが――新たに姿を現しつつある、やがてはそれによって新しいヴィジョンを生きることができるような新しい様式を生み出すであろう。イエスが宗教の牢獄から自由になれば、再生も改革も可能である。こうして信じない人たちのためのイエスが視野に入ってくる。

私の偉大なる師であり友人でもあるジョン・E・ハインズが、かつて私にこう言った。「君が大胆なことをしようとする時は、自分の大胆さに震え上がったりしないだろう」。

イエスが人間の意識の中で新しい爆発を起こすのを、私は楽しみに待っているのだ。

エピローグ——キリストの力（クライスト・パワー）

その昔、一九七四年のことだが、私はヴァージニア州リッチモンドの聖パウロ教会で、ある説教を語った。それが私自身の意識における突破口だったということは、後になってわかったことである。聖パウロ教会はかつての南部連合の首都でもあった古く大きな街の中心部にあった。南北戦争中の暗黒時代、ロバート・E・リーも、ジェファーソン・デイヴィスも、この教会で常々礼拝していた。その時も私は新しいイエス理解の方法を模索していた。このイエスは明らかに私が身を置く信仰の伝統では中心的象徴であるが、私はその彼のイメージと絶えず格闘していた。その格闘が生み出す内面の葛藤とストレスは私にとっておなじみのものだった。その頃私は、今でもそうだが、力強くて頼もしいイエスの人柄に魅力を感じていたが、同時に彼を取り巻く歪んだ神話によって悩まされ、ついには嫌悪感を抱き、イエスの身柄を拘束しているかのような管理的宗教によって窒息しそうになっていた。私のフラストレーションが高まり過ぎて、イエスの意味やその力を感じ取るのが困難な時も何度かあった。私は、どうしたら誠実さを失わずに、自分が様々な形で深く関わっていた教会と呼ばれる制度と自分を同化させ続けることができるのかさえわからなくなっていた。そんな感情があの日曜日、説教の形をとって表現された。それはいつものとおり、それを聴いた多くの人が（おそらく私でさえ）すぐ忘れ去ってしまった。じっさい説教というものの「賞味期限」は短い。長くもったとしても翌日まで頭の中に残ってはいない。

しかし、優れた才能を持つリッチモンドの詩人ルーシー・ニュートン・ボズウェル・ニーガスは、この説教を取り上げて、その核となっているメッセージを自由詩として唄ってくれた。彼女はそれに「キリストの力（クライスト・パワー）」というタイトルをつけた。説教に基づいたこの彼女の作品は、私が聖パウロ教会で語ったその他のいくつかの説教に基づいて彼女が生み出した一冊の詩集の巻頭を飾っている。詩集のタイトルもこの詩から取られた。(75) それゆえ、この「キリストの力（クライスト・パワー）」という言葉は私のボキャブラリーに加わり、じっさい後にも先にも他にこれに匹敵する言葉がないほど私の意識の中に入り込んだのである。

この本を執筆している今も、その詩はずっと私の前にある。

それゆえ私はこのイエス研究を、今は昔、一九七四年に私が発し、ルーシー・ニーガスが形を整えた一連の言葉によって締めくくることにする。私がそうするのは、突き詰めていけばその詩の中にこの本を生み出した種があるという理由だけではない。それが三十年以上にわたり様々な仕方で私の研究の焦点であり続けたからである。その研究が私の人生と経歴を形作ってきたと言ってもよい。イエスが誰であり、彼の生涯が何を意味するかについての私の理解は、かつては大雑把なスケッチだったが、ついにその骨組みに肉づけすることができた今、私は満足感を覚えている。私の方向性は変わらなかったが、理解は深まった。こうして一つの巡礼がこの本において完結し、一つの環が閉じられる。

*

キリスト（クライスト）の力（パワー）

彼を見よ！
彼の神々しさを見るな、
しかし見よ、彼の自由を。
彼の力を語る大げさな物語を見るな、
しかし見よ、彼が自らを捨てるその無限の可能性を。
彼を包む一世紀の神話を見るな、
しかし見よ、彼の存在への勇気、生きる力を。
そして見よ。
彼の愛が人びとに沁みわたるのを。
血眼で探すのをやめよ！
じっとして、それが神であることを「知る」のだ。
その愛、
その自由、
その命、
その存在。

そして
　あなたが受け入れられたなら、あなた自身を受け入れよ。
　　あなたが赦されたなら、あなた自身を赦せ。
　　　あなたが愛されたなら、あなた自身を愛せ。
　　　　キリストの力（クライスト・パワー）をつかめ。
　　　　　そして勇気を出して
　　　　　　あなた自身であれ！

私は神へと至る道を信じている。私はきわめて人間らしいイエスにおいてその神と出会ったのである。
シャローム！

ジョン・シェルビー・スポング

文献表

Altizer, Thomas, and William J. Hamilton. *Radical Theology and the Death of God*. Indianapolis: Bobbs-Merrill, 1966.（トマス・アルタイザー、ウィリアム・J・ハミルトン著、小原信訳『神の死の神学』、新教出版社、一九六九）

Armstrong, Karen. *The Battle for God*.（神のための戦い）New York: Knopf, 1993.

———. *Beginning the World*.（世界の始まり）New York: St. Martin's Press, 1983.

———. *A History of God*.（神の歴史）New York: Ballentine Books, 1993.（カレン・アームストロング著、高尾利数訳『神の歴史――ユダヤ・キリスト・イスラーム教全史』柏書房、一九九五）

———. *Holy War: The Crusades and Their Impact on Today's World*. New York: Anchor Books, 1988.（カレン・アームストロング著、塩尻和子、池田美佐子訳『聖戦の歴史――十字軍遠征から湾岸戦争まで』柏書房、二〇〇一）

———. *One City, Three Faiths*.（一つの都市、三つの信仰）New York: St. Martin's Press, 1995.

———. *The Spiral Staircase: My Climb Out of Darkness*.（螺旋階段――私の暗闇からの脱出）New York: Knopf, 2004.

———. *Through the Narrow Gate*. New York: St. Martin's Press, 1980.（カレン・アームストロング著、たかもりゆか訳『狭き門を通って――「神」からの離脱』柏書房、一九九六）

Bonhoeffer, Dietrich. *Letters and Papers from Prison*. Edited by Eberhard Bethge. London: SCM Press, 1991; New York: Macmillan1997.（ディートリヒ・ボンヘッファー著、エバハルト・ベートゲ編、村上伸訳『ボンヘッファー獄中書簡集』、新教出版社、一九八八）

Books of Common Prayer（公式祈祷文集）：New York: Domestic and Foreign Missionary Society of the Protestant Episcopal Church, 1928, 1979.

Borg, Marcus. *The Heart of Christianity*. San Francisco: HarperCollins, 2004.（マーカス・J・ボーグ著、小門宏訳『キリスト教のこころ——信仰生活を見直す』近代文芸社、二〇〇五）

————. *Meeting Jesus Again for the First Time*. San Francisco: HarperCollins, 1994.（マーカス・J・ボーグ著、西垣二一、三ツ本武仁訳『イエスとの初めての再会——史的イエスと現代的信仰の核心』新教出版社、二〇一一）

Borg, Marcus, and John Dominic Crossan. *The Last Week: A Day-by-Day Account of Jesus's Final Week in Jerusalem*. San Francisco: HarperCollins, 2006.（マーカス・J・ボーグ、ジョン・D・クロッサン著、浅野淳博訳『イエス最後の一週間——マルコ福音書による受難物語』教文館、二〇〇八）

Boswell, John. *Christianity, Social Tradition and Homosexuality*. Chicago: Univ. of Chicago Press, 1980.（ジョン・ボズウェル著、大越藍子、下田立行訳『キリスト教と同性愛——一〜十四世紀西欧のゲイ・ピープル』国文社、一九九〇）

Bowker, John. *Problems of Suffering in Religions of the World*. Cambridge: Cambridge Univ. Press, 1975.（ジョン・ボウカー著、脇本平也訳『苦難の意味——世界の諸宗教における』教文館、一九八二）

Bridge, Anthony. *The Crusades*.（十字軍）New York: Watts, 1982.

Brown, Raymond. *The Birth of the Messiah*.（メシアの誕生）Garden City, NY: Dobbleday, 1977.

————. *The Death of the Messiah*.（メシアの死）Garden City, NY: Dobbleday, 1994.

Buber, Martin. *I and Thou*. Translated by Walter Kaufman. New York: Harper & Brothers, 1955.（マルティン・ブーバー著、植田重雄訳『我と汝・対話』岩波文庫、一九七九、他）

————. *The Legend of Baal-Shem*.（バアル・シェムの伝説）Translated by Maurice Friedman. New York: Harper & Brothers, 1955.

————. *On the Bible: Eighteen Studies*.（聖書において：18の学び）New York: Schocken Books, 1972.

Buchanan, George Wesley. *To the Hebrews*.（ヘブライ人たちへ）Garden City, NY: Doubleday, Anchor Bible Series, 1972.

Bultmann, Rudolf. *The Gospel of John: A Commentary*. Translated by G. R. Beasley-Murray. Oxford Univ. Press, 1971.（ルドルフ・ブルトマン著、杉原助訳『ヨハネの福音書』日本キリスト教団出版局、二〇〇五）

———. *Jesus and the Word.*（イエスと言葉）Tranlated by Louise Pettibone Smith. New York,: Scribner, 1958

Caird, George B. *St. Luke: A Commentary*. Baltimore, MD: Penguin Books, 1963.（ジョージ・B・ケアード著、藤崎修訳『ルカによる福音書注解』教文館、二〇〇一）

Campbell, Joseph. *The Hero with a Thousand Faces*. New York: Pantheon Books, 1949.（ジョーゼフ・キャンベル著、平田武靖、浅輪幸夫監訳『千の顔をもつ英雄』（上・下）人文書院、初版一九八四、オンデマンド版二〇〇四）

———. *The Power of Myth* (with Bill Moyers). Garden City, NY: Doubleday, 1988.（ジョーゼフ・キャンベル、ビル・モイヤーズ著、飛田茂雄訳『神話の力』ハヤカワ・ノンフィクション文庫、二〇一〇）

Childs, Brevard. *The Book of Exodus: A Critical Theological Commentary*.（出エジプト記：批判的神学的注解）Philadelphia: Westminster Press, 1974.

Chilton, Bruce. *Judaic Approaches to the Gospels*.（福音書へのユダヤ的アプローチ）Atlanta: Scholars Press, 1994.

———. *Rabbi Jesus*.（ラビ・イエス）New York: Doubleday, 2000.

Conzelmann, Hans. *The Theology of Luke*. London: Faber & Faber, 1960.（ハンス・コンツェルマン著、田川建三訳『時の中心―ルカ神学の研究』新教出版社、初版1965、現代神学双書（28）二〇〇五）

Cornwall, John. *Hitler's Pope: The Secret History of Pius XII*.（ヒトラーの教皇――ピウス12世を巡る隠された史実）New York: Viking Press, 1999.

Crossan, John Dominic. *Jesus: A Revolutionary Biography*. San Francisco: HarperCollins, 1994.（ジョン・ドミニク・クロッサン著、太田修司訳『イエス――あるユダヤ人貧農の革命的生涯』新教出版社、一九九八）

———. *Who Killed Jesus?* San Francisco: HarperCollins, 1995.（ジョン・ドミニク・クロッサン著、松田和也訳『誰がイエスを殺したのか――反ユダヤ主義の起源とイエスの死』青土社、二〇〇一）

Cupitt, Don. *After God: The Future of Religion*.（神の後に：宗教の未来）London: Wiederfield & Nicholson, 1997.

———. *Christ and the Hiddenness of God*.（キリストと隠れた神）London: SCM Press, 1985.

———. *The Great Questions of Life.*（命についての偉大なる問い）Santa RosaCA: Polebridge Press, 2006.

———. *Mysticism and Modernity.*（神秘主義と近代性）Oxford: Blackwell Press, 1998.

———. *Radicals and the Future of the Church.*（急進派と教会の未来）London: SCM Press, 1989.

———. *The Religion of Being.*（存在の宗教）London: SCM Press, 1998.

———. *The Sea of Faith: Christianity in Change.*（信仰の海——変革にあるキリスト教）London: BBC Publishing, 1984.

———. *Solar Ethics.*（太陽倫理）London: Xpress, 1993.

———. *Taking Leave of God.*（神に別れを告げる）London: SCM Press, 1980.

Darwin, Charles Robert. *On the Origin of Species by Means of Natural Selection.* London: Penguin, 1989 (originally published in 1859).（チャールズ・ロバート・ダーウィン著、渡辺政隆訳『種の起源』（上・下）光文社古典新訳文庫、二〇〇九。または八杉龍一訳、岩波文庫、一九九〇）

Davies, Paul. *God and the New Physics.* London: Dent, 1984; New York: Simon & Schuster, 1992.（ポール・C・W・デイヴィス著、戸田盛和訳『神と新しい物理学』岩波書店、一九九四）

———. *The Mind of God.*（神の心）New York: Simon & Schuster, 1992.

Dawkins, Richard. *The Blind Watchmaker.* London: Hammondsworth, 1991; New York: Norton, 1996.（リチャード・ドーキンス著、日高敏隆監訳『盲目の時計職人——自然淘汰は偶然か？』早川書房、二〇〇四）

———. *The God Delusion.* New York: W. W. Norton, 2006.（リチャード・ドーキンス著、垂水雄二訳『神は妄想である——宗教との決別』早川書房、二〇〇七）

———. *The Selfish Gene.* London: Granada, 1978; New York: Oxford Univ. Press, 1990.（リチャード・ドーキンス著、日高敏隆他訳『利己的な遺伝子』紀伊国屋書店、増補改訂版二〇〇六）

Dodd, Charles H. *The Epistle of Paul to the Romans.*（ローマ人への手紙）London: Hodder & Stoughton, 1949.

———. *The Interpretation of the Fourth Gospel.*（第四福音書の解釈）Cambridge: Cambridge Univ. Press, 1953.

Doller, James. *The Evolution of the Idea of God and Other Essays.*（神概念の進化および他の小論）Greensboro, NC:

Outland Press, 2000.
Eakins, Frank E.Jr. *The Religion and Culture of Israel: An Introduction to Old Testament Thought.*（イスラエルの宗教と文化——旧約聖書の思想入門）Allyn & Bacon, 1971.
Ehrman, Bart. *Lost Christianities/Lost Scriptures.*（失われたキリスト教／失われた聖書）New York: Oxford Univ. Press, 2003.
——————. *Misquoting Jesus: The Story Behind Who Changed the Bible and Why.* New York: HarperCollins, 2005.（バート・D・アーマン著、松田和也訳『捏造された聖書』柏書房、二〇〇六）
Eliade, Mircea. *The Sacred and the Profane.* New York: Harcourt-Brace, 1959.（ミルチャ・エリアーデ著、風間敏夫訳『聖と俗——宗教的なるものの本質について』法政大学出版局、一九六九）
Evans, Craig A.and Donald A. Hagnereds. *Anti-Semitism and Early Christianity: Issues of Polemic and Faith.*（反セム主義と初期キリスト教：論争と信仰の諸問題）Minneapolis: Fortress Press, 1993.
Fineberg, Solomon A. *Overcoming Anti-Semitism.*（反セム主義の克服）New York and London: Harper & Brothers, 1943.
Fox, Matthew. *The Coming of the Cosmic Christ.*（宇宙的キリストの来臨）San Francisco: HarperCollins, 1988.
——————. *One RiverMany Wells: How Deepening Ecumenism Awakens Our Imaginations with Spiritual Visions.*（ひとつの河、多くの泉——深いエキュメニズムがいかにして私たちのイマジネーションを霊的なヴィジョンに目覚めさせるか）New York: Jeremy Tarcher/Putnam, 2000.
——————. *Original Blessing: A Primer in Creation Spirituality.*（原初の祝福：創造の霊性についての入門書）Santa Fe: Bear Publishing, 1983.
Freke, Timothy and Peter Gandy. *The Jesus Mysteries: Was the Original Jesus a Pagan God?*（イエスのミステリー——元来のイエスは異教の神だったのか?）New York and London: Random House, 2001
Freud, Sigmund. *The Future of an Illusion.* Translated by James Strackey. New York: Norton, 1975.（ジークムント・フロイト著、高田珠樹監修『1929-32年——ある錯覚の未来・文化の中の居心地悪さ』〔フロイト全集第二〇巻〕岩波書

店、2011）
———. *Moses and Monotheism*. Translated by Katherine Jones. New york: Vantage Books, 1967.（ジークムント・フロイト著、渡辺哲夫・新宮一成・高田珠樹・津田均訳『一九三八年——モーセという男と一神教』〔フロイト全集第二二巻〕岩波書店、二〇〇七）
———. *Totem and Taboo*. New York: Norton, 1956.（ジークムント・フロイト著、須藤訓任・門脇健訳『1912—13年——トーテムとタブー』〔フロイト全集第一二巻〕岩波書店、二〇〇九）
Fromm, Eric. *The Dogma of Christ*.（キリストの教義）New York: Holt Rinehart & Winston, 1963.
Funk, Robert. *Honest to Jesus: Jesus for the New Millennium*.（イエスへの誠実——新しい千年紀のためのイエス）San Francisco: HarperCollins, 1996.
Funk, Robert, and Roy Hoovereds. *The Five Gospels: What Did Jesus Really Say?*（五つの福音書——イエスが実際に発した言葉は何か?）New York: Macmillan, 1993.
Geering, Lloyd G. *Christianity Without God*.（神なきキリスト教）Santa Rosa, CA: Polebridge Press, 2000.
———. *Tomorrow's God*.（明日の神）Wellington, New Zealand: Bridgett Williams Books, 1994.
Goldman, Ari. *The Search for God at Harvard*.（ハーヴァードで神を探し求める）New York: Ballantine Books, 1991.
Gomes, Peter. *The Good Book*.（良い本）New York: William Morrow, 1996.
Goulder, Michael Donald. *The Evangelist's Calendar*.（福音書記者のカレンダー）London: SPCK, 1978.
———. *Luke: A New Paradigm*.（ルカ——ある新しいパラダイム）Sheffield, UK: Sheffield Academic Press, 1989.
———. *Midrash and Lection in Matthew*.（マタイ福音書に見られるミドラシュ〔ヘブライ語聖書の注釈〕と日課）London: SPCK Press, 1974.
———. *A Tale of Two Missions*.（二つの使命の物語）London: SCM Press, 1994.
Goulder, Michael D., and John Hick. *Why Believe in God?*（なぜ神を信じるのか?）London: SCM Press, 1983.
Haenchen, Ernst. *The Acts of Apostles: A Commentary*.（使徒言行録注解）Philadelphia: Westminster Press, 1971.
Hahn, Thich Nhat. *Living Buddha, Living Christ*. New York: Riverhead Books, 1995.（ティク・ナット・ハン著、池田久

代訳『生けるブッダ、生けるキリスト』春秋社、一九九六）
Halberstam, David. *The Children*.（子どもたち）New York: Random House, 1998.
Haley, Alex. *Queen: The Story of an American Family*. New York: William Morrow, 1993.（アレックス・ヘイリー著、村上博基訳『クイーン』新潮社、一九九四）
———. *Roots: The Saga of an American family*. Garden City, NY: Doubleda, 1976.（アレックス・ヘイリー著、安岡章太郎・松田銑訳、『ルーツ』〔Ⅰ、Ⅱ、Ⅲ〕社会思想社〔現代教養文庫〕、一九七八）
Hall, Douglas John. *The End of Christendom and the Future of Christianity*.（キリスト教世界の終焉とキリスト教の未来）Herrisburg, PA: Trinity Press, 1995.
Hamilton, William. *The New Essence of Christianity*.（キリスト教の新しい本質）London: Darton, Longman & Todd, 1966.
Hampson, Daphne. *After Christianity*.（キリスト教以後）London: SCM Press, 1996; Harrisburg, PA: Trinity Press, 1997.
Harnack, Adolph. *The Mission and Expansion of Christianity in the First Three Centuries*.（最初の三世紀におけるキリスト教の宣教と拡大）Translated by James Moffatt. Freeport, NY: Books for Libraries Press, 1959.
Harris, Sam. *The End of Faith: Religion, Terror, and the Future of Religion*.（信仰の終焉——宗教、恐怖、そして宗教の未来）New York: W. W. Norton, 2005.
———. *Letter to a Christian Nation*.（あるキリスト教国への手紙）New York: Knopf, 2006.
Harpur, Tom. *The Pagan Christ*.（異教徒のキリスト）Toronto: Thomas Allen, 2004.
Hartshorne, Charles. *Man's Vision of God and the Logic of Theism*.（人間の神観と有神論の論理）New York: Harper & Brothers, 1941.
Hick, John. *God and the Universe of Faith*.（神と信仰の宇宙）London: Macmillan, 1993.
———. *The Myth of Christian Uniqueness*.（キリスト教の独自性という神話）London: SCM Press, 1987.
Holloway, Richard. *Godless Morality*.（神なき倫理）Edinburgh: Canongate Press, 1999.

Hoskyns, Edwin. *The Fourth Gospel.*（第四福音書）London: Faber & Faber, 1939.

James, Fleming. *Personalities of the Old Testament.*（旧約聖書の人間像）New York: Scribner, 1955.

James, William. *The Varieties of Religious Experience.* New York: Random House, 1999.（ウィリアム・ジェイムズ著、桝田啓三郎訳『宗教的経験の諸相』〔上・下〕岩波文庫、一九六九―一九七〇）

Josephus. *The New Complete Works of Josephus.*（新ヨセフス全集）Translated by William Whiston. Grand Rapids, MI: Kregel Press, 1999.

Jung, Carl G. *Aion: Researches into the Phenomenology of the Self.* Princeton, NJ: Princeton Univ. Press, Bollingen Series, 1959.（カール・グスタフ・ユング&M・L・フォン・フランツ著、野田倬訳『アイオーン』〔ユング・コレクション4〕人文書院、一九九九）

———. *Answer to Job.* London: Routledge, Kegan & Paul, 1954.（カール・グスタフ・ユング著、林道義訳『ヨブへの答え』みすず書房、一九八八）

———. *Memoirs, Dreams and Reflections.* New York: Vintage Press, 1965.（カール・グスタフ・ユング著、河合隼雄訳『ユング自伝―思い出・夢・思想』〔1、2〕みすず書房、一九七二―一九七三）

———. *On Evil.*（悪について）Princeton, NJ: Princeton Univ. Press, 1998.

———. *Psychology and Religion, East and West.* New York: Pantheon Books, Bollingen Series, *Collected Works of C. G. Jung*, 1958.（カール・グスタフ・ユング著、村本詔司訳『心理学と宗教』〔ユング・コレクション3〕人文書院、一九八九）

———. *Psychology and Western Religion.*（心理学と西洋の宗教）New Haven, CT: Yale Univ. Press, 1960.

Justin. *Dialogue of Justin, Philosopher and Martyr, with Trypho the Jew.*（哲学者であり殉教者であるユスティノスによるユダヤ人トリュフォンとの対話）Published in many collections of the early fathers of the church. See especially chapter 84.（ユスティノス著、柴田有・三小田敏雄訳『ユスティノス――キリスト教教父著作集』教文館、一九九二）

Kempis, Thomas a., *The Imitation of Christ.* Garden City, NY: Image Books, 1955.（トマス・ア・ケンピス著、池谷敏雄訳『キリストにならいて』新教出版社、一九八四）

King, Karen. *The Gospel of Mary*. Santa Rosa, CA: Polebridge Press, 2004.（カレン・L・キング著、山形孝夫・新免貢訳『マグダラのマリアによる福音書　イエスと最高の女性使徒』河出書房新社、二〇〇六）
Kloppenborg, John S. *The Formation of Q: Trajectories in Ancient Wisdom Collections*. Philadelphia: Fortress Press, 1977.（ジョン・S・クロッペンボルグ他、新免貢訳『Q資料・トマス福音書本文と解説』日本基督教団出版局、一九九八）
Kübler-Ross, Elisabeth. *On Death and Dying*. New York: Simon & Schuster, 1969.（エリザベス・キューブラー－ロス著、鈴木晶訳『死ぬ瞬間――死とその過程について』中公文庫、二〇〇一）
Küng, Hans. *Does God Exist?*（神は存在するのか?）London: Collins1980.
――――――. *On Being a Christian*.（キリスト者となるにあたって）New York: Doubleday1976.
Latourette, Kenneth Scott. *Christianity in a Revolutionary Age: The 19th Century — The Great Century in the Americas, Australia and Africa*, 1800-1914.（革命期のキリスト教――十九世紀南北アメリカ、オーストラリア、アフリカ、1800-1914）New York: Harper & Brothers, 1943.
Laughlin, Paul Alan. *Putting the Historical Jesus in His Place*.（史的イエスを彼の本来の場所に位置づける）Santa Rosa, CA: Polebridge Press, 2006.
Luther, Martin. *Lectures on Romans. Vol.* 25 *in Luther's Works*.（ローマ書講義）Edited by Hilton C. Oswald. St Louis, MO: Concordia, 1972.
Mack, Burton. *The Lost Gospel: The Book of Q*. San Francisco: HarperCollins, 1993.（バートン・L・マック著、秦剛平訳『失われた福音書――Q資料と新しいイエス像』新装版、青土社、二〇〇五）
――――――. *Who Wrote the New Testament? The Making of the Christian Myth*. San Francisco: HarperCollins, 1995.（バートン・L・マック著、秦剛平訳『誰が新約聖書を書いたのか』青土社、1998）
MacLeish, Archibald. *J. B.: A Play in Verse*.（韻文劇 J.B.）New York and London: Samuel French, 1956.
Mann, Jacob. *The Bible as Read and Preached in the Old Synagogue*.（かつてシナゴーグで読まれ、説き明かされた聖書）New York: KATV Publishing, 1971.
Meier, John P. *A Marginal Jew: Rethinking the Historical Jesus*.（一隅のユダヤ人――史的イエスを再考する）New York:

Doubleday, 1991.

Meredith, Lawrence. *Life Before Death: A Spiritual Journey of Mind and Body.*（死を前にした命——ある心と体の霊的な旅）Atlanta: Atlanta Humanics Publishing, 2000.

Milgram, Abraham E. *Jewish Worship.*（ユダヤ教の礼拝）Philadelphia: Jewish Publication Society of America, 1991.

Mitchell, Stephen. *The God Who Is Everywhere.*（どこにでも存在する神）London: John Hunt Publishers, 2005.

Moltmann, Jürgen. *God in Creation: A New Theology of Creation and the Spirit of God.* San Francisco: Harper & Row, 1985.（ユルゲン・モルトマン著、沖野政弘訳『J．モルトマン組織神学論叢2　創造における神』新教出版社、一九九一）

Moule, Charles F. D. *The Origins of Christology.*（キリスト論の起源）Cambridge: Cambridge Univ. Press, 1977.

Mountford, Brian. *Why Liberal Christianity Might Be the Faith You've Been Looking For.*（なぜリベラルなキリスト教があなた好みの信仰になってしまいがちなのか）Ropley, UK: O Books, 2005.

Nelson, James B. "Reuniting Sexuality and Spirituality." *The Christian Century* 104, no. 8(Feb. 1987): 187-190.（「セクシュアリティと霊性を再統合する」『クリスチャン・センチュリー』誌104巻8号より）

Ogden, Schubert M. *Christ Without Myth.*（神話なきキリスト）New York: Harper & Brothers, 1961.

Pagels, Elaine. *Beyond Belief.* New York: Random House, 2004.（エレーヌ・ペイゲルス著、松田和也訳『禁じられた福音書―ナグ・ハマディ文書の解明』青土社、二〇〇五）

———. *The Gnostic Gospels.*（グノーシス的福音書）New York: Random House, 1979.

Pannenberg, Wolfhart. *The Apostles' Creed.*（使徒信条）London: SCM Press, 1972.

Pelikan, Jaroslav. *The Emergence of the Catholic Tradition* (100-600).（カトリックの伝統の出現）Vols. 1-6. Chicago Press, 1971.

Pike, James A. *If This Be Heresy.*（もしこれが異端なら）New York: Harper & Row, 1967.

———. *A Time for Christian Candor.*（キリスト教の率直さが現れる時）New York: Harper & Row, 1964.

Richardson, Herbert W. T. *Nun, Witch and Playmate: The Americanization of Sex.*（尼僧、魔女、そしてプレイメイト——

性のアメリカナイゼーション）New York: Edwin Mellen Press, 1971.

Robinson, John A. T. *Exploration into God.*（神の探求）London: SCM Press, 1962.

———. *Honest to God.* Philadelphia: Westminster Press, 1963.（J・A・T・ロビンソン著、小田垣雅也訳『神への誠実』日本キリスト教団出版局、二〇〇六）

———. *The Human Face of God.*（神の人間的な顔）Philadelphia: Westminster Press, 1973.

Sanders, E. P. *Jesus and Judaism.*（イエスとユダヤ教）Philadelphia: Fortress Press, 1985.

Sandmel, Samuel. *The Genius of Paul.*（パウロの天才）New York: FarrarStraus & Cudahy, 1958.

———. *Judaism and Chritian Beginnings.*（ユダヤ教とキリスト教の始まり）Oxford: Oxford Univ. Press, 1979.

———. *We Jews and Jesus.*（我らユダヤ人とイエス）New York: Schocken Books, 1970.

Schillebeecx, Edward. *Christ: The Experience of Jesus.*（キリスト——イエスを体験すること）New York: Seabury Press, 1980.

———. *Jesus: An Experiment in Christology.*（イエス——キリスト論における一つの実験）New York: Seabury Press, 1979.

Schleiermacher, Friedrich. *The Christian Faith.*（キリスト教信仰）London: T. & T. Clark, 1908.

———. *The Experience of Jesus Christ as Lord.*（主としてイエスを経験すること）New York: Seabury Press, 1980.

Sheehan, Thomas. *The First Coming: How the Kingdom of God Became Christianity.*（最初の来臨——いかにして神の国はキリスト教になったか）New York: Random House, 1986.

Spong, John Shelby. *The Bishop's Voice: Selected Essays.*（ある主教の声——セレクテッド・エッセイ）Compiled and edited by Christine Mary Spong. New York: Crossroad Press, 1999.

———. *Born of a Woman: A Bishop Rethinks the Virgin Birth and Treatment of Woman in a Male-Dominated Church.*（ひとりの女性から生まれたということ——男性支配的な教会における処女降誕と女性に対する扱いについてのある主教の再考）SanFrancisco: HarperCollins, 1992.

———. *Christpower*（キリストの力）(arranged by Lucy Newman Boswell Negus). Richmond, VA: Thomas Hale

Co., 1975. Reprinted in 2007 by St. Johann's Press, Haworth, New Jersey.

———. *Liberating the Gospels: Reading the Bible with Jewish Eyes.*（福音書の解放——ユダヤ人の目で聖書を読む）San Francisco: HarperCollins, 1996.

———. *Living in Sin? A Bishop Rethinks Human Sexuality.*（罪の中に生きる？——人間のセクシュアリティについてのある主教による再考）San Francisco: HarperCollins, 1988.

———. *A New Christianity for a New World: Why Traditional Faith Is Dying and How a New Faith Is Being Born.*（新しい世界のための新しいキリスト教——なぜ伝統的信仰が滅亡し、どのように新しい信仰が生まれようとしているのか）San Francisco: HarperCollins, 2001.

———. *Rescueing the Bible from Fundamentalism: A Bishop Rethinks the Meaning of Scripture.*（聖書を原理主義から救出する——聖書の意味についてのある主教による再考）San Francisco: HarperCollins, 1991.

———. *Resurrection: Myth or Reality? A Bishop Rethinks the Meaning of Easter.*（復活——神話か現実か？　イースターの意味についてのある主教による再考）San Francisco: HarperCollins, 1994.

———. *The Sin of the Scripture: Exposing the Bible's Texts of Hate to Reveal the God of Love.*（聖書の罪——愛の神を明らかにするため、聖書の中の憎悪のテクストを暴き出す）San Francisco: HarperCollins, 2005.

———. *This Hebrew Lord: A Bishop's Search for the Authentic Jesus.*（このヘブライ人の主——真のイエス像を求めるある主教の探求）San Francisco: HarperCollins, 1993.

———. *Why Christianity Must Change or Die: A Bishop Speaks to Believer in Exile.*（なぜキリスト教は変革するか滅亡するしかないのか——捕囚の民である信仰者たちへのある主教の語りかけ）San Francisco: HarperCollins, 1998.

Spong, John Shelby, and Jack Daniel Spiro, *Dialogue in Search of Jewish-Christian Understanding.*（ユダヤ教とキリスト教の相互理解を深める対話）New York: Seabury Press, 1974.

Steinbech. John. *East of Eden.* New York: Viking Press, 1952.（ジョン・スタインベック著、土屋政雄訳『エデンの東——新約版』（1—4）ハヤカワ epi 文庫、二〇〇八）

Stendahl, Krister. *Paul Among the Jews and Gentiles.*（パウロ——ユダヤ人と異邦人の間で）Philadelphia: Fortress

Press, 1996.

Strauss, David Friedrich. *Leben Jesu: The Life of Jesus Critically Examined.* 1836. ReprintLondon: SCM Press, 1973.（D・F・シュトラウス著、岩波哲男訳『イエスの生涯』（1―2）（近代キリスト教思想双書）、教文館、一九九六―一九九七）

Tacey, David. *The Spirituality Revolution.*（スピリチュアリティの革命）Sydney: HarperCollins, 2003.

Taussig, Hal. *A New Spiritual Home.*（新しい霊の家）Santa Rosa, CA: Polebridge Press, 2006.

Taylor, Barbara Brown. *Leaving Church.*（教会からの離脱）San Francisco: HarperCollins, 2006.

Taylor, John V. *The Go-Between God.*（仲介者としての神）Philadelphia: Fortress Press, 1973.

Teilhard de Chardin, Pierre. *Science and Christ.* London: Collins, 1939.（『テイヤール・ド・シャルダン著作集〈9〉科学とキリスト』みすず書房、一九七一）

Terrien, Samuel. *The Psalms and Their Meaning for Today.*（詩編とその今日的意味）Indianapolis and New York: Bobbs-Merrill, 1953.

Tillich, Paul. *The Courage to Be.* New Haven, CT: Yale Univ. Press, 1952.（パウル・ティリッヒ著、大木英夫訳『生きる勇気』平凡社ライブラリー、一九九五、または谷口美智雄訳『存在への勇気』新教出版社、一九六九）

———. *The Eternal Now.* New York: Scribner, 1963.（パウル・ティリッヒ著、茂洋訳『永遠の今』新教新書、一九六五）

———. *The New Being.* New York: Scribner, 1935.（パウル・ティリッヒ著、土居真俊訳『新しき存在』新教出版社、一九五八）

———. *The Protestant Era.*（プロテスタント時代）Translated by James Luther Adams. Chicago: Univ. of Chicago Press, 1948.

———. *The Shaking of the Foundations.* New York: Scribner, 1948.（パウル・ティリッヒ著、茂洋訳『地の基は震え動く』新教出版社、二〇一〇）

———. *Systematic Theology.* vols. 12and 3. Chicago: Univ. of Chicago Press, 1951-1963.（パウル・ティリッヒ著、

谷口美智雄訳『組織神学』（一、二）、新教出版社、一九九〇―二〇〇四、土居真俊訳『組織神学』（三）、新教出版社、二〇〇四）

Toynbee, Arnold J. *Christianity Among the Religions of the World*. New York: Scribner, 1977.（アーノルド・トインビー著、山口光朔訳『現代宗教の課題―世界諸宗教とキリスト教』YMCA同盟出版部、一九六〇）

Van Buren, Paul. *The Secular Meaning of the Gospel*.（福音の世俗的意義）London: SCM Press, 1963.

Vermes, Geza. *The Challenging Faces of Jesus*.（イエスの挑戦的側面）New York and London: Penguin Books, 2001.

———. *Jesus, the Jew*.（ユダヤ人イエス）New York: Macmillan, 1973.

Von Rad, Gerhard. *Genesis*.（創世記）Philadelphia: Westminster Press, 1972.

———. *Old Testament Theology*. San Francisco: Harper & Row, 1965.（G・フォン・ラート著、荒井章三訳『旧約聖書神学』（I、II）日本キリスト教団出版局、二〇〇六）

Warner, Marina. *Alone of All Her Sex*.（事もあろうに彼女の性が）New York: Knopf, 1976.

Wemple, Suzanne. *Women in Frankish Society: Marriage and Cloister*, 500-900.（フランク社会における女性たち――結婚と修道生活、500―900年）Philadelphia: Univ. of Pennsylvania Press, 1982.

原注

（1）著者名のない引用句は、その章の中の、私自身の文章である。

（2）詳しくは文献表を参照していただきたい。

（3）これは、一八二三年に創立されたヴァージニア州のプロテスタント・エピスコパル神学校のモットーである。この言い回しは学長のウィリアム・スパローが作り出したものである。

（4）このアイデアはボンヘッファーの友人、エバハルト・ベートゲにあてた手紙で初めて述べられたものであり、後になってベートゲによって出版された『獄中書簡集』で紹介された。詳しくは文献表を参照していただきたい。

（5）マイケル・グールダーは、自分がキリスト者のリストに入れられることを望まないだろう。というのも、彼は一九八〇年代の初期に聖公会司祭としての叙任を返上し、彼自身が「一人の消極的な無神論者」（a non-aggressive atheist）であると宣言したからである。私は、人を裁くような線を砂の上に引いたりはしない。マイケルがキリストと特に共観福音書を深く理解する手助けをしてくれたので、私は彼を含めないということはできないし、彼のではなく私の判断だが、彼のいるべき場所に彼を置かずにはおれないのだ。この脚注で、私は彼の感じ方を考慮に入れておきたい。

（6）一九九二年、私はイエスの誕生物語に関する本を出版した。そのタイトルは『一人の女から産まれて――ある主教による処女降誕と男性支配的な教会における女性の地位についての再考』である。その本の目的と要点は、本書と全く異なるのだが、殊に聖書の誕生物語に含まれるテクストの分析においては、いくらか重なる部分がある。マタイ一～二章、ルカ一～二章に収められた通りのイエス誕生物語の聖書的資料を、ここで私が行うよりも深く研究したい人のために、その本を紹介しておこう。詳しくは文献表をご参照いただきたい。

（7）　ジグムント・フロイトは、彼の著書『モーセと一神教』（*Moses and Monotheism* 渡辺哲夫訳、ちくま学芸文庫、二〇〇三、原書は一九三九年発刊）のなかで、この物語の背後にあるのは、モーセがエジプトの王女とヘブライ人奴隷の間にできた子だという事実であろうと述べている。フロイトが言うには、恵まれた境遇で育ったモーセは成熟して、自分は王家の一員ではなく、奴隷の一人であろうとする選択を行った。これこそがユダヤ人の「選ばれた民」だという強烈な感覚の源である、とフロイトは論じている。これに続く議論に興味のある方は、フロイトの本を一読されることをお勧めする。詳しくは文献表をご参照いただきたい

（8）　このQ仮説やその年代に関する論について検証してみたいと思われる方には、私は、ジョン・クロッペンボルグ、バートン・マック、ロバート・ファンク、およびイエス・セミナーによって書かれた本を推奨する。私自身はQが後一世紀の文書であると確信してはいないので、これが前マルコ的文書だという洞察にはあまり関心がない。しかし、いくらかの学者はそれが正しいと確信しているし、そちらのほうが正しい可能性もある。とにかく議論は未だ続いている。Qはマタイによるマルコの拡大部分にすぎず、ルカは自分の前にマルコとマタイを置いて執筆したのだという説を提示している、ごく少数の学者たちもいる。これは確かに類似性の説明にはなっている。この学者たちはさらに、ルカはマルコを好みながらも、マタイによる拡大を時々は盛り込んでいった。その結果、マタイとルカに共通の二次的な資料を生み出し、それがQ仮説を生じさせたのだと強く主張している。この少数派の説における最大の擁護者は、英国バーミンガム大学のマイケル・ドナルド・グールダー教授である。私はグールダーの議論に納得することが多い。しかし、圧倒的多数のアメリカの聖書学者たちは、断固としてQ陣営に留まっている。グールダーのQ仮説に対する批判は、彼の著作『ルカ：新しいパラダイム』（*Luke: A New Paradigm*）の序文に見られる。この本および他のグールダーの著作についての詳細は、文献表を参照していただきたい。

（9）　トマスの福音書について、これまで書かれたもののうちで最も優れているのは、エレーヌ・ペイゲルスの『信仰を越えて』（*Beyond Belief* 日本語版：松田和也訳『禁じられた福音書——ナグ・ハマディ文書の解明』青土社、二〇〇五年）である。彼女はプリンストン大学の宗教学部の聡明な学者であり教授である。ノースカロライナ大学宗教学部のバート・アーマン教授も、この分野において目覚しい研究を行っている。私はトマス福音書が一世紀の文書だということに確信が持てないでいるが、そのように確信する学者は複数おり、また私自身、私が正しく彼らが間違っているのだと

言えるほど、この論議に十分に精通しているわけでもない。私に言えることは、どちらかと言えば私は早い年代決定には懐疑的だということだろう。ペイゲルスもアーマンも文献表に含まれている。

（10）これらの言葉が初期の写本家による注釈ではないかという疑惑がある。しかし、そのような疑惑は私たちが手にしているこの福音書の最も古い写本においても感じられない。

（11）『哲学者であり殉教者であるユスティノスとユダヤ人トリュフォンとの対話』（*Dialogue of Justin Philosopher and Martyr with Trypho the Jew.*）文献表のユスティノスの項をご参照いただきたい。

（12）私はイエスが十二歳のときにヨセフとマリアに伴われてエルサレムに行ったという物語を、誕生物語の中に含めて考えている。この物語は、私はサムエルに関する物語に基づいていると考えているが、ルカ福音書における誕生物語の最後の部分を形作っている。

（13）ここで私に与えられた紙幅よりもより充実したヨセフの人物像におけるマタイの創作の分析は、私の著作『福音書の解放：ユダヤ人の目で聖書を読む』（*Liberating the Gospels: Reading the Bible with Jewish Eyes.*）におけるヨセフに関する章を御覧いただきたい。詳細は文献表で。

（14）ルカ 8:19-20 は、イエスの母と兄弟たちが彼を連れ戻しに来るというマルコの物語を、ルカが非常に簡略化して語っている部分だが、イエスの母の名前については触れられていない。

（15）エリサベトの胎内の洗礼者ヨハネが、マリアの胎内のイエスに挨拶して飛び跳ねたという物語は、創世記における、エサウとヤコブがリベカの胎内で飛び跳ねた事と大いに関連がある（創世記25・20―23）。

（16）マリアが肉体を伴って天に上げられたことを宣言する一九五〇年のバチカンの布告を読む者は、そのことがマリアの墓がこれまで発見されていないという事実に大いに依拠していることを発見するだろう。これは全く説得力のある証拠とは言いがたい。

（17）二十世紀初頭の著名な新約聖書学者、C・C・トーリーは、この言葉が「激しい雷雨の子ら」という意味であると述べている（*The Journal of Theological Studies* 11*no.*1: 136 ff.）。他にも、「鳴り続ける騒音」または「邪魔者」といった訳がなされている。

（18）ヒエロニムス『マルコ福音書論』（Jerome*Treatises on St. Mark*）、カトリック・エンサイクロペディア（*Catholic*

Encyclopedia）より。

（19）ヨセフス『ユダヤ戦記』（Josephus*The Jewish War*: 秦剛平訳『ユダヤ戦記』（1）～（3）、ちくま学芸文庫、二〇〇二）より。詳細は文献表を参照いただきたい。

（20）拙著『福音書の解放』（*Liberating the Gospels*）の第一六章参照。詳細は文献表に収録。

（21）ペイゲルスはこの点について、彼女の著書『信仰を越えて』（*Beyond Belief* 日本語版：松田和也訳『禁じられた福音書――ナグ・ハマディ文書の解明』青土社、二〇〇五年）で論じている。詳細は文献表を御覧いただきたい。

（22）これはアーチボールド・マクリーシュの劇『J．B．』の中で何度も繰返されるコーラスである。詳しくは文献表をご覧いただきたい。

（23）パウル・ティリッヒ『存在への勇気』（*The Courage to Be* 谷口美智雄訳、新教出版社、一九六九年）。くわしくは文献表を参照していただきたい。

（24）これらはいずれも、ウェスト・ヴァージニア州で起こった鉱山事故に対してのコメントである。ブッシュ〔前〕大統領の方が明らかに抜け目なく準備されている。

（25）米国聖公会の祈祷書の一九二八年版における、「病者の見舞い」と題された項目の病者のための祈りと、一九七九年版の祈祷書の436ページから始まるそれとを比べてみてほしい。

（26）キリスト教の聖書におけるユダヤ的背景への新しい認識を世界にもたらす助けをした人びとはたくさんいる。ユダヤ教側では、マルティン・ブーバー、アレクサンダー・ハーシェル、ゲザ・ヴァーメス、そしてサミュエル・サンドメルという論者たちがすぐに浮かぶ。キリスト教側では、クリスター・ステンダール、ポール・ヴァン・ビューレン、そしてマイケル・グールダーといった人びとが傑出している。私は、この問題を扱った私自身の著作の中では、『福音書の解放：ユダヤ人の目で聖書を読む』（*Liberating the Gospels: Reading the Bible with Jewish Eyes*）が最良の本であると思っている。先にあげた論者たちの書物は文献表に掲載している。

（27）ここには、マルコにおいては、「悪霊」によって体を震えさせられている子どもが、同時に「ものが言えない」ということが暗示されている。これはマタイにおいては分割され、別個の出来事として扱われている（マタイ9:32-33）

（28）今日でも、ユダヤ人は過越の食事において、常にエリヤのための席を取っておく。

(29)『神の人間的な顔』(*The Human Face of God*)は、ジョン・A・T・ロビンソンが彼のキリスト論についての本に名づけたタイトルである。詳細は文献表を参照していただきたい。

(30)ジョン・A・T・ロビンソンは私にとってはヒーローであり、良き師である。この本(小田垣雅也訳『神への誠実』日本キリスト教団出版局、一九六四年)、および彼のキリスト論に関する書物も、共に文献表に挙げてある。

(31)ジェームズ・パイクは、第二次世界大戦後のアメリカにおいて最も物議をかもした、大衆的な宗教思想家だった。彼はコロンビア大学のチャプレン、ニューヨーク市の聖ヨハネ大聖堂の主席司祭として仕え、後にはカリフォルニアの聖公会主教となった。その著作には『キリスト者が率直になるとき(*A Time for Christian Candor*)』と『もしそれが異端なら(*If This Be Heresy*)』といったものがある。詳細は文献表を参照。

(32)これらの人びとは、キリスト教後の世界(post-Christian world)というものを形成することに大いに貢献した。彼らの代表的な著作については、文献表を参照いただきたい。

(33)「この道」は申命記に基づいてシナゴーグ(ユダヤ教会堂)内で起こった運動であり、生き方と死に方を提示するものだった。イエス運動はこの生き方に対するひとつの新しいアプローチだった。

(34)学者たちは、このマタイの言及において、彼がどの資料を念頭に置いているのか、位置づけることに四苦八苦している。それはおそらくヘブライ語の「根」(ナセル)という単語で、それによりイザヤ書の1節(11:1)を引用することができる。そこではメシアはエッサイの根から〔新共同訳では「株から」〕でるだろうと宣言されている。しかし、この問題については意見の一致を見ているわけではない。

(35)歴代誌上・下のテクストは、ユダヤ教の聖書にかなり後になって追加されたものであり、列王記上・下に見られるものと同じ資料をある程度書き直したものであるが、ユダヤ人の歴史においては、かなり後の時代に書かれたものである。典礼においては、それらは無視されたり、列王記上・下の代わりに用いられたりする傾向がある。

(36)ダニエル書は、現在の私たちの聖書ではエゼキエル書と十二の書の間に配置されているが、これはユダヤ人の聖書の中ではかなり後になって付加されたものである。紀元前二世紀半ばの作品で、典礼において使用される聖書の正典として一般的に確固たる位置を占めているわけではない。それはドラマチックな物語や、最後の審判において神の国を確立する「人の子」と呼ばれる人物の魅惑的なイメージに彩られた大衆的な書物である。そのイメージは、私が治癒奇跡について述べた章で指摘したように、イエス物語の形成に重要な役割を果たしている。それは、イエス理解に用いられたイエス以前のいくつかのイメージについて扱うこのセクションでも、やはり一役買うことになるだろう。

(37)　ヨハネの福音書ではその日付ははっきりしていない。ヨハネでは、イエスがユダヤの地に長く滞在したことが示されており、棕櫚の主日の行進も彼のエルサレム入城ではなく、彼のエルサレムでの宣教における別の時に起こった出来事となっている。

(38)　このフレーズは、ジョン・スタインベックの小説のタイトルである。詳細は文献表を参照。

(39)　ヘブライ語で「息子」を表すもうひとつの言葉「ベン」は、聖書の中ではベニヤミンといった名前の中に現れる。次の章では私たちは、聖書の中の「ベン・アダム」というフレーズが、字義通りに「人の子」と訳されているのを見ることになる。

(40)　このテーマに関する手がかりは、アブラハムの物語の中にもある。アブラハムには二人の息子がおり、一人はイサクで生贄にされるべき運命であったと言われている。もう一人のイシュマエルは荒野へと追いやられる運命だった。

(41)　イエス・セミナーから刊行された『五つの福音書』(*The Five Gospels*) において明らかにされた。詳しくは文献表を参照。

(42)　ユダヤ教の暦全体は、三月二一日以降のどこかに来る過越祭の時期を中心に循環しており、それは月齢の周期を基準にしている。イースターは過越祭の時期に基づいて決められるので、三月二一日の後の、最初の満月の後の、最初の日曜日となっているのである。

(43)　共観福音書における典礼的な構成は、マイケル・ドナルド・グールダーによって、最初は彼の著作から、後には彼から直接私に教えられたものである。当時、彼は英国のバーミンガム大学の教授陣の一人として、新約聖書を教えていた。彼の論説は私にとっては電撃的で、ユダヤ人イエスを新しいコンテクストに置くために私が必要としていた最後のピースだった。マイケルは、私の人生に最も大きな神学的、また人間的影響を及ぼした三人のうちの一人である。ちなみにあとの二人は、ジョン・エルブリッジ・ハインズとジョン・A・T・ロビンソンである。私はマイケルの研究と著作を完全に自分のものにするまでむさぼり読んだ。もちろん、私はマイケルに対して細かい部分で同意していないし、彼はその事を私に最初に言った人物であり、また私の取った立場と関わりを断った最初の人物でもある。しかしそれでも、彼に敬意を表しなかったり、共観福音書における典礼的な構成の大まかな輪郭を発見した彼の功績を認めなかったりするのは、私にとって妥当な事ではない。私は彼の著作を、一般的な読者ではなく学術的な読者を想定して書かれたものとして警告した上で、推薦したい。しかもマイケルは、かつて自分が主張していた事のいくつかを、現在は撤回している。特に私が参照している著作は、『福音書記者のカレンダー』(*The Evangelist's Calendar*)、『マタイとルカにおけるミドラシュと聖書日課：新しいパラダイム』(*Midrash and Lection in Matthew and Luke: A New Paradigm*)である。いずれも文献表の中にあげられている。

(44) 私が念頭に置いているのは、カナダの著作家トム・ハーパーとその著書『異教徒のキリスト』(*The Pagan Christ*)と、二人のイギリス人、ティモシー・フリークとピーター・ギャンディによる『イエスのミステリー——元来のイエスは異教の神だったのか?』(*The Jesus Mysteries: Was the Original Jesus a Pagan God?*)である。どちらも、アルヴィン・ボイド・カーン、ジェラルド・マッセイ、そしてゴッドフリー・ヒギンズらの著作にかなり依拠している。ハーパー、フリーク、そしてギャンディは文献表で登場する。

(45) アハブ王から、エリヤがカルメル山での対決で勝利を治めた後、バアルの預言者たちの首をはねたことを知らされた女王イゼベルは、その報復としてエリヤの首をはねることを、神の前に誓った。このような誓いは取り消すことはできない。斬首はエリヤの存命中には起こらなかったが、エリヤの後継者に対して、ヘロデによって、彼の妃ヘロディアの求めに応じて、実行されたのである。これは、福音書記者たちが自らの魅惑的な、しかし字義どおりに起こった事ではない説話を紡ぎ出すために、ヘブライ語聖書を利用するひとつの方法である。

(46) 私の娘たちは、近年では「トング(thong)」という言葉は別の物を指すのだと教えてくれた。しかし、福音書記者たちが、サンダルを足とかかとに結わえつける革のひものことを意味していたことは確かである。

(47) ハルナックの著作『最初の三世紀におけるキリスト教の宣教と拡大』(*The Mission and Expansion of Christianity in the First Three Centuries*)による。詳細は文献表をごらんいただきたい。パウロに関する言及は第一巻にあるキリスト教の宣教の始まりの部分にある。

(48) 例外としてすぐに思い浮かぶのは、ウォール・ストリート・ジャーナルで宗教関係の主席編集者として働き、後にニューヨーク・タイムズでも執筆していたグスタフ・ニーバーである。H・リチャード・ニーバーの孫であり、ラインホールド・ニーバーの甥の息子でもある彼は、専門的な神学の世界に育った。もう一人の例外はアリエル・ゴールドマン、正統派ユダヤ人のライターで、ニューヨーク・タイムズで執筆していた。彼はタイムスに在職中、休暇を取り、マサチューセッツ州ケンブリッジのハーヴァード神学校に入学した。後に彼は、ハーヴァードでの体験について本を書いている。詳細は文献表をごらんいただきたい。

(49)『ニューヨーク・タイムズ』二〇〇六年四月六日の記事より。

(50) マイケル・グールダー、ジョン・ヒック著『なぜ神を信じるのか?』(*Why Believe in God?*) よりの引用。詳細は文献表を参照していただきたい。

(51) 公民権運動におけるジョン・ルイスの役割についての物語は、デビッド・ハルバースタムの『子どもたち』(*The Children*) に記されている。文献表をご参照いただきたい。

(52) ヴァージニア州リンチバーグのカーター・グラス三世発行による『リンチバーグ・ニュース』がその実例である。『リッチモンド・タイムス・ディスパッチ』紙のジェイムズ・キルパトリックとロス・マッケンジーも、負けず劣らず毒筆をふるっている。

(53) レイ・キレンの判決についての記事は、とりわけ二〇〇六年六月二二日のCNNと『ニューヨーク・タイムズ』に詳しい。

(54) 数ある中でもとりわけポリュカルポス、ヒエロニムス、そしてヨハネス・クリュソストモス。彼らの反ユダヤ的なレトリックは、インターネットで、ポリュカルポスとユダヤ人、ヒエロニムスとユダヤ人、ヨハネス・クリュソストモスとユダヤ人といった検索をすれば読むことができる。私は小著『聖書の罪』(*The Sins of Scripture*) の第6章でこれらの多くを年代順に記録した。文献表を参照していただきたい。

(55) 宗教改革の父―マルティン・ルター、また多少は弱めだがジャン・カルヴァン。二人は共にユダヤ人について、文字通り怒りに満ちた言葉を綴っている。アメリカ福音ルーテル教会は、実は自らの創始者の反ユダヤ主義について謝罪をしている。この文書は私がラビ・ジャック・ダニエル・スパイロと共著した『ユダヤ教とキリスト教の相互理解を深める対話』(*Dialogue in Search of Jewish-Christian Understanding*) という書物の、フランク・イーキンの序文に引用されている。イーキンはリッチモンド大学の宗教学部の教授である。詳細は文献表をご参照いただきたい。

(56) この人物がこの言葉を発したのはCNNの『ラリー・キング・ライブ』においてである。彼の名はベイリー・スミス。彼はまた、この番組で、水着姿の彼の妻を見るだけで、同性愛者は矯正できるとも述べている。
(57) 米国聖公会賛美歌集（一九四〇年）71番。歌詞はヨハン・ヘルマン（一六三〇年）による。
(58) 「原初の祝福」（original blessing）という言葉は、マシュー・フォックスの著書のタイトルである。詳細は文献表を参照していただきたい。
(59) DNAとはデオキシリボ核酸のことであるが、それは細胞によってできた全ての生物の、生物学的な発達を特定する遺伝子的な指令を保持している。その起源は35億年前から46億年前に遡ると考えられている。それについては、たいていの科学雑誌で読む事ができる。それはフランシス・クリックとジェイムズ・T・ワトソンによって一九五三年に発見され、全ての生物の間にある関係を見る助けになる。人類は、遺伝子的な構造では99パーセント以上チンパンジーと同じである。と同時に、キャベツとも著しい同族関係があるのである。
(60) そのような物語はアレックス・ヘイリーの著作、特に『ルーツ』と『クイーン』に力強く語られている。詳細は文献表を参照。
(61) このたとえ話の詳細については、私の『新しい世界のための新しいキリスト教』（*A New Christianity for a New World*）の134ページ以降を参照。
(62) キリスト教でもニカイア信条〔または、ニカイア・コンスタンティノポリス信条とも呼ばれる〕に以下のような一節があることを指摘しておく。「また、主なる聖霊を信じます。聖霊は命の与え主」。
(63) これは、『ひとりの女性から生まれたということ』（*Born of a Woman*）の13章において述べている事である。詳細は文献表を参照。
(64) 『組織神学』第一巻（谷口美智雄訳、新教出版社）。この巻では、存在と神とは互いに関連する概念であることが述べられている。詳細は文献表を参照。
(65) カール・マルクスからの引用。ただし、原文そのままの形ではない。
(66) 新約聖書の研究者たちの間では、この物語の真正性や、この物語が置かれた場所そのものについて、未だ議論が終わってはいない。いくつかの古い写本では、この物語は様々な箇所に姿を現しているからである。しかし、そういう事は私にとって大きな関心事ではない。なぜなら、イエスに帰せられるとされる物の多くが歴史的には疑わしいからである。にもかかわらず、この物語は、福音書の伝承の主だった部分と一致するイエス像を反映している。

（67）例えば、イスラエルの民全体を苦しめたと言われる疫病は、ごく少数の者、あるいは王の罪が原因であったと考える。ある意味、それは創世記18～19章のソドムとゴモラの町が破壊された背後にもある論理である。

（68）ティリッヒ『組織神学』第二巻、「キリストと実存」。詳細は文献表を参照。

（69）この行為における違法性を知るには、出エジプト記14章11節を参照〔訳注：出エジプト記14章11節がそれに直接関連しているとは思えない。23章12節の誤植ではないか〕。

（70）『獄中書簡』（*Letters and Papers from Prison*）219頁。詳細は文献表を参照。

（71）ここでは「イエスの十字架の許に、私は進んで立とう」、あるいは「キリストの十字架を私は讃えます」といった賛美歌を想定している。それらは、米国聖公会の一九四〇年版賛美歌集の341番、336番である。

（72）パウル・ティリッヒの著書のひとつのタイトル。詳細は文献表を参照。

（73）エリザベス・キューブラー・ロスは彼女の著書『死の瞬間』（*On Death and Dying*）の中で、このプロセスの概要を描いている。詳細は文献表を参照。

（74）ボーグ、クロッサン著『イエス最後の一週間―マルコ福音書による受難物語』（*The Last Week: A Day-by-Day Account of Jesus's Final Week in Jerusalem*：浅野淳博訳、教文館、二〇〇八）。詳細は文献表を参照。

（75）詳細は文献表を参照。

解説

小原克博

本書は挑発的な書物である。キリスト教の伝統的な考え方、とりわけ、イエスをどのように理解するかについて、様々な問題提起をしている。では、誰に対して問題提起しようとしているのだろうか。著者がアメリカで活躍する聖公会の牧師であることを考えれば、直近の読者はアメリカ人であり、また原題「非宗教的な人々にとってのイエス」(*Jesus for the Non-Religious*)が示すように、本書は「非宗教的な人々」に向けられたものである。

ところが、本書を丁寧に読んでいくと、キリスト教に無関心であったり、批判的な人々に対してだけではなく、むしろ、伝統的なイエス理解をしているクリスチャンたちをも読者として想定していることがわかる。本書で語られているように、著者自身が「原理主義的」なキリスト教の環境で育ったため、とりわけ、そうした影響下にある人々にも著者の問いかけは向けられている。こうして考えると、原題が示す「非宗教的な人々」以上に、意図されている読者対象は広いと言える。

ところで、日本の読者にとって本書は、どのような意味を持つのだろうか。アメリカと比べ「非宗教的な人々」がはるかに多い日本で、本書が伝えようとしているメッセージはどのように受けとめられるだろうか。伝統的な聖書の読み方をしてきたクリスチャンにとっては、著者の主張はリベラル過ぎると映るかもしれない。確かに、本書が提示する聖書解釈は、イエスについて語られていることを「文字通り」史実として受け取っている人々に対しては、挑発以上のものであろう。しかし、著者の目的は単に伝統の破壊にあるのではない。イエスのユダヤ的出自、そして、イエスに従った弟子たちの日常生活および宗教生活をおおっていたユダヤ教の儀礼や思考方法に立ち返ることによって、歴史的により正しい聖書の読み方を追求しようとしている。この真摯な探究心とその成果を、頭ごなしに否定すべきではないだろう。むしろ、著者がキリスト教の将来に対して抱いている危機意識を共有する中で、イエスに対する理解と信仰を深め、新たにしていくことができるかもしれない。

では、クリスチャンではない、圧倒的多数の「非宗教的」な日本の読者にとって、本書はどのように映るだろうか。多かれ少なかれ、また、肯定的であれ否定的であれ、キリスト教の知識を有している、アメリカの「非宗教的」な人々に比べ、日本で同様の知識を前提にすることは難しい。したがって、本書の前半にあるような詳細な聖書解釈の部分を理解するには、かなり骨が折れるだろう。著者が時として詳細な聖書解釈をしているのは、その解釈が著者の思い込みではなく、聖書そのものに由来する裏づけと学問的な根拠があることを示すためである。したがって、著者の大きな意図、すなわち、「神話」的表現の背後にある聖書の真実を解き明かす、という意図を踏まえておけば、聖書の初心者が細部の理解に拘泥する必要はないだろう。「非宗教的」な日本の読者にとって重要なのは、常識では理解できないことを受け入れることこそ信仰であるかのような説明とは違う論理を、聖書そのものが持っていることを確認することである。本書は日本の「非宗教的」な読者に知的犠牲を強いることなく、イエスへの信仰が形成されていく歴史的な現場へと導いてくれることだろう。

イエスの弟子たちは、自分たちの日常の感覚においてイエス体験を表現し、追体験していた。伝統的な聖書理解やイエス理解が近代以降の科学的世界観のもとで批判にさらされる中、著者がとっている戦略は、より古い起源から、すなわち、ユダヤ人の日常から、聖書やイエスを理解し直そうとするものである。史実かどうかにこだわるのは、近代的な歴史観の産物である。そこに立ち止まる限り、聖書を正しく読むことはできないというのが著者の立場である。

「ユダヤ人イエス」に注目すること自体は、すでに聖書学の分野において数々の蓄積があるが、本書のユニークさは、イエスのユダヤ人性にとどまらず、イエスの弟子たちもまたユダヤ人として生き、自分たちの経験を、ユダヤ的生活様式を通じて表現したことを多面的に描き出している点にある。そして、ユダヤ的起源という見失われた一点に立ち返ることによって、逆説的にも、現代人に対し、より広いイエス理解の眺望を与えようとしている。

本書の随所で、近年の聖書学の成果が参照されているが、聖書学者が、本書で展開されているイエス理解をどのように見るのか、興味は尽きない。私は聖書学者ではないので、この点について評価を下すことはできないが、本書執筆の根本動機の一つと思われる神学思想を取りあげてみたい。それは、本書の冒頭および終盤で言及されているディートリヒ・ボンヘッファーの「宗教なきキリスト教」「非宗教的なキリスト教」である。著者は、この概念を詳述したり、神学的に展開しているわけではないが、本書全体をボンヘッファーから投げかけられた問いに対する著者の応答と見ることができる。懲罰的な神や、いけにえを求める神、さらには有神論的な思考そのものに著者は積極的に異議申し立てをしている。ボンヘッファー同様、著者は超自然的な神を前提としない信仰の道を探っている。それは単なる神否定や無神論ではないことに読者は注意すべきであろう。超自然的な力の介入を信仰の根拠とするのではなく、別のところに現れる神、著者の言葉を借りれば「人間らしさの中心に現れる神」を著者はイエスの中に求めようとしている。

これに関係するボンヘッファーの言葉を短く引用しておこう。「神はわれわれの生活の真唯中において彼岸的なのだ。教会は、人間の能力の及ばない所や、限界にではなく、村の真中に立っている。それが旧約聖書的ということであり、その意味では、われわれはまだ新約聖書を旧約聖書から読むことがあまりにも少なすぎる」(『ボンヘッファー獄中書簡集』)。ドイツでナチスやそのシンパの神学者たちが教会から「ユダヤ的なもの」「旧約聖書的なもの」を追い出そうとしていた中で、ボンヘッファーはまさにそれとの対話を行っていた。本書を、そうした対話を引き継ぐものとして位置づけることもできるだろう。教会の中では、ユダヤ的なものはキリスト教によって克服されたと考えられるか、あるいは、「律法主義」という悪い模範として引き合いに出されることが少なくない。しかし、本書を読めば、そのような浅薄なユダヤ教理解は、ユダヤ的伝統と真摯に向き合っていないだけでなく、イエスとは誰かを大きく見誤る危険性を引き起こしかねないことがわかる。

そのイエスが本書において「宗教の境界線を壊す人」として描かれるとき、私たちはあらためて「宗教」とは何か、を問い直すきっかけを与えられることになる。日本の文脈に引きつけて、この問いを考えると、事態は少々複雑になる。なぜなら、近代的概念として作り出された、西洋語 religion の訳語としての「宗教」は、西洋キリスト教をひな形としているからである。言い換えれば、キリスト教こそが「宗教」概念の基本モデルとされてきたのである。多くの日本のクリスチャンたちは「宗教」概念に対して批判的な距離をとることはなかった。つまり、自分たちのキリスト教理解に基づいて「宗教の境界線」を作ってきたのであり、ユダヤ教との原初的かつ創造的な緊張関係は、その境界線の外側に置かれることがもっぱらであった。とすれば、本書において著者が投げかけ、また、それ以前にボンヘッファーが投げかけていた問いは、日本の読者にとっても十分大きな意味を持っているとは言えないだろうか。

著者の主張をすべて承諾する必要はない。しかし、その鋭い問いかけに、どのように答えるかは、日本のキリスト教の行く末をも暗示することになるだろう。

（こはら・かつひろ　同志社大学神学部教授）

訳者あとがき

二〇〇七年の春、ボストンの書店で、初めてスポングの著作に出会った。

出張で出かけたボストンで少し自由時間があったので、隣町のケンブリッジに寄り、Borderという大手のチェーン店の本屋に入り、宗教書のコーナーに向かった。そこで私は、一群の本に目を奪われた。"Rescuing the Bible from Fundamentalism"（聖書を原理主義から救出する）、"Why Christianity Must Change or Die"（なぜキリスト教は変革するか滅亡するしかないのか）、"Resurrection: Myth or Reality?"（復活――神話か現実か?）、"Living in Sin? Bishop Rethinks Human Sexuality"（罪の中に生きる? 人間のセクシュアリティについてのある主教による再考）、"A New Christianity for a New World"（新しい世界のための新しいキリスト教）、といったタイトルは、私の目に魅力的に映っただけではなく、心底に訴えかけてくるような勢いがあった。

私はそれらの本との出会いがめったにない貴重なものだと直観的に感じ、思わずそれらの本をカートに放り込んでいた。それらの本の著者はいずれもジョン・シェルビー・スポングという米国聖公会の主教だった。

当時、ブッシュ政権のもと、アフガニスタンやイラクに米軍が侵攻し、アメリカ国内でもいわゆる宗教右派と呼ばれる勢力が幅をきかせている状況が日本にも伝えられていた。聖書に書いてあることは全て事実であると信じ込む聖書直解主義に基づき、性別による格差や同性愛者の抹殺を聖書によって正当化し、他宗教を拒絶して戦争を鼓舞するキリスト者たちの動きが活発になり、日本のキリスト者の中にもそのようなアメリカでの動きに乗じて同じような主張をする者たちが現れていた。

そのような状況のもと、（ボストンという土地柄もあるかもしれないが）街中のあちこちに見かけるような大手チェーンの書店が、全く相反する主張を持つ書物を、書棚にほぼ同じスペースを割いて隣り合わせに並べ、「選ぶのはあなた（読者）ですよ」という姿勢を明らかにしている。そのバランス感覚に私は感心した。

ジョン・シェルビー・スポングという著者を私は日本で聞いたことがなかった。彼の著作はまだ日本語に翻訳されていなかったのである。本に書かれていた簡単なプロフィールを見るだけでも、ジェリー・ファルウェルやパット・ロバートソンなどの保守派と対立して論陣を張ると同時に、ユダヤ教の視点からイエスや聖書を見直し、脱宗教化した史的イエスを聖書の中から抽出しつつ、現代の非宗教的な人びとにとって意義のあるイエス像を論じており、非常に興味深かった。

私はこの著者の作品を是非日本に紹介したいと思い、帰国して間もない四月一九日に、自分が執筆していたウェブサイトに、「日本語訳は出ていないようです。誰もやってくれないのなら、ぼくがやろうか」と、やや軽い気持ちで書き留めておいた。

その約二か月後、サイトの記事を偶然読んだ新教出版社の小林望社長がメールを送ってくださった。「5冊、書名が挙げられていましたが、富田さんがご覧になって、一番気に入った本を翻訳してみませんか」。

実は私は留学経験もなく、自分の英語力には全くと言っていいほど自信がなかったが、是非とも自分がやりたいとも思った。そこでどなたかに監修をお願いしたいと思い、同志社大学神学部の小原克博教授に連絡をとった。

小原先生は当時、同志社大学一神教学際研究センターを拠点に活躍される気鋭の学者であり（現在は同大学良心学研究センター長を務めておられる）、キリスト教の内部に留まらず、ユダヤ教、イスラーム、あるいは日本の諸宗教との平和的な対話と共同研究に従事して活発な情報発信をしておられ、またスポングのこともよくご存知だった。そこで私は、身の程知らずとは自覚しつつも、小原先生に監修をお願いした。先生は快く引き受けてくださった。そして先生のアドバイスで最新刊の本から取りかかることになり、当時出たばかりの“Jesus for the Non-Religious”を翻訳することになった。

小林社長には、「自分の著書を書くぐらいの気持ちでやってください」と励ましていただいた。やってみると、本書におけるスポングの主張は、大部分私の考えと一致しており、まるでスポングが私の代わりに語ってくれているように感じた。そのスポングの言葉を、再び私が日本語で代弁するという作業は、時間はかかったが、楽しかった。

人間イエスは、キリスト者だけではなく、全ての人が豊かな人間性を全身に充満させて共に生きる道を示してくれている。教会に行く人にも、行かない人にも、神的なものを求める心はある。そのような人を、イエスは宗教の違いを超えて導いてくれる。そのことが本書を通して少しでも日本の読者に伝われば、望外の喜びである。

富田正樹

使徒言行録

ローマ書

1コリント書

ヨハネ福音書

ルカ福音書

新約聖書

マタイ福音書

マルコ福音書

聖書個所索引

旧約聖書

創世記

出エジプト記

レビ記

民数記

申命記

ヨシュア記

サムエル記上

サムエル記下

列王記上

列王記下

著者　ジョン・シェルビー・スポング（John Shelby Spong, 1931-）
米国聖公会の牧師・主教として2001年に引退するまで45年間にわたって働いた。現在、ハーバード神学校および他の多くの大学や教会の客員講師として、教会内外の一般人にも開かれた神学を説いており、開かれたキリスト教のオピニオン・リーダーの一人である。彼は教会の中では意見が分かれる重要な議論をいくつも開始した人物であり、変革を遠慮なく主張している。彼が著した『聖書の罪』（The Sin of Scripture）、『新しい世界のための新しいキリスト教』（A New Christianity for a New World）、および彼の自伝である『我ここに立つ』（Here I Stand）をはじめとする20冊以上の書物は総計100万部以上の売り上げを記録し、世界の主要な言語のほとんどに翻訳されている。また『ウォーターフロントメディア』（米国のネット専門出版社）で週刊コラムも執筆している。ニュージャージー州のモリス・プレインズに、妻クリスティンと共に住む。ウェブサイトは www.johnshelbyspong.com/hsf.

訳者　富田正樹（とみた・まさき）
1965年生まれ。関西学院大学文学部日本文学科を卒業、6年間の会社員生活の後、同志社大学神学部、同大学院で学ぶ。現在、同志社香里中学校高等学校聖書科教員、日本基督教団教務教師。著書『キリスト教との出会い』（新約編、聖書資料集の2冊）、『新島襄物語』（共著）。

信じない人のためのイエス入門
宗教を超えて

2015年11月30日　第1版第1刷発行

著　者……ジョン・シェルビー・スポング
訳　者……富田正樹

発行者……小林　望
発行所……株式会社新教出版社
〒162-0814 東京都新宿区新小川町9-1
電話（代表）03（3260）6148

印　刷……モリモト印刷株式会社

ISBN 978-4-400-32492-8　C1016